Kohlhammer

Die Autorin, der Autor

Prof. Dr. Markus Lang forscht und lehrt in den Bereichen Pädagogik und Didaktik im Kontext von Blindheit und Sehbehinderung an der Pädagogischen Hochschule Heidelberg.

Prof. Dr. Vera Heyl forscht und lehrt in den Bereichen Psychologie und Diagnostik im Kontext von Blindheit und Sehbehinderung an der Pädagogischen Hochschule Heidelberg.

Markus Lang, Vera Heyl

Pädagogik bei Blindheit und Sehbehinderung

Verlag W. Kohlhammer

Dieses Werk einschließlich aller seiner Teile ist urheberrechtlich geschützt. Jede Verwendung außerhalb der engen Grenzen des Urheberrechts ist ohne Zustimmung des Verlags unzulässig und strafbar. Das gilt insbesondere für Vervielfältigungen, Übersetzungen, Mikroverfilmungen und für die Einspeicherung und Verarbeitung in elektronischen Systemen.

Die Wiedergabe von Warenbezeichnungen, Handelsnamen und sonstigen Kennzeichen in diesem Buch berechtigt nicht zu der Annahme, dass diese von jedermann frei benutzt werden dürfen. Vielmehr kann es sich auch dann um eingetragene Warenzeichen oder sonstige geschützte Kennzeichen handeln, wenn sie nicht eigens als solche gekennzeichnet sind.

Es konnten nicht alle Rechtsinhaber von Abbildungen ermittelt werden. Sollte dem Verlag gegenüber der Nachweis der Rechtsinhaberschaft geführt werden, wird das branchenübliche Honorar nachträglich gezahlt.

Dieses Werk enthält Hinweise/Links zu externen Websites Dritter, auf deren Inhalt der Verlag keinen Einfluss hat und die der Haftung der jeweiligen Seitenanbieter oder -betreiber unterliegen. Zum Zeitpunkt der Verlinkung wurden die externen Websites auf mögliche Rechtsverstöße überprüft und dabei keine Rechtsverletzung festgestellt. Ohne konkrete Hinweise auf eine solche Rechtsverletzung ist eine permanente inhaltliche Kontrolle der verlinkten Seiten nicht zumutbar. Sollten jedoch Rechtsverletzungen bekannt werden, werden die betroffenen externen Links soweit möglich unverzüglich entfernt.

1. Auflage 2021

Alle Rechte vorbehalten
© W. Kohlhammer GmbH, Stuttgart
Gesamtherstellung: W. Kohlhammer GmbH, Heßbrühlstr. 69, 70565 Stuttgart
produktsicherheit@kohlhammer.de

Print:
ISBN 978-3-17-026892-0

E-Book-Formate:
pdf: ISBN 978-3-17-026893-7
epub: ISBN 978-3-17-026894-4
mobi: ISBN 978-3-17-026895-1

Vorwort des Herausgebers

Es gibt derzeit relativ unterschiedlich strukturierte und gestaltete Lehrwerke zu den verschiedenen Ausprägungen der sog. Behindertenpädagogik – diese sind jedoch häufig recht kategorial orientiert und nehmen aktuelle disziplin- und professionsbezogene Diskurse auf den Feldern der Behindertenhilfe kaum einmal auf. Zudem konzentrieren sich viele dieser Lehrwerke auf das Handlungsfeld der Schule: In diesem und von diesem ausgehend scheint somit ein Großteil der Behindertenpädagogiken stattzufinden.

Die Bände der Reihe »Kompendium Behindertenpädagogik« versuchen in dieser Situation Abhilfe zu schaffen, da in jedem Einzelband der Reihe alle Ausprägungen einer je spezifischen behindertenpädagogischen Grundlegung sowohl durch die Perspektiven der Disziplin und Profession als auch durch eine organisations- und handlungsfeldbezogene Lebenslauforientierung beschrieben, analysiert und konzeptuell verortet werden. Auf diesem Hintergrund ist auch die Gliederungslogik aller Bände zu verstehen, in welcher die Autorinnen und Autoren ihre Inhalte durch die Perspektiven dieser drei größeren Kapitel (Disziplin – Profession – Organisationen/Handlungsfelder) fokussieren und darstellen.

Im Hinblick auf die Beschreibung der Disziplin wird es jeweils darum gehen, die theoretischen Begründungsmuster einer je spezifischen Behindertenpädagogik darzulegen, diese historisch zu verorten, die begründenden Leitideen und Modelle vorzustellen sowie Aussagen zu jeweiligen ethischen Positionierungen im Kontext dieser Pädagogik einzunehmen bzw. zu formulieren. Auch wenn der Begriff der »Behinderung« zurzeit intensiv diskutiert wird, er zudem nicht in allen Punkten kohärent ist, erscheint er im Rahmen der Gesamtdarstellung der hier zu bearbeitenden Themen als Brücke zwischen den einzelnen Teilbereichen und Problemen nutzbar zu sein. Dennoch wird er in den unterschiedlichen Bänden dieser Reihe, im Hinblick auf die jeweilige Thematik, konkret beschrieben, analysiert und gegebenenfalls kritisiert und modifiziert werden. Die Aussagen der einzelnen Bände stellen folglich auch eine kritische Differenzierung und Weiterentwicklung des Begriffes der »Behinderung« dar.

Im Rahmen der Professionsorientierung, also dem zweiten größeren Kapitel des jeweiligen Bandes, werden dann Konzepte, Methoden und Handlungsansätze dargelegt, so wie sie sich im Rahmen dieser Pädagogik, für die jeweils entsprechende Organisation als zielführend erwiesen haben bzw. als relevant erweisen können.

In einem letzten größeren Kapitel wird dann die institutionelle Begründung und organisatorische Differenzierung einer je spezifischen Pädagogik erläutert. Hierbei wird auf die lebenslauforientierte Darstellung des pädagogischen Ansatz eingegangen, so dass dieser nicht nur für den Bildungsbereich, sondern auch für weitere behindertenpädagogische Handlungsfelder beschrieben wird. Hierbei unterscheidet die Differenziertheit der Lebenslaufperspektive die verschiedenen pädagogischen Disziplinen, d. h., dass diese in jenen höchst unterschiedlich ausgeprägt ist, wahrgenommen wird und (strukturelle wie inhaltliche) Konsequenzen erforderlich macht.

Einen zentralen weiteren Inhalt bildet der, auch kritisch zu führende, Inklusionsdiskurs: Dieser stellt das Querschnittsthema dar, welches in allen drei Unterkapiteln bearbeitet wird – eine innovativ, diffizil und kritisch differenziert dargelegte Positionierung der Inklusion ist folglich das Netz bzw. das Referenzsystem aller Kapitel und Aussagenkomplexe der jeweiligen Bände. Hierbei wird es jedoch, je nach Autorin und Autor und konkretem Thema, zu unterschiedlichen Gewichtungen kommen. In der wechselseitigen Durchdringung einer inklusiven Perspektive mit den Themen der Disziplinorientierung, der Professionsbezogenheit und der hierbei relevanten Organisationen und Handlungsfelder leistet demzufolge jeder Band dieser Reihe eine in sich schlüssige und kohärente Gesamtdarstellung des jeweiligen Themenfeldes.

Heinrich Greving

Inhaltsverzeichnis

Vorwort des Herausgebers 5

Einleitung 13

Disziplin

1	**Bezugsgruppe und Personenkreis**	17
	1.1 Begriffsklärungen	17
	1.2 Ursachen von Sehbeeinträchtigungen	21
	1.3 Epidemiologische Daten	22
2	**Historische Entwicklung der Blinden- und Sehbehindertenpädagogik**	24
	2.1 Der Umgang mit Blindheit bis Ende des 18. Jahrhunderts ...	24
	2.2 Institutionalisierung der Blindenbildung und Entstehung einer pragmatisch orientierten Blindenpädagogik	25
	2.3 Entwicklung einer theoretisch fundierten und psychologisch orientierten Blindenpädagogik	27
	2.4 Theoretische Weiterentwicklungen der Blindenpädagogik: Psychologische, philosophische und allgemeinpädagogische Einflüsse	29
	2.5 Entstehung der Sehbehindertenpädagogik	32
	2.6 Entwicklung der Blinden- und Sehbehindertenpädagogik zu einer eigenständigen wissenschaftlichen Disziplin	34
	2.7 Inhaltliche und organisatorische Weiterentwicklungen der Blinden- und Sehbehindertenpädagogik ab dem Ende des 20. Jahrhunderts	37
	2.8 Zusammenfassung: Theoriebildung der Blinden- und Sehbehindertenpädagogik	40
3	**Entwicklung einer Schrift für blinde Menschen**	42
	3.1 Reliefschriften	42
	3.2 Die Entstehung der Brailleschrift	45
	3.3 Weiterentwicklungen der Brailleschrift	48
	3.4 Aktuelle Situation der Braillenutzung	50

4 Pädagogische Grundlagen ... 52
4.1 Begründung sonderpädagogischen Handelns ... 52
4.1.1 Allgemeinpädagogische Argumentationslinien ... 52
4.1.2 Allgemeines Bildungsrecht und Sonderpädagogik in Deutschland ... 54
4.1.3 Universal Design ... 57
4.2 Bildungsprozesse im Kontext von Blindheit und Sehbehinderung ... 58
4.2.1 Folgen möglicher Auswirkungen von Blindheit und Sehbehinderung auf der personalen und kontextuellen Ebene ... 59
4.2.2 Grundlegende Zielstellungen und Inhaltsbereiche blinden- und sehbehindertenpädagogischen Handelns ... 60
4.2.3 Die Verortung blinden- und sehbehindertenpädagogischen Handelns ... 63
4.3 Blinden- und sehbehindertenpädagogisches Handeln als Voraussetzung für gelingende Inklusion ... 64
4.3.1 Begriffsbestimmung: Inklusion und/oder Integration? ... 64
4.3.2 Die Blinden- und Sehbehindertenpädagogik als Bestandteil eines inklusiven Bildungssystems ... 65

5 Psychologische Grundlagen der Blinden- und Sehbehindertenpädagogik ... 68
5.1 Entwicklungspsychologische Aspekte bei Blindheit und Sehbehinderung ... 68
5.1.1 Entwicklungsaufgaben in der Kindheit ... 69
5.1.2 Entwicklungsaufgaben im Jugendalter ... 81
5.1.3 Entwicklungsaufgaben im frühen und mittleren Erwachsenenalter ... 83
5.2 Wahrnehmungspsychologische Aspekte bei Blindheit und Sehbehinderung ... 85
5.2.1 Visuelle Wahrnehmung ... 85
5.2.2 Visuelle Wahrnehmungsstörungen ... 89
5.2.3 Nicht-visuelle Raumwahrnehmung ... 91

Profession

6 Diagnostik in der Blinden- und Sehbehindertenpädagogik ... 99
6.1 Allgemeines zur Diagnostik in der Blinden- und Sehbehindertenpädagogik ... 99
6.2 Diagnostik des elementaren funktionalen Sehens ... 101
6.3 Diagnostik von komplexen Sehfunktionen ... 107
6.4 Diagnostik nicht-visueller Wahrnehmungsmöglichkeiten ... 111

		6.4.1 Diagnostik der Tastwahrnehmung	111
		6.4.2 Diagnostik der auditiven Wahrnehmung	113
	6.5	Pädagogisch-psychologische Diagnostik	114
		6.5.1 Intelligenzdiagnostik	115
		6.5.2 Diagnostik des allgemeinen Entwicklungsstands	117

7 Blinden- und sehbehindertenspezifische Förderkonzepte **120**
   7.1   Wahrnehmungsförderung 120
        7.1.1 Grundlagen der Wahrnehmungsförderung 120
        7.1.2 Visuelle Wahrnehmungsförderung 122
        7.1.3 Haptische Wahrnehmungsförderung 126
        7.1.4 Auditive Wahrnehmungsförderung 130
   7.2   Bewegungsförderung 132
        7.2.1 Grundlagen der motorischen Förderung 132
        7.2.2 Das Bewegungslernen blinder und sehbehinderter Menschen 134
        7.2.3 Förderliche Rahmenbedingungen und mögliche Bewegungsaktivitäten 135
   7.3   Basale Förderkonzeptionen für Kinder und Jugendliche mit mehrfachen Beeinträchtigungen 135
        7.3.1 Der blinden- und sehbehindertenspezifische Förderansatz des Aktiven Lernens nach Lilli Nielsen ... 136
        7.3.2 Die Anwendung des Förderkonzepts der Basalen Stimulation nach Andreas Fröhlich in der Blinden- und Sehbehindertenpädagogik 138
        7.3.3 Kommunikationsförderung bei Taubblindheit/ Hörsehbehinderung 139
   7.4   Begriffsbildung 141
        7.4.1 Besonderheiten im Begriffslernen blinder und sehbehinderter Menschen 141
        7.4.2 Konkrete Maßnahmen zur Förderung der Begriffsbildung 142
   7.5   Soziale Kompetenz 143
   7.6   Orientierung und Mobilität 145
   7.7   Lebenspraktische Fähigkeiten 148

8 Hilfsmittel und Maßnahmen für einen erleichterten Informationszugang für Menschen mit Blindheit und Sehbehinderung **150**
   8.1   Low Vision: Maßnahmen und Hilfsmittel 150
        8.1.1 Vergrößerung 150
        8.1.2 Verbesserung von Kontrasten 152
        8.1.3 Beleuchtung 153
        8.1.4 Reduzierung von Komplexität 154
        8.1.5 Platzierung 154

	8.2	Spezifische Maßnahmen im Kontext zerebral bedingter Sehbeeinträchtigungen	155
	8.3	Assistive Informationstechnologien und Hilfsmittel für blinde Menschen	157
9		**Didaktik des Unterrichts mit blinden und sehbehinderten Kindern und Jugendlichen**	**161**
	9.1	Modell einer Didaktik des Unterrichts mit blinden und sehbehinderten Schülerinnen und Schülern	161
		9.1.1 Unterrichtsziele und Unterrichtsinhalte	163
		9.1.2 Unterrichtsmethoden	165
		9.1.3 Unterrichtsmedien	165
		9.1.4 Raumgestaltung	168
	9.2	Didaktik des Braille-Schriftspracherwerbs	169
		9.2.1 Wahrnehmung und Braillelesen	170
		9.2.2 Bausteine des Lese- und Schreiblehrgangs	173
		9.2.3 Schriftspracherwerb bei dualer Schriftnutzung	179

Institution

10		**Frühförderung**	**183**
	10.1	Das System der Frühförderung	183
	10.2	Prinzipien und Ziele der Frühförderung	185
	10.3	Grundlagen der Frühförderung blinder und sehbehinderter Kinder	186
		10.3.1 Förderbereiche einer blinden- und sehbehindertenspezifischen Frühförderung	187
		10.3.2 Familienorientierung in der Frühförderung blinder und sehbehinderter Kinder	189
11		**Schule**	**191**
	11.1	Schulen im »Förderschwerpunkt Sehen«	191
	11.2	Integration/Inklusion blinder und sehbehinderter Schülerinnen und Schüler	192
12		**Ausbildung und Beruf**	**196**
	12.1	Konzepte pädagogischer Unterstützungsmaßnahmen im Kontext der beruflichen Bildung	197
	12.2	Ausbildungsmöglichkeiten und berufliche Rehabilitation blinder und sehbehinderter Menschen	198
	12.3	Ausbildung und Beruf von Jugendlichen und jungen Erwachsenen mit mehrfachen Beeinträchtigungen	200

13	Blindheit und Sehbehinderung im Alter	204
	13.1 Epidemiologische Daten	204
	13.2 Lebenssituation	206
	13.2.1 Umweltbezogene Ressourcen	206
	13.2.2 Personale Ressourcen	208
	13.2.3 Unterstützungsbedarf	211
	13.3 Versorgungssituation	212
Literatur		**215**

Einleitung

Dieser Band mit dem Titel »Pädagogik bei Blindheit und Sehbehinderung« ist Bestandteil der Publikationsreihe »Kompendium Behindertenpädagogik«, woraus sich unmittelbar die zentrale Zielstellung des Buches ableiten lässt: Einführend und vertiefend sollen die Grundlagen der Pädagogik bei Blindheit und Sehbehinderung als wissenschaftliche Disziplin dargestellt, die Breite der professionellen Handlungsebenen aufgezeigt und die institutionelle Vielfalt der pädagogischen Praxis skizziert werden. Für uns als Autorin und Autor, die wir dieses ambitionierte Vorhaben versuchen umzusetzen, kommt eine weitere Zielperspektive hinzu, die sich aus den historisch gewachsenen und mittlerweile etablierten Entwicklungslinien der Blinden- und Sehbehindertenpädagogik ergibt und die sich zudem in der Kombination unserer unterschiedlichen Berufsbiographien und Arbeitsschwerpunkte widerspiegelt. Konstituierend und charakteristisch für die Blinden- und Sehbehindertenpädagogik ist von Anfang an die enge Beziehung zwischen psychologischen und diagnostischen Aspekten einerseits und pädagogischen bzw. didaktischen Handlungskonsequenzen andererseits. Didaktische Entscheidungen, die unabhängig vom Lernort die Qualität der pädagogischen Versorgung und Unterstützung bestimmen, sind von einer umfänglichen und fundierten Diagnostik abhängig. Darüber hinaus bestimmen psychologische Grundlagen maßgeblich das Erkennen spezifischer Förderbereiche. Die Darstellung dieser interdisziplinären Beziehungen zwischen Psychologie und Pädagogik ist handlungsleitend für den gesamten Reihenband, so dass alle Einzelkapitel konsequent unter dieser Prämisse in Beziehung zueinander stehen. Daneben wird in allen Kapiteln ein enger Bezug zur Praxis stets mitbedacht.

Im Großkapitel »Disziplin« stehen das disziplinäre Selbstverständnis und die pädagogisch-psychologischen Grundlagen der Blinden- und Sehbehindertenpädagogik im Mittelpunkt. Ausgangspunkt ist hierbei eine Definition der Bezugsgruppe, die deutlich macht, dass alle kategorialen Definitionsversuche Grenzen haben. Anhand historischer Entwicklungen kann die wichtige Rolle der Psychologie für den Aufbau einer theoretisch fundierten Blinden- und Sehbehindertenpädagogik im 19. Jahrhundert thematisiert werden. Weitere zentrale Entwicklungen beziehen sich auf die Lösung der Schriftfrage (Durchsetzen der Brailleschrift) und vor allem auch auf die Emanzipation der Sehbehindertenpädagogik von der Blindenpädagogik. Die Grundlagen blinden- und sehbehindertenpädagogischen Handelns werden im Kontext allgemeinpädagogischer Entwicklungen erarbeitet und auf Herausforderungen im Zuge inklusiver Bildungssysteme bezogen. Eine Konkretisierung der Bedeutung psychologischer Grundlagen wird hinsichtlich entwicklungspsychologischer und wahrnehmungspsychologischer Aspekte vorgenommen. Die entsprechenden psychologischen Grundlagenkapitel legen die Basis für die diagnostischen und pädagogisch-didaktischen Arbeitsgebiete, die im zweiten Großkapitel »Profession« zentral behandelt werden. Ohne eine wissenschaftlich fundierte Darstellung entwicklungspsychologischer und wahrnehmungspsychologischer Besonderheiten blinder und sehbehinderter Kinder ist die Bedeutsamkeit pädagogischer Förderkonzepte der Bewegungsförderung, Begriffsbildung oder des Sozialen Lernens nicht nachvollziehbar. Die spezifische Profession wird von der Diagnostik des funktionalen Sehens und der pädagogisch-psychologischen Diagnostik in großem Umfang geprägt. Hierauf basierend erfolgen der Einsatz von Hilfsmitteln und die Auswahl blinden- und sehbehindertenspezifischer didaktischer Handlungsoptionen. Diese Bereiche werden aufeinander aufbauend und mit Verweisen auf die jeweiligen Verflechtungen detailliert und mit konkretem Praxisbezug erarbeitet. Hierbei wird deutlich zum Ausdruck gebracht, dass eine entsprechende Expertise für inklusive Bildungskontexte unabdingbar ist.

Im letzten Großkapitel »Institution« werden über die gesamte Lebensspanne hinweg blinden- und sehbehindertenspezifische Einrichtungen und institutionelle Unterstützungsleistungen beschrieben.

Der Reihenband »Pädagogik bei Blindheit und Sehbehinderung« soll pädagogische Fachkräfte, die mit Menschen mit Blindheit und Sehbehinderung arbeiten, Studierende der Sonderpädagogik und allgemeiner Lehrämter sowie alle an der Fachdisziplin Interessierte dazu einladen, sich mit den Grundlagen der Blinden- und Sehbehindertenpädagogik vertiefend zu beschäftigen, um pädagogische Herausforderungen besser verstehen und entsprechend notwendige Handlungskompetenzen finden bzw. entwickeln zu können.

Disziplin

1 Bezugsgruppe und Personenkreis

1.1 Begriffsklärungen

Im deutschen Sprachraum existieren verschiedene Ansätze, die unterschiedlichen Ausprägungsgrade von Beeinträchtigungen des Sehens zu definieren und zu klassifizieren. Hierbei lassen sich medizinische, sozialrechtliche und pädagogische Sichtweisen unterscheiden, die jeweils eigene Schwerpunkte und Definitionskriterien festlegen.

In medizinisch-sozialrechtlichen Kontexten werden die Kategorien »Blindheit«, »hochgradige Sehbehinderung« und »Sehbehinderung« unter dem Oberbegriff »Sehschädigung« zusammengefasst. Die Einteilung in die jeweiligen Untergruppen erfolgt auf der Grundlage der ophthalmologisch gemessenen Sehschärfe (Visus) oder einer in den Auswirkungen vergleichbaren Einschränkung des Gesichtsfelds. Auf dieser Grundlage werden beispielsweise staatliche Unterstützungsleistungen und Formen des Nachteilsausgleichs zugewiesen.

Bei einer Visusmessung muss die Testperson Sehzeichen (Optotypen) in einer Normdistanz erkennen. Aus der Differenz zwischen Normdistanz und tatsächlicher Prüfdistanz lässt sich die Sehschärfe folgendermaßen errechnen:

$$Visus = \frac{Prüfdistanz}{Normdistanz}$$

Beispiel: Ist ein Optotyp für eine Entfernung von fünf Metern normiert, die Testperson müsste jedoch die Distanz bis auf einen Meter verkürzen, um es erkennen zu können, beträgt der Visuswert 1/5 (0,2). Der Referenzwert für nicht beeinträchtigtes Sehen liegt bei 1,0 (in unserem Beispiel 5/5).

Neben Visuswerten für die Ferne, kann mit entsprechend normierten Prüftafeln auch ein Nahvisus bestimmt werden. Bei Sehprüfungen sollte grundsätzlich beides, Fern- und Nahvisus, getestet werden, da der Nahvisus beispielsweise für Lese- und Schreibtätigkeiten von hoher Bedeutsamkeit ist.

Neben der Sehschärfe spielt das Gesichtsfeld bei der medizinischen und sozialrechtlichen Bestimmung einer Sehschädigung eine zentrale Rolle. Als Gesichtsfeld wird derjenige Bereich der Außenwelt bezeichnet, der bei unbewegtem Kopf und ohne Augenbewegungen wahrgenommen werden kann (Henriksen & Laemers, 2016, 142).

Bei einem nicht sehbeeinträchtigten Erwachsenen beträgt die horizontale Ausdehnung des Gesichtsfelds beider Augen etwa 180°, die vertikale etwa 60° nach oben und 70° nach unten (Abbildung 1).

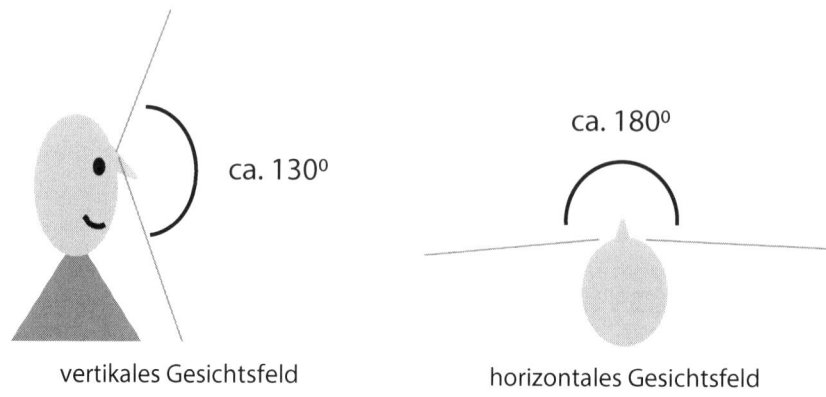

Abb. 1: Vertikales und horizontales Gesichtsfeld

Basierend auf diesen medizinischen Grundlagen werden in Deutschland Menschen mit einem auf dem besseren Auge (mit Korrekturhilfen wie Brille oder Kontaktlinse) ermittelten Visus von $\leq$ 0,3 bis ausschließlich 0,05 als sehbehindert, mit einem Visus von $\leq$ 0,05 bis ausschließlich 0,02 als hochgradig sehbehindert und mit einem Visus $\leq$ 0,02 als blind bezeichnet (Deutsche Ophthalmologische Gesellschaft, 2011; Rath, 1987, 18). Das derzeitige internationale Klassifikationsmodell der World Health Organisation (International Classification of Diseases, ICD-10) sieht fünf Abstufungen vor, wobei die Stufen 1 und 2 zusammengenommen der deutschen Definition von Sehbehinderung entsprechen und Stufe 3 der Definition von hochgradiger Sehbehinderung (Tabelle 1).

Tab. 1: Sozialrechtlich-medizinische Klassifikation von Sehschädigung im Vergleich

Klassifikation der Sehschädigung anhand der Sehschärfe (Visus)					
Deutsche Ophthalmologische Gesellschaft (DOG 2011)	$\leq$ 0,3 bis ausschl. 0,05 *Sehbehinderung*		$\leq$ 0,05 bis ausschl. 0,02 *hochgradige Sehbehinderung*	$\leq$ 0,02 *Blindheit*	
International Classification of Diseases ICD-10-GM, Deutsches Institut für medizinische Dokumentation und Information, (DIMDI 2018)	$\leq$ 0,3 bis ausschl. 0,1 *moderate Sehbehinderung*	$\leq$ 0,1 bis ausschl. 0,05 *schwere Sehbehinderung*	$\leq$ 0,05 bis ausschl. 0,02 *Blindheit*	$\leq$ 0,02 bis Lichtscheinwahrnehmung	Keine Lichtscheinwahrnehmung

Eine sehr starke zentrale Gesichtsfeldeinschränkung (»Röhrengesichtsfeld«) auf 5° wird sozialrechtlich ebenfalls dem Begriff »Blindheit« zugeordnet (Diepes et al., 2007, 10). Neben dem Visuswert sind somit auch Gesichtsfeldeinschränkungen bzw. Kombinationen von Visusminderungen und Gesichtsfeldeinschränkungen im sozialrechtlich-medizinischen Klassifikationsmodell maßgeblich.

Aufgrund der Tatsache, dass sich pädagogische Maßnahmen nicht unmittelbar aus medizinischen Richtwerten (Visus, Gesichtsfeld etc.) ableiten lassen, verzichten pädagogische Definitionen von Blindheit und Sehbehinderung auf deren Nennung und beschreiben stattdessen die Zielgruppe und deren Unterstützungsbedarf. In den »Empfehlungen zum Förderschwerpunkt Sehen« der Kultusministerkonferenz von 1998 finden sich dementsprechend folgende Ausführungen (Drave et al., 2000, 179):

> »Blinde Kinder und Jugendliche können nicht oder nur in sehr geringem Maße auf der Grundlage visueller Eindrücke lernen. Sie nehmen Informationen aus der Umwelt insbesondere über das Gehör und den Tastsinn sowie über die Sinne der Haut, des Geruchs und des Geschmacks auf. Die kompensierenden Funktionen dieser Sinne können durch geeignete Lernangebote entwickelt und gefördert werden. Kinder und Jugendliche mit einer Sehbehinderung können ihr eingeschränktes Sehvermögen nutzen. Sie sind in vielen Situationen auf spezielle Hilfen angewiesen. Sie bedürfen besonderer Anleitung, sonderpädagogischer Förderung und technischer Hilfen. Dies kann auch bei Sehbehinderungen geringeren Grades notwendig sein wie bei Beeinträchtigungen des Sehvermögens beider Augen oder bei Einäugigkeit.«

Medizinisch diagnostizierte Sehschädigungen müssen nicht zwangsläufig zu Behinderungen der Teilhabe führen. Um diesem Sachverhalt Rechnung zu tragen, wird in aktuellen Veröffentlichungen im pädagogischen Kontext (u. a. Walthes, 2014; Lang & Thiele, 2020) der Begriff »Sehbeeinträchtigung« verwendet.

Diese Begriffsdifferenzierung steht in engem Zusammenhang mit der seit 2001 vorliegenden WHO-Klassifikation ICF (International Classification of Functioning, Disability and Health) und deren Weiterführung ICF-CY (WHO, 2013). Mit der ICF liegt ein Instrumentarium vor, das den Begriff der Behinderung von einem einseitigen personalen Bezugsrahmen löst, der Behinderung monokausal als Folge einer medizinischen Schädigung betrachtet. Stattdessen werden kontextbezogene und situative Aspekte einbezogen (Abbildung 2).

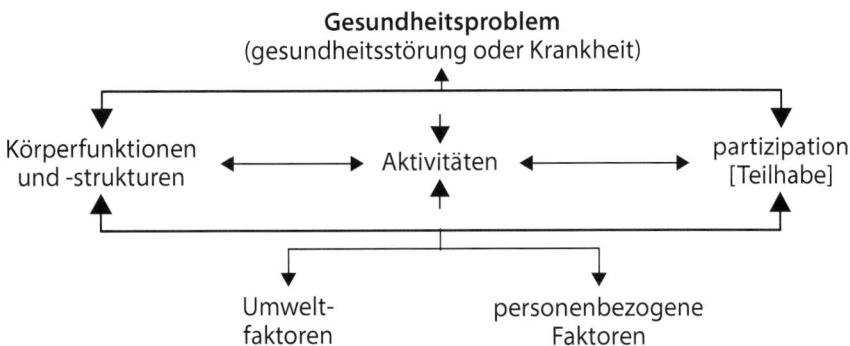

Abb. 2: Grundstruktur der WHO-Klassifikation ICF (WHO, 2013, 46)

Die Lebenssituation eines Individuums hängt nicht nur von den zur Verfügung stehenden Körperfunktionen und -strukturen ab, sondern ganz entscheidend auch von den Möglichkeiten zur Aktivität und zu sozialer Partizipation, die wiederum maßgeblich von Umweltfaktoren und von individuellen personenbezogenen Faktoren beeinflusst werden. Eine Beeinträchtigung der Körperfunktionen, wie beispielsweise diejenige des Sehens, muss demnach nicht zwangsläufig in jeder Lebenssituation eine Behinderung darstellen.

Aufgrund der skizzierten Zusammenhänge sollte der Begriff »Sehschädigung« nur dann verwendet werden, wenn medizinische Aspekte, also Einschränkungen der Körperstrukturen und -funktionen, im Vordergrund stehen oder wenn auf Leistungen des Sozialrechts Bezug genommen wird. Abbildung 3 veranschaulicht die weiteren begrifflichen Zusammenhänge, die insbesondere für pädagogische Kontexte bedeutsam erscheinen. Unterschieden werden hierbei die Begriffe »Sehbeeinträchtigung« und »Blindheit«. Beide Bezeichnungen verstehen sich als unabhängig von der Schädigungsursache und umfassen okulare, zerebral bedingte und psychische Ursachenzusammenhänge. Der Begriff »Sehbeeinträchtigung« lässt sich weiter differenzieren in die sozialrechtlich bedeutsamen Kategorien »Sehbehinderung« und »Hochgradige Sehbehinderung«, schließt jedoch auch sozialrechtlich nicht relevante Einschränkungen von Sehfunktionen mit ein. Sowohl bei »Sehbeeinträchtigung« als auch bei »Blindheit« bleibt offen, ob eine Behinderung von Teilhabe und Aktivität vorliegt oder nicht. Wie bereits dargestellt, ist das Vorhandensein von Behinderungen von Aktivität und Teilhabe maßgeblich von Umweltfaktoren und personalen Faktoren abhängig, die situativ gegeben oder nicht gegeben sein können. Grundsätzlich kann bei allen Formen und Ausprägungsgraden beeinträchtigten Sehens eine Behinderung vorliegen, muss aber nicht.

Die Abstufung der genannten Kategorien kann sich an Visusgrenzen orientieren oder anhand vergleichbarer Beeinträchtigungen und Einschränkungen vorgenommen werden (z. B. Gesichtsfeldeinschränkungen, Kombination verschiedener visueller Beeinträchtigungen einschließlich zerebral bedingter Beeinträchtigungen). Die Abgrenzung von »Blindheit« und »Sehbeeinträchtigung« sowie die weitere Ausdifferenzierung von »Sehbeeinträchtigungen« erscheint grundsätzlich sinnvoll, weil die jeweiligen Maßnahmen zum Abbau von Behinderung von Teilhabe und Aktivität bzw. die Maßnahmen zum Aufbau optimierter Umweltfaktoren (z. B. Barrierefreiheit, Hilfsmittelversorgung) und zum Aufbau personaler Kompetenzen (z. B. Hilfsmittelnutzung, Kompensationsstrategien) höchst unterschiedlich sind.

1 Bezugsgruppe und Personenkreis

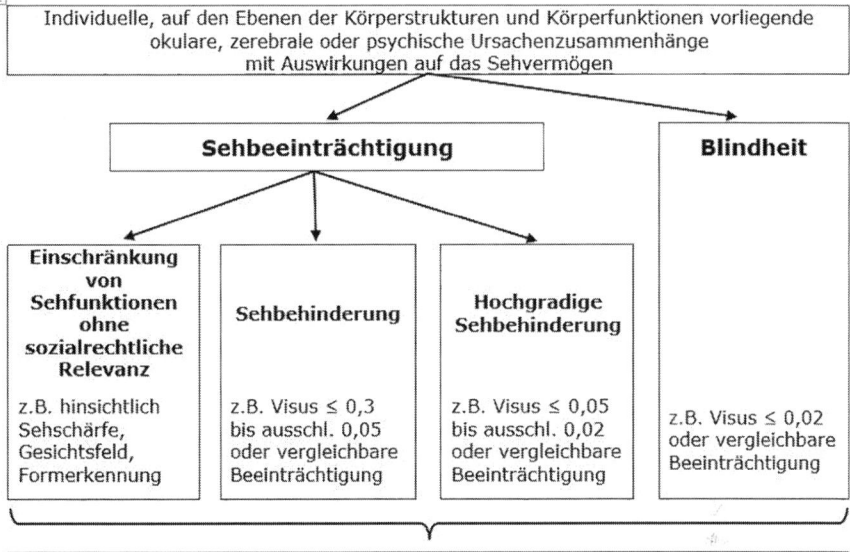

Abb. 3: Zusammenhänge der Begriffe »Sehbeeinträchtigung«, »Blindheit« und »Behinderung«

1.2 Ursachen von Sehbeeinträchtigungen

Die Ursachen von Sehbeeinträchtigungen sind vielfältig (vgl. Walthes, 2014, 63 ff.) und lassen sich auf genetisch, stoffwechsel- oder umweltbedingte Faktoren zurückführen.

Von grundlegender Bedeutung ist die Lokalisierung der Sehschädigung, d. h. inwieweit der Sehapparat (Linse, Hornhaut, Netzhaut etc.) eine Schädigung aufweist oder etwaige Störungen der Reizverarbeitung auf zerebraler Ebene die beobachtbaren Symptome erklären können.

Als CVI (Cerebral Visual Impairment) werden zentrale Störungen der visuellen Wahrnehmung bezeichnet. CVI kann isoliert, in Kombination mit Schädigungen des Sehapparats oder in Verbindung mit komplexen zerebralen Schädigungen auftreten.

Zu den Standardverfahren einer von Augenärzten durchgeführten funktionellen Sehdiagnostik gehören die Bestimmung der Sehschärfe (Visusmessung), das Ermitteln des Gesichtsfeldes (Perimetrie), die Feststellung des Augeninnendrucks und die

Überprüfung der Intaktheit von Netzhaut, Linse und Sehnerv. Die diesbezüglichen Ergebnisse stellen jedoch lediglich eine Bezugsgröße für die pädagogische Intervention dar. Ergänzend müssen Informationen unter anderem zur Farbwahrnehmung, zum Kontrastsehen, zum Vergrößerungsbedarf oder zum räumlichen Sehen hinzukommen, die über jeweils spezifische Testverfahren erfasst werden. Darüber hinaus bedarf es für den pädagogischen Kontext einer auf Beobachtungen basierenden, funktionalen Sehdiagnostik, bei der verschiedene alltagsrelevante Faktoren (Beleuchtung, Kontraste, Zeit etc.) und konkrete Aufgabenstellungen (z. B. Leseaufgaben, feinmotorische Aufgaben) berücksichtigt werden (▶ Kap. 6.2 und ▶ Kap. 6.3).

Die Hauptursachen für Sehbeeinträchtigungen im Kindes- und Jugendalter unterscheiden sich maßgeblich von denjenigen, die im vorangeschrittenen Lebensalter entstehen. 1998 wurden für die USA folgende Ursachenhäufigkeiten für kindliche Sehschädigungen genannt (Garber, Huebner 2017, 67): Zerebrale Sehschädigungen (CVI): 20,6 %, Retinopathia praematurorum (Frühgeborenenretinopathie): 19,1 %, Sehnervschädigungen: 16,6 %, Strukturveränderungen des Auges (tapetoretinale Degenerationen etc.): 11,1 %. In einer Untersuchung von Hatton et al. (2013), bei der Daten von Frühförderstellen aus 28 US-Bundesstaaten (N = 5.931; Alter < 39 Monate) ausgewertet wurden, zeigte sich eine ähnliche Verteilung:

- Zerebrale Sehschädigung (CVI): 24,9 %
- Retinopathia praematurorum: 11,8 %
- Sehnervschädigungen: 11,4 %
- Strukturveränderungen (Kolobome, Mikroophthalmie etc.): 7,9 %
- Netzhauterkrankungen (Leber'sche Amaurose etc.): 5,5 %
- Albinismus: 4,5 %.

Bei Betrachtung der Gesamtgruppe blinder und sehbehinderter Menschen sind hauptsächlich altersbedingte Ursachen für das Auftreten einer Sehbeeinträchtigung verantwortlich. Für Deutschland werden in diesem Zusammenhang die Altersbedingte Makuladegeneration (AMD) mit einer Häufigkeit von 49,8 %, das Glaukom (15 %) und die diabetische Retinopathie (10,6 %) genannt (Wolfram & Pfeiffer, 2012, 7).

1.3 Epidemiologische Daten

Aussagen zur Häufigkeit von Sehbeeinträchtigungen sind dadurch erschwert, dass keine absoluten Angaben über die Anzahl Betroffener vorliegen. Laut Weltgesundheitsorganisation (WHO, 2012) kann davon ausgegangen werden, dass weltweit 39 Millionen Menschen blind und 246 Millionen sehbehindert sind. Auf der Basis der WHO-Statistiken kommt Bertram für Deutschland auf eine Gesamtzahl von 1.066.000 sehbehinderten Menschen und 164.000 Menschen mit Blindheit oder hochgradiger Sehbehinderung (Bertram, 2005).

Große Differenzen ergeben sich innerhalb der Verteilung sehgeschädigter Menschen auf die unterschiedlichen Altersgruppen. Generell kann festgestellt werden, dass Sehschädigungen im fortgeschrittenen Lebensalter wesentlich häufiger auftreten als im Kindes- und Jugendalter (▶ Kap. 13.1). Aus den Angaben des Statistischen Bundesamts geht hervor, dass im Jahr 2017 in Deutschland 79 % der blinden und sehbehinderten Menschen, die einen Schwerbehindertenausweis besaßen und bei denen die Sehschädigung die schwerste Behinderung darstellte, 60 Jahre und älter waren (Statistisches Bundesamt, 2019). Auf das Schulalter bezogen ergibt sich laut Statistik des Sekretariats der Ständigen Konferenz der Kultusminister der Länder in der Bundesrepublik Deutschland (KMK, 2020) für das Schuljahr 2018 eine Zahl von 9.385 blinden und sehbehinderten Schülerinnen und Schülern. Bei dieser Angabe ist jedoch – wie bei sämtlichen statistischen Aussagen zur Häufigkeit von Blindheit und Sehbehinderung – zu beachten, dass Menschen mit Sehschädigungen und zusätzlichen Beeinträchtigungen nicht hinlänglich berücksichtigt werden. Umfangreiche Daten aus der Frühförderung (Hatton et al., 2013) bestätigen die bisherigen Schätzungen, wonach 60–70 % der blinden und sehbehinderten Kinder und Jugendlichen eine weitere Behinderung (Zerebralparese, geistige Behinderung etc.) aufweisen. Drave, Fischer und Kießling (2013) konnten in einer Prävalenzstudie mit orthoptischen Reihenuntersuchungen an Schulen der Förderschwerpunkte Geistige Entwicklung und Motorische Entwicklung nachweisen, dass 15 % der dort untersuchten Schülerinnen und Schüler nach sozialrechtlicher Definition sehgeschädigt sind. Wird dieser Wert auf die vom Sekretariat der Ständigen Konferenz der Kultusminister (KMK 2020) veröffentlichten statistischen Angaben zu den Förderschwerpunkten Motorische Entwicklung und Geistige Entwicklung übertragen, würde sich die Gesamtzahl blinder und sehbehinderter Kinder und Jugendlicher etwa verdreifachen. Festzuhalten bleibt, dass die absolute Anzahl derjenigen Menschen, die eine blinden- und sehbehindertenspezifische Unterstützung und Förderung benötigen, wesentlich höher ist, als es die Angaben in amtlichen Statistiken vermuten lassen.

Eine kombinierte Hör- und Sehbehinderung stellt eine Behinderung eigener Art dar, die sich nicht additiv aus Hör- und Sehschädigungen ableiten lässt. Lang et al. (2015) konnten mittels einer Online-Befragung Prävalenzdaten aus Deutschland erheben und diese mit umfassenden Erhebungen aus den USA vergleichen. Hierbei konnte aufgezeigt werden, dass in Deutschland von einer Prävalenz von 0,01 % taubblinder und hörsehbehinderter Kinder und Jugendlicher bis 18 Jahren ausgegangen werden kann. Demnach benötigen allein in Deutschland etwa 1.300 Kinder und Jugendliche eine taubblinden- bzw. hörsehbehindertenspezifische Unterstützung.

2 Historische Entwicklung der Blinden- und Sehbehindertenpädagogik

Die direkten Wurzeln der Blindenpädagogik als theoretisch fundierte Fachdisziplin gehen bis ins späte 18. Jahrhundert zurück, als sich der Gedanke der »Bildbarkeit« blinder Menschen allgemein durchsetzen konnte und mit der Etablierung der Blindenschulen ein institutioneller Rahmen als Plattform für die Entwicklung theoretischer Konzepte geschaffen wurde. Die Entwicklungen im Vorfeld dieses Ausgangspunktes hatten jedoch durchaus Einfluss auf die spätere theoretische Fundierung, sodass sie im Folgenden als kurze Skizze ebenfalls aufgegriffen werden sollen.

2.1 Der Umgang mit Blindheit bis Ende des 18. Jahrhunderts

Die Geburt eines blinden Kindes bedeutete im Altertum ein schweres wirtschaftliches Los, was oftmals das Töten oder Aussetzen blindgeborener Säuglinge zur Folge hatte. Während diese Praxis im Judentum grundsätzlich verboten war, finden sich sowohl in der griechischen als auch in der römischen Antike entsprechende Hinweise. Im Umgang mit späterblindeten Erwachsenen lassen sich vereinzelt jedoch auch in der Antike gegensätzliche Tendenzen im Umgang mit Blindheit erkennen: Quellenberichte geben Zeugnis davon, dass einzelne blinde Menschen als »Propheten« und »Seher« verehrt wurden (Kretschmer, 1925, 13 ff.; Wanecek, 1969, 13 ff.). Im Allgemeinen befanden sich blinde Menschen am Rande der Gesellschaft und hatten als Sklaven oder Bettler ein äußerst karges Dasein.

Das christliche Mittelalter beendete Tötungspraktiken gegenüber blinden Säuglingen und machte blinde Menschen zu Empfängern christlicher Fürsorge. Trotz kirchlicher Armenpflege in Form von Armenspeisungen, Hospitalgründungen oder der Aufnahme in Bruderschaften blieb die überwältigende Mehrzahl blinder Menschen von Betteleinkünften abhängig und lebte weiterhin in großer Armut (Dreves, 1998, 150; Kretschmer, 1925, 32 ff.).

Mitunter wurden blinde Menschen Opfer von Hohn und Spott. Bis weit hinein ins 18. Jahrhundert finden sich Berichte über Narrenspiele, in denen blinde Menschen zur Belustigung der Zuschauer beispielsweise in rostigen Rüstungen und mit Knüppeln bewaffnet auf Schweinejagd gingen oder in entwürdigenden Tiermasken auf verstimmten Instrumenten Musikstücke aufführten (Kretschmer, 1925, 64 ff.)

Zu Bildung, Anerkennung und gesellschaftlicher Akzeptanz gelangten bis ins 19. Jahrhundert hinein nur wenige blinde Menschen (Einzelbeispiele finden sich bei Klein, 1819, 402 ff.). Diese wenigen stammten meist aus wohlhabenden Familien, in denen ihnen ein Privatlehrer finanziert werden konnte. Einige dieser Einzelunterrichtungen sind gut dokumentiert, sodass sich Entwicklungslinien aus diesen Erfahrungen – beispielsweise bezüglich des Medieneinsatzes – bis hin zu den ersten Schulgründungen aufzeigen lassen.

Eine blinde Persönlichkeit, deren Bekanntheit die Entstehung erster Bildungseinrichtungen für blinde Menschen begünstigte, war beispielsweise Mélanie de Salignac (1742–1763), die von ihrer Mutter und einem Privatlehrer in Lesen und Schreiben (mit einer Nadel wurden Schwarzschriftbuchstaben spiegelverkehrt in Papier gestichelt), Mathematik, Musik, Geographie und sogar Astronomie unterrichtet wurde und Bekanntschaft mit dem Aufklärungsphilosophen Denis Diderot machte (Wanecek, 1969, 26; Klein, 1819, 428 f.). Für den deutschsprachigen Raum sind insbesondere der Mannheimer Johann Ludwig Weissenburg (1752–1800) und die Wienerin Maria Theresia von Paradis (1759–1824) zu nennen (Klein, 1819, 424 ff.). Weissenburg war Sohn des Kammerdieners des Mannheimer Kurfürsten Karl Theodor. Sein Privatlehrer Christian Niesen setzte im Unterricht beispielsweise aus Draht geformte Schwarzschriftbuchstaben und mit Stickerei bzw. Stoff und Sand adaptierte Landkarten ein. Weissenburg stand in intensiver Korrespondenz mit der in ganz Europa berühmten blinden Konzertpianistin Maria Theresia von Paradis. Diese erhielt in Wien die seinerzeit bestmögliche Musikausbildung. Auf einer ihrer Konzertreisen fand auch ein persönlicher Kontakt mit Weissenburg statt. In Paris traf sie auf Valentin Haüy, den späteren Gründer der weltweit ersten Blindenschule.

2.2 Institutionalisierung der Blindenbildung und Entstehung einer pragmatisch orientierten Blindenpädagogik

Die Entstehung der ersten Blindenschulen basiert wesentlich darauf, dass die positiven Erfahrungen aus der Einzelunterrichtung blinder Menschen mit den vom Ansatz her gänzlich neuen Gedanken der Aufklärung zusammentrafen.

Die Aufwertung des Individuums, das Aufstellen unveräußerlicher Menschenrechte, der Ruf nach einer allgemeinen Volksbildung und schließlich das Aufkommen eines Wohltätigkeitsdenkens, das sich allmählich von der kirchlichen Caritas löste und philanthropische Ziele verfolgte, sind nur einige der Ideale der Aufklärungsphilosophie, die sich auch auf den Umgang mit blinden Menschen auswirkten (vgl. Wanecek, 1969, 46 ff.; Garbe, 1959, 8; Hofer-Sieber, 2000, 49).

Vor diesem aufklärungsphilosophischen Hintergrund muss der »Brief über die Blinden« (»*Lettre sur les aveugles á l'usage de ceux qui voient*«) betrachtet werden, den der einflussreiche Philosoph und Enzyklopädist Denis Diderot (1717–1784) im Jahr

1749 verfasste. Dieser Brief sollte aufgrund seiner Verbreitung zumindest in den bürgerlichen Kreisen die Idee der Bildbarkeit blinder Menschen maßgeblich fördern. Diderot zeigt am Beispiel des »Blinden von Puiseaux« und unter Bezugnahme auf den Mathematiker Saunderson und auf die Diderot persönlich bekannte Mélanie de Salignac, dass blinde Menschen sowohl zu handwerklichen und intellektuellen Leistungen als auch zu einer selbstständigen Lebensführung fähig sind.

Die weltweit erste Blindenschule wurde Ende des 18. Jahrhunderts von Valentin Haüy (1745–1822) in Paris gegründet. Aus philanthropischen Motiven heraus und durch Diderots »Lettre« bzw. durch Kontakt zu gebildeten Blinden von der grundsätzlichen Bildungsfähigkeit blinder Menschen überzeugt, begann Haüy 1784 Unterrichtsversuche mit dem siebzehnjährigen blinden Bettler Francois Lesieur. Das Jahr 1784 markiert somit die Geburtsstunde der ersten Blindenschule und gleichzeitig den Beginn einer allgemeinen Blindenbildung (vgl. Kretschmer, 1925, 178 f.; Dreves, 1998, 123).

Noch vor der Jahrhundertwende wurden Blindenschulen in Großbritannien (z. B. Liverpool 1791, Edinburgh 1792) und anschließend im deutschsprachigen Raum (Wien 1804, Berlin 1806) sowie an vielen weiteren Orten Europas gegründet.

Die Erziehung zur »bürgerlichen Brauchbarkeit« (Klein, 1819) wurde bei den Gründungen der ersten Blindenschulen klar als Ziel formuliert und im Angebot einer allgemeinen Schulbildung mit anschließender Ausbildung in einem als geeignet erachteten Handwerksberuf (Bürstenbinder, Korbflechter etc.) verwirklicht. Der Blindenunterricht orientierte sich zunächst an der zur damaligen Zeit allgemein üblichen Unterrichtspraxis, bei der die verbale Unterweisung im Mittelpunkt stand. Grundsätzlich wurde von einer weitgehenden Parallelität und Vikariatsleistung der Sinne ausgegangen, wonach das Tastvermögen das Sehvermögen problemlos kompensieren könne. Didaktische Anpassungen beschränkten sich anfangs somit weitgehend auf den medialen Bereich. Pablasek stellt diesbezüglich unmissverständlich fest: »Der Unterschied des Unterrichts für Sehende und für Blinde liegt eben nur in den verschiedenen Mitteln für die verschiedene Anschauung« (Pablasek, 1867, 186). Diese Einstellung findet sich beispielhaft bei August Zeune (1778–1853), der 1806 unter dem Einfluss Haüys, der auf seiner Reise nach Petersburg in Berlin Station machte, die erste Blindenschule Preußens gegründet hat. Seine didaktischen Hinweise beschränken sich auf die Beschreibung taktiler Unterrichtsmedien (Zeune, 1808, 153 ff.).

Eine besondere Stellung unter den Gründern der Blindenschulen nimmt Johann Wilhelm Klein (1765–1848, Gründer der Wiener Blindenschule 1804) ein. Er prägt die deutschsprachige Blindenpädagogik über das gesamte 19. Jahrhundert hinweg. Klein ging zwar ebenfalls von der Didaktik und Methodik des Unterrichts sehender Kinder aus, er setzte sich jedoch intensiv mit den beobachtbaren Folgen von Blindheit auseinander und leitete hieraus besondere Unterrichtsnotwendigkeiten ab. Sein *»Lehrbuch zum Unterrichte der Blinden«* von 1819 bestimmte jahrzehntelang den Blindenunterricht. Klein betont darin die Bedeutung der sinnlichen, v. a. der taktilen Wahrnehmung und der konkreten Anschauung, was vermutlich auf seinen Kontakt zu Pestalozzi zurückzuführen ist. Detailliert beschreibt er vielfältige Unterrichtsmedien sowie eine Reihe von Anschauungsgegenständen, die ausschließlich der Begriffsbildung dienten (Klein 1819, 373). Im Hinblick auf die angestrebten

Handwerkstätigkeiten legte Klein darüber hinaus Wert auf eine motorische und hier insbesondere auf eine feinmotorische Förderung (Klein 1819, 18 f.).

Aus heutiger Sicht lassen sich durchaus Unzulänglichkeiten und Fehleinschätzungen in Kleins Unterrichtsbeschreibungen finden. Beispielsweise blieb Klein dem Prinzip der Sehvermeidung verhaftet (s. u.) und trat vehement als Gegner der Brailleschrift auf. Dennoch gelten Kleins ausführliche Darstellungen des Blindenunterrichts zu Recht als Ausgangspunkt einer blindenspezifischen Didaktik (vgl. Hudelmayer 1976, 53).

2.3 Entwicklung einer theoretisch fundierten und psychologisch orientierten Blindenpädagogik

Die Arbeit an den Blindenschulen hatte letztlich die ersehnte Anerkennung der Bildbarkeit blinder Menschen zur Folge. Nach der damit zusammenhängenden Etablierung der Blindenanstalten im Bildungssystem konnten neue Herausforderungen und Fragestellungen in den Blick genommen werden, die weit über die konkrete Unterrichtsebene hinausgingen. Somit rückte das Erarbeiten der bislang fehlenden theoretischen Fundierung der Unterrichtspraxis zunehmend in den Vordergrund.

Eine erste systematische Theorie der Blindenpädagogik entwickelte Ende des 19. und Anfang des 20. Jahrhunderts Simon Heller (1842–1922) (vgl. Heller, 1876; 1886; 1888; 1892; 1895; 1901; 1905). Simon Heller war Leiter der jüdischen Blindenanstalt »Hohe Warte« in Wien.

Überaus modern klingen Hellers Grundgedanken: Er kritisiert deutlich das im 19. Jahrhundert vorherrschende Prinzip einer umfassenden Fürsorge, das an den meisten Blindenanstalten handlungsleitend war. Hierdurch entstünde ein einseitiges Abhängigkeitsverhältnis blinder von sehenden Menschen, wohingegen die Zielstellungen der Selbstständigkeit und der Selbstbestimmungsfähigkeit im Mittelpunkt der Bildungsbestrebungen stehen sollten (Heller, 1888, 98 ff.; 1901, 110 ff.). Simon Heller fordert dementsprechend ein grundlegendes Umdenken.

Er sah im Blindenunterricht nicht mehr nur die medial adaptierte allgemeine Pädagogik und Didaktik, stattdessen betonte er die spezifischen psychologischen Grundlagen der Blindenbildung und nahm diese Erkenntnis zum Ausgangspunkt einer eigenständigen Blindenpädagogik:

> »Die Blindenpädagogik kann also nicht schlechthin als ein Zweig der allgemeinen Pädagogik bezeichnet werden, welcher sich von dieser nur durch einzelne Abänderungen bezüglich der Lehrmittel unterscheidet; sondern die wesentlichste Unterscheidung liegt darin, dass die psychologische Grundlage der Blindenpädagogik ... eine abweichende ist, und dass aus dieser die abweichenden Methoden und Bildungsmittel ... resultieren« (Heller, 1888, 100 f.).

Die Notwendigkeit blindenspezifischer Vorgehensweisen im Unterricht basiert folglich auf einer weitgehend psychologisch geführten Argumentation. In diesem

Sinne fordert Simon Heller eine »psychologische Grundlegung der Blindenpädagogik« (Heller, 1888). Hellers anthropologische Grundhaltung basiert auf einer Betonung von Selbstständigkeit und Selbstbestimmung als wesentliche Voraussetzungen für geistige und materielle Unabhängigkeit (Heller, 1876, 98). Zugleich warnt er vor einer »Scheinbildung« infolge überwiegender mündlicher Unterweisungen (Heller, 1876, 97 ff.; 1901, 115; 1905, 61).

In der Tradition Friedrich Herbarts (1776–1841) nahm Heller an, dass Vorstellungen unmittelbar aus Sinneswahrnehmungen hervorgingen (Heller, 1876, 89; 1892, 199). Das Prinzip der Anschauung, das konkrete Sinneswahrnehmungen initiiert, sollte folglich in den Mittelpunkt des Unterrichts rücken. Mit Hilfe einer umfangreichen Lehrmittelsammlung und durch vielfältige Realbegegnungen sollten die Schülerinnen und Schüler in der direkten Auseinandersetzung mit Objekten, Tieren oder Tätigkeiten konkrete Vorstellungen entwickeln. Diesbezüglich beschrieb Simon Heller den Einsatz von Veranschaulichungsmitteln nach der »Methode der absteigenden Linie« (Heller 1886, 140 ff.). Hierbei werden ausgehend von der Realbegegnung stufenweise abstraktere Medien eingesetzt (z. B. Realbegegnung mit einem Tier – Stopfpräparat – Nachbildung aus Holz, Ton etc. – Reliefbild – Umrisszeichnung). Zu einem späteren Zeitpunkt könne auch der umgekehrte Weg einer »Methode der aufsteigenden Linie« gegangen werden.

Der Anschauungsunterricht wurde zweifelsohne zum prägenden Element des Blindenunterrichts, wobei dem Tasten als Erkenntnisgrundlage eine entscheidende Rolle zukam (Heller 1886, 136). Dem Gehörten fehle, wenn es nicht konkret auf das Ertastete bezogen werde, das Körperliche, sodass es Objekt phantastischer Spekulation bleibe und nicht Grundlage logischen Denkens werden könne (Heller 1905, 62 ff.; 1886, 136 ff.). Das eng an die Tastwahrnehmung angekoppelte Hören bezeichnet Heller als »Tasthören«, das ebenfalls einen Platz im Elementarunterricht einnehmen solle (Heller 1905, 65 ff.; 1892, 204 ff.).

Voraussetzung für einen erfolgreichen Anschauungsunterricht ist nach Simon Heller eine systematische und spezifische Tastschulung (Heller, 1892, 200 f.; 1888, 104; 1886, 136). Das Kernstück der »Lehre vom Tasten« lieferte Simon Hellers Sohn Theodor, der als Schüler des Psychologen Wilhelm Wundt die Tastvorgänge detailliert wahrnehmungspsychologisch analysierte (Garbe, 1959, S. 28 f.; Heller Th., 1904).

Simon Hellers Systematik der Tastschulung umfasste die Teilbereiche Handturnen, Freies Spiel, Modellieren, Handfertigkeitsunterricht und »Nachahmung alltäglicher Tätigkeiten« (Heller 1888, 113 ff.; 1892, 203 ff.).

Diese bzw. inhaltlich eng verwandte Bereiche wie Fröbelarbeiten oder Handgymnastik sowie der Anschauungsunterricht an sich wurden als eigenständige Unterrichtsfächer teilweise bis in die Mitte des 20. Jahrhunderts hinein in die Stundentafeln der Blindenschulen aufgenommen (vgl. Hudelmayer, 2006, 198).

Es war Simon Hellers großes Verdienst, die psychologischen Auswirkungen von Blindheit ins Zentrum blindenpädagogischer Überlegungen zu rücken. Seine Überlegungen zum Medieneinsatz und zur Bedeutung von Realbegegnungen in Unterrichtsprozessen sind bis heute (spezifisch erweitert und ergänzt) didaktische Grundprinzipien geblieben.

Simon Hellers psychologische Analyse der Wahrnehmung erscheint unter dem aktuellen Forschungsstand als stark vereinfacht. Nichtsdestotrotz hat er wesentliche

Ziele und Methoden des Blindenunterrichts systematisch herausgearbeitet und zu einer eigenständigen Theorie der Blindenpädagogik zusammengeführt (vgl. Garbe, 1959, 28 ff.).

Einer der wenigen zeitgenössischen Kritiker dieser Konzeption war Hellers Kollege an der Wiener Blindenschule »Hohe Warte« Friedrich Hitschmann, der selbst blind war. Dieser widersprach vehement der Dominanz des Anschauungsunterrichts und der Tastlehre, wie sie Heller propagierte. Nach Hitschmann denken blinde Menschen in der Regel nicht in bildhaften Vorstellungen, sodass die Anschauung durch Ertasten für den Blindenunterricht lediglich von geringer Bedeutung sei (Hitschmann, 1895, 9 f.). Blinde Menschen würden, wenn sie sich Begriffe wie »Dorf« oder »Wiese« vergegenwärtigen in nicht-anschaulichen »Surrogatvorstellungen« denken (Hitschmann, 1895, 6 ff.; 1892, 395). Unter Surrogatvorstellungen versteht Hitschmann »*von außen herangetragene, nicht sinnlich erworbene Eindrücke, deren Bedeutung aber der Blinde durch Analogieschlüsse kennt*« (Aichinger, 1969, 208). Während Simon Heller in den Surrogatvorstellungen die Wurzel einer »Scheinbildung« (s. o.) ausmacht, ist Hitschmann der Meinung, »daß sich diese Surrogate den Anforderungen des praktischen Lebens gegenüber vollkommen brauchbar und ausreichend zeigen, und daß demnach auch der Pädagoge berechtigt ist, sie unbedenklich zur Grundlage seines Systems zu machen« (Hitschmann, 1895, 9). Durch »reichliche intellektuelle Zufuhr«, d. h. überwiegend durch verbalen Unterricht und aufbauend auf Gedächtnisleistungen, sollen den Schülerinnen und Schülern Surrogatvorstellungen in »großer Fülle« angeboten werden (Hitschmann, 1895, 10 f.).

Hitschmann kam somit zu völlig anderen didaktisch-methodischen Schlussfolgerungen als Heller, was auf heftige Ablehnung innerhalb der Blindenpädagogik stieß.

Hitschmanns Hinweise auf die Existenz nicht-anschaulichen Denkens sind aus heutiger Sicht auf der Grundlage entsprechender psychologischer Erkenntnisse unstrittig. Begriffe lassen sich sehr wohl auch abstrakt beispielsweise über Sprache aufbauen. Dies steht nicht im Widerspruch zur grundsätzlichen Bedeutung konkreter und unmittelbarer Objekt- und Handlungserfahrung.

2.4 Theoretische Weiterentwicklungen der Blindenpädagogik: Psychologische, philosophische und allgemeinpädagogische Einflüsse

Der Einfluss der Psychologie auf die theoretische Weiterentwicklung der Blindenpädagogik blieb weiterhin groß. Im Anschluss an Simon Hellers Theorieentwurf wurden im ersten Drittel des 20. Jahrhunderts meist sinnespsychologische Fragen innerhalb der Blindenpädagogik rezipiert. Hierunter befanden sich blindenspezifische, meist auf das Tasten bezogene Untersuchungen wie beispielsweise Kunz (1902) zum Sinnesvikariat, Steinberg (1920), Horbach (1925) und Hamann (1937) zur Raumwahrnehmung sowie Peiser (1924) zur Bewegungsempfindung. Zech (1918 a) fasste die zu seiner Zeit vorhandenen psychologischen Erkenntnisse zur Tastwahrnehmung zusammen und zog Verbindungen zum Geographieunterricht der Blindenschule.

Neue, philosophisch orientierte Einflüsse auf die Theoriebildung der Blindenpädagogik wurden vom Breslauer Blindenpädagogen Alfred Petzelt (1886–1967) entwickelt. Petzelt ging erkenntnistheoretisch von der Gleichwertigkeit des Wissens sehender und blinder Menschen aus, da Wissen unabhängig von der wahrnehmenden Sinnesmodalität sei (Petzelt, 1925, 135). Petzelt lässt diesbezüglich keine Zweifel zu (1931, 87):

»Wer also blind ist, kann um Gegenständliches in gleicher Weise wissen wie der Sehende. Sein gegenständliches Wissen kann in keinem Falle gemindert oder andersartig genannt werden.«

Dies gelte dann, wenn der blinde Mensch in seinem gesamten Wahrnehmen, Denken und Erleben die Möglichkeiten des Sehens und Gesehenwerdens miteinbezieht (Garbe, 1959, 43). Dieses In-Beziehung-Setzen mit visuellen Phänomenen, das eine notwendige Voraussetzung für ein Verständnis zwischen sehenden und blinden Menschen darstellt, bezeichnet Petzelt als »Visualisationsbezug« (Petzelt, 1925, 138 f.). Das Herstellen dieses Visualisationsbezuges sei daher die Hauptaufgabe der Blindenpädagogik und spiele speziell bei der Erschließung der Dingwelt im Rahmen des Anschauungsunterrichts eine bedeutende Rolle (Petzelt, 1925, 144). Da ein direkter Zugang bei der Vermittlung visueller Phänomene (z. B. Farben) nicht möglich sei, komme der Sprache eine besondere Funktion zu (Petzelt, 1931, 70 ff.).

Während Petzelt zunächst eher die Theoriebildung der Blindenpädagogik beeinflusste, ging von reformpädagogischen Entwicklungen der allgemeinen Pädagogik im ersten Drittel des 20. Jahrhunderts ein starker Veränderungsimpuls für die konkrete Unterrichtspraxis an den Blindenschulen aus. Zech drückt die enge Verbindung zwischen allgemeiner Pädagogik und Blindenpädagogik prägnant aus und skizziert damit ein Prinzip, das bis heute Gültigkeit hat:

»Ueberall, wo in der Pädagogik neue Ideen auftauchten, sind sie von den Blindenlehrern geprüft, gegebenenfalls umgestaltet und dem Unterricht dienstbar gemacht worden« (Zech, 1917, 3).

Die Umsetzung des Anschauungsunterrichts und der Tasterziehung hatten sich auf der Unterrichtsebene der Blindenschulen teilweise stark von ihren ursprünglichen Kontexten, wie Erziehung zu Selbstständigkeit und Selbsttätigkeit, entfernt und wurden vielerorts zu isolierten und mechanistisch durchgeführten Übungseinheiten. Ein extremes Beispiel dieser Tendenzen findet sich in der im militärischen Drill praktizierten Handgymnastik nach Gigerl (1910). Die Reformpädagogik konnte sicher dazu beitragen, derartige Auswüchse zurückzudrängen und den Weg zu einer kindorientierten, ganzheitlichen und lebensnahen Unterrichtspraxis aufzuzeigen, der von den Blindenschulen in unterschiedlicher Ausprägung verfolgt wurde.

Interessanterweise blieb die Montessori-Pädagogik in der Blindenpädagogik umstritten, sodass ihre Umsetzung eher vereinzelt stattgefunden haben dürfte. Die

Kritik am Montessori-Konzept richtete sich gegen die eher zurückhaltende Rolle der Lehrkraft und gegen die starke Individualisierung (Mayntz, 1931, 120 ff.).

Von der »Arbeitsschulbewegung« von Georg Kerschensteiner (1854–1932) ging zweifellos der entscheidendste Einfluss auf die Blindenpädagogik aus, da sich dieses reformpädagogische Konzept nahtlos an Simon Hellers Prinzip der Selbsttätigkeit anknüpfen ließ. Der Direktor der Danziger Blindenanstalt Friedrich Zech arbeitete überzeugt und überaus engagiert an der Übertragung des Arbeitsschulgedankens auf die Blindenpädagogik. Ziel seines Bestrebens war die Umsetzung eines kindgemäßen Unterrichts, der sich am Leben und an den Bedürfnissen des blinden Kindes orientiert (Zech, 1908; 1914). Im Rahmen konkreter Erfahrungen im Schulgarten oder bei der Versorgung von Tieren sowie durch vielfältige Schülerversuche sollte die Wissensvermittlung handlungsorientiert und selbsttätig erfolgen. Zech band dieses Vorgehen methodisch in ein fächerübergreifendes »Lernen in Gesamtzusammenhängen ein«. Dieser »Gesamtunterricht« wurde zu einem wesentlichen Bestandteil des Blindenunterrichts in den 1920er Jahren.

Ein in sich geschlossenes, umfassendes Theoriesystem, das bis in die zweite Hälfte des 20. Jahrhunderts von großer Bedeutung war, entwickelte der Dürener Blindenpädagoge Aloys Kremer (1895–1955) (Kremer, 1933; 1948; 1951). Kremer greift konsequent die vorliegenden Konzepte von Heller und Petzelt auf und integriert diese in seine Theorie eines »blindseinsgemäßen Unterrichts«. Darüber hinaus bezieht er weitere kognitive, motivationale und sozialpsychologische Gesichtspunkte in sein System ein und erweitert hierdurch die psychologische Basis der Blindenpädagogik erheblich (Hudelmayer, 1970, 20). Erneut erweist sich somit die Psychologie als wesentlicher Einflussfaktor auf die Blindenpädagogik.

Kremer geht von »psychophysischen Entwicklungsbedingtheiten« blinder Menschen aus (Kremer, 1933, 33), worunter er eine qualitative und quantitative Minderung von Erlebensmöglichkeiten, das Ertastenmüssen, das größere Mitbestimmtsein durch die zur Verfügung stehenden Sinne (Gehör-, Geruch- und Geschmackssinn), die vermehrte Unanschaulichkeit des Gegenstandswissens, den Zwang zum Zusammenleben mit Sehenden in deren auf Sehen ausgerichteter Lebenswelt und das Wissen um ein Anderssein versteht. Hieraus könnten Besonderheiten wie eine Tendenz zum synthetischen und abstrakten Denken, eine Tendenz zur Passivität oder eine Tendenz zu Minderwertigkeitsgefühlen entstehen (Kremer, 1933, 55 ff.).

Kremer sieht im Entgegenwirken dieser Tendenzen die Hauptaufgabe der Blindenpädagogik. Das entsprechend notwendige Vorgehen bezeichnet er als »blindseinsgemäßen« Unterricht. Die »Blindseinsgemäßheit« zeige sich in einem didaktischen Dreischritt (Kremer, 1948; 1951):

1. Berücksichtigung der äußeren Eigenlage des blinden Menschen (»periphere Blindseinsgemäßheit«, vgl. Zeit der Schulgründungen),
2. Berücksichtigung der inneren Eigenlage des blinden Menschen (»zentrale Blindseinsgemäßheit«, vgl. »Lehre vom Tasten« nach Simon und Theodor Heller)
3. Berücksichtigung der pädagogischen Eigenlage des blinden Menschen (»pädagogische Blindseinsgemäßheit«, vgl. »Visualisationsbezug« nach Petzelt).

Alle drei Ebenen müssen in den Unterricht mit blinden Schülerinnen und Schülern einfließen, der dadurch ein Höchstmaß an Anschaulichkeit, an verstandesmäßiger Durchdringung des Lerninhaltes und an Visualisationsbezug aufweise (Kremer 1948; 1951).

2.5 Entstehung der Sehbehindertenpädagogik

Die intensive Beschäftigung mit Blindheit reicht historisch weit zurück, und die Frage der »Bildungsfähigkeit« blinder Menschen wurde, wie bereits skizziert, im 19. Jahrhundert geklärt. Obwohl seit Gründung der Blindenschulen auch sehbehinderte Schülerinnen und Schüler diese Einrichtungen besuchten, wurde Sehbehinderung als pädagogische Herausforderung, die spezifischer Lösungswege bedarf, erst im 20. Jahrhundert erkannt. In Abhängigkeit vom Grad der Sehbeeinträchtigung waren sehbehinderte Kinder nicht nur an Blindenschulen, sondern auch an allgemeinen Volksschulen anzutreffen. In beiden Organisationsformen – Volksschule und Blindenschule – wurden die Bedürfnisse sehbehinderter Kinder und Jugendlicher teilweise bis in die zweite Hälfte des 20. Jahrhunderts hinein nicht oder nur in ungenügendem Maße berücksichtigt. Aus beiden Organisationsformen entwickelten sich, wie nachfolgend aufgezeigt wird, Wurzeln einer eigenständigen Sehbehindertenpädagogik.

Ausschlaggebend für die Situation sehbehinderter Schülerinnen und Schüler an den Blindenschulen war Johann Wilhelm Kleins rigorose Haltung zum Umgang mit vorhandenen Sehfähigkeiten:

> »Beym Unterricht eines Blinden darf auch der ihm übriggebliebene schwache Schein nie in Anspruch genommen werden, weil er in den meisten Fällen doch nicht hinreichend ist, und dabey die Übung und Schärfung der übrigen Sinne unterbleibt« (Klein, 1819, 9). Vielmehr solle der verbliebene »Sehrest« »für größere Gegenstände, wozu er hinreicht, und zur Schützung von Gefahren ... aufbewahrt werden« (Klein, 1819, S. 9 f.).

Klein erweist sich hier als Anhänger der in der zeitgenössischen Ophthalmologie vorherrschenden Lehrmeinung, wonach sich ein »Sehrest« durch Gebrauch abnutze und vollständig verloren gehen könne (Usus-abusus-Hypothese). Das Prinzip der Sehvermeidung behielt in der Blindenpädagogik des 19. und des beginnenden 20. Jahrhunderts Gültigkeit, sodass sehbehinderte Kinder und Jugendliche in einer auf Nicht-Sehen ausgerichteten Lernumgebung unterrichtet wurden und sich mit taktilen Unterrichtsmedien und Schriftsystemen (anfangs Reliefschrift und später Brailleschrift) auseinandersetzen mussten.

Sehbehinderte Schülerinnen und Schüler wurden folglich zur Übernahme der Blindenrolle gezwungen, was weitreichende Folgen für deren Sozial- und Leistungsentwicklung hatte (Mersi, 1985 a, 37 f.). Daneben offenbarte sich an den Blindenschulen folgender »Braille-Skandal« (Mersi, 1985 a, 38):

> Verschiedentlich wurde beobachtet, »daß sich der Gebrauch des noch vorhandenen Sehvermögens durchaus nicht so leicht ausschalten läßt, wie man es annimmt, daß die

Schwachsichtigen selbst die lediglich auf das Tastgefühl berechnete Punktschrift mit den Augen zu lesen versuchen und davon durch keinerlei Ermahnungen und Vorbeugungsmittel abgehalten werden können« (Bürklen, 1918 nach Benesch & Mersi, 1970, 19).

Trotz dieser offensichtlichen Missstände änderte sich die Unterrichtspraxis an den Blindenschulen nur äußerst langsam. Bereits Simon Heller hatte Zweifel an der »Abnutzungstheorie« der Sehfähigkeit durch Gebrauch geäußert und von der erfolgreichen Durchführung von Sehübungen berichtet (Heller, 1901, 120 ff.). Diesbezüglich stellte erst der Blindenlehrerkongress in Hamburg 1907 einen Wendepunkt dar, als der Berliner Augenarzt Levinsohn in seinem Vortrag eindrucksvoll die Abnutzungstheorie zurückwies und forderte, dass bei Kindern mit abgeschlossenen akuten Krankheitsprozessen und allgemeiner Sehschwäche zwingend Übungen zur Verbesserung der Sehleistung durchgeführt werden sollten (Levinsohn, 1908, 203). Darüber hinaus kritisierte er deutlich die unerträgliche Situation sehbehinderter Schülerinnen und Schüler sowohl an den Blindenschulen als auch an den Volksschulen und forderte an beiden Orten die Einrichtung gesonderter Hilfsklassen (Levinsohn, 1908, 208).

Die nun in der Blindenpädagogik geführte Diskussion der pädagogischen Förderung sehbehinderter Kinder führte jedoch nur allmählich und äußerst langsam zu einem Umdenken. Der Einsatz verbliebener visueller Wahrnehmung wurde im Unterricht zunächst toleriert bzw. in Sonderstunden (z. B. zum Lesen und Schreiben der Schwarzschrift) berücksichtigt (vgl. Mersi, 1971, 27 ff.; Beermann, 1966, 17, 38). Der an der niederösterreichischen Blindenanstalt in Purkersdorf tätige Karl Bürklen (1869–1956) nahm hier eine Vorreiterrolle ein, da er bereits ab 1910 spezielle Kurse unter angepassten räumlichen und medialen Bedingungen (Räume mit ausreichend Tageslicht, kontrastreicher Tafelanschrieb, große Wandfibel etc.) für sehbehinderte Kinder anbot (Bürklen, 1918 nach Benesch, Mersi 1970, 21 ff.; Wanecek, o. J., 52 ff.). An der Hamburger Blindenschule wurden 1923 eigenständige »Sehschwachenklassen« eingerichtet (Beermann, 1966, 19 f.). Bis in die 1960er Jahre hinein war jedoch die Situation der sehbehinderten Schülerinnen und Schüler an den meisten Blindenschulen äußerst unbefriedigend (Mersi, 1985 a, 39).

Wie bereits Levinsohn formuliert hatte (s. o.), gestaltete sich die Situation sehbehinderter Schülerinnen und Schüler an den Volksschulen ähnlich unbefriedigend wie diejenige an Blindenschulen. Da die Sehbehinderung dort keine pädagogische Berücksichtigung fand, wurden betroffene Schülerinnen und Schüler hinsichtlich ihrer Schulleistungen und ihres Sozialverhaltens oftmals auffällig (Mersi, 1985 b, 59; Beermann, 1966, 20 ff.; Wanecek, o. J., 64 ff), sodass eine Zuweisung in eine »Hilfsschule« die Folge war (vgl. Wanecek, o. J., 65). Diese Problematik bewog allen voran pädagogisch interessierte Augenärzte dazu, eigenständige »Sehschwachenschulen« zu gründen. Die ersten Schulgründungen dieser Art fanden in Mühlhausen (1907), Straßburg (1911), London (1908), Berlin (1919, 1922, 1931), Wien (1923) und Leipzig (1927) statt (Mersi, 1985 a, 39). Sehschonung und Sehförderung wurden schrittweise zu leitenden Prinzipien dieser ersten Sehbehindertenschulen, wobei Sehschonung hier nicht im Sinne von Nichtbenutzen visueller Wahrnehmungsmöglichkeiten fehlinterpretiert werden darf. Vielmehr verstand die sich entwickelnde Sehbehindertenpädagogik darunter eine dosierte, die Sehfunktion nicht überanstrengende Inanspruchnahme (vgl. Vatteroth, 1949, 35 ff.; Beermann, 1966,

S. 167 ff.). In diesem Zusammenhang ist die 1938 erfolgte Umbenennung der 1932 gegründeten Essener »Sehschwachenschule« in »Sehschonungsschule« zu betrachten (Vatteroth, 1949, S. 15 f.). Zur endgültigen Etablierung des Sehförderprinzips trugen die empirischen Arbeiten von Barraga (1964) und Ashcroft et al. (1965) wesentlich bei, da hier der Nachweis einer Verbesserung des funktionalen Sehvermögens durch spezifische Sehförderung erbracht werden konnte. Innerhalb des deutschen Sprachraums konnte Beermann (1966) positive Effekte der Sehförderung belegen.

Neben der Förderung des Sehens entwickelten sich die Förderung kompensatorischer Sinnesleistungen (Tasten, Hören), die zeitliche Begrenzung von »Naharbeiten« (z. B. Lesen und Schreiben), die Individualisierung des Unterrichts, das das Sachhandeln begleitende Verbalisieren sowie die optimale Anpassung räumlicher und medialer Unterrichtsbedingungen (Beleuchtung, Möblierung, optische Sehhilfen, Großdruck, Speziallineaturen etc.) zu weiteren Grundlagen der Sehbehindertenpädagogik (Mersi, 1985 b, 58 f.).

Im Hinblick auf die Förderung hochgradig sehbehinderter Menschen entwickelte Wanecek die Methode des »Tastsehens«, eine enge Verknüpfung gleichzeitiger visueller und taktiler Wahrnehmung, wodurch sich beide Modalitäten gegenseitig unterstützen und ergänzen könnten (Wanecek, o.J., 195; Wanecek, 1925).

In den 1960er Jahren begann einerseits ein weiterer Ausbau des selbstständigen Sehbehindertenbildungswesens (Mersi, 1985 a, 44) mit zahlreichen Schulgründungen. Andererseits entwickelten sich die Blindenschulen in der Regel zu kombinierten Blinden- und Sehbehindertenschulen. Die an beiden Unterrichtsorten durchgeführten sehbehindertenspezifischen Maßnahmen glichen sich zunehmend an. Wegweisend für die weitere Entwicklung war zudem, dass der in den 1950er Jahren teilweise erbittert geführte Konfrontationskurs zwischen Blindenschule und selbstständiger Sehbehindertenschule (vgl. Wegbrod, 1956) überwunden werden konnte.

Hudelmayer (2000, 89) fasst die Entwicklung einer eigenständigen Sehbehindertenpädagogik folgendermaßen zusammen:

> »Beginnend mit der Wahrnehmung von Sehschwäche als einer eigenen Art von Behinderung, über vielerlei Erproben und Suchen ... nach dem adäquaten Unterrichten und pädagogischen Handeln ... ist eine spezifische Praxis und dann auch Theorie des Sehbehindertenunterrichts entstanden, die sich in Schulgründungen, in speziellen Richtlinien, Empfehlungen und Bildungsplänen, darüber hinaus auch in Forschung und Lehrerbildung niedergeschlagen haben. Unter den spezifischen Lernzielen/-inhalten nimmt die Seherziehung bzw. visuelle Wahrnehmungsförderung einen zentralen Platz ein.«

2.6 Entwicklung der Blinden- und Sehbehindertenpädagogik zu einer eigenständigen wissenschaftlichen Disziplin

Nach der Zerschlagung des nationalsozialistischen Deutschlands musste das zuvor ideologisch missbrauchte Schulsystem neu aufgebaut werden. Dies geschah in den beiden entstandenen deutschen Staaten der DDR und der BRD höchst unterschiedlich. In der DDR wurde beim Wiederaufbau des Bildungswesens für blinde und sehbehinderte Menschen, wie generell im gesamten Bildungssystem, ein radikaler Bruch mit den Vorkriegstraditionen vollzogen (vgl. Pielasch & Jaedicke 1971, 171 ff., 206 ff., 310 ff.; Fromm, 1990, 25 ff.). Im Mittelpunkt des sozialistischen Bildungssystems stand die »polytechnische Bildung«. Auch sehgeschädigte Schülerinnen und Schüler sollten dementsprechend an einem Unterrichtstag aktiv in Produktionsprozessen mitarbeiten (Pielasch & Jaedicke 1971, 310 f.). Aspekte der Unterrichtung von Kindern mit Behinderungen wurden unter dem Begriff der »Rehabilitationspädagogik« zusammengefasst. Die entsprechend notwendigen pädagogischen Maßnahmen der Rehabilitationspädagogik bei Sehgeschädigten, die insbesondere entwicklungspsychologisch begründet wurden, gliedern sich in rehabilitative Bewegungserziehung, rehabilitative Sinneserziehung, rehabilitative Spracherziehung und Maßnahmen im »emotional-volitiven« Bereich (Fromm & Degenhardt, 1990, 62 ff.). Die rehabilitative Sinneserziehung, die sich in Seherziehung, Hörerziehung und Tasterziehung aufteilt, bekommt eine zentrale Stellung in diesem Theoriesystem. Die Tasterziehung wird als Unterrichtsprinzip betrachtet und erhält zusätzlich in Form des 1980 für die Klassen 1–3 eingeführten Unterrichtsfachs »Modellieren/Typhlographik« einen festen organisatorischen Rahmen (Fromm & Degenhardt, 1990, 70, 75 ff., 112 ff.).

In der BRD fand nach 1945 zunächst ein Anknüpfen an die Blindenpädagogik während der Weimarer Republik statt. Das System Kremers (s. o.) bildete den theoretischen Rahmen. Auf der unterrichtspraktischen Ebene wurde auf reformpädagogische Gedanken wie den »Gesamtunterricht« zurückgegriffen. Formale Veränderungen ergaben sich mit der beginnenden Angleichung der Bildungspläne der Schulen an diejenigen der Allgemeinen Schulen (vgl. Hudelmayer, 1975, 85 f.), sodass spezifische Fächer wie »Fröbelunterricht« oder Anschauungsunterricht von den Stundentafeln der Blindenschulen verschwanden.

Weitreichende Entwicklungen und Veränderungen zeigten sich auf der wissenschaftstheoretischen Ebene (vgl. Mersi 1985 b). Die Blindenpädagogik und in der Folge auch die Sehbehindertenpädagogik entwickelten ein erziehungswissenschaftliches Profil und konstituierten sich zu einer eigenständigen wissenschaftlichen Disziplin. Die Psychologie wurde fortan nicht mehr wie bisher als Fundament betrachtet, sondern avancierte zur bedeutenden Bezugswissenschaft (vgl. Hudelmayer, 1970, 23 f.; Wanecek, 1969, 131). Ein erster Schritt dieser Entwicklung zur eigenständigen Wissenschaft vollzog sich durch Herbert Garbe (1918–1998) und dessen konsequent hermeneutisch aufgebaute Theorie der Blindenpädagogik (Garbe, 1959). Anstatt pädagogische Ziele, Inhalte und Unterrichtsmethoden einseitig aus der Psychologie abzuleiten, forderte er eine stärkere Bezugnahme auf äußere Faktoren wie die Schaffung einer den Möglichkeiten sehender Menschen gleichwertigen Bildung und Ausbildung. Hieraus abgeleitet entwickelte Garbe blindenspezifische didaktische Anpassungen wie beispielsweise eine methodisch durch exemplarisches Lernen legitimierte inhaltliche Reduktion sowie die Aufnahme von Sondergebieten wie Orientierungsübungen und Hilfsmitteleinsatz in den Unterricht (Garbe, 1966).

Werner Boldt (1928–1998) erweiterte den »hermeneutisch-pragmatischen« Ansatz durch eine starke Bezugnahme auf die pädagogische Anthropologie (vgl. Boldt 1965;

1966; 1968), indem er den »ganzen Menschen« mit seinen Lebensbeziehungen in den Mittelpunkt seiner Überlegungen rückte. Ein wesentlicher Ausgangspunkt pädagogischen Handelns ist nach Boldt die Analyse der Ausgangslage und der Lernentwicklung blinder und sehbehinderter Kinder und Jugendlicher. Hugo Schauerte (1929–2016) konkretisierte die Überlegungen Boldts dahingehend, dass er umfassender als Boldt die didaktischen Konsequenzen aus der Analyse der Lernausgangslage (auch im Hinblick auf einzelne Unterrichtsfächer) ableitete (Schauerte, 1972, 1984). Hierbei prägte er den Begriff der »Kompensation« der Sehschädigung (z. B. durch Hilfsmittel, Optimierung von räumlichen Kontextfaktoren oder spezifische Förderangebote).

Franz Mersi (geb. 1930) bezeichnet seinen Theorieansatz als »curriculumtheoretisch-emanzipationspädagogisch« (Mersi, 1985 b, 60), indem er die »Lebensvorbereitung« mit der Zielvorgabe der gesellschaftlichen Integration als Hauptaufgabe der Sehbehindertenpädagogik benannte. Verwirklicht werden könne dies durch die Vermittlung kultureller, beruflicher und sozialer Kompetenzen unter Berücksichtigung sehbehindertenspezifischer Förderung und Kontextgestaltung bezüglich Wahrnehmung, Sozialverhalten, Mediennutzung, Orientierungs- und Mobilitätstechniken etc. Explizit fordert Mersi eine Umsetzung innerhalb eines flexiblen Bildungssystems, das segregierende und integrative Beschulungsformen umfasst (Mersi, 1985 b, 61).

In inhaltlicher Nähe zu Mersis Überlegungen zur Sehbehindertenpädagogik befinden sich die Beiträge Hudelmayers zur Blindenpädagogik (Hudelmayer, 1975; 1976). Dieter Hudelmayer (1933–2015) gründet seine Theorieüberlegungen auf eine verhaltenswissenschaftlich orientierte Pädagogik (Mersi, 1985 b, 57), wobei er Auswirkungen von Blindheit vor allem auf die kognitive, motorische und sozial-emotionale Entwicklung als Ausgangspunkt didaktischer Überlegungen in enger Bezugnahme auf Erkenntnisse der Psychologie (insbesondere der Wahrnehmungs-, Kognitions- und Entwicklungspsychologie) beschreibt. Seine Argumentation greift auf empirische Forschungsergebnisse zurück, wodurch er sich von hermeneutischen und anthropologischen Ansätzen abgrenzt. Im Rahmen seiner Dissertation (Hudelmayer, 1970) zur Begriffsbildung blinder Kinder und Jugendlicher lieferte Hudelmayer einen eigenen empirischen Beitrag zu seinen blindenpädagogischen Schlussfolgerungen. Die Notwendigkeit einer spezifischen Blindenpädagogik mit entsprechenden eigenen Zielstellungen begründet Hudelmayer als unabdingbare Folge von drei zueinander in Abhängigkeit stehenden Relationen (Hudelmayer, 1975, 71 ff.; 1976, 53 ff.):

1. dem Verhältnis des Blinden zu sich selbst (Umgang mit der Behinderung),
2. dem Verhältnis des Blinden zu sehenden Menschen (Integration aufgrund kultureller, beruflicher und sozialer Kompetenzen; z. B. Notwendigkeit zum Erlernen der Brailleschrift oder lebenspraktischer Fertigkeiten),
3. dem Verhältnis zur konkreten Objektwelt (Auswirkungen von Blindheit v. a. auf die kognitive und emotionale Entwicklung; z. B. Begriffsbildung).

Hudelmayers »Didaktik der Blindenschule« (Hudelmayer, 1976) basiert auf einer Anpassung des lerntheoretischen didaktischen Strukturmodells, das er mit blindenspezifischen Inhalten, Methoden und Medien ausfüllt.

Eine ähnliche Vorgehensweise mit enger Anlehnung an allgemeindidaktische Modelle findet sich bei Rudolf Schindele (1941-2007). Er entwarf ein umfassendes Konzept einer sehgeschädigtenspezifischen Didaktik (Schindele 1985), das detaillierte, an die unterrichtlichen Bedürfnisse blinder und sehbehinderter Schülerinnen und Schüler angepasste »Adaptationen« im intentionalen, im methodisch-prozessual-organisatorischen und im medialen Bereich umfasst.

Die Blinden- und Sehbehindertenpädagogik kann auf eine breite wissenschaftstheoretische Fundierung zurückgreifen, die sich nach wie vor in einem Prozess der Weiterentwicklung befindet. Hermeneutische und empirische Ansätze haben ihren Niederschlag in der Theorieentwicklung gefunden. Aktuell finden auch pädagogisch-konstruktivistische Ansätze (Walthes, 2014) Eingang in die Blinden- und Sehbehindertenpädagogik. Weitere Impulse gingen bzw. gehen von inhaltlichen Weiterentwicklungen aus, die im nachfolgenden Kapitel skizziert werden sollen.

2.7 Inhaltliche und organisatorische Weiterentwicklungen der Blinden- und Sehbehindertenpädagogik ab dem Ende des 20. Jahrhunderts

Orientierung & Mobilität und Lebenspraktische Fähigkeiten

Systematische Schulungen blinder Menschen in den Bereichen Orientierung und Mobilität (O&M) entstanden während des Zweiten Weltkrieges in den USA im Rahmen der Rehabilitation erblindeter Kriegsheimkehrer. Nachfolgend wurde das Orientierungs- und Mobilitätstraining auf alle Altersgruppen und Erblindungsursachen und auch auf die Zielgruppe sehbehinderter Menschen ausgeweitet. Anfang der 1970er Jahre wurde Orientierungs- und Mobilitätsunterricht in Deutschland eingeführt. Inhaltlich steht die individuelle Vermittlung von Techniken und Strategien für die selbstständige, zielgerichtete Fortbewegung im Mittelpunkt. Hierzu gehören auch der Einsatz von Mobilitätshilfen (z. B. Langstock, Blindenführhund, GPS-Navigation, Monokular), ein gezieltes Hörtraining (z. B. Echoortung, Klicksonar-Technik) und das Nutzen öffentlicher Verkehrsmittel. Elemente des O&M-Unterrichts finden aktuell bereits im Rahmen der Frühförderung statt.

Eine inhaltliche Präzisierung und Systematisierung »Lebenspraktischer Fähigkeiten« (LPF) fand zunächst im Kontext der Rehabilitation erwachsener blinder Menschen statt und wurde von hier aus auf die Altersgruppe blinder Kinder und Jugendlicher übertragen. LPF-Unterricht verfolgt das Ziel, zur selbstständigen Ausübung von Alltagstätigkeiten zu verhelfen. Dies umfasst beispielsweise die Bereiche Essen und Trinken (Umgang mit Besteck, Eingießen von Flüssigkeiten etc.), Kleidung (Unterscheidung von Stoffen, Handhabung von Verschlüssen etc.), Körperpflege (Körperhygiene, Kosmetik etc.) und Verrichtungen wie Einkaufen (z. B.

Erkennen von Münzen und Geldscheinen) oder die Bedienung von Haushaltsgeräten.

Sowohl für den Bereich O&M als auch für den Bereich LPF sind spezielle Berufsbilder der Rehabilitationsfachkräfte und entsprechende Ausbildungsstätten entstanden. Diese Rehabilitationsfachkräfte sind entweder freiberuflich tätig (Leistungsabrechnung erfolgt dann über die Krankenkassen) oder an Institutionen der Blinden- und Sehbehindertenpädagogik angestellt.

Mehrfache Beeinträchtigung bzw. Mehrfachbehinderung

Unter einer Mehrfachbehinderung, schwerster oder komplexer Behinderung wird allgemein das gemeinsame Auftreten gravierender Beeinträchtigungen der kognitiven Funktionen, der Wahrnehmungsmöglichkeiten (z. B. Hören, Sehen), der Motorik, der Kommunikation, der Verhaltenssteuerung oder der Körperfunktionen verstanden (Fornefeld, 2004, 71; Stöppler, 2014, 57 ff.; Sarimski, 2016, 8 ff.). Mehrfachbehinderung darf jedoch nicht als Addition mehrerer »Einzelbehinderungen« betrachtet werden. Sie stellt vielmehr ein komplexes Bedingungsgefüge dar, das sich auf alle Entwicklungsbereiche unter gegenseitiger Beeinflussung auswirkt. Somit sind sämtliche Versuche, eine »Primärbehinderung« zu bestimmen, die das pädagogische Vorgehen leiten könne, äußerst kritisch zu sehen. Vielmehr müssen die verschiedenen Beeinträchtigungen grundsätzlich gemeinsam betrachtet werden (Haas & Henriksen, 2015, 15; Fröhlich, 2015, 13 f.) und zu individuellen Fördermaßnahmen führen.

Bereits Ende des 19. Jahrhunderts wurden an einigen Blindenschulen Schülerinnen und Schüler mit Lernbehinderungen aufgenommen. Die Beschulung geistig behinderter Kinder beginnt allgemein erst in den 1960er Jahren, als in fast allen Bundesländern eine entsprechende Schulpflicht eingeführt wurde und im Zuge dessen spezielle Einrichtungen (Schulen, Werkstätten, Kindergärten etc.) entstanden (vgl. Fornefeld, 2004, 40 ff.). Auch die Blinden- und Sehbehindertenpädagogik stellte sich in diesem Zusammenhang der Aufgabe einer Beschulung geistig behinderter, sehbeeinträchtigter Kinder und Jugendlicher. Ab den 1970er Jahren erfolgte die Aufnahme schwer mehrfachbehinderter Kinder und Jugendlicher. Der Anteil mehrfachbeeinträchtigter Schülerinnen und Schüler an blinden- und sehbehindertenspezifischen Schulen beträgt mehr als 60 % (Hudelmayer, 2006, 205), wodurch deutlich wird, welch tiefgreifende inhaltliche und institutionelle Erweiterung sich in der Blinden- und Sehbehindertenpädagogik der letzten Jahrzehnte vollzogen hat.

Die Gruppe taubblinder bzw. hörsehbehinderter Kinder und Jugendlicher nimmt eine Sonderstellung ein. In Deutschland begann bereits 1886 im Oberlinhaus bei Potsdam die systematische Unterrichtung taubblinder Kinder und Jugendlicher. Seitdem hat sich ein differenziertes Bildungswesen mit speziellen, eigenständigen Einrichtungen bzw. gesonderten Abteilungen an Blindenschulen mit Standorten in Hannover, Potsdam, Würzburg und Schramberg-Heiligenbronn entwickelt.

Frühförderung

Die mobile Frühförderung sehgeschädigter Kinder begann in den 1950er und 1960er Jahren maßgeblich aufgrund des Engagements einzelner Blindenlehrer (z. B. Hans-Wilhelm Felden, Theodor Düren und Hugo Schauerte). Ausgangspunkt dieser Entwicklung war die Blindenschule in Düren. Hier, wie an anderen Blindenschulen auch, wurde über mangelnde Fertigkeiten und Fähigkeiten der Schulanfängerinnen und -anfänger (z. B. im lebenspraktischen Bereich) geklagt, woraufhin die Notwendigkeit einer intensiven vorschulischen Förderung erkannt wurde.

In den darauffolgenden Jahrzehnten wurde sukzessive ein flächendeckendes spezifisches Frühfördersystem für blinde und sehbehinderte Kinder aufgebaut (Walthes, 2014, 129 ff.), das grob die Bereiche Diagnostik, Beratung und konkrete Förderung abdeckt (▶ Kap. 10) und organisatorisch meist an Schulen der Blinden- und Sehbehindertenpädagogik und deren Beratungsstellen angegliedert ist.

Technische Entwicklungen

Die Entwicklungen im Bereich der Informationstechnologie waren bzw. sind enorm und ihre Auswirkungen auf die Blinden- und Sehbehindertenpädagogik sind gewaltig. Blinde und sehbehinderte Menschen erhielten mittels Braillezeilen, Screenreader-Programmen, Sprachaus- und eingaben sowie Vergrößerungssoftware vielfältige Möglichkeiten zur digitalen Informationsgewinnung, zum Informationsaustausch und zur Text- und Datenverarbeitung (▶ Kap. 8.3). Im schulischen, beruflichen und privaten Bereich sind diese Innovationen nicht mehr wegzudenken. Sie haben neue Perspektiven (z. B. beruflicher Art) und Teilhabemöglichkeiten eröffnet und gleichzeitig vielfältige Bildungsinhalte und didaktische Herausforderungen geschaffen. Es entstanden die Voraussetzungen zur direkten schriftlichen Kommunikation zwischen sehenden und blinden Menschen, was für die schulische und berufliche Integration von großer Relevanz ist.

Auch im Unterricht bzw. in der Förderung mehrfachbehinderter sehgeschädigter Kinder und Jugendlicher treten technische Neuerungen z. B. bei der Durchführung von Sehförderung oder als Kommunikationshilfe in Erscheinung.

Der technische Fortschritt betrifft darüber hinaus den blinden- und sehbehindertenspezifischen Lehrmittelbau, da zur Erstellung von Veranschaulichungsmedien zunehmend computergestützte Verfahren (z. B. 3D-Druck) zur Anwendung kommen.

Integration/Inklusion

Die sonderpädagogisch begleitete Integration blinder und sehbehinderter Kinder und Jugendlicher begann 1970 im Gymnasialbereich (Hudelmayer, 1989, 27; Thiele, 2004, 43) und wurde von hier aus auf andere Schularten ausgeweitet. Die daraufhin breit geführte Diskussion und die dadurch initiierten Schulversuche brachten letztendlich den Nachweis, dass für blinde und sehbehinderte Schülerinnen und Schüler »unter bestimmten Voraussetzungen die unterstützte Integration in die

Allgemeine Schule möglich, verantwortbar und wünschenswert ist ...« (Hudelmayer, 1978, 106). 1983 wurde in Schleswig das heutige Landesförderzentrum Sehen als von Beginn an ausschließlich integrativ arbeitende »Schule ohne Schüler« gegründet. Für die traditionellen Blinden- und Sehbehindertenschulen bedeutet diese Entwicklung hin zu einem integrativen bzw. inklusiven Schulsystem eine bis heute andauernde Notwendigkeit zum Umbau und zur Flexibilisierung der pädagogischen Angebote, da die blinden- und sehbehindertenspezifische Unterstützung zunehmend außerhalb eigener Bildungseinrichtungen stattfindet. Im Schuljahr 2018 befanden sich laut Statistik der Kultusministerkonferenz 50,1 % der spezifisch blinden- und sehbehindertenpädagogisch betreuten Schülerinnen und Schüler an Allgemeinen Schulen und 48,9 % an an Schulen mit »Förderschwerpunkt Sehen« (KMK, 2020).

Low Vision

Der Begriff »Low Vision« umfasst Maßnahmen im Kontext einer Sehbeeinträchtigung die von der Diagnostik des funktionalen Sehens bis hin zur pädagogischen Sehförderung oder zur adäquaten Hilfsmittel- und Arbeitsplatzausstattung reichen (vgl. Laemers & Wahren-Krüger, 2004). Die Sehförderung mit dem Fokus auf spezielle und geschlossene Förderprogramme, wie sie in den 1970er Jahren vorherrschend war (vgl. Frostig, Horne, Miller 1972), fand im Konzept »Low Vision« eine umfassende Erweiterung und beispielsweise durch die Arbeiten von Lea Hyvärinen (Hyvärinen & Jacob, 2011) eine theoretische Fundierung.

Mit dem komplexen Bereich zerebraler Sehschädigungen (Cerebral Visual Impairment CVI, s. o.) entstand ein neuer Inhaltsschwerpunkt innerhalb des Low Vision-Konzepts. Hier ergaben sich neue diagnostische Herausforderungen sowie Fragen bezüglich einer entsprechend spezifischen Förderung (Henriksen & Laemers, 2016).

2.8 Zusammenfassung: Theoriebildung der Blinden- und Sehbehindertenpädagogik

Für die Theoriebildung der Blinden- und Sehbehindertenpädagogik waren verschiedene Phasen und Entwicklungen von besonderer Relevanz:

- Die Anfänge zur Gründungszeit der Blindenschulen waren noch weitgehend pragmatisch orientiert, wobei die Suche nach konkreten Praxislösungen (z. B. für das Lesen und Schreiben) und nach beruflichen Perspektiven im Vordergrund standen.
- Bis über das 19. Jahrhundert hinaus bestimmte die Augenmedizin als dominierende Bezugswissenschaft maßgeblich den pädagogischen Umgang mit sehbehinderten Kindern und Jugendlichen (»usus-abusus-Hypothese«, s. o.).

- Ab der zweiten Hälfte des 19. Jahrhunderts begann die intensive Beschäftigung mit den psychologischen Grundlagen der Blindenbildung (v. a. Entwicklung von Vorstellungen und Begriffen). Die Psychologie wurde zum Ausgangspunkt einer ersten Theorie der Blindenpädagogik, die infolgedessen als eigenständig und nicht mehr nur als medial adaptierte allgemeine Pädagogik und Didaktik verstanden wurde.
- Der Einfluss der allgemeinen Pädagogik ist ein weiterer maßgeblicher Faktor blinden- und sehbehindertenpädagogischer Theoriebildung (vgl. Mersi 1985), der beispielsweise die Reformpädagogik, die hermeneutisch orientierte Pädagogik oder eine verhaltenswissenschaftlich orientierte Pädagogik umfasst.

Die Bezugswissenschaften Psychologie, Medizin und Allgemeine Pädagogik spielen durchgängig bis hin zu aktuellen Weiterentwicklungen der Blinden- und Sehbehindertenpädagogik eine grundlegende Rolle. Der enge Bezug zwischen Psychologie und Pädagogik wurde zu einem konstituierenden Merkmal der Blinden- und Sehbehindertenpädagogik. Eine umfassende Analyse des Entwicklungs- und Lernstandes und den diesbezüglichen Bedingungen, wobei spezifische diagnostische Verfahren (z. B. in der Entwicklungsdiagnostik) eingesetzt werden sowie auf psychologischen Grundlagen entwickelte spezielle Konzepte der Wahrnehmungsförderung (v. a. Seherziehung, haptische Wahrnehmungsförderung), der Begriffsbildung oder des Sozialen Lernens bilden den Ausgangspunkt blinden- und sehbehindertenpädagogischen Handelns.

Die Medizin ist in den Bereichen der Diagnostik und der Hilfsmittelversorgung bis heute mit der Blinden- und Sehbehindertenpädagogik eng verbunden, und auch allgemeinpädagogische Entwicklungen wie pädagogisch-konstruktivistische Sichtweisen (vgl. z. B. Walthes, 2014) oder inklusionspädagogische Überlegungen (vgl. Degenhardt et al., 2016; Lang et al., 2017) finden ihren Niederschlag in der Blinden- und Sehbehindertenpädagogik.

3 Entwicklung einer Schrift für blinde Menschen

3.1 Reliefschriften

Zu Beginn der Institutionalisierung der Blindenpädagogik kam der Suche nach einer geeigneten, tastbaren Schrift eine entscheidende Rolle zu, da der Nachweis der Bildungsfähigkeit blinder Menschen eng mit dem Erlernen des Lesens und Schreibens verbunden war. Valentin Haüy ließ zur Veranschaulichung seines Lösungsvorschlags sein Lehrbuch »Essay sur l'education des aveugles« (1786) in Reliefschrift drucken, sodass die traditionelle Schwarzschrift in taktiler Form blinden Menschen zugänglich war (Abbildung 4). Allerdings erwies sich der von Haüy gewählte Schrifttyp aufgrund der sehr komplexen visuellen Formmerkmale und Verzierungen der Buchstaben als äußerst ungeeignet für den taktilen Leseprozess.

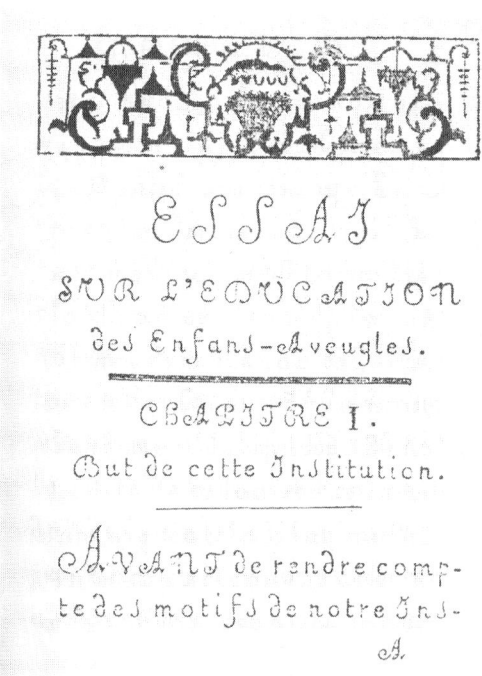

Abb. 4: Titelblatt des Lehrbuchs von V. Haüy 1786

Für Haüy wie für sämtliche Gründer der ersten Blindenschulen stand fest, dass blinde Menschen selbstverständlich das Schriftsystem der Sehenden zu erlernen hätten und dieses lediglich vergrößert und erhaben dargestellt werden müsse. Auf diese Weise glaubte man, eine soziale Isolierung blinder Menschen vermeiden zu können (Wanecek, 1969, 61). Die Leiter der Blindenanstalten in Wien und Breslau, Johann Wilhelm Klein und Johann Georg Knie, bevorzugten aus wahrnehmungsphysiologischen Gründen die sogenannte »Stachelschrift«, bei der die Linien der Buchstabenkonturen punktiert dargestellt wurden. In Ansätzen wurde somit bereits bei den Reliefschriften auf eine Punktdarstellung, allerdings innerhalb des traditionellen Schriftsystems, zurückgegriffen (Hudelmayer, 1998, 39). Im 19. Jahrhundert kamen an den Blindenschulen verschiedene Reliefschriften zum Einsatz, wobei häufig ausschließlich Großbuchstaben verwendet wurden (Abbildung 5).

In der Praxis zeigte sich allerdings, dass die Reliefschrift nur sehr umständlich und langsam ertastet werden konnte. Eine 1873 auf dem Blindenlehrerkongress in Wien vorgestellte amerikanische Untersuchung zur Leseleistung blinder Schülerinnen und Schüler dokumentiert diese Problematik eindrücklich: Lediglich 31 % erwiesen sich als gute Leserinnen und Leser, während 35 % die Reliefschrift überhaupt nicht erlernten (Congress-Comité, 1873, 94).

Bezüglich des Schreibens, das überwiegend in nichttastbarer Schwarzschrift erfolgte, zeigten sich noch größere Schwierigkeiten, sodass Johann Georg Knie über das Schreibenlernen blinder Menschen ein vernichtendes Urteil fällte: »Sein Schreiben ist und bleibt ein unnützes Paradereiten der Eitelkeit des Lehrers wie des Schülers« (Knie, 1855, 73). Mit Hilfe der seit Ende des 18. Jahrhunderts bekannten »Handführer«, Holzrahmen mit einer Linienführung aus Draht, schrieben blinde Schülerinnen und Schüler mit Bleistift oder Feder (letzteres teilweise in Verbindung mit abfärbendem Durchschlagpapier, damit keine Tinte verwendet werden musste) sowohl Druckschrift als auch verbundene Schrift, ohne das Schreibergebnis später erlesen zu können. 1853 entstand ein von Ernst Eduard Hebold entwickelter Handführer, der Hilfen zum Schreiben einzelner Buchstaben und zum Einhalten von Lücken zwischen Wörtern enthielt. Diese »Hebold-Tafel« (Abbildung 6) weist rechteckige Aussparungen eines Zeilenlineals auf, in die einzelne Großbuchstaben hineingeschrieben werden können.

Damit blinde Menschen die tastbare Stachelschrift selbst produzieren konnten, setzte Johann Wilhelm Klein einen Druckapparat ein, bei dem aus Drahtspitzen dargestellte Buchstaben spiegelverkehrt in einen auf einer Filzunterlage liegenden Papierbogen eingedrückt wurden, sodass auf der Rückseite eine taktile Schrift entstand.

Eine besondere Rolle unter den Reliefschriften nimmt die 1847 von William Moon (1818–1894) für späterblindete Erwachsene entwickelte Moonschrift ein, die regional in der zweiten Hälfte des 19. Jahrhunderts v. a. in Großbritannien eine Rolle spielte. Die Linienformen der Moonschrift-Buchstaben lassen sich überwiegend auf eine Reduktion von Schwarzschriftbuchstaben zurückführen (Abbildung 7).

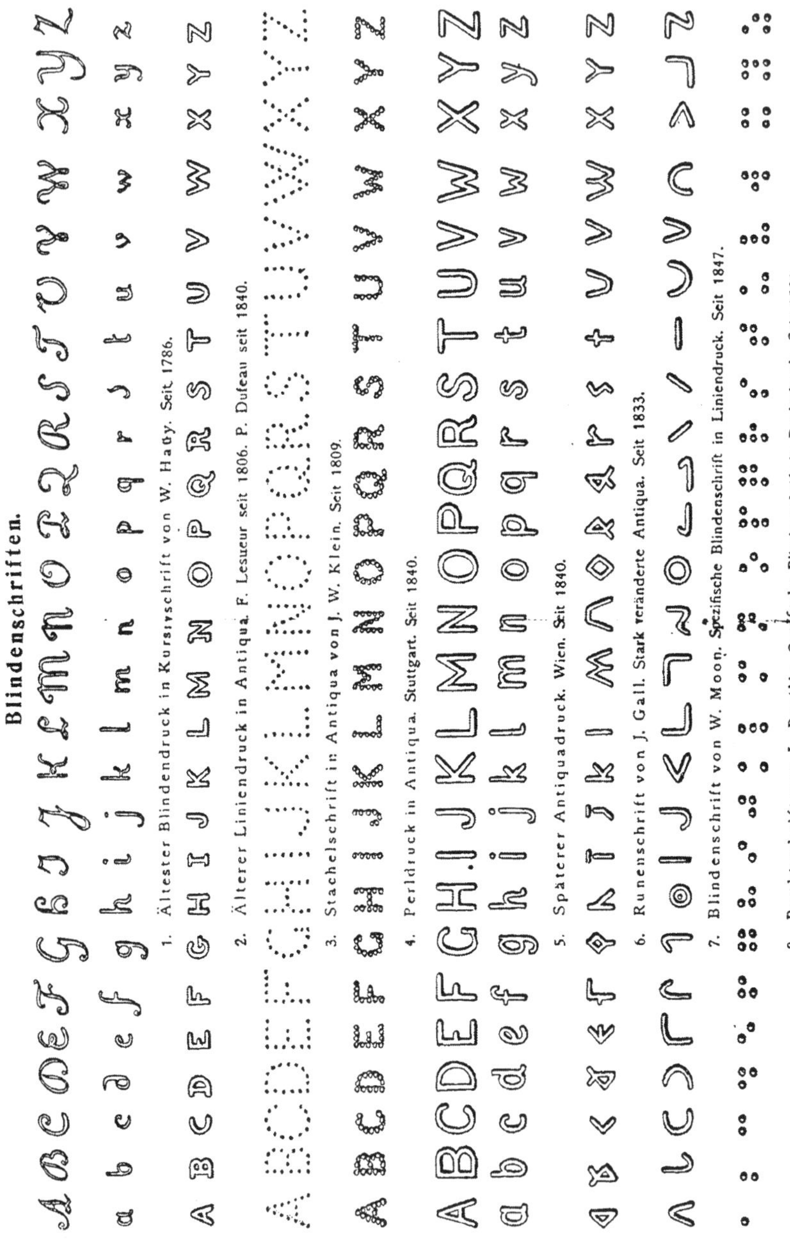

Abb. 5: Reliefschriften für Blinde (Bürklen 1924, 114 f.)

3 Entwicklung einer Schrift für blinde Menschen

Abb. 6: Hebold-Tafel

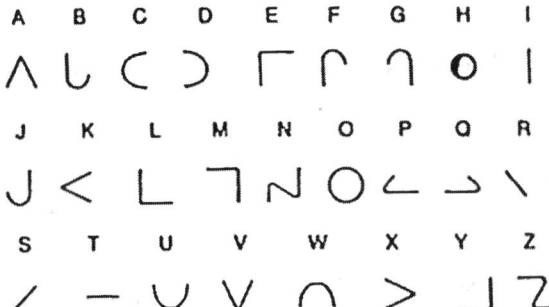

Abb. 7: Moonschrift (Nater, 1996, 40)

3.2 Die Entstehung der Brailleschrift

Der französische Offizier Charles Barbier (1767–1841) entwickelte zunächst unter der militärischen Prämisse der nächtlichen Nachrichtenübermittlung ab 1815 verschiedene taktile Schriftsysteme. Eine dieser Schriften wurde als »écriture nocturne« (Nachtschrift) bezeichnet und bestand aus der Kombination von zwölf Punkten in zwei Spalten à sechs Punkten (Tabelle 2). Die Zeichen dieser Nachtschrift bildeten die französischen Sprachlaute ab. Nach dem Scheitern einer militärischen Nutzung bot Barbier sein Punktschriftsystem 1821 der Pariser Blindenschule an, an der es im Unterricht erprobt wurde.

Tab. 2: Nachtschrift von Charles Barbier

a	i	o	U	é	è		p	t	q	ch	f	s
⠂⠂	⠒⠒	⠆⠆	⠔⠔	⠃⠃	⠇⠇		⠂⠂	⠒⠒	⠆⠆	⠔⠔	⠃⠃	⠇⠇
an	in	on	un	eu	ou		l	m	n	r	gn	ll
⠂⠂	⠒⠒	⠆⠆	⠔⠔	⠃⠃	⠇⠇		⠂⠂	⠒⠒	⠆⠆	⠔⠔	⠃⠃	⠇⠇
b	d	g	j	v	z		oi	oin	ian	ien	ion	ieu
⠂⠂	⠒⠒	⠆⠆	⠔⠔	⠃⠃	⠇⠇		⠂⠂	⠒⠒	⠆⠆	⠔⠔	⠃⠃	⠇⠇

Bei diesen Versuchen lernte der in seiner Kindheit erblindete Schüler Louis Braille (1809–1852) Barbiers Punktschrift kennen. Braille erkannte die Stärken und Schwächen des Barbier-Systems und entwickelte eine eigene taktile Punktschrift, die auf einem System aus maximal sechs Punkten (Abbildung 8) basiert. 1825 hatte Braille sein Punktschriftsystem fertig gestellt, in das der sehr talentierte Klavier- und Orgelspieler die Musiknotation von Anfang an einbezog.

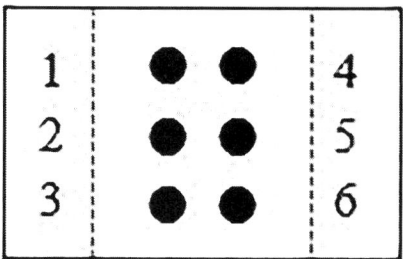

Abb. 8: Braillezelle mit Punktnummerierung

Die Brailleschrift bildet in ihrer Ausgangsform konsequent einzelne Buchstaben ab. Bei freier Kombination der Punkte ergeben sich 64 Kombinationsmöglichkeiten, sodass jedem Kleinbuchstaben und jeder Interpunktion ein Punktschriftzeichen zugeordnet werden kann. Für die Zifferndarstellung verwendete Braille ein Ankündigungszeichen (Tabelle 3).

Tab. 3: Zifferndarstellung in Brailleschrift

Schwarzschrift		0	1	2	3	4	5	6	7	8	9
Braille	⠼	⠚	⠁	⠃	⠉	⠙	⠑	⠋	⠛	⠓	⠊

Brailles Punktschrift erwies sich als sehr gut tastbar. Damit blinde Menschen die Schrift eigenständig produzieren können, griff Braille die Idee Barbiers auf, dessen Schrift sich mittels einer Rillentafel und eines Stichels herstellen ließ. Die blinden Menschen nahmen die Brailleschrift mit Begeisterung auf. Dennoch wurde sie zunächst weder in Paris noch in den Blindenanstalten in Deutschland oder England offiziell zugelassen. Im deutschsprachigen Raum sorgte nicht zuletzt die strikt ablehnende Haltung Johann Wilhelm Kleins dafür, dass sich das Braille-System lange Zeit nicht durchsetzen konnte. Für Klein würde jedes andere als das Schwarzschriftsystem der Sehenden die soziale Integration in das »gewöhnliche Leben« massiv erschweren (Klein, 1837, 12). Des Weiteren erschien die Brailleschrift den Sehenden als eine Art Geheimschrift, die ihnen nicht unmittelbar zugänglich war.

Die enormen Vorzüge der Brailleschrift gegenüber der Reliefschrift waren jedoch offensichtlich, sodass sich ihr Durchsetzen zwar verzögern, jedoch nicht gänzlich aufhalten ließ: Da die Brailleschrift den wahrnehmungspsychologischen Gegebenheiten des Tastens in idealer Weise entspricht, kann sie von blinden Kindern leicht erlernt und flüssig gelesen werden. Darüber hinaus kann von Anfang an eine Verknüpfung aus Lesen- und Schreibenlernen stattfinden und schließlich können blinde Schülerinnen und Schüler ihr Schreibresultat eigenständig erlesen.

1850 erhielt die Brailleschrift am Pariser Blindeninstitut die Zulassung. Für den deutschsprachigen Raum wurde das Braillesystem erst auf dem Blindenlehrerkongress 1879 in Berlin angenommen, wobei für den Schriftspracherwerb weiterhin die Reliefschrift als Erstschrift galt. Dies wurde 1888 auf dem Blindenlehrerkongress in Köln mit einem Beschluss geändert, wonach der Unterricht im Lesen und Schreiben von nun an mit der Brailleschrift zu beginnen habe (Congress-Vorstand, 1888, 171).

Das seither in Deutschland verwendete Braillesystem ersetzt die im Originalsystem enthaltenen französischen Sonderzeichen (é, è, à etc.) durch im deutschen Sprachraum verwendete Grapheme bzw. Graphemverbindungen (w, ä, ö, ü, ß, au, äu, eu, ei, ie, ch, sch, st). Bei dieser deutschen Vollschrift (Tabelle 4) handelt es sich wegen der Lautzeichen (ch, sch, st, ei, ie, au, äu und eu) somit nicht um eine 1:1-Übertragung der Schwarzschrift. Die Großschreibung wird mittels eines Ankündigungszeichens (Punkte 4 und 6) vor dem Wort markiert.

Tab. 4: System der deutschen Vollschrift (Kleinbuchstaben)

a	b	c	d	e	f	G	h	i	j
⠁	⠃	⠉	⠙	⠑	⠋	⠛	⠓	⠊	⠚
k	l	m	n	o	p	Q	r	s	t
⠅	⠇	⠍	⠝	⠕	⠏	⠟	⠗	⠎	⠞
u	v	w	x	y	z	Ä	ö	ü	ß
⠥	⠧	⠺	⠭	⠽	⠵	⠜	⠪	⠳	⠮
au	äu	eu	ei	ie	ch	sch	st		
⠡	⠣	⠩	⠌	⠬	⠱	⠜	⠳		

Zur Vereinfachung des Schreibprozesses und zur Erhöhung des Schreibtempos hatte Johann Alfred Wulff bereits 1872 einen mechanischen Schreibapparat entwickelt, der sechs Tasten aufwies und bei dem das Drücken einer Taste das Prägen jeweils eines erhabenen Punktes in ein eingelegtes Papier auslöste (Picht, 1925, 7). Dieses Grundprinzip konnte von Frank Hall und Oskar Picht im späten 19. Jahrhundert weiterentwickelt werden. Zu Beginn des 20. Jahrhunderts wurde Pichts Punktschriftmaschine industriell gefertigt und fand in ganz Europa eine weite Verbreitung.

Moderne Punktschriftmaschinen funktionieren trotz unterschiedlichen Designs nach denselben Prinzipien wie die Picht-Maschine.

3.3   Weiterentwicklungen der Brailleschrift

Erste Weiterentwicklungen der Brailleschrift hatten zunächst das Ziel, das Volumen von Braillebüchern zu reduzieren. Der Kieler Blindenlehrer Krohn veröffentlichte 1885 ein erstes Kurzschriftsystem mit 103 Kürzungen (vgl. Hudelmayer, 1998, 41). Auf dem Blindenlehrerkongress in Halle wurde 1904 nach heftiger Diskussion ein erweitertes Kurzschriftsystem mit rund 200 Kürzungen in Deutschland eingeführt, das die Basis für die Systematik bildete, die Carl Strehl 1923 herausgab. 1971 wurde dieses System reformiert und auf ca. 300 Lautgruppen-, Wort- und Wortstammkürzungen erweitert. 1998 wurde eine Anpassung an die 1995 beschlossenen Rechtschreibreform notwendig. Das aktuell gültige und zuletzt 2015 aktualisierte Kurzschriftsystem (Beispiele s. Tabelle 5) besitzt ein umfassendes und komplexes Regelwerk (Brailleschriftkommission der deutschsprachigen Länder, 2018).

Tab. 5: Beispiele aus dem System der Deutschen Kurzschrift

der	die	das	immer	komm	mit	regier	sprech	über	vor	zu
⠙	⠊	⠅	⠹	⠅⠉	⠍	⠗⠛	⠈⠎	⠯	⠖	⠵

Die Mehrzahl der Druckerzeugnisse wird heute in Kurzschrift hergestellt, sodass diese die Hauptverkehrsschrift blinder Menschen darstellt. In vielen Ländern verlief die Entwicklung ähnlich wie in Deutschland, sodass für etliche Sprachen (z. B. Französisch, Englisch) ein Kurzschriftsystem vorliegt.

Auf der Grundlage des Braillesystems entstanden neben der bereits kurz erwähnten Musikschrift weitere Schriften u. a. für Mathematik und Chemie (Tabelle 6). Durch die unvermeidlichen Mehrfachbelegungen der insgesamt 64 verschiedenen Braillezeichen (inkl. Leer- und Vollzeichen) muss je nach inhaltlichem Kontext mit Ankündigungszeichen gearbeitet werden (z. B. Ankündigung für Notenschrift: nacheinander Punkt 6 und Punkt 3), damit die Leserin bzw. der Leser erkennen kann, ob das Punktschriftzeichen einen Buchstaben, eine Silbe, einen Wortstamm, eine Zahl oder eine Musiknote usw. repräsentiert.

Tab. 6: Beispiele von Braille-Sonderschriften

	Schwarzschrift	Brailleschrift
Mathematik	$\frac{\sqrt{2}}{2} = 0,7071$	
Musik	Tonleiter C-Dur (Achtelnoten)	
Chemie	2 H$_2$ + O$_2$ → 2 H$_2$O	

Das Verwenden von Ankündigungszeichen wurde zum Problem, als sich der Computer zum universalen Hilfsmittel in den Bereichen Schule, Ausbildung, Beruf und Freizeit entwickelte. Hier entstand die Notwendigkeit einer direkten und eindeutigen Zuordenbarkeit von Schwarzschrift und Punktschrift. Diese Eindeutigkeit lässt sich aufgrund der zu geringen Kombinationsmöglichkeiten mit sechs Punkten nicht erzielen. Um dieses Grundproblem zu lösen, wurde die traditionelle Braillezelle um zwei Punkte erweitert, sodass jede der vertikalen Punktspalten aus vier Punkten besteht. Die beiden Zusatzpunkte werden entsprechend der fortgeführten Punktnummerierung der Originalzelle als Punkte 7 und 8 bezeichnet (Abbildung 9).

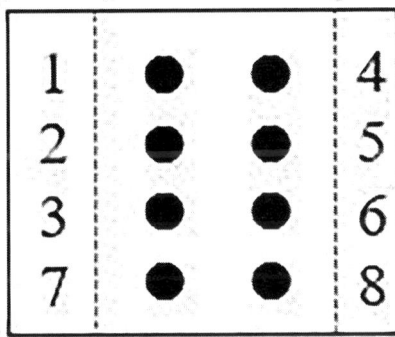

Abb. 9: Braillezelle im 8-Punkte-Format mit Punktnummerierung

Die normierte »Achtpunktschrift« (DIN 32982) wird auch als »Computerbraille« oder »Eurobraille« bezeichnet. Durch das 8-Punkte-Raster entstehen 256 Kombinationsmöglichkeiten der Punkte, sodass jedem Zeichen des erweiterten ASCII-Zeichensatzes ein eindeutiges Punktschriftzeichen zugeordnet werden kann. Eurobraille weist somit eindeutige Groß- und Kleinbuchstaben, eigene Ziffern und klar definierte Sonderzeichen einiger europäischer Sprachen (z. B. Französisch) aus; Kürzungen und Lautgruppenzeichen existieren nicht. Bis auf wenige Ausnahmen (Umlaute, ß) entsprechen die Eurobraille-Kleinbuchstaben den Kleinbuchstaben der traditionellen Sechspunktschrift. Durch Eurobraille sind digitale Texte ohne Konvertierungsprogramm unmittelbar in Schwarzschrift (Bildschirm/Ausdruck) und in Punktschrift (Braillezeile/Brailledruck) verfügbar. Für die Darstellung mathematischer Sachverhalte am Computer hat sich die Verwendung von Eurobraille in Verbindung mit dem Druck-Satzsystem LaTeX etabliert (vgl. Kalina, 2011).

Die Brailleschrift hat sich international als Blindenschrift durchgesetzt. Es gibt kaum eine Sprache, die nicht über ein eigenes Braillesystem verfügt (vgl. Perkins School for the Blind, 2013). Die chinesische Brailleschrift ist eine phonetische Schrift, bei der die Schriftzeichen in Lautzeichen übertragen werden. Schriften wie Hebräisch, die von Sehenden von rechts nach links gelesen werden, werden wie alle Brailleschriften von links nach rechts gelesen.

Die Vermittlung von Schwarzschriftkompetenzen spielt aktuell dahingehend eine Rolle, dass blinden Schülerinnen und Schülern das Schwarzschriftschreiben ihres Namenszuges vermittelt werden muss, damit Formulare und Dokumente eigenhändig unterschrieben werden können.

3.4 Aktuelle Situation der Braillenutzung

In einigen Ländern (z. B. Frankreich, USA) scheint das Lesen der Brailleschrift stark rückläufig zu sein und zunehmend durch auditive Textzugänge verdrängt zu werden (Coudert, 2012; Hector, 2014; Bell, 2009). Im deutschen Sprachraum scheint diese Tendenz nicht im selben Ausmaß vorzuliegen, wenngleich die Möglichkeit der Sprachausgabe grundsätzlich eine wichtige Rolle spielt, wenn insbesondere größere Textmengen zu bewältigen sind. In einer deutsch-schweizerischen Studie zur Verwendung von Brailleschrift und assistiven Technologien, bei der Braillenutzerinnen und -nutzer aller Altersgruppen (N = 819; Altersspanne: 6–89 Jahre) an einer umfassenden schriftlichen Befragung (online und offline) teilnahmen, ließen sich folgende Ergebnisse feststellen (Lang et al., 2016; Hofer et al., 2016):

- Die Teilnehmenden sprechen der Brailleschrift mit großer Mehrheit (94,8 %) eine nach wie vor sehr hohe Bedeutung zu. Trotz technologischer Entwicklungen wird die Brailleschrift als wichtig eingeschätzt (78,1 %), wobei 90 % der Teilnehmenden die sinnvolle Kombination aus Technologien und Braille betonen. Die jüngste Altersgruppe (bis 22 Jahre) schätzt die Bedeutung der Brailleschrift tendenziell niedriger ein als ältere Teilnehmende.
- Die Vollschrift spielt vor allem zu Beginn des Brailleerwerbs eine große Rolle. Entsprechend häufig wird sie von den jüngeren Teilnehmenden genutzt: 56,9 % der unter 23-Jährigen lesen Vollschrift täglich oder fast täglich, wohingegen dies bei etwa 34 % der älteren Braillenutzenden der Fall ist. Anders verhält es sich mit der Kurzschrift, die von den jüngeren Teilnehmenden am seltensten gelesen wird (37,6 % täglich oder fast täglich bzw. 40,6 % gar nicht). Die tägliche Nutzung der Kurzschrift steigt in den höheren Altersgruppen kontinuierlich an und erreicht in der Gruppe der über 63-Jährigen mit 84,5 % ihren Höchststand (nur 6,6 % dieser Gruppe nutzen die Kurzschrift gar nicht). Eurobraille als Schrift, die sehr eng mit

dem Einsatz einer Braillezeile verbunden ist, wird dagegen bei den über 63-Jährigen deutlich seltener verwendet als in den übrigen Altersgruppen.
- Die Sprachausgabe wird sehr häufig in Kombination mit der Braillezeile verwendet, aber auch das Lesen auf Papier spielt eine wesentliche Rolle.
- Soll ein Text beispielsweise möglichst schnell gelesen werden, ist für alle Altersgruppen bis zum Alter von 62 Jahren die Sprachausgabe in Verbindung mit der Braillezeile die bevorzugte Strategie. Die Gruppe der ältesten Teilnehmenden (63 Jahre und älter) wählt für schnelles Lesen Kurzschrift auf Papier (61,4 %) häufiger als die Braillezeile mit Sprachausgabe (47,2 %). Kurzschrift auf Papier wird dagegen nur von 18 % der unter 23-Jährigen für schnelles Lesen gewählt. Bei Leseaufgaben mit dem Ziel eines möglichst hohen Textverständnisses, bei Vorleseaufgaben und beim Lesen zum Vergnügen spielt das Lesen von Kurzschrift auf Papier bei allen Teilnehmenden ab 23 Jahren die Hauptrolle. Die jüngste Teilnehmendengruppe wählt diese Möglichkeit auch hier deutlich seltener.

Die skizzierten Daten zeigen wesentliche Trends auf. Die jüngeren Braillenutzenden verwenden deutlich seltener die Kurzschrift und zeigen eine verstärkte Nutzung assistiver Technologien. Die Sprachausgabe wird offensichtlich nicht als Ersatz, sondern als Ergänzung zum Braillelesen eingesetzt.

4 Pädagogische Grundlagen

4.1 Begründung sonderpädagogischen Handelns

4.1.1 Allgemeinpädagogische Argumentationslinien

Sonderpädagogisches bzw. weiter ausdifferenziert blinden- und sehbehindertenpädagogisches Handeln weist zweifelos Verbindungen zu den Entwicklungen der Allgemeinen Pädagogik auf, die im Hinblick auf eine besondere Adressatengruppe spezifiziert werden. Dieser Sachverhalt tritt von Anfang an in der Blinden- und Sehbehindertenpädagogik auf. Beispielsweise bezog der Gründer der Wiener Blindenschule, Johann Wilhelm Klein, viele Anregungen für den pädagogischen Umgang mit blinden Kindern aus den Erziehungsvorstellungen Pestalozzis. Eine ähnliche Verbindung zeigt sich in der Etablierung des Anschauungsunterrichts an Blindenschulen nach Simon Heller, die deutliche Parallelen zu den Vorstellungen Herbarts erkennen lässt.

Es erscheint somit als sinnvoll und notwendig, relevante allgemeinpädagogische Begrifflichkeiten und Zusammenhänge darzustellen, um hieraus weiterführende Konsequenzen für die Sonderpädagogik ableiten zu können.

Eine erste diesbezügliche Annäherung soll über den Begriff der »Erziehung« und dessen anthropologische Deutung erfolgen. Kurzgefasst kann Erziehung verstanden werden als »… die bewusste und/oder geplante Beeinflussung von Personen, insbesondere von Heranwachsenden« (Kron et al., 2013, 44).

Unter anthropologischer Sichtweise erscheint Erziehung für die menschliche Entwicklung hin zu einem sozialen Wesen als überlebensnotwendig: Die »Imperfektheit« des Menschen begründet dessen »Erziehungsbedürftigkeit« (Gudjons, 2012, 189). Allerdings bleibt hier zunächst ungeklärt, welche Ziele und Normen im Erziehungsprozess verfolgt werden. Die Möglichkeit der Ausübung totalitärer Fremdbestimmung durch den Erziehenden bleibt als Gefahr bestehen. Um diese Gefahr einzugrenzen, beschreibt Gudjons (2012, 203 f.) folgende, sich gegenseitig ergänzende Strukturmomente von Erziehung:

- Erziehung ist intentional;
- Erziehung ist ein Interaktionsprozess mit wechselseitiger Beeinflussung;
- Erziehung ist vielfältig methodisch organisiert und fordert zur Selbsttätigkeit auf;
- Erziehung ist eingebunden in historisch-gesellschaftliche Kontexte;
- Erziehung erfolgt in Auseinandersetzung mit Inhalten, Gegenständen und Themen.

Erziehung ist folglich nicht eindimensional auf einen »Zögling« gerichtet, sondern wird bestimmt durch ein wechselseitiges Interaktionsgeschehen, das konkrete gesellschaftliche Rahmenbedingungen und diesbezüglich auch die Veränderbarkeit von Kontextbedingungen einschließt. Einen erweiterten Erziehungsbegriff, der einige dieser Aspekte berücksichtigt, jedoch die Kontextbedingungen noch vernachlässigt, vertreten Raithel et al. (2009, 21):

> »Erziehung (...) stellt die auf biologisch-physiologischer Zuwendung aufbauende geplante, systematisch begründbare und prinzipieller Überprüfbarkeit unterliegende psychosoziale Intervention (Unterricht, Förderung, Beratung) als Hilfestellung zur Entwicklung personaler und sozialer Selbstwerdung und Handlungsfähigkeit dar (...).«

Gezieltes und planvolles pädagogisches Handeln gegenüber Kindern und das Schaffen einer kindgerechten und entwicklungsfördernden Umgebung kann es im Grunde erst dann geben, wenn die Kindheit als eigenständige Entwicklungsphase wahrgenommen wird mit besonderen, sich vom Erwachsenenalter unterscheidenden Voraussetzungen, Anforderungen und Bedürfnissen (vgl. Gudjons, 2012, 82). Diese Sichtweise hat im 17. Jahrhundert ihre Anfänge. Gleichzeitig können bereits hier die Wurzeln für ein modernes Verständnis von Erziehung, Bildung und Didaktik gefunden werden, das auch sonderpädagogisches Handeln grundlegt und bis heute eine hohe Relevanz aufweist.

An dieser Stelle sei insbesondere Johann Amos Comenius (1592–1670) genannt, der mit seinen zur damaligen Zeit zweifellos revolutionären pädagogischen und didaktischen Vorstellungen die Grundlagen eines allgemeinen und uneingeschränkten Bildungszugangs skizzierte. Comenius wies darauf hin, dass Erziehung von Anfang an ein eigenes und besonderes Gewicht habe und nicht »nebenbei« erfolgen könne. Seine Forderung nach einer systematischen Kleinkinderziehung ging den Konzepten von Pestalozzi (1746–1827) und Fröbel (1782–1853) weit voraus. Er erkannte die elementare Bedeutung einer stabilen frühkindlichen Bindung sowie einer hierauf aufbauenden anregungsreichen Umgebung für die weitere Entwicklung bis ins Erwachsenenalter (Rass, 2014).

Das in seiner »Großen Didaktik« (Didactica Magna) 1657 veröffentlichte Erziehungsprogramm formulierte bereits im Titel ein eindeutiges und völlig unmissverständliches Ziel:

> »Große Didaktik. Die vollständige Kunst alle Menschen alles zu lehren oder sichere und vorzügliche Art und Weise, in allen Gemeinden, Städten und Dörfern eines jeden christlichen Landes Schulen zu errichten, in denen die gesamte Jugend beiderlei Geschlechts ohne jede Ausnahme rasch, angenehm und gründlich in den Wissenschaften gebildet, zu guten Sitten geführt ... und ... zu allem, was für dieses und das künftige Leben nötig ist, angeleitet werden kann ...« (Comenius, 2007).

Comenius forderte nicht weniger als allen alles gründlich zu lehren und somit ein allgemeines Bildungsrecht unabhängig von Herkunft, Stand, Geschlecht etc.

> Auch »träge« und »dumm« erscheinende Kinder bezieht Comenius explizit in seine Forderung mit ein, denn »je träger und schwächlicher einer von Natur aus ist, um so mehr bedarf er der Hilfe, um von seiner schwerfälligen Stumpfheit und Dummheit soweit wie möglich befreit zu werden. Und man findet keine so unglückliche Geistesanlage, dass sie durch Pflege nicht verbessert werden könnte« (Comenius 2007, 52).

Dieser erziehungsgeschichtlich äußerst frühe Impuls in Richtung eines unteilbaren Bildungsanspruchs, der Kinder mit Beeinträchtigungen und Erschwernissen ausdrücklich mit einschließt, ist bis in die heutige Zeit hinein höchst relevant und aktuell, auch wenn Comenius bei seiner Argumentation sicherlich noch nicht die Bandbreite heutiger sonderpädagogischer Handlungsfelder im Blick hatte.

Eine ähnliche und ebenso eindeutige Stoßrichtung für die Pädagogik wird im 18. Jahrhundert im Zuge der Aufklärung formuliert: Alle Menschen sollen an der Aufklärung des Verstandes teilhaben (vgl. Gudjons, 2012, 84 ff.). Um dies zu verwirklichen, wird die Forderung nach einer allgemeinen Schulpflicht aufgestellt, um allen Menschen einen Bildungszugang zu garantieren. Die unmittelbaren Zusammenhänge zwischen den Ideen der Aufklärung und der Entstehung erster Blindenschulen wurden bereits skizziert (▶ Kap. 2.2).

Trotz des beachtlichen zeitlichen Sprungs in das 20. Jahrhundert hinein, lässt sich in die dargestellte allgemeinpädagogische Argumentationslinie nahtlos Wolfgang Klafkis Konzeption einer »allgemeinen Bildung« einfügen. Bildung zur Selbstbestimmungs-, Mitbestimmungs- und Solidaritätsfähigkeit ist für Klafki immer Allgemeinbildung im Sinne einer allgemeinen Bildung, die ausnahmslos für alle zugänglich sein muss (Klafki, 2007, 15 ff.). Wesentlich ist, dass sich diese Allgemeinbildung auf alle Grunddimensionen menschlichen Lebens bezieht und somit die Körperlichkeit, die kognitiven Möglichkeiten, die manuelle Produktivität, die Sozialität, die ästhetische Wahrnehmungs-, Gestaltungs-, und Urteilsfähigkeit sowie die ethische und politische Entscheidungs- und Handlungsfähigkeit einschließt (Klafki, 2007, 54). Darüber hinaus versteht Klafki seinen Bildungsbegriff grundsätzlich als doppelseitig, wodurch er ein weiteres, für die praktische Umsetzung wesentliches, qualitatives Kriterium eröffnet. Seine umfassende Theorie einer »kategorialen Bildung« (Klafki, 1964; 2013; Meyer & Meyer 2007, 24 ff.) beinhaltet einerseits die Komponente der »materialen Bildung« und zugleich die Komponente der »formalen Bildung«. Während materiale Bildung die Aneignung von Inhalten und den Aufbau von »Wissen« umfasst, bedeutet formale Bildung die Entfaltung körperlicher und geistiger Kräfte. Beide Komponenten sind im Bildungsprozess untrennbar miteinander verbunden und bedingen sich gegenseitig.

Klafki erneuert somit unmissverständlich das bei Comenius und in der Philosophie der Aufklärung formulierte Recht auf Bildung für alle. Gleichzeitig konkretisiert er dieses Anrecht dahingehend, dass Bildung unterschiedliche körperliche und geistige Dimensionen zu berücksichtigen habe und grundsätzlich neben dem Ziel des Wissenserwerbs (materiale Bildung) das Ziel der Persönlichkeitsentfaltung (formale Bildung) verfolgen müsse.

4.1.2 Allgemeines Bildungsrecht und Sonderpädagogik in Deutschland

Das bereits früh in der Allgemeinen Pädagogik formulierte unteilbare Bildungsrecht schließt Menschen mit Behinderungen zweifelsfrei mit ein. Das Recht auf Bildung wurde ausgehend vom Zeitalter der Aufklärung und schließlich durch die Erklärung der Menschenrechte der Generalversammlung der Vereinten Nationen im Jahre 1948 zu einem Menschenrecht (Biermann & Pfahl 2016), über das alle Menschen allein durch ihr Menschsein universell, unteilbar und unveräußerlich verfügen (Burckart & Jäger 2016). Dennoch war bzw. ist der formale Einbezug von Menschen mit Behinderungen in dieses Menschenrecht und die sich daran anschließende praktische Umsetzung des Bildungszugangs ein langwieriger und beschwerlicher Prozess.

Ein grundsätzlicher Bildungszugang unabhängig von Geschlecht, Herkunft, Religion und Standeszugehörigkeit oder Wohlstand wurde formal mit der Einführung der allgemeinen Schulpflicht in den meisten deutschen Staaten im 18. und 19. Jahrhundert erreicht und schließlich auch in der Praxis umgesetzt. Die Ausweitung des Bildungszugangs auf Menschen mit Behinderungen begann unter dem Einfluss der Aufklärung im deutschsprachigen Raum für hörgeschädigte Kinder und Jugendliche im späten 18. Jahrhundert und für blinde Menschen mit den Gründungen der Blindenschulen 1804 in Wien und 1806 in Berlin (▸ Kap. 2.2). Die Gründung weiterer Sonderschularten folgte (Hilfsschule/Schule für Lernbehinderte, Schule für Sprachbehinderte, Schule für Geistigbehinderte etc.). Erst ab 1978 wurden in den westdeutschen Bundesländern schließlich Menschen mit schweren, mehrfachen Behinderungen in die gesetzliche Schulpflicht mit eingeschlossen (Heinen & Lamers, 2001, 20). Gegen Ende des 20. Jahrhunderts verfügt Deutschland über ein differenziertes Bildungssystem, das einen umfassenden Bildungszugang ausnahmslos für alle Menschen, unabhängig vom Vorhandensein von Behinderungen, garantiert.

Wird allerdings der Blick international ausgerichtet, so ist dies keineswegs überall der Fall. Der Ausschluss vom Bildungssystem aufgrund von Geschlechtszugehörigkeit oder ethnischer und religiöser Zugehörigkeit sowie für Menschen mit Behinderungen (vgl. UNESCO, 2015; WHO, 2011) ist weltweit betrachtet nach wie vor hoch.

Dieser Sachverhalt in Verbindung mit der Tatsache, dass ein Bildungszugang allein noch nichts über die Qualität des Bildungsangebots aussagt, und erweitert durch die Forderung, dass Menschen generell vor Ausgrenzung zu schützen sind und ein gemeinsamer Bildungszugang ermöglicht werden muss, führte letztlich zum 2006 von der Generalversammlung der Vereinten Nationen beschlossenen »Übereinkommen über die Rechte von Menschen mit Behinderungen«. Das als »Behindertenrechtskonvention der Vereinten Nationen« (UN-BRK) bezeichnete Dokument wurde bis 2015 von 160 Staaten unterzeichnet (UN, 2016). Nach der Ratifizierung durch den Deutschen Bundestag und den Deutschen Bundesrat trat das Übereinkommen 2009 in Deutschland in Kraft (Österreich 2008, Schweiz 2014). Artikel 24, Absatz 2 gibt unmissverständlich vor, dass die Vertragsstaaten sicherzustellen haben,

> »… dass … b) Menschen mit Behinderungen gleichberechtigt mit anderen in der Gemeinschaft, in der sie leben, Zugang zu einem integrativen, hochwertigen und unentgeltlichen Unterricht an Grundschulen und weiterführenden Schulen haben; …« (Bundesgesetzblatt, 2008, 1436 f.).

Damit erhielt die Forderung nach einem qualitativ hochwertigen, uneingeschränkt allen Menschen offenstehenden Bildungszugang einen international rechtsverbindlichen Rahmen. Bildung für Menschen mit Behinderungen wurde hierdurch aus dem Zustand eines caritativen, von Wohltätigkeitsdenken bestimmten Geschehens herausgelöst und zu einem Anspruch im Rahmen einer gesellschaftlichen Aufgabe definiert. Dieser Perspektivenwechsel ist grundlegend bedeutsam, wenngleich die Umsetzung des Bildungsrechts nach wie vor einer ethischen Grundbestimmung bedarf (Dederich, 2016). Die Frage nach einer handlungsleitenden ethischen Orientierung der Sonderpädagogik ist somit weiterhin existent. Speck (2009) verweist diesbezüglich auf ein auf Hilfsbereitschaft und Solidarität ausgelegtes »Menschenbild der Menschlichkeit« als tragfähige Wertgrundlage.

Bei der Realisierung des allgemeinen Bildungszugangs, d. h. beim Abbau von Barrieren im Bildungsprozess, denen Menschen mit Behinderungen ausgesetzt sind, kommt der Sonderpädagogik insgesamt eine entscheidende Rolle zu. Konkretisiert werden soll dies exemplarisch an der Umsetzung des Bildungsbegriffs nach Klafki für Bildungsangebote für schwerstbehinderte Kinder und Jugendliche. Qualitativ hochwertige Bildung schließt selbstverständlich auch hier die Berücksichtigung kategorialer Bildung zwingend ein. Lamers und Heinen (2006) haben aufgezeigt, wie formale und materiale Bildung im Unterricht mit schwer mehrfachbehinderten Schülerinnen und Schülern konkret umgesetzt werden kann. Im Unterricht mit dieser Schülerinnen- und Schülergruppe dominieren oftmals formale Bildungsangebote in Form isolierter Wahrnehmungs- oder Motorikförderung. Das von Lamers und Heinen entwickelte Konzept »Bildung mit ForMat« bindet derartige Angebote fest in materiale Bildungskontexte ein. Hierbei wird ein unter dem Gesichtspunkt der »Elementarisierung« (vgl. Terfloth & Bauersfeld, 2012, 86 ff.) aufbereiteter fachlicher Inhalt (z. B. ein sachkundliches Thema, ein Gedicht) auf ein den individuellen Möglichkeiten abgestimmtes Aneignungsniveau transferiert und beispielsweise wahrnehmungs- oder bewegungsbasiert in einer entsprechend vorbereiteten Umgebung zugänglich gemacht. Dies stellt sicherlich eine äußerst anspruchsvolle, jedoch im Sinne von hochwertiger Bildung dringend notwendige, sonderpädagogische Arbeit dar.

Walthes (2014, 105 ff.) sieht ein wesentliches Grundprinzip pädagogischen Handelns in der sozialpolitischen Zielstellung einer gleichberechtigten und chancengleichen Partizipation an allen gesellschaftlichen Prozessen und damit natürlich auch an Bildung.

Bezogen auf die Handlungs- und Aufgabenfelder der Blinden- und Sehbehindertenpädagogik lassen sich maßgebliche Konsequenzen durch das eingangs aufgezeigte allgemeine Bildungsrecht aufzeigen. Demnach gehört zu den zentralen Aufgaben blinden- und sehbehindertenpädagogischen Handelns die Sicherstellung und die Umsetzung dieses Bildungsrechts für blinde und sehbehinderte Menschen aller Altersgruppen.

Blinde und sehbehinderte Menschen können auf dem Weg zur vollen Teilhabe an Bildungsprozessen auf unterschiedliche Barrieren stoßen. Aufgabe der Blinden- und Sehbehindertenpädagogik ist demnach, derartige Barrieren zu identifizieren und durch gezielte Maßnahmen sowohl auf der personalen als auch auf der kontextualen Ebene zu verhindern oder abzubauen.

4.1.3 Universal Design

Ein wichtiges Werkzeug, um im Sinne der Umsetzung eines allgemeinen Bildungsrechts, Barrieren im Bildungszugang abzubauen, stellt das Konzept »Universal Design« dar. Artikel 2 der Behindertenrechtskonvention der Vereinten Nationen (UN-BRK) definiert Universal Design als

> »ein Design von Produkten, Umfeldern, Programmen und Dienstleistungen in der Weise, dass sie von allen Menschen möglichst weitgehend ohne eine Anpassung oder ein spezielles Design genutzt werden können. ›Universelles Design‹ schließt Hilfsmittel für bestimmte Gruppen von Menschen mit Behinderungen, soweit sie benötigt werden, nicht aus« (Bundesgesetzblatt, 2008, 1424).

War der Begriff des »Universal Design« ursprünglich sehr stark auf das Herstellen von Barrierefreiheit in der Nutzung von Gebäuden, Verkehrsinfrastruktur und Gegenständen des täglichen Gebrauchs bezogen (Fisseler, 2015), wird er im Rahmen der UN-BRK auf sämtliche Bereiche des Bildungszugangs ausgeweitet. Konsequenterweise kann somit von der Notwendigkeit eines »Universal Design for Learning« (UDL) gesprochen werden. Universal Design for Learning hat zum Ziel, auf umfassende Weise Zugang und Teilhabe an Lernaktivitäten unabhängig von individuellen Lernerschwernissen zu schaffen sowie Lernbarrieren, die durch Lehrmethoden, Lernmedien oder Curricula entstehen, zu erkennen und zu beseitigen (Wember & Melle, 2018; Schlüter et al., 2016; Fisseler, 2015). Hierbei kommen drei Unterrichtsprinzipien zur Anwendung (vgl. Wember & Melle 2018; Schlüter et al. 2016), die nachfolgend jeweils spezifiziert und beispielhaft auf die Situation von Lernenden mit Blindheit und Sehbehinderung übertragen werden:

1. Flexible Zugänge zu Lerninhalten durch multiple Präsentationsformen:
   - individuelle Wahlmöglichkeiten des Informationszugangs (z. B. visuell, taktil, auditiv) unter Zuhilfenahme von Hilfsmitteln (z. B. Bildschirmlesegerät) oder Ausgabeformaten (z. B. Sprachausgabe, Brailletext)
   - Hilfen zur Klärung von Begriffen (z. B. auditiv oder schriftlich zugängliche Zusatzinformationen)
   - Symbole und Bilddarstellungen erläutern (z. B. auditiv oder schriftlich zugängliche Bild- und Grafikbeschreibungen)
   - Hilfen zur Erkennung von Textaufbau und Textstruktur (z. B. durch Formatierung von Gliederungsebenen und Hierarchiestufen, Ankündigung von Tabellen und Grafiken)
   - Unterstützung des Verständnisses von Informationen (z. B. Gliederungshilfen; klare Strukturierung von Aufgabenstellungen und Texten; Zugänglichkeit zu Hintergrundinformationen)
2. Multiple Optionen zur Verarbeitung von Information und zur Ergebnisdarstellung:
   - Individuelle Handlungen und Erarbeitungsformen ermöglichen (z. B. handlungsorientiertes und entdeckendes Lernen, Auswahl an Lernmaterialien und Hilfestellungen)

- Wahlmöglichkeit bezüglich der Ergebnisdarstellung (z. B. Texte, Rollenspiel, Interview, Plakat)
- Unterstützung exekutiver Funktionen (z. B. individualisierte Lernzielsetzungen, Anleitungshilfen zu strukturiertem Arbeiten, Evaluation durch Formen kooperativen Lernens)
3. Multiple Hilfen zur Förderung von Lernengagement und Lernmotivation:
    - Variable Lernangebote zum Wecken von Lerninteresse (z. B. autonome Wahlangebote, authentische und positiv bewertete Aufgabenstellungen)
    - Unterstützung für konzentriertes und ausdauerndes Lernen (z. B. Vermeidung von Ablenkung, erhöhte Sichtbarkeit und Bedeutsamkeit von Lehr- und Lernzielen, Variationen im Anforderungsniveau, Nutzung verschiedener Hilfsmittel, Förderung der Kommunikation durch kooperatives Lernen, individuelles Feedback)
    - Hilfestellung für selbstreguliertes Lernen (z. B. Anbahnung individueller Arbeitsstrategien, Förderung der Selbstreflexion des Lernprozesses).

Am Beispiel des Lernmediums »Schulbuch« lässt sich anschaulich aufzeigen, welch weitreichende Konsequenzen die Umsetzung eines Universal Design hat. Aktuell entspricht kein auf dem Lehrmittelmarkt angebotenes Produkt der Anforderung einer barrierefreien Informationszugänglichkeit für blinde Schülerinnen und Schüler (Schäffler, 2015).

Die dargestellten Prinzipien sollen sicherstellen, dass möglichst jede Schülerin und jeder Schüler einen den individuellen Möglichkeiten angepassten Zugang zum Lerninhalt finden kann, wodurch die Grundvoraussetzung eines gemeinsamen Lernens umrissen wird.

4.2 Bildungsprozesse im Kontext von Blindheit und Sehbehinderung

Blinden- und sehbehindertenpädagogisches Handeln im Verständnis von ICF und UN-BRK hat stets eine doppelseitige Ausrichtung: Im Blickpunkt stehen einerseits das Individuum mit seinen jeweiligen personalen Lernvoraussetzungen und andererseits die Kontextbedingungen, mit denen sich das Individuum konfrontiert sieht. Beide Handlungsebenen sind eng miteinander verbunden und begründen Inhalte, Ziele und Methoden blinden- und sehbehindertenspezifischer Intervention. Im Mittelpunkt blinden- und sehbehindertenpädagogischen Handelns stehen somit die Förderung individueller Fähigkeiten und Fertigkeiten einerseits und die barrierefreie Gestaltung der Umweltbedingungen andererseits.

4.2.1 Folgen möglicher Auswirkungen von Blindheit und Sehbehinderung auf der personalen und kontextuellen Ebene

Ausgangspunkt der nachfolgenden Argumentation ist der Sachverhalt, dass Lern- und Entwicklungsbereiche eng miteinander verwoben und verflochten sind. Abbildung 10 veranschaulicht diese Sichtweise. Die Verflechtung der verschiedenen Bereiche hat zur Folge, dass sich Einschränkungen, Entwicklungsbesonderheiten und Erschwernisse in einem der Bereiche sehr komplex auswirken können. Umgekehrt kann jedoch die pädagogisch relevante Schlussfolgerung gezogen werden, dass sich Erschwernisse durch das Zusammenspiel bzw. durch eine spezifische Intervention in einzelnen oder mehreren Bereichen vermeiden oder abmildern lassen.

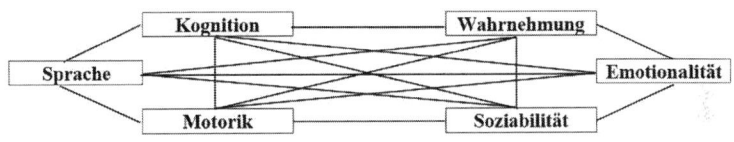

Abb. 10: Entwicklungsbereiche nach Fröhlich (2005, 13)

Blindheit und Sehbehinderung können innerhalb dieses Geflechts als »intervenierende Variable« (Hudelmayer, 1975, 35) verstanden werden, die sich auf sämtliche Entwicklungsbereiche auswirken kann (vgl. Bishop, 2004, 62 ff.). Inwiefern und in welchem Ausmaß dies geschieht, hängt von vielfältigen Faktoren wie beispielsweise dem Zeitpunkt des Eintritts und der Ursache der Blindheit bzw. Sehbehinderung, dem Grad der vorhandenen Sehfähigkeit oder dem Vorliegen einer Mehrfachbehinderung ab (Hudelmayer, 1975, 35; Rath, 2000, 108). Darüber hinaus müssen in diesem Zusammenhang selbstverständlich auch die jeweils vorhandenen Umweltbedingungen (Anregungsreichtum, Hilfsmittelversorgung, Interaktionsgestaltung, Qualität und Quantität von Förderangeboten etc.) als maßgebliche Einflussfaktoren auf sämtliche Entwicklungs- und Lernprozesse genannt werden.

Nach Hecker (2004) kommen dem Sehen vielfältige Funktionen zu, die Entwicklungs- und Lernprozesse maßgeblich initiieren und unterstützen können:

- Lokalisierungs- und Orientierungsfunktion (Gegenstände und Personen im Nah- und Fernraum lokalisieren, die eigene Position im Raum bestimmen etc.)
- Ankündigungs- und Schutzfunktion (Hindernisse, Gefahren erkennen etc.)
- Unterscheidungs- und Identifizierungsfunktion
- Anreiz- und Motivationsfunktion: Aufforderungscharakter für Bewegung, Anstrengung etc. (z. B. Lageveränderung, auf ein Ziel zu krabbeln etc.)
- Bewegungssteuerung (Koordination, Gleichgewichtsstabilisierung, Haltungskorrektur, etc.)
- Steuerung der sozialen Interaktion und Kommunikation (Blickrichtung, Gestik, Mimik etc.)
- Lernen durch Beobachtung und Nachahmung.

Die Frage nach möglichen Kompensationen dieser Funktionen ist hinsichtlich der Auswahl und Durchführung pädagogischer Fördermaßnahmen von zentraler Bedeutung. Werden diese Aspekte im pädagogischen Handeln mit blinden und sehbehinderten Menschen berücksichtigt, werden die entsprechenden individuellen Maßnahmen zur Förderung von Motorik, Wahrnehmung (insbesondere Tasten, Sehen, Hören), Kognition oder Sozialkompetenz zu einer blinden- und sehbehindertenspezifischen Förderung. Bezogen auf konkrete Lebensbereiche ergeben sich mitunter eigene, blinden- und sehbehindertenspezifische Handlungsfelder wie beispielsweise der Unterricht in Orientierung und Mobilität (O&M) oder in Lebenspraktischen Fähigkeiten (LPF).

Entscheidend ist jedoch, dass in Anlehnung an die ICF in allen der skizzierten personalen Bedingungsfaktoren die soziale und materielle Umgebung sowie die konkreten Interaktionsbedingungen als weitere Grundlage pädagogischen Handelns herangezogen werden.

Im Hinblick auf Menschen mit Blindheit und Sehbehinderung bedeutet dies, dass beispielsweise spezifische Aspekte der Interaktionsgestaltung (z. B. Verbalisieren beobachtbarer visueller Vorgänge, Ankündigung von Körperkontakt), der Raumbedingungen (z. B. angepasste Beleuchtung, taktile Leitlinie) oder der Hilfsmittelausstattung (z. B. Vergrößerungshilfen, Langstock) zwingend berücksichtigt und in pädagogische Fördermaßnahmen integriert werden müssen.

Festgehalten werden sollte, dass die tatsächlichen Auswirkungen einer Seheinträchtigung immer situationsabhängig und individuell sind.

Vor diesem Hintergrund sind die auf der Grundlage empirischer Untersuchungen beschriebenen Entwicklungsgefährdungen blinder und sehbehinderter Kinder und Jugendlicher zu verstehen (▶ Kap. 5).

4.2.2 Grundlegende Zielstellungen und Inhaltsbereiche blinden- und sehbehindertenpädagogischen Handelns

Blinden- und sehbehindertenpädagogisches Handeln basiert auf einer vorangehenden und prozessbegleitenden Analyse der individuellen und kontextuellen Voraussetzungen und Bedingungen von Lern- und Entwicklungsprozessen. Somit kommt der Diagnostik (▶ Kap. 6) eine herausragende Stellung zu, die jeweiligen Bedürfnisse und Notwendigkeiten auf personaler und kontextueller Ebene zu erkennen, damit diese in pädagogische Handlungsschritte übertragen werden können. Diese Sichtweise ist grundlegend für das Selbstverständnis der Blinden- und Sehbehindertenpädagogik (vgl. Degenhardt, 2011, 231 f.; Lang, 2017 a, 196 ff.).

Pädagogisches Handeln ist zielgerichtetes Handeln. Die konkreten, individuellen Zielstellungen ergeben sich als Folge des diagnostischen Prozesses.

Die Empfehlungen des Sekretariats der Ständigen Konferenz der Kultusminister zum »Förderschwerpunkt Sehen« von 1998 nennen als Zielorientierung für sehgeschädigte Jugendliche »… ein möglichst hohes Maß an schulischer und beruflicher Eingliederung, gesellschaftlicher Teilhabe und selbstständiger Lebensgestaltung …« (Drave et al., 2000, 178). Auf personaler Ebene konkretisierte bereits Hudelmayer (1976, 59 ff.) die Voraussetzungen für eine gesellschaftliche Integration, indem er drei wesentliche Kompetenzbereiche aufführt. Angepasst an aktuelle Gegebenheiten und Standards lassen sich diese Kompetenzbereiche folgendermaßen inhaltlich füllen:

1. Beruflich-wirtschaftliche Kompetenz (Basisfertigkeiten bzw. Schlüsselqualifikationen: z. B. Computerkenntnisse, Problemlösestrategien, Teamfähigkeit)
2. Kulturelle Kompetenz (z. B. Schriftsprachkompetenzen, Kommunikationsfähigkeiten, Hilfsmittelkompetenz)
3. Soziale Kompetenz (z. B. Lebenspraktische Fähigkeiten, Selbstkonzept, Orientierung und Mobilität).

Mersi (1985, 61) ergänzte diese Auflistung um die Dimension der Selbstbestimmung, wodurch er blinde und sehbehinderte Menschen in eine grundsätzlich aktiv gestaltende Rolle versetzt und die Gefahr der Fremdbestimmtheit reduziert (vgl. Walthes, 2014, 114 ff.). Die Bedeutung dieser Dimension wird auch daran ersichtlich, dass sie explizit als § 19 in die Behindertenrechtskonvention der Vereinten Nationen aufgenommen wurde (Bundesgesetzblatt, 2008, 1433).

Die Frage, welche konkreten Inhaltsbereiche pädagogischer Förderung für blinde und sehbehinderte Menschen (einschließlich Menschen mit mehrfachen Behinderungen) im Hinblick auf gleichberechtigte und selbstbestimmte gesellschaftliche Teilhabe von besonderer Relevanz sind, wurde in den USA bereits ab den 1980er Jahren intensiv bearbeitet. Am Ende der Diskussion stand die Entwicklung eines erweiterten, blinden- und sehbehindertenspezifischen Bildungsplans, der unter dem Namen »Expanded Core Curriculum« (ECC) bis heute Gültigkeit hat und in pädagogischen Angeboten in unterschiedlichen Settings (z. B. Sondereinrichtungen, inklusive Kontexte) für diverse Altersgruppen umgesetzt wird (vgl. Allman & Lewis 2014a). Grundgedanke hierbei ist, dass es einen basalen Bildungsplan für alle Schülerinnen und Schüler gibt (»Core Curriculum«), der den Erwerb grundlegender Kompetenzen (z. B. in den Bereichen Sprache, Mathematik, Ästhetische Erziehung, Sport) sicherstellt. Blinde und sehbehinderte Menschen benötigen darüber hinaus bzw. als Voraussetzung für den Erwerb dieser Grundkompetenzen weitere Fähigkeiten und Fertigkeiten. Diese blinden- und sehbehindertenspezifischen Kompetenzen, die eine erfolgreiche Bildung erst möglich machen, werden im erweiterten Bildungsplan (»Expanded Core Curriculum«) zusammengefasst (Hatlen, 1996; 1997). Die hierbei aufgeführten, in neueren Publikationen ergänzten neun Bereiche gelten im Grunde für alle Altersgruppen vom Kleinkind- bis ins Erwachsenenalter (Hatlen, 1996; 1997; Lohmeier et al., 2008; Allmann & Lewis 2014b):

1. *Kompensatorische Lernzugänge, Kulturtechniken einschließlich Kommunikationstechniken* (z. B. Begriffsbildung, Kommunikationsmöglichkeiten, sprachliche Fähigkeiten, Arbeitstechniken, Braillekenntnisse)
2. *Wahrnehmungsförderung* (insbesondere visuelle, auditive, haptische Wahrnehmung)
3. *Hilfsmittelgebrauch* (z. B. Informationszugang, Kommunikationsunterstützung)
4. *Orientierung und Mobilität* (z. B. Körperkonzept, Raumkonzept, Mobilitätstechniken)

5. *Lebenspraktische Fähigkeiten* (selbstständige Lebensführung)
6. *Soziale Interaktionskompetenz* (z. B. nonverbale Interaktion, Körpersprache, Sozialverhalten)
7. *Erholung und Freizeitgestaltung* (z. B. Sport, Hobbies)
8. *Einführung in die Arbeitswelt* (z. B. Arbeitsverhalten, Berufsvorbereitung, Berufserkundung)
9. *Selbstkonzept* (z. B. Selbstkontrolle, Problemlösung, Selbstbewusstsein).

In Deutschland wurde vom Verband für Blinden- und Sehbehindertenpädagogik (VBS) nach dem Vorbild des ECC ein analoges Dokument entwickelt, das seit 2011 als »Spezifisches Curriculum« vorliegt (Verband für Blinden- und Sehbehindertenpädagogik, 2011/2016). Es gliedert sich in folgende Inhaltsbereiche:

- Förderung des Sehens
- Wahrnehmung und Lernen
- Orientierung und Mobilität, Lebenspraktische Fähigkeiten, Bewegung
- Technische Hilfen
- Lebensplanung, Beruf, Freizeit
- Soziale Kompetenz.

Die Struktur des »Spezifischen Curriculums« weist Parallelen zum ECC auf, wobei die einzelnen Inhaltsbereiche teilweise äußerst breit angelegt sind und mitunter sehr unterschiedliche Maßnahmen zusammenfassen. Jeder Bereich wird hinsichtlich Diagnostik, Intervention, Methodik, Ausstattung und Medien sowie Handelnde und Handlungsträger näher erläutert.

Für die schulische Bildung blinder und sehbehinderter Kinder und Jugendlicher in Deutschland ist das Spezifische Curriculum ein wichtiger Bezugspunkt: Da nur noch wenige Bundesländer (z. B. Baden-Württemberg, Bayern) eigene verbindliche Bildungs- und Lehrpläne für den »Förderschwerpunkt Sehen« ausweisen, stellt das Spezifische Curriculum einen wichtigen Orientierungsrahmen zur Begründung notwendiger sächlicher und personaler Ressourcen dar (Lang, 2017 a, 190).

Neben dem Spezifischen Curriculum für den Schulbereich liegen mittlerweile zwei weitere Spezifische Curricula für die Handlungsfelder »Übergang von der Schule in den Beruf« und »Berufliche Rehabilitation« vor (Degenhardt et al., 2016). Die nunmehr drei deutschsprachigen Dokumente unterscheiden sich hinsichtlich ihrer jeweiligen Systematik und der verwendeten Begrifflichkeiten. Demgegenüber ist das ECC explizit so angelegt, dass es auf alle Handlungsfelder und Altersgruppen angepasst werden kann, was die Umsetzungsmöglichkeiten sicherlich erleichtert.

Mit dem »Expanded Core Curriculum« und mit dem »Spezifischen Curriculum« sind wesentliche Inhaltsbereiche blinden- und sehbehindertenpädagogischen Handelns abgesteckt. Damit liegt eine wichtige Grundlage zur Aufgabenbestimmung der Blinden- und Sehbehindertenpädagogik vor. Die Frage nach der konkreten Umsetzung der inhaltlichen Vorgaben lässt sich allerdings keineswegs hieraus unmittelbar ableiten. Weiterführende Fragen zur konkreten Praxis sind didaktischer Natur und müssen folglich von einer blinden- und sehbehindertenspezifischen Didaktik beantwortet werden (▶ Kap. 9.1). In diesem Sinne stellt die Didaktik das konkrete Werkzeug zur Umsetzung der spezifischen Ziele und Inhalte dar.

4.2.3 Die Verortung blinden- und sehbehindertenpädagogischen Handelns

Aus den bisherigen Ausführungen lässt sich Folgendes festhalten: Blinden- und sehbehindertenpädagogisches Handeln verfolgt das Ziel, blinden und sehbehinderten Menschen die volle Teilhabe an Bildungsprozessen zu ermöglichen und etwaige Barrieren durch umfassende, auf personaler oder kontextualer Ebene zu realisierende Maßnahmen zu verhindern oder abzubauen. Diese Zielstellung ist grundsätzlicher Art und gilt ab der Frühförderung über die gesamte Lebensspanne. Auch der Lernort (z. B. häusliche Umgebung in der Frühförderung, schulische und außerschulische Bildungsangebote für Jugendliche an unterschiedlichen Institutionen) spielt für die formulierte Zielstellung keine Rolle. Dementsprechend ist der Abbau von Lern- und Entwicklungsbarrieren sowohl in inklusiven bzw. integrativen als auch in segregierenden Kontexten das handlungsleitende Prinzip. Unabhängig davon, ob ein blindes oder sehbehindertes Kind eine Allgemeine Schule oder eine Förderschule der verschiedenen Förderschwerpunkte (insbesondere Sehen, Hören, geistige Entwicklung, motorische Entwicklung) besucht, gehört das Ermöglichen der vollen Teilhabe an den dortigen Bildungsangeboten zu den genuinen Aufgaben der Blinden- und Sehbehindertenpädagogik. Dieser Handlungsauftrag greift das in den »Empfehlungen der Kultusministerkonferenz zur Sonderpädagogischen Förderung in den Schulen der Bundesrepublik Deutschland« 1994 aufgestellte Paradigma auf, wonach sonderpädagogische Förderung an keinen bestimmten Förderort gebunden ist (Drave et al., 2000, 25 ff.). Dieser Grundsatz ist mittlerweile in allen Schulgesetzen der Bundesländer fest verankert und bildet die Voraussetzung für eine Umsetzung der in der UN-BRK verbindlich formulierten Vorgaben eines inklusiven Bildungssystems.

Die blinden- und sehbehindertenspezifische Unterstützung mehrfachbeeinträchtigter Kinder und Jugendlicher an Institutionen mit Förderschwerpunkten der geistigen oder motorischen Entwicklung gestaltet sich aktuell als große Herausforderung. Die diesbezügliche pädagogische Versorgungssituation gilt insgesamt keineswegs als zufriedenstellend (vgl. Drave et al., 2013), da Sehschädigungen bei mehrfachbehinderten Kindern und Jugendlichen oftmals nicht erkannt und diagnostiziert werden und in der Folge eine adäquate sehbehinderten- oder blindenspezifische Unterstützung ausbleibt, mit gravierenden Folgen für die Lebensqualität und für die Entwicklungschancen der Betroffenen.

4.3 Blinden- und sehbehindertenpädagogisches Handeln als Voraussetzung für gelingende Inklusion

4.3.1 Begriffsbestimmung: Inklusion und/oder Integration?

Der Begriff »Inklusion« wurde nicht zuletzt durch die 1994 in Salamanca abgehaltene »World conference on special needs education« der UNESCO (United Nations Educational, Scientific and Cultural Organization) Gegenstand einer intensiven inhaltlichen Diskussion. In den Salamanca-Abschlussdokumenten wird unter dem Stichwort »Bildung für alle« der Aufbau inklusiver Schulsysteme gefordert. Ein einheitliches Verständnis darüber, was genau unter Inklusion zu verstehen ist, war weder in Salamanca existent noch ist es dies aktuell. Insbesondere die Abgrenzung zum Begriff »Integration« erscheint nach wie vor strittig. Während in vielen offiziellen internationalen Dokumenten (z. B. Salamanca-Erklärung, UN-BRK) der in den englischen Originalversionen genutzte Begriff »inclusion« konsequent mit »Integration« ins Deutsche übersetzt wird, wird an anderer Stelle eine begriffliche Gleichstellung vehement kritisiert und abgelehnt. Bürli (1997) interpretiert die Unterschiede zwischen Integration und Inklusion dahingehend, dass er die europäische Heilpädagogik in Entwicklungsphasen ausgehend von der Exklusion behinderter Menschen über deren Separation und Integration bis hin zur Inklusion einteilt. Integration wird in diesem Zusammenhang als Entwicklungsphase auf dem Weg zur Inklusion gesehen, womit ein Bildungssystem bezeichnet wird, das von vornherein auf eine uneingeschränkte Teilhabe aller Menschen ausgerichtet ist. Dieses Entwicklungsmodell wurde vielerorts aufgegriffen (vgl. bspw. Sander, 2004; 2003; UNESCO, 2005). Wie Boban und Hinz (2009) feststellten, wurde es allerdings mancherorts als streng determiniertes, historisch-genetisches Modell missverstanden. Wocken (2013 a) plädiert deshalb vehement dafür, das Modell keinesfalls als Phasenmodell der Sonderpädagogik zu bezeichnen, sondern stattdessen von »Qualitätsstufen« zu sprechen. In diesem Sinne wäre Inklusion eine optimierte und umfassend erweiterte Integration (Sander, 2004; 2003; Hinz, 2002). Diese Sichtweise ist durchaus mit Kritik an der Praxis schulischer Integration verbunden, wie diese sich seit den 1970er Jahren entwickelt hat. In diesem Zusammenhang werden Kritikpunkte genannt wie beispielsweise das Festhalten an der »Zwei-Gruppen-Theorie« (terminologische Trennung in »Behinderte« und »Nicht-Behinderte«), individuumzentrierte Ressourcenzuteilung und dadurch Etikettierung von Menschen mit Behinderung, Anpassungsdruck marginalisierter gesellschaftlicher Gruppen an das bestehende Bildungssystem statt grundlegender Systemveränderung (vgl. Hinz, 2002; Sander, 2003; Wocken, 2013 a; Heimlich, 2016; Biewer & Schütz 2016). Feuser (2010) weist als überzeugter Integrationspädagoge darauf hin, dass die Grundintention der Integrationsbewegung durchaus einen Systemwandel beinhaltet hatte. Somit wäre mit einem alleinigen »Etikettenwechsel« von Integration zu Inklusion kein Gewinn verbunden. Wocken (2013 a) wehrt sich ebenfalls gegen eine Abwertung des Integrationsbegriffs und warnt vor einer ungerechtfertigten Schwarz-Weiß-

Malerei, da das Etikett »Inklusion« allein noch kein Qualitätsmerkmal darstellen könne. Er empfiehlt für den künftigen Wortgebrauch ein unproblematisches Nebeneinander beider Begriffe und erklärt die Zeit der nicht überzeugenden Abgrenzungsversuche zwischen Integration und Inklusion für beendet (Wocken 2013 a, 85 f.), da in jedem Fall die Umsetzung in der Praxis und nicht das Etikett die entscheidende Dimension darstelle.

4.3.2 Die Blinden- und Sehbehindertenpädagogik als Bestandteil eines inklusiven Bildungssystems

Im Sinne einer auf unveräußerlichen Menschenrechten und demokratischen Prinzipien aufgebauten Gesellschaft ist ein Verständnis von Inklusion als Gegenkonzept jeglicher Form von Ausgrenzung und Diskriminierung völlig unstrittig. Der plakative Ausspruch »Es ist normal, verschieden zu sein«, der eng mit dem Inklusionsbegriff verbunden ist und als Ausdruck einer »Pädagogik der Vielfalt« (Prengel, 2006) interpretiert wird, droht jedoch auf der Schlagwortebene stehenzubleiben, anstatt zu einem Inklusionsimpuls zu werden. Das Einfordern einer alle Heterogenitätsdimensionen (z. B. Fähigkeiten und Fertigkeiten, Geschlecht, ethnische Zugehörigkeit, Nationalität, Muttersprache, Religion) umfassenden Inklusion (Hinz, 2004; 2014) zielt auf die Herstellung eines Zustands hin. Vielfalt und Heterogenität stellen noch keine pädagogischen Werte an sich dar und sind nicht per se »gut« und führen auch nicht automatisch zum »Leistungsoptimum«. Vielfalt und Heterogenität alleine sind keine pädagogischen Ziele. In den Mittelpunkt der pädagogischen Diskussion gehört stattdessen der Umgang mit Heterogenität und Vielfalt. Inwieweit dies überzeugend, in gegenseitiger Achtung und in Solidarität sowie unter Bereitstellung notwendiger Unterstützungssysteme gelingt, entscheidet über Erfolg oder Misserfolg von Inklusion. In der internationalen Diskussion um erfolgreiche Inklusion sollte daher zwischen einer pädagogischen und einer politischen Perspektive unterschieden werden. An den Beispielen Dänemarks und Italiens kann dies veranschaulicht werden: Angesichts sehr hoher Inklusionsquoten erscheinen Dänemark und Italien als Musterschüler in Sachen Inklusion. Der Besuch einer Allgemeinen Schule ist dort für blinde und sehbehinderte Kinder und Jugendliche der Regelfall. Rødney (2011) konnte allerdings in seiner Untersuchung aufzeigen, dass das erreichte Bildungsniveau blinder und sehbehinderter Schülerinnen und Schüler in Dänemark mit zunehmendem Ausbau inklusiver Maßnahmen deutlich zurückging. Die pädagogische Bewertung der Inklusionsmaßnahmen Dänemarks fällt demnach ernüchternd bis enttäuschend aus. Zu einer ganz ähnlichen Beurteilung kommt Capovilla (2012) bei einer Betrachtung der inklusiven Beschulung blinder und sehbehinderter Kinder und Jugendlicher in Italien. Der Ausbau der Inklusion bewirkte in Dänemark und in Italien einen Abbau blinden- und sehbehindertenspezifischer Unterstützung – mit deutlich negativen Auswirkungen für die betroffenen Schülerinnen und Schüler.

Allerdings muss auch darauf hingewiesen werden, dass genauso wenig wie Vielfalt an Allgemeinen Schulen per se positiv ist, es die in einigen Dimensionen größere Homogenität an Sondereinrichtungen ist. Für das System der Sondereinrichtungen wie für das System der Inklusion ist die entscheidende Frage, ob jedes Individuum, das spezifische Hilfestellungen im Bildungsprozess benötigt, diese auch tatsächlich im notwendigen Umfang erhält.

Ohne Beteiligung fachrichtungsspezifischer Expertise erscheint ein sinnvoller und qualitativ hochwertiger Bildungszugang für blinde und sehbehinderte Schülerinnen und Schüler weder an Sondereinrichtungen noch an Regelinstitutionen (allgemeine Kindergärten, Allgemeine Schule etc.) möglich.

Die Frage, wie diese Fachlichkeit sichergestellt werden kann und welche organisatorische Form eine blinden- und sehbehindertenspezifische Unterstützung in einem inklusiven Bildungssystem einnimmt, wird kontrovers diskutiert und auf unterschiedliche Weise umgesetzt. Für Hinz stehen sonderpädagogische und explizit auch blinden- und sehbehindertenspezifische Institutionen in einem fundamentalen Widerspruch zur Inklusion (Hinz, 2008). Die Frage notwendiger Fachlichkeit wird pauschal auf eine systemische Beratung reduziert. Einer direkten personenzentrierten Unterstützung wird jegliche Notwendigkeit abgesprochen. Im Unterschied zu Hinz nimmt Wocken (2013 b) einen deutlich differenzierteren Standpunkt ein, indem er die je nach Förderschwerpunkt unterschiedlichen Systemanforderungen erkennt. Für Wocken lässt sich eine sonderpädagogische Unterstützung in den Förderschwerpunkten Lernen, Sprache sowie emotionale und soziale Entwicklung ausschließlich in einem inklusiven Regelsystem umsetzen, in dem entsprechend ausgebildete Sonderpädagoginnen und Sonderpädagogen direkt an Allgemeinen Schulen arbeiten. Da Blindheit und Sehbehinderung sowie Hörschädigungen, motorische und kognitive Behinderungen deutlich seltener sind als Lern-, Sprach- und Verhaltensbeeinträchtigungen, fordert Wocken für diese Fachrichtungen ein inklusives Unterstützungssystem, das weiterhin sonderpädagogisch spezialisierte Institutionen in Form von Förderzentren vorsieht. Diese Förderzentren sollen überwiegend eine ambulante Unterstützung der Schülerinnen und Schüler an Allgemeinen Schulen anbieten, als Wahlmöglichkeit jedoch »auf absehbare Zeit« die Option des Besuchs einer am Förderzentrum angesiedelten Förderschule vorhalten (Wocken, 2013 b, 105). Die Existenz von behinderungsspezifischen Förderzentren selbst mit eigenem Schulbetrieb wird in der UN-BRK nicht explizit ausgeschlossen (vgl. hierzu Ahrbeck, 2014, 22 ff.). Demensprechend halten alle Bundesländer aktuell an blinden- und sehbehindertenspezifischen Institutionen fest. Schleswig-Holstein ist das einzige Bundesland, das blinde und sehbehinderte Schülerinnen und Schüler ausschließlich ambulant, ohne eigenes blinden- und sehbehindertenpädagogisches Schulangebot unterstützt. Die notwendige Fachexpertise kommt vom 1983 gegründeten Landesförderzentrum Sehen in Schleswig. Alle anderen Bundesländer verfügen über Förderzentren, die neben der Unterstützung blinder und sehbehinderter Schülerinnen und Schüler an Allgemeinen Schulen auch einen eigenen Schulbetrieb anbieten.

Zentrale Aufgabe der Förderzentren muss es sein, den vielfältigen Bedürfnissen der Schülerinnen und Schüler ein flexibles und individuell anpassbares Bildungsangebot zur Wahl zu stellen. Grundgedanke ist hierbei, blinden und sehbehinderten Schülerinnen und Schülern Unterstützung auf unterschiedlichen Intensitätsstufen anzubieten. Konkret in Frage kommen hierbei Unterstützungsleistungen an Allgemeinen Schulen wie Beratung (Schüler/in, Lehrkräfte, Eltern etc.), Teamteaching, direkte unterrichtsbegleitende oder ergänzende Förderung, Zusatzunterricht oder

Kurse für Schülerinnen und Schüler zu spezifischen Inhalten und Kompetenzen. Wird das Kontinuum der Unterstützungsleistungen weitergedacht, kann als intensivste Form der Unterstützung die Unterrichtung in Sondereinrichtungen betrachtet werden. Dieses Angebot kann durchaus eine Möglichkeit darstellen, die individuell aus unterschiedlichen Gründen als sinnvoll erachtet und somit von den Betroffenen und deren Umfeld bewusst gewählt wird. In den USA erfolgte unter Phil Hatlen die im Sinne einer inklusiven Schulentwicklung notwendig gewordene Neuausrichtung der Texas School for the Blind and Visually Impaired exakt unter dieser Prämisse (Hatlen, 2003), wobei ein flexibles System unterschiedlicher Angebote entstand.

Unter den Aspekten einer Flexibilisierung und Ausweitung des Bildungsangebots können Schulkonzepte interpretiert werden, die Sondereinrichtungen für blinde und sehbehinderte Schülerinnen und Schüler für Kinder und Jugendliche ohne sonderpädagogischen Förderbedarf öffnen. Entsprechende Umsetzungen liegen für Bayern (Blindeninstitutsstiftung Würzburg, Bildungszentrum für Blinde und Sehbehinderte Nürnberg) seit dem Start eines diesbezüglichen Schulversuchs zum Schuljahr 1998/99 vor (Köhler-Krauß, 2002). Ähnliche Konzepte existieren in Baden-Württemberg (Nikolauspflege Stuttgart) und Hessen (Blindenstudienanstalt Marburg).

Die Ausführungen zeigen, dass die Existenz einer Blinden- und Sehbehindertenpädagogik und der Aufbau eines inklusiv ausgerichteten Bildungssystems keineswegs Gegensätze darstellen. Im Gegenteil: eine spezifisch auf die Bedürfnisse blinder und sehbehinderter Kinder und Jugendlicher ausgerichtete Pädagogik erscheint als Voraussetzung und wesentlicher Gelingensfaktor für Inklusion.

5 Psychologische Grundlagen der Blinden- und Sehbehindertenpädagogik

Das folgende Kapitel gibt einen Überblick über Grundlagen der Blinden- und Sehbehindertenpädagogik aus der Perspektive der Entwicklungs- und Wahrnehmungspsychologie. Im Fokus stehen dabei das Erleben und Verhalten von Menschen unter der Bedingung von Blindheit und Sehbehinderung.

Der Wegfall des Gesichtssinns stellt ohne Zweifel eine Besonderheit im Hinblick auf Entwicklungs- und Wahrnehmungsprozesse sowie das soziale Miteinander dar, dennoch soll hier nicht von einer »Blindenpsychologie« die Rede sein. Selbst Karl Bürklen (1924), der die zu Beginn des 20. Jahrhunderts vorliegenden, überwiegend wahrnehmungspsychologischen Forschungsergebnisse aus Untersuchungen mit blinden Menschen in einem Buch mit gleichnamigem Titel zusammengefasst hat, stellte bereits die Frage, »ob überhaupt von einer ›Blindenpsychologie‹ gesprochen werden könne« (Weinläder, 2006, S. 214). Zum einen verfügt innerhalb der Gruppe der blinden Menschen ein Teil über ein – wenn auch äußerst geringes – Sehvermögen. Zum anderen exkludiert der Begriff die Gruppe der Menschen mit Sehbehinderung, eine für die Blinden- und Sehbehindertenpädagogik äußerst relevante Gruppe. Darüber hinaus ist es mehr als fraglich, ob ein individuelles Differenzierungsmerkmal, sei es Blindheit, Sehbehinderung oder ein anderes Merkmal, eine eigene Psychologie begründen kann und sollte. Psychologische Theorien und Erkenntnisse treffen im Allgemeinen auf alle Menschen zu. Im Speziellen kann es durch die Bedingung der Blindheit bzw. Sehbehinderung zu Besonderheiten im Erleben und Verhalten kommen. Diese Besonderheiten stehen im Folgenden im Vordergrund.

5.1 Entwicklungspsychologische Aspekte bei Blindheit und Sehbehinderung

Entwicklung ist ein lebenslanger Prozess. Das haben bereits Mitte des 20. Jahrhunderts Psychologen wie Erik H. Erikson und Robert Havighurst in ihren Lebenslauftheorien beschrieben. Gemeinsam ist diesen Lebenslauftheorien die Annahme, dass jeder Mensch bestimmte Lebensphasen in einer bestimmten Abfolge durchlaufen müsse. Sie unterscheiden sich hinsichtlich der angenommenen Phasen und der unterstellten Dynamik, die der menschlichen Entwicklung zugrunde liegt (vgl. Wahl & Heyl, 2015).

Der Psychoanalytiker Erikson (1950) geht von einer vorbestimmten Abfolge von Entwicklungsstufen im Lebenslauf aus, wobei die Stufen jeweils aufeinander aufbauen (epigenetisches Prinzip). Jeder Entwicklungsschritt besitzt krisenhafte Elemente, die als psychosoziale Krisen dialektisch charakterisiert werden. Die Auseinandersetzung mit derartigen Krisen kann nicht vermieden werden. Insgesamt beschreibt Erikson acht psychosoziale Krisen, die in bestimmten Lebensphasen salient sind und gelöst werden müssen. Die Angemessenheit der Lösung ist für den Entwicklungserfolg entscheidend. So führt beispielsweise die angemessene Lösung der ersten psychosozialen Krise *Vertrauen vs. Misstrauen*, die bereits im Säuglingsalter ihren Höhepunkt hat, zu einem grundlegenden Urvertrauen in sich und die Welt und schafft damit eine gute Basis für nächste Entwicklungsschritte (vgl. auch das Konzept der Bindung bei Bowlby, 1969), während eine unangemessene Lösung zu einem allgemeinen Gefühl der Unsicherheit und Angst führt, insbesondere Neuem gegenüber.

In Havighursts 1948 zum ersten Mal publizierter Lebenslauftheorie ist das Konzept der Entwicklungsaufgaben zentral. Havighurst definiert eine Entwicklungsaufgabe als

> »(...) eine Aufgabe, die in einer bestimmten Lebensperiode des Individuums hervortritt und deren erfolgreiche Bewältigung zu seinem Wohlbefinden und zum Gelingen späterer Aufgaben führt, während ein Misslingen zu Unzufriedenheit im Individuum, zu Missbilligung durch die Gesellschaft und zu Schwierigkeiten bei späteren Aufgaben beiträgt« (Havighurst, 1948, S. 2).

Das Hervortreten einer Entwicklungsaufgabe entspringt drei Quellen: (1) biologischen Einflüsse, (2) gesellschaftlichen und kulturellen Erwartungen sowie (3) eigenen Ansprüchen und Werten. Die Bewältigung von Entwicklungsaufgaben erfordert stets Entwicklung in dem Sinne, dass ein neues Gleichgewicht zwischen Person und Umwelt hergestellt wird.

Für blinde und sehbehinderte Menschen stellen Entwicklungsaufgaben in der Kindheit, speziell jene in der frühen Kindheit, eine besondere Herausforderung dar, da in dieser Lebensphase die Sehfähigkeit eine große Rolle für Entwicklungsprozesse spielt und wesentliche Kompensationsmöglichkeiten für den fehlenden bzw. stark eingeschränkten Gesichtssinn, wie Sprache und andere kognitive Fähigkeiten, noch nicht zur Verfügung stehen (vgl. den adaptiv-kompensatorischen Ansatz zur Erklärung von Entwicklungsunterschieden zwischen blinden und sehenden Kindern, z. B. Brambring, 2005). Im Folgenden wird daher zunächst die Entwicklung von blinden und sehbehinderten Kindern ausführlich betrachtet, bevor auf die Entwicklungsaufgaben im Jugendalter und im frühen und mittleren Erwachsenenalter eingegangen wird. Entwicklungsaufgaben im höheren Erwachsenenalter werden in Kapitel 13 (▶ Kap. 13) dargestellt.

5.1.1 Entwicklungsaufgaben in der Kindheit

Entwicklungsaufgaben in der Kindheit umfassen insbesondere die Entwicklung motorischer Funktionen, die Entwicklung kognitiver Fähigkeiten und Konzepte wie Objektpermanenz, Begriffsbildung, exekutive Funktionen und Sprachentwicklung sowie die sozial-emotionale Entwicklung.

Motorische Entwicklung

Blindheit hat sowohl unmittelbare als auch mittelbare Folgen für die motorische Entwicklung (Tröster & Brambring, 1992). Unmittelbar, also direkt von der Blindheit betroffen sind den Autoren zufolge die Koordination von Bewegungen, die Gleichgewichtsstabilisierung sowie die Haltungskontrolle. Mittelbar, also indirekt wirkt sich Blindheit auf die motorische Entwicklung zum einen dadurch aus, dass durch den Wegfall des Gesichtssinns die motorische Stimulation beeinträchtigt ist. So kann beispielsweise das Drehen von der Rücken- in die Bauchlage oder das Heben des Kopfes in Bauchlage entweder gar nicht oder bei hochgradiger Sehbehinderung nur sehr eingeschränkt durch visuelle Stimuli angeregt und verstärkt werden. Zum anderen können durch die Blindheit verursachte Probleme in der sozialen Interaktion (z. B. Fehlinterpretationen von Verhalten, Überbehütung) zu Beeinträchtigungen in der motorischen Entwicklung führen. Des Weiteren wirkt sich Blindheit auch auf die emotional-motivationalen Voraussetzungen für Bewegung aus. Blinde Kinder müssen im Vergleich zu Kindern mit unbeeinträchtigtem Sehvermögen eine größere Hemmschwelle überwinden, um motorisch zu explorieren. So stellen beispielsweise Hindernisse eine weitaus größere Herausforderung dar, auch können sich blinde Kinder bei ihren Bezugspersonen nicht durch einen schnellen Blick rückversichern, ob sie sozusagen auf dem richtigen Weg sind und ihr Tun fortsetzen können. Schließlich betrifft die Blindheit auch die kognitiven Voraussetzungen der motorischen Entwicklung. So ist unter der Bedingung einer Blindheit beispielsweise die Integration taktiler, propriozeptiver, kinästhetischer, akustischer und olfaktorischer Reize zu einem verständlichen Ganzen erschwert, was sich wiederum ungünstig auf die motorische Entwicklung auswirken kann (vgl. Tröster & Brambring, 1992).

Ab dem dritten Lebensmonat finden sich Unterschiede in der Entwicklung der vestibulären und propriozeptiven Kontrolle zwischen Säuglingen ohne Sehbeeinträchtigung und blinden Säuglingen (z. B. fehlt im Alter von drei bis vier Monaten das Heben des Kopfes in Bauchlage, auch befindet sich der Kopf nicht in Horizontalebene bei Verkippungen aus einer aufrecht gehaltenen Position; Prechtl et al. 2001). Grobmotorische Fertigkeiten im Bereich der Lageveränderung ohne Festhalten (z. B. Aufstehen oder Setzen ohne Festhalten) sind für blinde Kinder schwerer zu lernen als Fertigkeiten in anderen grobmotorischen Bereichen, wie beispielsweise im Bereich des statischen und dynamischen Gleichgewichts oder auch der selbstständigen Fortbewegung (Brambring, 2006). Blinde Kinder sind beim Erwerb der Lageveränderung ohne Festhalten etwa doppelt so alt wie Kinder, deren Sehen nicht beeinträchtigt ist. In allen anderen untersuchten grobmotorischen Entwicklungsbereichen sind die relativen Entwicklungsunterschiede geringer. Im feinmotorischen Bereich stellen Fertigkeiten im Bereich des Umgangs mit Werkzeugen für blinde Kinder die größte Herausforderung dar (Brambring, 2007). Insgesamt finden sich im feinmotorischen Bereich noch einmal sehr viel deutlichere Entwicklungsunterschiede zwischen blinden Kindern und Kindern ohne Sehbeeinträchtigung als im grobmotorischen Bereich. Je komplexer eine zu erlernende motorische Fertigkeit ist, umso eher setzt sie kognitive Fähigkeiten zur Umsetzung verbaler oder geführter Instruktionen voraus, daher ist ein früherer Erwerb dieser Fertigkeiten kaum möglich (vgl. Brambring, 2007). Unterschiede in der motorischen Entwicklung im Vergleich zu sehenden Kindern sind für blinde Kinder somit als normal anzusehen.

Nur in Übergangsphasen der motorischen Entwicklung als normal anzusehen sind einige Bewegungsstereotypien wie beispielsweise das Wippen im Vierfüßlerstand (Tröster et al., 1991). Bestimmte Bewegungsstereotypien wie das Schaukeln mit dem Oberkörper oder Kopf, repetitive Hand- und Fingerbewegungen oder das Augenbohren kommen bei blinden Menschen jeden Alters zwar gehäuft vor, weshalb sie bis etwa in die 1970er Jahre hinein in äußerst vereinfachender und auch diskriminierender Weise als Blindismen bezeichnet wurden, sie sind aber keineswegs auf diese Personengruppe beschränkt, und in einem weiteren Sinn sind Bewegungsstereotypien auch gesellschaftlich akzeptiert (z. B. Wippen mit dem Fuß). Bewegungsstereotypien im engeren Sinn sind gekennzeichnet durch einen gleichförmigen und repetitiven Bewegungsablauf, eine weitgehende Invarianz gegenüber Einflüssen von außen und das Fehlen eines erkennbaren Ziels (ebd.).

Dass das Ziel von außen nicht ohne Weiteres erkennbar ist, bedeutet jedoch nicht, dass das Verhalten ziellos ist und keine Funktion erfüllt. Vielmehr gehen alle jüngeren theoretischen Ansätze zur Erklärung von Stereotypien davon aus, dass diese eine funktionale Bedeutung haben. So kommen, wie bereits gesagt, Bewegungsstereotypien als Übergangsverhalten zur Stärkung der Muskulatur im motorischen Entwicklungsprozess regelhaft vor (z. B. beim Übergang vom Vierfüßlerstand zum Krabbeln). Ist der motorische Entwicklungsprozess behinderungsbedingt verändert, verbleiben sie jedoch länger als gewöhnlich im Verhaltensrepertoire. Dadurch erhöht sich die Wahrscheinlichkeit, dass das stereotype Verhalten mit weiteren Funktionen wie der Vermeidung aversiver Reize (z. B. eine als unangenehm erlebte Anforderung), dem Erreichen positiver Konsequenzen (z. B. Aufmerksamkeit) und/oder der Regulation des Erregungsniveaus (Arousal-Hypothese) verknüpft wird (vgl. Tröster et al., 1991). Auch andere Funktionen wie die Kompensation der fehlenden visuellen Wahrnehmung sind möglich (vgl. z. B. Gahbler, 1996).

> Die Herausforderung besteht darin, »(…) to identify the function of stereotyped movements for a specific child (…) and to help the child acquire a repertoire of behavior that achieves the same function while being more adaptive in other ways« (Gal & Dyk, 2009, 762).

Eine Möglichkeit hierzu bietet die funktionale Verhaltensanalyse (z. B. Sarimski & Steinhausen, 2007).

Den Ergebnissen einer Fragebogenstudie mit Eltern von 85 blinden Kindern im Alter von zehn bis 82 Monaten zufolge zeigten nahezu alle Kinder mindestens eine Bewegungsstereotypie mindestens einmal wöchentlich, ein Viertel der Kinder zeigte mindestens eine Stereotypie fast stündlich (ebd.). Am häufigsten wurden auf die Augenpartie gerichtete Bewegungsstereotypien angegeben, gefolgt von repetitiven Hand- und Fingerbewegungen, Schaukeln mit dem Oberkörper und stereotypen Objektmanipulationen. In Monotoniesituationen (z. B. Alleingelassenwerden, Langeweile) wurde vor allem Augenbohren berichtet, in Erregungssituationen (z. B. Freude, Aufregung) dominierten repetitive Hand- und Fingerbewegungen. Ähnliche Ergebnisse finden sich in einer Studie von Fazzi et al. (1999). Quantität und Qualität von Stereotypien stehen darüber hinaus in einem signifikanten Zusammenhang mit dem Grad der Sehschädigung und unabhängig davon auch mit dem Grad der kognitiven Leistungsfähigkeit. So zeigten blinde Kinder im Grundschulalter nach Angaben ihrer Lehrkräfte mehr und andere Stereotypien (v. a. Schaukeln mit dem Oberkörper oder Kopf, mit dem Kopf schlagen, Augenbohren) als sehbehinderte Grundschulkinder, ebenso zeigten Kinder mit kognitiver Beeinträchtigung mehr und andere Stereotypien (v. a. Saugen an Objekten, Geräusche machen, sich schlagen) als Kinder ohne kognitive Beeinträchtigung (Gal & Dyck, 2009). McHugh und Lieberman (2003) zufolge stellen Geburtsblindheit sowie damit assoziierte Faktoren wie Frühgeburt, längere Krankenhausaufenthalte und eingeschränkte Bewegungs- und Explorationsmöglichkeiten Risikofaktoren für die Entwicklung von Bewegungsstereotypien dar. Sarimski und Lang (2017) konnten zeigen, dass eine als gering eingeschätzte Beteiligung an sozialer Interaktion sowie gering eingeschätzte Sprach- und Spielkompetenzen mit der Häufigkeit von selbstverletzenden und stereotypen Verhaltensweisen bei blinden und sehbehinderten Kindern und Jugendlichen einhergehen.

Interventionen im Zusammenhang mit Bewegungsstereotypien sollten die individuelle Funktion der Stereotypie berücksichtigen (z. B. Erregungsregulation) und alternative Handlungsmöglichkeiten zur Verfügung stellen (McHugh & Lieberman, 2003). Sie dürfen keinesfalls zu einer Stigmatisierung beitragen und sollten nicht nur am Individuum ansetzen. Auch sollte eine Intervention nur dann erfolgen, wenn sie eindeutig negative Konsequenzen hat, beispielsweise die soziale Integration behindert oder selbstschädigend ist (ebd.).

Kognitive Entwicklung

Durch den engen Zusammenhang zwischen Motorik und Kognition in den ersten Lebensjahren kommt es auch im kognitiven Bereich zunächst zu Nachteilen für die Entwicklung blinder Kinder. Gut veranschaulichen lässt sich der frühe und enge Zusammenhang zwischen Motorik und Kognition am Beispiel der Objektpermanenz, einem der ersten kognitiven Konzepte, die ein Kind erwirbt. Unter Objektpermanenz versteht man »das Wissen, dass Objekte auch dann weiterexistieren, wenn sie sich außerhalb des Wahrnehmungsfeldes befinden« (Siegler et al., 2016, 123). Der Entwicklungspsychologe Jean Piaget (1937/1998) beobachtete, dass sehende Kinder erst ab einem Alter von etwa acht Monaten beginnen, nach versteckten, also nicht sichtbaren Objekten zu suchen, während jüngere Kinder nur nach einem Objekt greifen, solange es sichtbar ist. Er schloss daraus, dass ein Kind erst ab acht Monaten über Objektpermanenz verfügt.

Verschiedene Autorinnen und Autoren haben in den 1970er und 1980er Jahren die Piagetschen Aufgabenstellungen für blinde und sehbehinderte Kinder adaptiert (z. B. Fraiberg, 1977; Rogers & Puchalski, 1988; Bigelow, 1986, 1990). Beispielsweise wurde ein Geräuschobjekt in einer fixen Position vor das Kind gehalten (mit bzw. ohne, dass das Kind es vorher in der Hand gehabt hatte), und das Greifen des Kindes nach dem Gegenstand wurde als Verständnis der kontinuierlichen Existenz des Objekts interpretiert. Auf der Basis dieser und ähnlicher Aufgaben wurden Entwicklungsunterschiede zwischen blinden bzw. sehbehinderten und sehenden Kindern von null bis zu zwölf Monaten festgestellt. Abgesehen von der Inkonsistenz der Ergebnisse, die sich auf unterschiedliche Aufgabenstellungen, unterschiedliche Erfolgskriterien für die Aufgabenlösung und die teilweise sehr geringe und wenig aussagekräftige Datengrundlage zurückführen lässt, ist fraglich, ob die jeweiligen Aufgaben überhaupt dazu geeignet sind, das Vorhandensein von Objektpermanenz zu überprüfen. Solange ein Kind ein Objekt hört oder fühlt, ist es nicht außerhalb seines Wahrnehmungsfeldes. Aber genau darum geht es obiger Definition zufolge bei dem Konzept der Objektpermanenz. Auch wenn Geräusche nicht zwangsläufig auf das Vorhandensein eines Objekts hinweisen, so ist doch zumindest unter der Bedingung, dass das Kind das Objekt vorher in der Hand hatte oder bereits kannte, nicht unbedingt davon auszugehen, dass Objektpermanenz nötig ist, damit das Kind nach dem Objekt greift. Ihsen, Tröster & Brambring (2010, 485) kommen ebenfalls zu dem Schluss, dass

> »(…) as long as the presence of an object is indicated by any kind of continuous sensory contact (visual, auditory, or tactile) with that object, a full mental representation of the object may not be required to elicit a reaching response«.

Die Ergebnisse ihrer Studie zeigen, dass blinde Kinder im Schnitt etwa ein halbes Jahr später als sehende anfangen, zielgerichtet zu greifen: Blinde Kinder beginnen frühestens mit 8,5 Monaten damit, nach ihnen vertrautem Spielzeug zu greifen, das kontinuierlich Töne von sich gibt und zu dem ein kontinuierlicher Körperkontakt besteht (Gegenstand wird dem Kind auf die Brust gelegt); im Schnitt tun sie dies mit 10,5 Monaten. Zeitgleich, mit ca. 10,5 bis 11 Monaten, greifen sie auch nach vertrauten Objekten, wenn kein taktiler Kontakt besteht, solange diese Objekte kontinuierlich Töne von sich geben. Das Greifen nach geräuschlosem Spielzeug, das die Kinder zuvor in der Hand hatten, oder nach Spielzeug, das lediglich intermittierend Töne von sich gibt und das sie zuvor nicht in der Hand hatten, geschieht erst signifikant später, mit ca. 14 bis 15,5 Monaten.

Es scheint also so zu sein, dass bei kontinuierlichem auditivem Kontakt taktiler Kontakt nicht notwendig ist, damit ein blindes Kind im Alter von etwa 11 Monaten nach einem Spielzeug greift (zumindest bei bekanntem Spielzeug). Ob eine mentale Repräsentation des Gegenstands, also Objektpermanenz notwendig ist, ist nicht eindeutig geklärt; die Autoren gehen wie gesagt eher nicht davon aus. Doch selbst wenn zum Greifen nach einem Klangobjekt Objektpermanenz notwendig wäre, kann aufgrund der Ergebnisse nicht geschlossen werden, dass Kinder erst ab dem Zeitpunkt, zu dem sie die Aufgabe lösen, über Objektpermanenz verfügen. Ergebnisse aus Untersuchungen, die auf den Piagetschen Aufgaben basieren, seien es die ursprünglichen Aufgaben oder die für blinde Kinder adaptierten, lassen lediglich den Schluss zu, dass Kinder, die die Aufgaben lösen, das Konzept der Objektpermanenz erworben haben, nicht aber den Umkehrschluss. Wenn blinde Kinder die Aufgaben nicht lösen, so kann das verschiedene Gründe haben, beispielsweise mangelnde motorische Koordination oder ein mangelndes Raumkonzept (z. B. Ross & Tobin, 1997; Warren, 1994). So haben auch Untersuchungen, die die Habituationsmethode nutzen, gezeigt, dass sehende Kinder schon mit etwa drei Monaten zumindest über ein gewisses Verständnis von Objektpermanenz verfügen, nicht erst mit acht Monaten (z. B. Baillargeon & DeVos, 1991).

Das Konzept der Objektpermanenz ist wesentlich für die weitere Begriffsbildung, d. h. für die Fähigkeit, kognitive Konzepte zu bilden, indem Objekte, Handlungen,

Ereignisse oder abstrakte Sachverhalte aufgrund von Ähnlichkeiten (gemeinsamen Merkmalen) zu Klassen zusammengefasst und gegenüber Unähnlichem abgegrenzt werden (z. B. Siegler et al., 2016). Auch bei der Begriffsbildung sind Motorik und Kognition zunächst sehr eng verknüpft. Nicht zufällig hängen »Begriff« und »Begreifen« zusammen. Das kognitive Begreifen geschieht zu Beginn der kindlichen Entwicklung überwiegend auf der Grundlage des motorischen Begreifens, Betastens und In-den-Mund-Steckens. Läuft die motorische Entwicklung langsamer ab, wie dies bei blinden Kindern normalerweise der Fall ist, und sind Lerngelegenheiten durch den fehlenden Gesichtssinn reduziert, so hat dies auch Konsequenzen für die Begriffsbildung.

Sobald Sprache als Kompensationsmöglichkeit zur Verfügung steht, können blinde Kinder, die keine zusätzliche Behinderung haben, die Nachteile in der Begriffsbildung aufholen. Dies zeigt sich eindrücklich beispielsweise daran, dass blinde Kinder sehr viel mehr Schwierigkeiten bei den für Kinder ohne Sehbeeinträchtigung eher einfachen Objektklassifikationsaufgaben (zu verstehen, welches Objekt nicht zu einer Objektkategorie passt) haben als bei verbalen Klassifikationsaufgaben (zu verstehen, welches Wort nicht zu einer Wortkategorie passt; vgl. Hatwell, 1985). Auf der konkreten Objektebene (z. B. zu erkennen, dass ein Spielzeugpferd nicht zu einer Reihe von Spielzeugautos passt) finden sich signifikante Entwicklungsunterschiede zu Kindern, die in ihrem Sehen nicht beeinträchtigt sind, nicht jedoch auf der verbalen Ebene (z. B. zu erkennen, dass das Wort Brille nicht zu den Wörtern Birne, Apfel, Pfirsich passt). Das lässt sich zum einen dadurch erklären, dass das Kategorisieren auf der konkreten Objektebene für blinde Kinder eine sehr viel schwierigere Aufgabe darstellt als für sehende Kinder. Sie erfordert motorische Fertigkeiten, Taststrategien sowie insbesondere Gedächtniskapazität. Diagnostisch gesehen findet hier also kein fairer Vergleich statt. Daher lässt sich die Tatsache, dass blinde Kinder in Objektklassifikationsaufgaben signifikant schlechter abschneiden als sehende Kinder, auch nicht als Beleg für eine Entwicklungsverzögerung im Bereich der Begriffsbildung interpretieren (Brambring, 2003). Zum anderen verfügen blinde Kinder auf der konkreten Handlungsebene über weniger Lerngelegenheiten als sehende Kinder, sodass es ihnen schwerer fällt, Hypothesen über charakteristische Merkmale zu bilden.

Aufgrund der durch den Wegfall bzw. die signifikante Einschränkung des Gesichtssinns reduzierten perzeptuellen Informationen sind die durch Sprache symbolisierten Informationen für die Begriffsbildung blinder und sehbehinderter Menschen von besonderer Bedeutung. Sprache und Begriffsbildung bauen wechselseitig aufeinander auf (Szagun, 2013): Zum einen fällt es leichter, ein Wort zu lernen, wenn man bereits über ein Verständnis des zugehörigen Begriffs verfügt. Zum anderen kann Sprache konzeptuelles Verstehen erweitern. Beim sogenannten syntaktischen Bootstrapping nutzen Kinder ihr Sprachwissen, genauer die grammatische Struktur von Sätzen, um die Bedeutung von unbekannten Wörtern zu erschließen (vgl. z. B. Siegler et al., 2016). So erlaubt die Beobachtung, an welcher Position im Satz ein bestimmtes Wort vorkommt und von welchen Wörtern es begleitet wird, Schlussfolgerungen über die Bedeutung des Wortes. Landau (1997) verdeutlicht dies am Beispiel des Verbs »rollen«. Blinde Kinder können mit Hilfe einer Reihe von Verbindungsregeln durch Sätze wie (1) »Der Ball rollt.«, (2) »Anna rollt den Ball.« und (3) »Anna rollt den Ball zu Paul.« die Bedeutung des Verbs erwerben, auch wenn sie das Rollen von Bällen selbst nicht beobachten können: Erstens tritt das Verb mit mindestens einem syntaktischen Argument auf (Satz 1), kann aber auch mit zwei Argumenten auftreten (Satz 2); zweitens hat die Nominalphrase am Anfang eines Satzes (Satz 2) die semantische Rolle des Agens inne, weshalb das Verb eine verursachte Aktivität ausdrücken muss; drittens kann das Verb mit einer Ortsbezeichnung einhergehen (Satz 3). Diese drei syntaktischen Rahmenbedingungen entsprechen dem allgemeinen Muster für Bewegungsverben, daher weiß das Kind, dass »rollen« etwas mit Bewegung zu tun haben muss (Landau, 1997).

Sprache allein kann jedoch die blindheitsbedingte Reduktion von Lerngelegenheiten nicht kompensieren (vgl. Lang, 2017 b). Werden Begriffe überwiegend oder gar ausschließlich auf der abstrakten Sprachebene gebildet, so besteht die Gefahr von Fehlkonzepten und der Verwendung von Wörtern ohne angemessenen begrifflichen Hintergrund. Damit ist das Phänomen des Verbalismus angesprochen, das Cutsforth (1951/1968) in prägnanter Weise mit Blindheit in Verbindung brachte. Er definierte Verbalismus als »(...) the use of abstract concepts not verified by concrete experience« (Cutsforth, 1968, 48). Vor dem Hintergrund dieser Definition müssen visuelle Bezüge in der Sprache blinder Menschen auf inhaltsleeren Konzepten basieren, daher sollten Cutsforth zufolge in der Erziehung blinder Kinder Wörter mit visuellem Bezug wie beispielsweise Farbnamen oder Redewendungen wie »wir sehen uns später« vermieden werden. So könnten blinde Kinder Begriffe auf der Grundlage ihrer eigenen Wahrnehmungsmöglichkeiten bilden und besser in die Gesellschaft integriert werden. Insbesondere im Hinblick auf Letzteres wäre ein künstlicher Verzicht auf Wörter mit visuellem Bezug für die Interaktion zwischen blinden und sehenden Menschen sicherlich kaum förderlich. Darüber hinaus erfolgt Begriffsbildung, wie bereits deutlich wurde, nicht nur auf der Grundlage konkreter Erfahrung. Auch konnten verschiedene Studien zeigen, dass blinde Kinder in der Lage sind, visuelle Ausdrücke syntaktisch und semantisch korrekt zu verwenden (z. B. Landau & Gleitman, 1985; Rosel et al., 2005). In der Untersuchung von Rosel und Mitarbeitern (2005) mit 62 geburtsblinden und 64 sehenden Kindern im Alter von sieben bis 14 Jahren hing die Nutzung visueller Ausdrücke in Beschreibungen weder mit dem Sehvermögen (blind vs. sehend) noch mit dem Geschlecht zusammen. Mit zunehmendem Alter wurden generell mehr visuelle Ausdrücke verwendet. Der Autorin und den Autoren zufolge spiegelt sich in der korrekten Verwendung visueller Bezeichnungen durch blinde Kinder schlichtweg deren Fähigkeit zur Anpassung an die allgemeinen sprachlichen Gepflogenheiten wider.

Auch wenn es also heutzutage wohl niemand mehr Cutsforth entsprechend als psychopathologisch ansehen würde, wenn blinde Menschen Wörter benutzen, deren Bedeutung ihnen über ihre eigenen Wahrnehmungsmöglichkeiten nicht zugänglich ist, besteht aufgrund der durch die Blindheit eingeschränkten Lerngelegenheiten dennoch die Gefahr, dass blinde Kinder Wörter erlernen, ohne einen angemessenen Begriff davon zu haben. Um dieser Gefahr entgegenzuwirken, sollten stets möglichst konkrete verbale Informationen gegeben und es sollte an bereits vorhandenen Vorstellungen und Wissensinhalten angeknüpft werden, um so eine Einordnung neuer Wissensinhalte zu ermöglichen. Darüber hinaus sollten dort, wo es möglich ist, (wiederholte) Realbegegnungen mit zunächst prototypischen Begriffsrepräsentanten geschaffen werden. Wo eine Realbegegnung nicht möglich ist (z. B. bestimmte Tiere, große Objekte oder abstrakte Begriffe) sollten Modelle, Analogien, Rollenspiele, etc. genutzt werden. Dabei sollte die Aufmerksamkeit auf relevante Merkmale (Gemeinsamkeiten und Unterschiede) gelenkt sowie Gelegenheiten geschaffen werden, charakteristische Merkmale durch aktives und möglichst simultanes Vergleichen selbst zu entdecken (vgl. Lang, 2017 b; Kap. 7.4.2).

In den letzten Jahren haben exekutive Funktionen in der Kognitionspsychologie und in der Pädagogik zunehmend an Bedeutung gewonnen. Sie stehen als Sammelbegriff für Regulations- und Kontrollmechanismen, die es Menschen ermöglichen, ziel- und situationsorientiert zu handeln (z. B. Konrad, 2007; Miyake et al., 2000). Es handelt sich dabei um mentale Prozesse höherer Ordnung, die immer dann von Bedeutung sind, wenn Handlungen geplant oder Ziele bzw. Absichten über mehrere Schritte hinweg verfolgt und auf ihr Gelingen hin überprüft werden, also vor allem in neuen oder nicht erwarteten Situationen, die zur Realisierung neuer Reaktionsmuster auffordern. Zu den exekutiven Funktionen gehören die Fähigkeit, Problemlöseprozesse zu initiieren, ablenkende Reize oder Handlungen in ihrer Wirksamkeit zu hemmen, relevante Handlungsziele auszuwählen, komplexe Problemlöseprozesse zu organisieren, Lösungsstrategien flexibel anzupassen, das eigene Vorgehen laufend zu beobachten und seinen Erfolg zu bewerten (z. B. Drechsler, 2007). Auch das Arbeitsgedächtnis, das Informationen für weiterführende Problemlösungsprozesse zur Verfügung stellt, stellt eine wesentliche Komponente der exekutiven Funktionen dar.

Neben älteren Arbeiten mit eher indirektem Bezug zu exekutiven Funktionen (für eine Zusammenfassung siehe Warren, 1994) liegen auch einige neuere Studien zu spezifischen Aspekten exekutiver Funktionen bei blinden und sehbehinderten Menschen vor. Es finden sich Hinweise auf eine erhöhte Prävalenz von Regulationsstörungen bei blinden und sehbehinderten Kleinkindern im Alter von sechs bis 36 Monaten, sowohl im Vergleich zu Kindern ohne Behinderung als auch im Vergleich zu Kindern mit motorischen und/oder sprachlichen Entwicklungsverzögerungen (Alon et al., 2010). Darüber hinaus scheinen blinde und sehbehinderte Kinder im zweiten und dritten Lebensjahr im Vergleich zu Kindern ohne Sehbeeinträchtigung weniger gut in der Lage zu sein, ihre Aufmerksamkeit zu regulieren (Tadić et al., 2009). Einer Studie von Argyropoulos, Sideridis, Botsas und Padeliadu (2012) zufolge zeigen blinde und sehbehinderte Kinder und Jugendliche eher globale selbstregulatorische Lernstrategien, die an die spezifischen Erfordernisse einzelner Fächer (z. B. Deutsch, Mathematik) nicht gut angepasst sind. Die Autoren bringen dies mit den durch die Blindheit und Sehbehinderung eingeschränkten Lerngelegenheiten und Umwelterfahrungen in Verbindung. In Bezug auf Gedächtnisleistungen findet sich häufig die Annahme einer Überlegenheit insbesondere blinder Menschen (kognitive Kompensation). Die Befundlage hierzu ist insgesamt heterogen, je nachdem wie die Gedächtnisleistungen erfasst wurden. Als relativ gesichert kann eine im Vergleich zu Menschen ohne Sehbeeinträchtigung bessere Leistung in seriellen Gedächtnisaufgaben gelten, die die phonologische Schleife beanspruchen (Swanson & Luxenberg, 2009). Hinsichtlich der Anwendung von Gedächtnisstrategien und der metakognitiven Leistungsfähigkeit ließen sich jedoch keine Unterschiede zwischen sehbeeinträchtigten und nicht sehbeeinträchtigten Kindern nachweisen (Wyver & Markham, 1998).

Heyl und Hintermair haben mit Unterstützung von Studierenden (2013, 2014, 2015) die exekutiven Funktionen von 90 blinden und sehbehinderten Kindern und Jugendlichen an Förderschulen sowie 136 blinden und sehbehinderten Kindern und Jugendlichen an Allgemeinen Schulen im Alter von fünf bis 18 Jahren (M = 12 Jahre) untersucht. Die auf Basis eines Lehrerfragebogens gewonnenen Ergebnisse zeigen, dass die blinden und sehbehinderten Schülerinnen und Schüler in allen Bereichen exekutiver Funktionen im Vergleich zur amerikanischen Normierungsstichprobe signifikant schlechtere Werte erreichen. Darüber hinaus zeigen die Kinder und Jugendlichen mit Blindheit und Sehbehinderung an Allgemeinen Schulen signifikant bessere exekutive Funktionen als jene an Förderschulen. Diese Unterschiede sind jedoch kaum auf die Schulart zurückzuführen, sondern eher darauf, dass Kinder und Jugendliche mit zusätzlicher Behinderung an den Förderschulen überrepräsentiert waren (66 % vs. 23 % an Allgemeinen Schulen), denn die Unterschiede verschwinden, wenn Schülerinnen und Schüler mit zusätzlicher Behinderung aus der Analyse ausgeschlossen werden. Auch muss berücksichtigt werden, dass Verhaltensweisen, die bei Kindern mit Blindheit und Sehbehinderung aufgrund des fehlenden bzw. ungenügenden visuellen Feedbacks vorkommen, aber nicht zwangsläufig exekutive Probleme indizieren (z. B. »Ist sich nicht bewusst, wie sein/ihr Verhalten bei anderen ankommt bzw. ob es sie stört.«, »Kann seine/ihre Sachen im Raum oder an seinem/ihrem Platz nicht finden.«), zu einer Überschätzung von Problemen mit exekutiven Funktionen geführt haben könnten. Doch selbst wenn einige der Verhaltensweisen, die bei sehenden Kindern auf exekutive Probleme hinweisen, im Falle von Blindheit und Sehbehinderung schlechte Indikatoren sein sollten, so kommen sie doch im Vergleich zu Schülerinnen und Schülern ohne Sehbeeinträchtigung verstärkt vor und zeigen somit einen erhöhten Förderbedarf bei blinden und sehbehinderten Kindern und Jugendlichen an.

Sprachentwicklung

Auch wenn der Spracherwerb der Entwicklungsbereich mit den vergleichsweise geringsten Unterschieden zu Kindern ohne Sehbeeinträchtigung ist (Brambring, 2005), so ist doch die präverbale Eltern-Kind-Interaktion durch spezifische Erschwernisse gekennzeichnet, beispielsweise im Hinblick auf kommunikatives Verstehen, das nicht durch Mimik und Gesten unterstützt werden kann (z. B. Preisler, 1991). Insbesondere bei blinden Kindern findet sich die typische »initial difficulty getting started« (Brambring, 2007, 758) also auch im Bereich der Sprachentwicklung. Erste Silben bzw. das erste Wort sprechen blinde Kinder durchschnittlich im Alter von elf bzw. 16 Monaten, d. h. mit einer Verzögerung von ca. einem halben Jahr. Bei den ersten Silben können blinde Kinder den Vorteil von leicht von den Lippen abzulesenden Vokalen bzw. Konsonanten nicht nutzen. Für das spätere Auftreten des ersten Wortes sind die Einschränkungen in der präverbalen Kommunikation ausschlaggebend (ebd.). Wenn die Verknüpfung von Wort und Objekt mit Hilfe des Tastsinns einmal erreicht ist, finden sich keine weiteren wesentlichen Verzögerungen der Wortschatzentwicklung mehr (Brambring, 2003, 2007).

Neben quantitativen Entwicklungsunterschieden finden sich insbesondere auch qualitative Besonderheiten sowohl in der Sprachentwicklung blinder Kinder als auch im Sprachverhalten ihrer Mütter bzw. Eltern. So verwenden blinde Kinder Wörter länger als Eigennamen eines spezifischen Objekts, sie verwenden weniger generelle Nomen, benutzen im Vergleich zu sehenden Kindern weniger Tiernamen (8 % vs. 20 %), aber mehr Namen von Alltagsgegenständen bzw. Möbeln (22 % vs. 9 %) und lernen etwas früher als sehende Kinder Objekte zu benennen sowie ihren Vor- und Nachnamen samt Adresse (Brambring, 2003). Auch kann es bei blinden Kindern zu Schwierigkeiten im korrekten Gebrauch von Wörtern mit wechselndem Referenzbezug kommen, also von räumlich-deiktischen Bezeichnungen wie »hier« und »dort« sowie von Personalpronomen wie »ich« und »du« (ebd.). Insgesamt weisen blinde und sehbehinderte Kinder im Grundschulalter zwar gute und möglicherweise sogar überlegene verbale Fertigkeiten in strukturellen Aspekten der Sprache wie Grammatik und Wortschatz auf, im Bereich der Pragmatik, also dem situationsgerechten Gebrauch von Sprache, zeigen sie jedoch im Vergleich zu Kindern mit unbeeinträchtigtem Sehvermögen eine signifikant geringere Kompetenz (Tadić et al., 2010).

Auch das mütterliche Sprachverhalten zeigt charakteristische Merkmale in der Interaktion mit blinden Kindern. In Untersuchungen von Kekelis und Andersen (1984) sowie von Kekelis und Prinz (1996) initiierten Mütter blinder und sehbehinderter Kinder häufiger Gespräche, sprachen bis zum Sprecherwechsel etwa doppelt so lang wie ihre Kinder, verwendeten viele Aufforderungssätze und Testfragen und labelten verstärkt Objekte. Zunächst wurde angenommen, dass sich dieser direktive Sprachstil generell ungünstig auf die Entwicklung von Kindern mit Blindheit und Sehbehinderung auswirkt, da insbesondere das Bedürfnis nach Selbstbestimmung untergraben wird und Grenzen zu eng gesetzt werden. Folgestudien konnten hier jedoch differenzieren und zeigen, dass blinde Kleinkinder in der Kommunikation mit einer vertrauten Bezugsperson gute kommunikative Fähigkeiten (Initiative, wenig Konversationseinbrüche, Fähigkeit zum Turn-Taking) aufweisen und dass ihre Mütter zwar vermehrt Anweisungen benutzen, allerdings auch mehr Erklärungen in Verbindung mit diesen Anweisungen, und dass Anweisungen über die Zeit hinweg, also mit den Entwicklungsfortschritten des Kindes, abnehmen (Pérez-Pereira & Conti-Ramsden, 2001). Ein in diesem Sinne direktiver Sprachstil sollte keine negativen Effekte auf die kindliche Entwicklung haben. Vielmehr scheint es sich dabei um eine adaptive Strategie zu handeln, die bei der Organisation und Kategorisierung von visuell nicht wahrnehmbaren Umweltinformationen unterstützt. Die Ergebnisse einer Studie von Sarimski und Mitwirkenden (2010 a, b) belegen darüber hinaus, dass die mütterlichen Initiativen überwiegend die kindliche Aufmerksamkeit lenken sowie ankündigen und kommentieren, während Grenzsetzungen kaum vorkommen. Kindliche Initiativen werden wahrgenommen und beantwortet und Bitten um Hilfe werden verlässlich erfüllt. Insgesamt konnte keine übermäßige Interaktionslenkung durch die Mütter festgestellt werden, die Interaktionen waren vielmehr stark an den kindlichen Beiträgen orientiert. Möglicherweise hat hier eine Sensibilisierung durch Frühförderung stattgefunden.

Sozial-emotionale Entwicklung

Im Bereich der sozial-emotionalen Entwicklung stellt die präverbale Entwicklungsphase ebenfalls eine besondere Herausforderung für blinde und sehbehinderte Kinder dar. Frühe Meilensteine der sozial-emotionalen Entwicklung wie die Entwicklung der dyadischen Interaktion in den ersten Lebensmonaten (primäre Intersubjektivität, Trevarthen & Aitken, 2001) und der Aufbau von Bindung (Bowlby, 1969) finden ohne den hierfür wesentlichen Blickkontakt zwischen Bezugsperson und blindem Kind statt. Auch die triadische Interaktion und gemeinsame Aufmerksamkeit für einen Gegenstand (sekundäre Intersubjektivität, Trevarthen & Aitken, 2001) entwickeln sich beim blinden Kind ohne Rückgriff auf unterstützende visuelle Informationen wie Blickrichtung oder Zeigegeste, und daher oft erst später als in der Entwicklung von Kindern ohne Sehbeeinträchtigung (Dale et al., 2014). Es werden andere, nicht-visuelle Wege beschritten, um miteinander und mit der Umwelt in Kontakt zu treten. Die Responsivität der Bezugsperson spielt dabei eine zentrale Rolle (Lang et al., 2017). Wesentlich sind ein enger Berührungskontakt, ein kontinuierlicher Einsatz der Stimme sowie die sorgfältige Beobachtung der kommunikativen Signale des Kindes (Schmalohr, 1984). Wenn die Bezugsperson das blinde Kind in den Arm nimmt und anspricht, lächelt es als Antwort auf die Stimme und den Körperkontakt ebenso wie das sehende Kind auf ein Lächeln antwortet (ebd.). Allerdings ist das soziale Lächeln bei blinden Kindern vergleichsweise weniger stark ausgeprägt und es lässt sich nicht so zuverlässig und leicht auslösen (Bambring, 2003).

Ein weiterer Meilenstein der präverbalen sozial-emotionalen Entwicklungsphase ist das soziale Referenzieren. Hierbei handelt es sich um eine Bezugnahme auf den Gesichtsausdruck oder die stimmliche Reaktion der Bezugsperson oder eines anderen Erwachsenen, um in einer unsicheren Situation zu entscheiden, welches Verhalten am besten ist (Siegler et al., 2016). Dies ist für blinde Kinder nur auf der Grundlage vokaler Hinweise möglich. Das nicht-visuelle soziale Referenzieren in Form von Annähern oder Vokalisieren wurde bei blinden Kindern frühestens ab einem Alter von zwei Jahren beobachtet (Recchia, 1997), während sich das visuelle Rückversichern bei sehenden Kindern bereits zwischen fünfeinhalb bis zwölf Monaten entwickelt (Siegler et al., 2016). Für ein effektives soziales Referenzieren blinder Kinder ist dabei insbesondere die Passung der Kommunikation zwischen Bezugsperson und Kind bedeutsam (Recchia, 1997).

Die im ersten Lebensjahr sich entwickelnde Bindung zwischen Bezugsperson und einem Kind mit Behinderung erscheint generell vulnerabler als bei Kindern ohne Behinderung, unter anderem aufgrund möglicherweise unklarer Signale seitens des Kindes sowie aufgrund der elterlichen Verarbeitung der Behinderungsdiagnose, die mit einer Verringerung der Feinfühligkeit einhergehen kann (Bölling-Bechinger, 1998). Unklare bzw. missverständliche Signale finden sich auch bei blinden Kindern. Eine Lauschreaktion und Kopfabwenden sowie das Verharren in Bewegungslosigkeit zeigen beim blinden Kind in der Regel aktive Aufmerksamkeit an, können aber leicht als Desinteresse fehlinterpretiert werden (Brambring, 2003). Auch unkonventionelle Gesten wie das Schlagen mit den Händen auf die eigenen Arme können vorkommen und zu Verständnisproblemen sowie unzureichender elterlicher Responsivität führen (ebd.). Zur Bindungsentwicklung bei blinden und sehbehinderten Kleinkindern liegen keine spezifischen Untersuchungen vor. Das im Kontext der Bindungsentwicklung häufig auftretende Fremdeln als Ausdruck einer kognitiven Differenzierung zwischen vertrauten und nicht vertrauten Personen sowie Trennungsangst scheinen bei blinden Kindern, wenn überhaupt, dann später als bei sehenden Kindern vorzukommen. Da dem blinden Kind ohnehin keine permanente Kontrolle über die Anwesenheit der Bezugsperson möglich ist, kann Trennungsangst erst dann auftreten, »(…) wenn das blinde Kind kognitiv versteht, dass es sich durch das Rufen von der Anwesenheit der Mutter überzeugen kann (…)«. (Brambring, 1999, 173). Die wenigen Bindungsstudien mit Jugendlichen oder Erwachsenen mit Blindheit und Sehbehinderung finden überwiegend keine Hinweise auf Unterschiede zu Menschen mit unbeeinträchtigtem Sehvermögen, weder in der Bindungssicherheit (Demir et al., 2009) noch in der Verteilung der Bindungstypen (Adenzato et al., 2006).

Auch über die präverbale Phase hinaus bestehen Risiken für die sozial-emotionale Entwicklung von blinden und sehbehinderten Kindern, da der Zugang zu visuellen Informationen für das Verstehen sozialer Situationen und die Entwicklung sozialer Fertigkeiten bedeutsam bleibt. Die Entwicklung von Empathie sowie der Aufbau von Peer-Beziehungen scheinen blinde und sehbehinderte Kinder im Alter von ein bis drei Jahren vor besonders große Herausforderungen zu stellen (Lang et al., 2017).

Im Alter von vier bis fünf Jahren entwickelt sich bei Kindern ohne Sehbeeinträchtigung ein Verständnis dafür, »(…) dass andere Menschen in Übereinstimmung mit ihren eigenen Überzeugungen handeln, auch wenn das Kind weiß, dass diese Annahmen falsch sind« (Siegler et al., 2016, 247). Dies gilt als Meilenstein der Entwicklung einer Theory of Mind, d. h. der sozial-kognitiven Fähigkeit, sich selbst und anderen Menschen psychologische Konstrukte wie Intentionen, Wünsche, Überzeugungen, Wahrnehmungen und Emotionen zuzuschreiben und auf der Grundlage dieser Zuschreibungen Verhalten zu erklären und zu antizipieren (Siegler et al., 2016). Das Verständnis für falsche Überzeugungen wird mit sogenannten False-belief-Aufgaben erfasst. Bei False-belief-Aufgaben erster Ordnung handelt es sich um Aufgaben, die prüfen, ob ein Kind versteht, dass »X denkt, dass …« falsch sein kann. Sie verlaufen üblicherweise nach dem Schema, dass das Kind einen Wissensvorteil erhält (z. B., dass sich in einer Smarties-Rolle Stifte statt der erwarteten Smarties befinden) und dann entscheiden soll, wie eine andere Person ohne diesen Wissensvorteil handeln würde (z. B. Was würde deine Freundin sagen, was in der Smarties-Rolle ist?). Kinder ohne Verständnis für falsche Überzeugungen antworten auf der Basis ihres eigenen Wissens, also ihrer eigenen richtigen Überzeugung (in diesem Fall, dass die Freundin sagen würde, dass Stifte in der Smarties-Rolle sind).

Auf der Grundlage solcher klassischen False-belief-Aufgaben wurde bei blinden Kindern wiederholt ein enormer Entwicklungsrückstand von etwa vier Jahren gefunden (z. B. Peterson et al., 2004). Brambring und Asbrock (2010; Asbrock, 2008) gehen jedoch davon aus, dass klassische False-belief-Aufgaben den sozial-kognitiven Entwicklungsstand blinder Kinder nicht unbedingt valide erfassen. So ist eine Smarties-Rolle für blinde Kinder zunächst einmal eine Rolle, die alles Mögliche enthalten kann. Der charakteristische Aufdruck, der sie als Smarties-Rolle kennzeichnet, ist für blinde Kinder nicht zugänglich. Darüber hinaus sind blinde Kinder häufig auf Erklärungen und Beschreibungen durch andere angewiesen, wenn ihnen etwas aufgrund des fehlenden Sehsinns nicht über die eigene Wahrnehmung zugänglich ist (z. B. Horizont). Daher könnte es aus ihrer Perspektive auch einfach so sein, dass ihnen nur noch niemand gesagt hat, dass eine Smarties-Rolle manchmal Stifte enthält, dass sehende Menschen das aber wissen. Unter Verwendung alternativer, primär auf Tast- und Hörwahrnehmung basierender False-belief-Aufgaben konnten Brambring und Asbrock zeigen, dass geburtsblinde Kinder bereits mit durchschnittlich 6;8 Jahren ein Verständnis für falsche Überzeugungen entwickelt haben (ebd.). Mit rund zwei Jahren scheint der Entwicklungsrückstand also doch wesentlich geringer zu sein als ursprünglich angenommen. Für den weiteren Entwicklungsverlauf der Theory of Mind zeigen die Ergebnisse einer Studie mit verbalen False-belief-Aufgaben zweiter Ordnung (Prüfung, ob ein Kind versteht, dass »X denkt, dass Y denkt, dass ...« falsch sein kann), dass sich die Theory of Mind zweiter Ordnung zwischen Kindern mit Blindheit und Sehbehinderung und sehenden Kindern nicht unterscheidet (Pijnacker, Vervloed & Steenbergen, 2012).

5.1.2 Entwicklungsaufgaben im Jugendalter

Entwicklungsaufgaben im Jugendalter umfassen insbesondere die Akzeptanz der körperlichen Entwicklung, die Entwicklung von Selbst und Identität, die Ablösung vom Elternhaus, die Integration in einer Peergruppe, die Berufswahl, den Erwerb berufsbezogener Kompetenzen, die Entwicklung einer realistischen Selbstwahrnehmung, den Aufbau von romantischen Beziehungen und engen Freundschaften sowie die Entwicklung einer Geschlechtsrollenidentität und eines gesellschaftlichen Bewusstseins.

Pfeiffer und Pinquart (2011) haben den erwünschten und erreichten Status in diesen elf Entwicklungsaufgaben sowie den wahrgenommenen Einfluss auf den Status einer Entwicklungsaufgabe bei 158 blinden und sehbehinderten sowie 158 Jugendlichen ohne Sehbeeinträchtigung im Alter von zwölf bis 19 Jahren untersucht. Lediglich in zwei Entwicklungsaufgaben wiesen die Jugendlichen ohne Sehbeeinträchtigung einen signifikant höheren Wert im erreichten Status auf, zum einen im Hinblick auf die Integration in einer Peergruppe, zum anderen im Aufbau einer romantischen Beziehung. Nach statistischer Kontrolle des erwünschten Status und des wahrgenommenen Einflusses auf diese beiden Entwicklungsaufgaben waren die Unterschiede nach dem Sehvermögen jedoch nicht länger signifikant. Der erreichte Status in den beiden außerfamiliären Entwicklungsaufgaben konnte also letztlich unabhängig vom Sehvermögen durch den erwünschten Status (je weiter jemand in einer der beiden Entwicklungsaufgabe sein wollte, desto höher der Wert im erreichten Status) sowie den wahrgenommenen Einfluss (je höher, desto höher der Wert im erreichten Status) erklärt werden. Die vorliegenden Daten lassen den Schluss zu, dass die (Wahrnehmung von) Einflussmöglichkeiten auf die Gestaltung außerfamiliärer Beziehungen erhöht sowie Kontrollüberzeugungen und soziale Kompetenzen gestärkt werden sollten, beispielsweise in sogenannten Schülerkursen. Dies erscheint umso relevanter, als im Kontext von Inklusion Kontakte zu gleichbetroffenen Peers besonders dann bedeutsam sein könnten, wenn das soziale Eingebundensein in die Regelschulklasse nicht ausreichend gut gelingt (Hennies et al., 2015).

Über einen Zeitraum von zwei Jahren zeigten die blinden und sehbehinderten Jugendlichen Fortschritte in fast allen Entwicklungsaufgaben (Pinquart & Pfeiffer, 2013). In den Unterschieden zu Jugendlichen ohne Sehbeeinträchtigung gab es über die Zeit hinweg kaum Veränderungen, mit Ausnahme des Aufbaus einer romantischen Beziehung. Hier konnten die blinden und sehbehinderten Jugendlichen aufholen, sodass nach zwei Jahren kein signifikanter Unterschied mehr vorhanden war. Ferner wurde bei Jugendlichen mit Blindheit und Sehbehinderung ein im Vergleich zu Jugendlichen ohne Sehbeeinträchtigung engerer positiver Zusammenhang zwischen dem Alter und der Akzeptanz der körperlichen Entwicklung gefunden. Jugendliche mit Blindheit und Sehbehinderung brauchen offenbar mehr Zeit für diese Entwicklungsaufgabe, möglicherweise auch deshalb, weil ihnen Veränderungen an ihrem Äußeren und die darauf bezogenen (nonverbalen) Reaktionen anderer weniger zugänglich sind (ebd.).

Der Zugang zu selbstbezogenen Informationen ist für Jugendliche mit Blindheit und Sehbehinderung im Vergleich zu Jugendlichen mit unbeeinträchtigtem Sehvermögen generell erschwert (Pfeiffer, 1981). Direkte verbale Zuschreibungen durch andere wären zwar barrierefrei zugänglich, erfolgen aber eher selten. Auch ist das Verhalten anderer als Grundlage für Ableitungen über das eigene Selbst weniger gut und zuverlässig nutzbar, da personenbezogene Meinungen und Einstellungen häufig aus nonverbalen Verhaltensweisen (Gestik, Mimik, Blickkontakt) ersichtlich werden, die jedoch für blinde und sehbehinderte Jugendliche nicht oder kaum zugänglich sind. Ähnlich verhält es sich im Hinblick auf den Vergleich eigener Merkmale mit den Eigenschaften anderer, die in der Regel ebenfalls aus Verhaltensbeobachtungen erschlossen werden. Lediglich die Selbstbeobachtung erscheint genauso zugänglich wie für Menschen ohne Sehbeeinträchtigung, setzt aber als Grundlage für unverzerrte Rückschlüsse auf das eigene Selbst ein unbedrohtes Selbstsystem voraus, andernfalls kommen psychologische Schutzmechanismen zum Tragen (ebd.).

Zur Frage des Selbstkonzepts bei Blindheit und Sehbehinderung finden sich sowohl Studien, die keine signifikanten Unterschiede im Selbstwertgefühl zwischen jungen Erwachsenen mit und ohne Blindheit und Sehbehinderung nachweisen können (z. B. Beaty, 1994), als auch solche, die ein höheres Selbstwertgefühl blinder und sehbehinderter Schülerinnen und Schüler im Vergleich zur Normierungsstichprobe ohne Sehbeeinträchtigung belegen (z. B. Alexander, 1996), sowie solche, die signifikante Unterschiede im Selbstkonzept zuungunsten von Jugendlichen mit Blindheit und Sehbehinderung aufzeigen (z. B. Beaty, 1991). Der erschwerte Zugang zu selbstbezogenen Informationen sowie die unklare Validität von Selbstkonzept-Fragebögen für blinde und sehbehinderte Menschen könnten die insgesamt inkonsistente Befundlage zum Selbstkonzept bei Blindheit und Sehbehinderung zumindest teilweise erklären.

Darüber hinaus differenzieren die meisten Studien zum Selbstkonzept nicht nach den Entwicklungsbedingungen Blindheit und Sehbehinderung. Jugendliche mit Sehbehinderung stehen aber aufgrund ihrer »doppelten Randständigkeit« (Weinläder, 1987, 21) vor besonderen Herausforderungen im Hinblick auf ihre Selbstkonzeptentwicklung, da sie weder zur Gruppe der (gut) Sehenden noch zur Gruppe der Blinden gehören. Aufgrund der weitgehenden Unauffälligkeit vieler Sehbehinderungen werden Weinläder zufolge sehbehinderungsbedingte Verhaltensbesonderheiten von der sozialen Umwelt häufig im Sinne von Persönlichkeitseigenschaften fehlinterpretiert (z. B. parazentrales Sehen als Unsicherheit oder Unaufrichtigkeit) oder als Absicht missverstanden (z. B. Arroganz). Möglicherweise nehmen Jugendliche mit Sehbehinderung eine ästhetische Beeinträchtigung, soziale Ausgrenzung oder Probleme in der Beziehungsgestaltung zu Peers mit unbeeinträchtigtem Sehvermögen auch stärker wahr als blinde Jugendliche. Ferner können sehbehinderte Kinder und Jugendliche aufgrund einer progredienten Augenerkrankung mit einer schleichenden Sehverschlechterung und damit einhergehenden Anpassungsherausforderungen konfrontiert sein, was ihre Selbstkonzeptentwicklung ebenfalls erschweren kann (Röder, 1998).

5.1.3 Entwicklungsaufgaben im frühen und mittleren Erwachsenenalter

Entwicklungsaufgaben im frühen und mittleren Erwachsenenalter umfassen insbesondere Berufseintritt, Partnerwahl, Familiengründung, Kindererziehung, die Entwicklung der Berufskarriere, die Übernahme sozialer und öffentlicher Verantwortung sowie den Aspekt der Generativität. Das mittlere Erwachsenenalter ist gekennzeichnet durch ein Ausbalancieren verschiedenster Verpflichtungen und Lebensziele (z. B. Kindererziehung, Pflege der eigenen Eltern, Beruf) und stellt die am wenigsten untersuchte Lebensphase überhaupt dar.

Popivker, Wang und Boerner (2010) haben 216 Personen mit Blindheit und Sehbehinderung im Alter von 40 bis 64 Jahren nach ihren Lebenszielen (d. h. nach ihren Prioritäten, Plänen und Hoffnungen für ihr Leben) befragt sowie danach, ob und inwiefern der Sehverlust mit diesen Zielen interferiert. Am häufigsten berichtet wurden funktionale Lebensziele (z. B. Karriere, Alltagsaufgaben, Mobilität), gefolgt von sozialen (z. B. für die Familie sorgen, Freundschaften aufrechterhalten) und psychologischen Lebenszielen (z. B. Lebensqualität aufrechterhalten oder verbessern). In allen drei Kategorien finden sich spezifisch sehbezogene Ziele, wie beispielsweise das Ziel, sich bei der Fortbewegung im Freien sicherer zu fühlen oder mehr über die eigene Sehbehinderung zu erfahren. Einige der Studienteilnehmerinnen und -teilnehmer nannten sogar ausschließlich sehbezogene Lebensziele. Demnach hat der Sehverlust also einen deutlichen Einfluss auf Lebensziele im mittleren Erwachsenenalter. Im Bereich der funktionalen Lebensziele ist dieser Einfluss umso größer, je kürzer der Sehverlust zurückliegt: Während Personen, deren Sehverlust bereits vor dem mittleren Erwachsenenalter eingetreten war, überwiegend karrierebezogene, finanzielle und Erziehungsziele nannten, nannten Personen mit erst im Laufe des mittleren Erwachsenenalters eingetretenem Sehverlust vor allem mobilitäts- und selbständigkeitsbezogene Ziele.

Für die meisten Lebensziele wurde eine eher moderate Interferenz durch den Sehverlust angegeben. Als relativ wenig interferierend wurde Blindheit und Sehbehinderung im Hinblick auf Ziele wie Gesundheit und Partnerschaft sowie auf spirituelle und Selbstverwirklichungsziele eingeschätzt. Am höchsten bewertet wurde die Interferenz bei Zielen im Bereich Alltagsaktivitäten, Mobilität, Selbstständigkeit und Freizeit.

Im Hinblick auf die Bewältigung der Interferenz des Sehverlusts mit Lebenszielen konnten Boerner und Wang (2012) anhand von Daten der oben genannten Stichprobe zeigen, dass vielfältige Strategien zum Einsatz kommen. Am häufigsten (90 %) wurde Hilfe in Anspruch genommen (z. B. beim Ausfüllen von Überweisungen), gefolgt von neuen Herangehensweisen (78 %, z. B. andere Sinne nutzen), der Nutzung internaler Ressourcen (76 %, z. B. mehr Anstrengung, Zeit) und Hilfsmitteln (75 %, z. B. optische und elektronische Hilfsmittel, mehr Licht, Großdruck) bis hin zu psychischen Selbstregulationsstrategien (61 %, z. B. sich auf das Positive konzentrieren; akzeptieren, was sich nicht ändern lässt). Darüber hinaus unterscheiden sich die Strategien in Abhängigkeit vom Lebensziel: Internale Ressourcen, neue Herangehensweisen und Hilfsmittel werden vor allem zum Erreichen funktionaler Lebensziele eingesetzt, psychische Selbstregulation vor allem im Hinblick auf psychologische Lebensziele. Die Inanspruchnahme von Hilfe ist zwar in allen Bereichen die vergleichsweise am häufigsten genutzte Strategie, insbesondere aber im Bereich der sozialen Lebensziele. Ferner zeigen die Ergebnisse, dass Hilfe überwiegend zur Unterstützung bei der selbstständigen Durchführung von komplexen Aufgaben (z. B. Mobilität) und nur gelegentlich genutzt wird. Als gänzlich abhängig von den Hilfeleistungen anderer haben sich nur 3 % der Befragten beschrieben.

Insgesamt betrachtet weisen die Ergebnisse darauf hin, dass ein Sehverlust im mittleren Erwachsenenalter eine Barriere im Hinblick auf das Erreichen der für diese Lebensphase typischerweise sehr vielfältigen Lebensziele darstellt. Dies sollte bei Unterstützungsangeboten für Menschen mit Blindheit und Sehbehinderung im mittleren Erwachsenenalter neben dem traditionellen Fokus auf funktionale Aspekte stets berücksichtigt werden.

Eine zentrale Entwicklungsaufgabe des Erwachsenenalters stellen Familiengründung und Kindererziehung dar. Zu der Frage, wie Menschen mit Blindheit und Sehbehinderung Elternschaft erleben und wie sie die damit verbundenen Herausforderungen bewältigen, liegen nur wenige Untersuchungen vor. Exemplarisch sei hier die Studie von Rosenblum, Hong und Harris aus dem Jahr 2009 genannt. Im Rahmen dieser Studie wurden Telefoninterviews mit 20 Vätern und 47 Müttern im Alter von 22 bis 60 Jahren durchgeführt, von denen 27 blind und 40 sehbehindert waren. Aus den transkribierten Interviews ergaben sich drei wesentliche Themenbereiche: (1) *Soziale und emotionale Aspekte einer Elternschaft mit Blindheit und Sehbehinderung*. Hier wurden sowohl Chancen (z. B. mehr Empathie und größere Akzeptanz von interindividuellen Unterschieden auf Seiten der Kinder) als auch Herausforderungen (z. B. Gefühl der sozialen Beobachtung, Gefühl des Außenvorbleibens bei z. B. sportlichen Aktivitäten der Kinder) genannt. (2) *Praktische Aspekte einer Elternschaft mit Blindheit und Sehbehinderung*. Im Fokus standen hier vor allem die Gewährleistung der Sicherheit des Kindes durch Maßnahmen, die ein Monitoring ermöglichen (z. B. Glöckchen an Schuhen, Kleidung in kräftigen Farben, Einführung der Regel, dass das Kind antworten muss, wenn es gerufen wird), sowie Fragen der Beförderungsmöglichkeiten des Kindes (z. B. mittels der Unterstützung von Kollegen, Freunden, Fahrdiensten). (3) *Beratungs- und Informationsbedarf*. Zentral waren hier das Ausräumen von Befürchtungen der Öffentlichkeit sowie barrierefreie Informationsmöglichkeiten (z. B. digitale Diskussionsgruppen, Austausch mit Gleichbetroffenen). Als wesentlich erachtet wurde auch eine möglichst frühzeitige Vorbereitung auf die künftige Elternrolle, beginnend mit Lerngelegenheiten in der eigenen Familie (z. B. Verantwortung für jüngere Geschwister übernehmen) über schulische Lerngelegenheiten im Hinblick auf Orientierung und Mobilität sowie soziale Fertigkeiten bis hin zum Lernen am Modell anderer Eltern mit Blindheit und Sehbehinderung. Insgesamt waren sich die Studienteilnehmerinnen und -teilnehmer einig, dass eine Elternschaft bereichernd sei, und auch wenn das eine oder andere durch die Blindheit oder Sehbehinderung erschwert werde, so sei die eigentliche Herausforderung doch – wie für alle anderen Eltern auch – die Elternschaft selbst.

5.2 Wahrnehmungspsychologische Aspekte bei Blindheit und Sehbehinderung

Sehen und visuelle Wahrnehmung spielen für Menschen mit Sehbehinderung eine wesentliche Rolle. Der visuelle Zugang als Mittel der Welterschließung bleibt bis in den Bereich der hochgradigen Sehbehinderung hinein höchst bedeutsam. So scheint ein Visus von 0,04 auszureichen, um sich visuell zu orientieren oder auch Bewegungen zu imitieren, was mit günstigeren Entwicklungsverläufen einhergeht (Hatton et al., 1997). Die Situation kann sich verkomplizieren, wenn eine okular bedingte Sehbehinderung zu einer sekundären visuellen Wahrnehmungsstörung führt (Weber et al., 2018). Zudem kann eine visuelle Wahrnehmungsstörung als primäre Störung, also unabhängig von einer okularen Sehbehinderung auftreten. Für zerebral (postchiasmatisch) bedingte primäre visuelle Wahrnehmungsstörungen bei Kindern hat sich in den letzten Jahren der Sammelbegriff »Cerebral Visual Impairment« (CVI) etabliert (ebd.; Zihl, Mendius, Schuett & Priglinger, 2012). CVI ist eine Hauptursache für Sehbeeinträchtigungen im Kindes- und Jugendalter (▶ Kap. 1.2 und 6.1).

Für blinde Menschen eröffnen die nicht-visuellen Wahrnehmungsmodalitäten, insbesondere die Tastwahrnehmung sowie die auditive Wahrnehmung, Zugänge zu Umweltinformationen. Eine besondere Herausforderung stellt dabei die nicht-visuelle Raumwahrnehmung dar. Nachfolgend wird auf die visuelle Wahrnehmung, auf visuelle Wahrnehmungsstörungen sowie auf die Raumwahrnehmung blinder Menschen näher eingegangen.

5.2.1 Visuelle Wahrnehmung

»Wahrnehmen umfasst alle Aktivitäten der Informationsaufnahme und -verarbeitung, einschließlich der daran beteiligten kognitiven (z. B. Aufmerksamkeit, Gedächtnis, Planen und Überwachen), motorischen (Blick- und Handmotorik) und emotionalen Komponenten (z. B. affektive Bewertung)« (Zihl et al., 2012, 1).

Visuelles Wahrnehmen umfasst demnach die Aufnahme und Verarbeitung optischer Reize sowie deren Verbindung mit anderen psychischen Funktionssystemen.

Das visuelle System besteht aus einer Folge verschiedener Strukturen, deren Aufgabe es ist, sichtbares Licht, also elektromagnetische Strahlung, in einem eng umgrenzten Wellenlängenbereich in Nervenimpulse umzuwandeln und diese zu verarbeiten (Zihl et al., 2012). Der Weg der visuellen Informationen verläuft von der Reizaufnahme im Auge über die für die neuronale Weiterleitung zuständige Sehbahn bis zum zerebralen Kortex, der die visuellen Informationen weiterverarbeitet (Wendt, 2014; Abbildung 11). Von grundsätzlicher Bedeutung ist dabei die Unterscheidung zwischen Strukturen und Prozessen vor (prächiasmatisch) und hinter (postchiasmatisch) der Sehnervenkreuzung (Chiasma opticum). Alle Prozesse, die vor dem Chiasma verortet sind, werden als periphere Sehfunktionen bezeichnet, alle Prozesse dahinter als zentrale visuelle Wahrnehmung (Weber et al., 2018; ▶ Kap. 6.1).

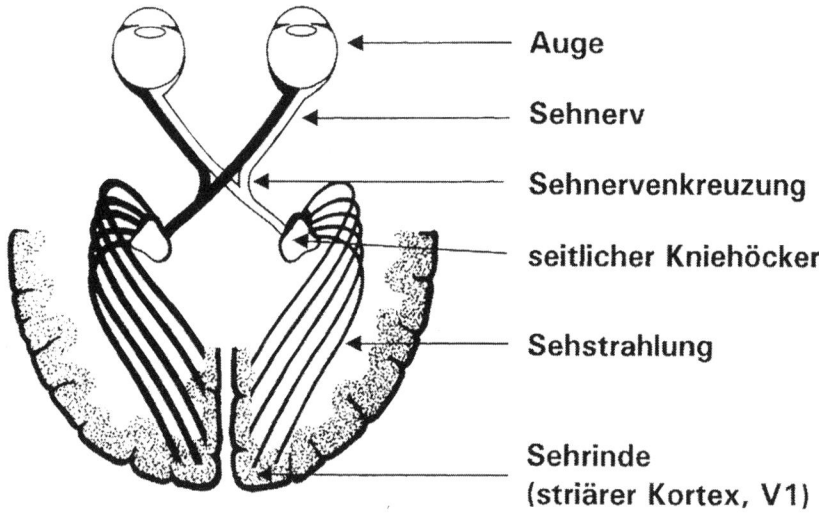

Abb. 11: Das visuelle System (Quelle: Zihl et al., 2012, 14)

Lichtstrahlen fallen durch die lichtbrechenden optischen Medien Hornhaut, Kammerwasser, Linse und Glaskörper gebündelt auf die Netzhaut (Retina). Eine Spezialisierung der Verarbeitung visueller Informationen ist bereits auf der Retina angelegt (Niedeggen & Jörgens, 2005). Retinale Ganglienzellen lassen sich unterteilen in große Ganglienzellen (magnozellulär, M-Typ) und kleine Ganglienzellen (parvozellulär, P-Typ). Die großen Ganglienzellen sind Teil des auf die Kodierung von Bewegungen, Positionen und Umrissen spezialisierten magnozellulären Systems und leiten Informationen über Bewegung und räumliche Beziehungen über den Sehnerv an den seitlichen Kniehöcker (Corpus geniculatum laterale CGL) weiter. Die kleinen Ganglienzellen sind Teil des auf Muster- und Detailkodierung spezialisierten parvozellulären Systems und leiten Informationen über Form und Farbe an das CGL weiter.

Im CGL werden die vom Auge kommenden Informationen selektiert, mit Informationen aus anderen Hirnregionen verschaltet und über die Axone der Sehstrahlung an den primären visuellen Kortex (auch Sehrinde, striärer Kortex oder V1) im Okzipitallappen weitergegeben (Wendt, 2014; Zihl et al., 2012). In V1 findet eine erste Analyse von Gesichtsfeldausschnitten statt, die jeweils einem Sehwinkel von etwa einem Grad entsprechen (Goldenberg, 2017). Die Analyse erfolgt in Kolumnen von Zellen, die auf verschiedene Eigenschaften des Sehbilds spezialisiert sind (z. B. auf Orientierung oder Bewegung eines Hell-Dunkel-Kontrasts oder auf die spektrale Zusammensetzung des Lichts, das auf den Gesichtsfeldausschnitt fällt), und führt zu einer topographischen Repräsentation des Gesichtsfelds (ebd.).

Die von den verschiedenen Zelltypen gesammelten Informationen werden von V1 aus auf zwei Hauptverarbeitungspfade bzw. Informationsnetzwerke (Henriksen & Laemers, 2016) verteilt. Der dorsale Pfad (auch »Wo & Wie-Pfad« genannt; ebd.) führt vom Okzipital- zum Parietallappen und ist für die visuelle Raum- und Bewegungswahrnehmung sowie die visuomotorische Koordination zuständig. Der ventrale Pfad (auch »Was & Wer-Pfad« genannt, ebd.) verläuft vom Okzipital- zum Temporallappen und ermöglicht Form-, Objekt-, Gesichter- und Farbwahrnehmung.

Von V1 ausgehend nimmt die Spezifität der Neurone entlang der Verarbeitungspfade immer weiter zu, d. h. sie reagieren auf immer komplexer werdende Reize, zudem nimmt die Größe der rezeptiven Felder zu (Niedeggen & Jörgens, 2005). Auf diese Weise werden immer komplexere Muster sowie ein immer größerer Bereich des Gesichtsfelds abgebildet. Somit können lokale und globale Formen, lokale und globale Bewegungen sowie die lokale und globale Zusammensetzung des Lichts jeweils gesichtsfeldübergreifend integriert und definierende visuelle Merkmale extrahiert werden (Goldenberg, 2017). Am Ende der visuell-perzeptiven Verarbeitung stehen die Wahrnehmungsprodukte Farbe, Schrift, Objekte, Gesichter und Bewegung. Damit diese Wahrnehmungsprodukte auch erkannt und benannt werden können, beispielsweise ein Objekt als Schuh oder ein Gesicht als das Gesicht der Tochter, muss das Wahrnehmungsprodukt in der abschließenden assoziativen Phase des Erkennens Anschluss an Wissen und Sprache finden (ebd.).

Das kognitionspsychologische Modell der visuellen Objekterkennung von Ellis und Young (1998; zit. nach Niedeggen & Jörgens, 2005; Abbildung 12) beschreibt die verschiedenen Phasen der visuellen Wahrnehmung von der *Ausgangsrepräsentation* eines Objekts, die es einer Betrachterin bzw. einem Betrachter ermöglicht, elementare geometrische Eigenschaften eines Reizes (z. B. Konturen) zu unterscheiden (perzeptive Phase), über die *betrachter-zentrierte Repräsentation*, die einen ersten globalen Objekteindruck vermittelt, sowie die *objekt-zentrierte Repräsentation*, die den eigentlichen Wahrnehmungsvorgang abschließt und eine mentale Rotation des Objekts ermöglicht (apperzeptive Phase), bis hin zu den verschiedenen Ebenen der Objektidentifikation (assoziative Phase).

Die erste Ebene der Objektidentifikation ermöglicht über die Aktivierung einer adäquaten *Objekt-Erkennungs-Einheit* zunächst die Einordnung eines Objekts als bekannt. Die nächste Ebene ermöglicht den Anschluss an das *semantische System* (z. B. Wissen über die Funktion eines Gegenstandes). Auf der letzten Ebene erfolgt schließlich die *Namens-Generierung*, d. h. dem erkannten Objekt wird ein lexikalischer Eintrag zugeordnet, sodass das Objekt benannt werden kann (ebd.).

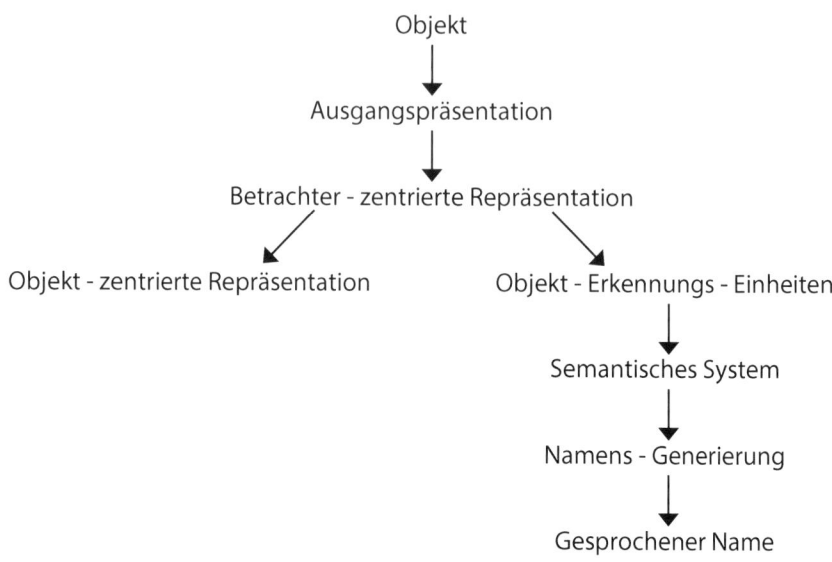

Abb. 12: Kognitionspsychologisches Modell der visuellen Objekterkennung von Ellis und Young (nach Niedeggen & Jörgens, 2005, 39)

Das Erkennen von Gesichtern wird weitgehend analog modelliert (Bruce & Young, 1986). Dennoch unterscheidet sich das Erkennen eines individuellen Gesichts grundsätzlich vom Erkennen eines Objekts. Während es bei der Objekterkennung darum geht, die Objektklasse zu erkennen (z. B. eine Tasse als Tasse, nicht aber als eine bestimmte Tasse), geht es bei der Gesichtserkennung darum, ein ganz bestimmtes Gesicht zu erkennen. Dies stellt deutlich höhere Ansprüche an die perzeptive Differenzierung als das bloße Erkennen der Art des Objekts (Goldenberg, 2012). Nach dem Modell von Bruce und Young (1986) folgt auf die *frühe visuelle Analyse* und die *strukturelle Enkodierung* (betrachter- und objektzentrierte Repräsentation eines Gesichts) der Transfer zu *Gesichts-Erkennungs-Einheiten*, in denen die Einordnung des Gesichts als bekannt oder unbekannt stattfindet. Wenn es sich um ein bekanntes Gesicht handelt, werden im nächsten Schritt *Personen-Identifikations-Einheiten* aktiviert, die eine multimodale Verknüpfung von Informationen über eine Person ermöglichen. Abschließend erfolgt wiederum die *Namens-Generierung*. Über diesen Hauptpfad der Gesichtserkennung hinaus beschreibt das Modell drei parallel verlaufende, unabhängige Analyseprozesse, die das Erkennen eines bestimmten Gesichts nur indirekt unterstützen. Dabei handelt es sich um (1) die *Ausdrucksanalyse*, die Emotionen dekodiert, (2) die *mimische Sprachanalyse*, d. h. die Verarbeitung von beobachteten Mund- und Zungenbewegungen zur Unterstützung des semantischen Verständnisses von verbale Botschaften, und (3) die *gerichtete Gesichtsanalyse*, die direkte Urteile z. B. über Alter, Geschlecht, Hautfarbe ermöglicht.

Auch wenn das bewusste visuelle Erkennen auf der Grundlage der in diesem Kapitel beschriebenen Weiterleitung von visuellen Informationen auf der striären Sehbahn von der Retina über das CGL an V1 erfolgt, so gibt es doch mindestens noch einen weiteren Weg der Informationsweiterleitung vom Auge zum Gehirn. Die stammesgeschichtlich ältere tectale Bahn, die überwiegend magnozelluläre Fasern enthält, zweigt vor dem CGL ab und projiziert direkt in parietale Bereiche. Diese Form des Sehens erfolgt unbewusst und ermöglicht schnelle Reaktionen, beispielsweise auf Hindernisse (Henriksen & Laemers, 2016; Hyvärinen & Jacob, 2011).

5.2.2 Visuelle Wahrnehmungsstörungen

»Visuelle Wahrnehmungsstörungen können bei Kindern mit einer relevanten Beeinträchtigung der Augen und/oder der Sehbahn, einer neurologischen Grunderkrankung oder einer Entwicklungsstörung als verursachende oder begleitende Beeinträchtigung auftreten und die Gesamtentwicklung des Kindes beeinflussen« (Weber et al., 2018, 437).

Es ist zu vermuten, dass unter anderem aufgrund des hier angesprochenen komplexen Bedingungsgefüges und der Vielgestaltigkeit des Phänomens selbst eine klar umrissene Definition des Begriffs der visuellen Wahrnehmungsstörung bis heute fehlt. Auch liegen keine zuverlässigen Prävalenzzahlen vor (ebd.).

In den letzten Jahren hat das Konzept des »Cerebral Visual Impairment« (CVI) in Europa große Aufmerksamkeit gefunden. Hierbei handelt es sich um einen Sammelbegriff für eine Reihe von Störungsbildern bei Kindern, denen gemeinsam ist, dass ihnen eine primäre Störung der postchiasmatischen Prozesse der zentralen visuellen Wahrnehmung zugrunde liegt (Zihl et al., 2012; Henriksen & Laemers, 2016; Weber et al., 2018). Das Bedingungsgefüge ist, wie gesagt, komplex, aber Schädigungen des Gehirns gelten als die vornehmliche Bedingung. Demgegenüber sind zentral-visuelle Wahrnehmungsstörungen ohne Vorliegen einer zentralen Läsion selten, können aber vorkommen (Weber et al., 2018). So ist die angeborene oder kongenitale Prosopagnosie (Störung des Erkennens von Gesichtern) erblich bedingt; eine Hirnschädigung liegt nicht vor (Kress & Daum, 2003; Kennerknecht et al., 2006). Im US-amerikanischen Raum ist der Begriff des »Cortical Visual Impairment« verbreitet (z. B. Roman-Lantzy, 2018). Er bezieht sich explizit auf den Kortex, also die graue Substanz der Hirnrinde (überwiegend Nervenzellkörper), während die Bezugnahme auf das Zerebrum auch die innenliegende weiße Substanz des Gehirns (überwiegend Nervenfasern, also Leitungsbahnen) mit einbezieht.

Zentral gestört sein können sowohl elementare Sehfunktionen, beispielsweise Gesichtsfeld, Sehschärfe, Kontrast- und Farbsehen, als auch komplexe Sehfunktionen wie das Erkennen von Objekten, Gesichtern, Orten und Wegen (Weber et al., 2018). Eine Störung des visuellen Erkennens wird als visuelle Agnosie bezeichnet. Eine visuelle Agnosie kann auf jeder Prozessstufe der visuellen Wahrnehmung auftreten, verbunden mit je spezifischen Symptomen. Goldenberg (2017) unterscheidet zwischen der Formagnosie, der apperzeptiven Agnosie und der assoziativen Agnosie. Andere Autoren fassen die Formagnosie unter den Begriff der apperzeptiven Agnosie (ebd.).

Bei Personen mit *Formagnosie* ist bereits die erste Stufe der perzeptiven Phase gestört. Sie sind nicht in der Lage, Konturen zu erkennen, daher können sie auch keine Aufgaben lösen, die einen Vergleich von Formen erfordern (z. B. aus vier Formen diejenige heraussuchen, die mit einer zu Beginn gezeigten Form identisch ist). Auch erkennen sie keine Buchstaben. Hingegen ist das Erkennen von Farben und Bewegungen erhalten. Sofern das Erkennen der Form von Bewegungen ebenfalls erhalten ist, können Personen mit Formagnosie Buchstaben dann erkennen, wenn sie bei der Schreibbewegung zusehen können (ebd.).

Personen mit *apperzeptiver Agnosie* fehlinterpretieren lokale Details und/oder globale Formen. Einzelne visuelle Merkmale eines Objekts können korrekt erkannt werden (z. B. die Löcher in einem Käsestück), die Integration der Einzelelemente zu einem Ganzen misslingt jedoch (z. B. werden die Löcher als Knöpfe eines Radios gedeutet) (ebd.; Niedeggen & Jörgens, 2005). Im Wesentlichen funktioniert hier das Wechselspiel zwischen Formanalyse und Aktivierung des Wissens über charakteristische visuelle Merkmale nicht (Goldenberg, 2017). Charakteristische visuelle Merkmale können somit nicht extrahiert werden. Daher versagen die betroffenen Personen auch bei Aufgaben, die erfordern, dass unterschiedliche Exemplare derselben Kategorie (z. B. verschiedene Hüte) als gleich identifiziert und von visuell ähnlichen Objekten einer anderen Kategorie (z. B. Glocke) abgegrenzt werden. Ferner haben die Betroffenen in der Regel mehr Probleme mit dem Erkennen von zweidimensionalen Bildern, insbesondere von Strichzeichnungen, als mit dem Erkennen von realen Objekten (ebd.), u. a. da erstere im Vergleich zu letzteren eine höhere Mehrdeutigkeit aufweisen und damit einen größeren Spielraum für (Fehl)Interpretationen bieten.

Bei einer *assoziativen Agnosie* kann das (vollständig und korrekt) Gesehene nicht mit dem semantischen und/oder lexikalischen Wissen verbunden und daher nicht erkannt und benannt werden. Die betroffenen Personen können einen Gegenstand abzeichnen, sie können entscheiden, ob Bilder gleich oder unterschiedlich sind, selbst bei Gegenständen aus unterschiedlicher Perspektive gelingt ihnen dies. Erfordert die Aufgabe jedoch einen Rückgriff auf semantisches Wissen, beispielsweise um herauszufinden, welche Abbildung nicht zu den anderen gehört (z. B. ein Ball unter lauter Früchten), können sie sie nicht lösen (ebd.).

Bei der bereits erwähnten *Prosopagnosie* besteht das Leitsymptom in der Unfähigkeit, eine Person am Gesicht zu erkennen (Goldenberg, 2012). Die Gesichtserkennung kann selektiv gestört sein, es kann aber auch in Verbindung mit anderen Symptomen auftreten, insbesondere kann die Verarbeitung von visuellen Reizen, die eine Feinunterscheidung erfordern, generell gestört sein (Kress & Daum, 2003; Goldenberg, 2017).

Grundsätzlich wird unterschieden zwischen einer erworbenen und einer angeborenen (auch kongenitalen oder hereditären) Prosopagnosie (z. B. Kennerknecht et al., 2006). Die erworbene Form tritt infolge einer Hirnschädigung z. B. durch Schädel-Hirn-Trauma oder Schlaganfall auf, es handelt sich hierbei also um ein strukturelles Defizit. Bei der erblich bedingten angeborenen Prosopagnosie hingegen liegt keine Läsion vor, es handelt sich vielmehr um ein funktionelles Defizit, das sich bereits in frühester Kindheit manifestiert. Ihre Prävalenzrate wird auf 2,47 % geschätzt, mit einem Konfidenzintervall (95 %) von 1,31 bis 3,63 (ebd.). Demnach handelt es sich bei der angeborenen Prosopagnosie um eine häufig vorkommende Störung. Sie bleibt jedoch oft unerkannt. Das liegt auch daran, dass den Betroffenen nicht unbedingt bewusst sein muss, dass sie Schwierigkeiten mit der Gesichtserkennung haben, da sie es – im Gegensatz zu Personen mit erworbener Prosopagnosie – nicht anders kennen. Auch entwickeln sie in der Regel eine Reihe von Kompensationsstrategien, die es ihnen ermöglichen, Personen zu erkennen, beispielsweise an der Stimme, am Gang oder an der Frisur (vgl. Sacks, 1987, 2011; Dalrymple et al. 2014) – nur eben nicht am Gesicht.

Man kann ferner unterscheiden zwischen einer apperzeptiven und einer assoziativen Prosopagnosie (Niedeggen & Jörgens, 2005). Personen mit apperzeptiver Prosopagnosie haben Schwierigkeiten mit der strukturellen Enkodierung von Gesichtern und versagen bei Aufgaben, die einen Abgleich von Gesichtern erfordern. Bei der assoziativen Prosopagnosie erscheinen Fotos bekannter Personen unvertraut (Defizit in der Aktivierung der Gesichts-Erkennungs-Einheiten) oder aber die Gesichter erscheinen vertraut, können jedoch keiner bestimmten Person zugeordnet werden (Defizit in der Aktivierung der Personen-Identifikations-Einheiten; ebd.).

Eine Prosopagnosie geht mit einer Reihe von psychosozialen Konsequenzen einher (Dalrymple et al., 2014; Akkermann & Mundhenk, 2005). So wird Blickkontakt häufig vermieden, Kontaktaufnahmen unterbleiben, da Bekannte zunächst nicht von Fremden zu unterscheiden sind, und die Orientierung in Menschengruppen ist erschwert, weshalb die körperliche Nähe zu Bezugspersonen gesucht wird. Insgesamt werden soziale Situationen eher als unangenehm erlebt und daher vermieden. Solche und ähnliche Verhaltensweisen können auch bei anderen Störungsbildern vorkommen, beispielsweise bei der Autismus-Spektrum-Störung. Eine Differenzialdiagnose ist hier von großer Bedeutung.

Akkermann und Mundhenk (2005) nennen eine Reihe von Möglichkeiten, um Kinder und Jugendliche mit Prosopagnosie zu unterstützen. Unter die allgemeinen Orientierungshilfen fallen beispielsweise das Tragen von Namensschildern oder die Nennung des Namens bei Begegnungen sowie im Schulkontext das Erstellen eines Sitzplans. Auch bei der Identifikation unveränderlicher visueller und auditiver Merkmale der Personen des sozialen Umfelds kann spielerisch unterstützt werden.

5.2.3 Nicht-visuelle Raumwahrnehmung

Millar (2008, 3) definiert räumliche Informationsverarbeitung als »(...) the activity of integrating inputs from diverse sources as potential reference cues that specify the location (›where?‹), distance (›how far?‹) or direction (›what turnings?‹) (...)«. Raumwahrnehmung bezieht sich demnach auf das Erkennen der räumlichen Anordnung von Objekten insbesondere hinsichtlich Ort, Entfernung und Richtung. Raumwahrnehmung wird oft gleichgesetzt mit dem räumlichen Sehen, aber die Definition von Millar (2008) macht explizit keine Vorannahmen über beteiligte Sinnesmodalitäten wie Sehen, Hören und Fühlen, ebenso wenig wie über die Form der mentalen Repräsentation. Es ist vielmehr davon auszugehen, dass alle Sinnesmodalitäten an der Raumwahrnehmung beteiligt sind und kein sensorisches System allein notwendig oder hinreichend ist für die räumliche Informationsverarbeitung (Millar, 1994). Unabhängig davon stellt bei Ausfall einer Sinnesmodalität, insbesondere bei Ausfall des integrierenden Sehsinns, die Raumwahrnehmung natürlich eine besondere Herausforderung dar.

Eine räumliche Anordnung kann in Relation zur eigenen Person oder in Relation der Objekte zueinander wahrgenommen werden. Im ersten Fall spricht man vom *inneren (oder körperzentrierten, egozentrischen) Bezugsrahmen* (z. B. Millar & Al-Attar, 2004). Objekte werden in Relation zum eigenen Körper repräsentiert, d. h. der umgebende Raum wird aus der Perspektive der beobachtenden Person unterteilt (z. B. vorne, hinten, links, rechts). Die räumliche Wahrnehmung ist damit abhängig von der eigenen Ausrichtung oder Bewegung. Die korrekte Lokalisation eines Objekts gelingt leicht, solange sich die Person am selben Ort in derselben Ausrichtung befindet. Der Bezug geht verloren, sobald sich das ändert.

Die Repräsentation von Objekten in Relation zueinander und zu ihrem Umfeld wird als *äußerer (oder externaler, allozentrischer) Bezugsrahmen* bezeichnet (ebd.). Der umgebende Raum wird aus einer globalen Perspektive unterteilt (z. B. oben, unten, Norden, Süden, Osten, Westen). Die räumliche Wahrnehmung ist damit unabhängig von der eigenen Ausrichtung oder Bewegung. Beispielsweise steht ein Tisch unterhalb des Fensters, unabhängig davon, wo sich die Beobachterin oder der Beobachter befindet. Ebenso ist die Aussage »in Richtung Tür« unabhängig von der Position der beobachtenden Person.

Haptische Informationen legen die Nutzung des körperzentrierten Bezugsrahmens nahe, da externe Hinweisreize nicht ohne Weiteres verfügbar sind, während die Nutzung des äußeren Bezugsrahmens durch visuelle Informationen nahegelegt wird. Millar und Al-Attar (2004) konnten zeigen, dass die Nutzung des äußeren Bezugsrahmens nicht an die visuelle Sinnesmodalität gebunden ist, sondern dass die Wahl des Bezugsrahmens von der verfügbaren Information abhängt. Sie variierten bei einer haptischen Aufgabe die Verfügbarkeit körperbezogener und äußerer Bezugsrahmen in vier experimentellen Bedingungen. Den Ergebnissen zufolge führen bei separater Verfügbarkeit beide Bezugsrahmen zur jeweils gleichen durchschnittlichen Fehleranzahl, sind also vergleichbar effektiv. Sind beide Bezugsrahmen gleichzeitig verfügbar, halbiert sich der Fehler.

Piaget (Piaget & Inhelder, 1971) ging von einer Entwicklungssequenz des räumlichen Denkens aus, die mit einem Wechsel von egozentrischem zu allozentrischem Bezugsrahmen einhergeht. Nach Piaget stellt die Objektpermanenz, d. h. das Verständnis darüber, dass etwas außerhalb und unabhängig von einem selbst existiert (▶ Kap. 5.1.1), die früheste Vorstellung von Raum dar (sensomotorische Phase). Die weitere Entwicklung erfolgt vom topologischen über den projektiven bis hin zum euklidischen Raum. Der *topologische Raum* wird in der präoperatorischen Phase erschlossen. Auf dieser Entwicklungsstufe verstehen Kinder elementare räumliche Beziehungen wie »nebeneinander«, »getrennt«, »nacheinander«, »innen und außen« aus einer egozentrischen Perspektive. In der frühen konkret-operatorischen Phase verfügen Kinder über den *projektiven Raum*, d. h. über das Verständnis von einer geraden Linie als Verbindung zweier Punkte. Die späte konkret-operatorische, insbesondere aber die formal-operatorische Phase gehen mit der Entwicklung des *euklidischen Raums* einher. Entwickelt wird ein Verständnis von Parallelen, Proportionen, Winkeln und Koordinaten, was wiederum eine maßstabsgetreue mentale Raumanordnung ermöglicht. Ab dem Alter von etwa neun Jahren sind Kinder Piaget zufolge in der Lage, verschiedene räumliche Perspektiven zu koordinieren. Die mentale Repräsentation umfasst nun Entfernung, Richtung und Winkelabstand.

Somit kann jeder Punkt im Raum durch den Bezug auf äußere Koordinaten definiert werden (äußerer Bezugsrahmen).

Eine Untersuchung mit 30 blinden Kindern im Alter von sechs bis elf Jahren hat gezeigt, dass blinde Kinder zur Konstruktion einer projektiven Gerade zwischen zwei Objekten überwiegend topologische Strategien verwenden (Simpkins & Siegel, 1979). Nur wenige Kinder legten die Hand um eines der beiden Objekte, um einen Bezugspunkt für ihre Projektion zu haben. Nur zwei Kinder orientierten sich an der Unterlage des Szenarios, also an äußeren Bezugsachsen. Im Vergleich zur Entwicklung Sehender erfolgt die Nutzung externaler Bezugsachsen somit deutlich verzögert. Auch in einer Studie von Ungar, Blades und Spencer (1995) nutzten insbesondere die jüngeren blinden Kinder (M = 6;9 Jahre) körperbezogene Taststrategien, um eine räumliche Aufgabe zu lösen, bei älteren blinden Kindern (M = 10;2 Jahre) fanden sich lediglich bei etwa einem Drittel die Erkundung von Objekt-Rand-Beziehungen, also die Nutzung eines äußeren Bezugsrahmens. Den Ergebnissen zufolge erscheint es notwendig, bei blinden Kindern die Nutzung des äußeren Bezugsrahmens aktiv anzuregen.

Es stellt sich allerdings die Frage, ob eine körperzentrierte Kodierung räumlicher Informationen immer ein Hinweis auf einen niedrigeren Entwicklungsstand sein muss oder ob es sich dabei nicht einfach um die zuverlässigere (wenn auch weniger flexible) Strategie handelt für den Fall, dass die Informationsverarbeitungskapazität begrenzt ist (bei Kindern) oder räumliche Informationen nur begrenzt zur Verfügung stehen (bei blinden Menschen). Demnach wäre der körperzentrierte Bezugsrahmen eine Art Voreinstellung, auf die unter begrenzenden Bedingungen zurückgegriffen wird (vgl. Millar, 1994).

Diese Überlegung steht im Einklang mit der Theorie zur Entwicklung räumlicher Repräsentationen nach Siegel und White (1975), die für die Entwicklung von Kindern ebenso gilt wie für den Erwerb neuen Raumwissens bei Erwachsenen. Der Theorie zufolge werden zunächst einzelne, miteinander unverbundene markante Punkte (Landmarken) repräsentiert, gefolgt von der Konstruktion serieller Verbindungen zwischen markanten Punkten (Routen) bis hin zur Repräsentation eines Übersichtswissens, das Landmarken und Routen zunächst teilweise und schließlich vollständig in kartenähnlichen Konfigurationen koordiniert. Dabei wird heute von einer multidimensionalen Entwicklung mit wechselseitiger Beeinflussung der drei Wissensbereiche Landmarken, Routen, Übersichtswissen ausgegangen, denen in Abhängigkeit von der Aufgabe unterschiedliche Priorität zukommt.

Millar (1994) argumentiert, dass die häufig gefundenen Unterschiede zwischen blinden und sehenden Menschen in der Lösung räumlicher Aufgaben vor dem Hintergrund zu bewerten sind, dass blinde Menschen weniger, weniger zuverlässige und weniger redundante Informationen über den Raum zur Verfügung haben. Unterschiede in der verfügbaren Information können zu Unterschieden in der Strategie führen (z. B. Bevorzugung der sequentiellen Verarbeitungsstrategie mit körperzentriertem Bezug bei blinden Menschen). Unterschiede in der Strategie wiederum können zu Unterschieden in der Performanz, d. h. der gezeigten Leistung führen. So können körperzentrierte und kinästhetische Strategien zu Schwierigkeiten bei räumlichen Aufgaben führen, die eine geistige Reorganisation des Raumes erfordern.

Wie also lässt sich die Performanz blinder Menschen in räumlichen Aufgaben möglichst gut unterstützen?

Studien weisen darauf hin, dass es nicht ausreicht, Bezugspunkte im Raum einfach zur Verfügung zu stellen. Vielmehr ist darauf zu achten, dass externale Bezugspunkte mit propriozeptiven, körperzentrierten Hinweisreizen koordiniert werden können. Millar (1999, 2008) zufolge sind konvergierende, d. h. übereinstimmende Informationen aus mindestens zwei Sinnessystemen notwendig, um eine räumliche Bewegungsaufgabe zu lösen. So ist für das Zugehen auf ein Geräusch ohne Sicht die Aufrechterhaltung der Ausrichtung des Körpers gegenüber dem Zielort wesentlich, also die Koordination von propriozeptiver körperzentrierter Information und auditiver externaler Information. Ebenso ist beim Zugehen auf ein nur sichtbares Objekt die Koordination von propriozeptiver internaler Information und visueller externaler Information bedeutsam. Millar (1999) konnte zeigen, dass es zu systematischen Verzerrungen der Bewegung kommt, wenn diese Informationen isoliert voneinander auftreten, also nicht konvergieren. Blinde Kinder im Alter von fünf bis elf Jahren konnten ohne Schwierigkeiten nach Zuruf auf eine zwei Meter entfernte Versuchsleiterin in gerader Linie zugehen, sobald jedoch während der Bewegung ein Geräusch von der Seite kam, veränderte sich die Bewegungsrichtung systematisch in die Richtung, aus der das Geräusch kam.

> Demnach ist »(…) a single, unfamiliar, irrelevant sound (…) more likely to bias locomotion than to serve as an adequate updating or reference cue. At least two converging inputs from external and body-centred sources need to be integrated for the integrating activity that produces relatively accurate reference and updating cues in spatial tasks« (Millar, 2008, S. 69/70).

In den letzten Jahren ist die Echolokalisation als Möglichkeit zur Raumwahrnehmung sowie zur Orientierung und Mobilität (O&M) für blinde Menschen zunehmend in den Fokus geraten (▶ 7.1.4). Allen voran hat der früherblindete Psychologe und O&M-Trainer Daniel Kish zur Erhöhung der öffentlichen Aufmerksamkeit für diese Technik beigetragen. Kish eignete sich bereits als Kind autodidaktisch an, mit Hilfe der zurückfallenden Echos von aktiv produzierten Zungenklicks (Klicksonar) Objekte im Umfeld zu detektieren und sich so zu orientieren. Später machte er die Evaluation eines Echo-Mobilitätstrainings zum Thema seiner Masterarbeit, wurde mit öffentlichen Auftritten populär, gründete die Non-Profit-Organisation World Access for the Blind (https://waftb.net) und inspirierte eine Reihe von Forschungsarbeiten, an denen er zum Teil selbst beteiligt war.

War man in der ersten Hälfte des letzten Jahrhunderts noch davon ausgegangen, dass blinde Menschen über die spezielle Fähigkeit eines Hindernissinns verfügen, der es ihnen ermöglicht, leichte Veränderungen des Luftdrucks insbesondere im Gesicht wahrzunehmen und so Hindernisse auch ohne die Hilfe eines Langstocks zu erkennen, weiß man seit einer Reihe von Experimenten aus den 1940er und 1950er Jahren sowie nachfolgenden Untersuchungen, dass blinde Menschen auf die Echos beispielsweise ihrer eigenen Schritte (sog. passive Echolokalisation) hören, und dass sowohl blinde als auch sehende Menschen lernen können, auf diese Weise Hindernisse zu vermeiden (Thaler & Goodale, 2016). Nichtsdestotrotz scheinen blinde Menschen insgesamt sensitiver gegenüber Echos zu sein als sehende.

Im Fokus aktueller Studien steht die aktive Echolokalisation mit Hilfe von aktiv produzierten Zungenklicks, die gegenüber beispielsweise dem selbst produzierten Fingerschnipsen einige Vorteile aufweisen, insbesondere, dass die Entfernung zwischen Sender (Zunge) und Empfänger (Ohr) stets gleichbleibt und die Hände frei sind. Auch wenn die diesbezügliche Forschung insgesamt noch am Anfang steht und es vielen der Untersuchungen an ökologischer Validität mangelt, so belegen die existierenden Studien doch übereinstimmend, dass Echolokalisation mit deutlichen Vorteilen im Hinblick auf Wahrnehmung und das räumliche Vorstellungsvermögen blinder Menschen verbunden ist (für ein Review siehe Thaler & Goodale, 2016). So können blinde Menschen, die Echolokalisation nutzen, auf eine Entfernung von 60 cm einen Tiefenunterschied von bis zu 10 cm erkennen. Auch sind sie in der Lage, auf eine Entfernung von bis zu einem Meter eine horizontale Veränderung der Position eines Objekts um ca. 3° wahrzunehmen. Darüber hinaus können sie die akustische Größe eines Objekts (definiert als akustischer Winkel, den ein Objekt schneidet, ebd.) auf eine Entfernung von 75 cm bis zu einem Winkel von 8° erkennen. In all diesen Leistungen sind blinde Anwender/innen der Echolokalisation sehenden Menschen deutlich überlegen. Auch zeigen sie gegenüber blinden Menschen, die nicht echoorten, eine höhere Mobilität in unbekannten Gegenden.

Mit Hilfe bildgebender Verfahren konnte gezeigt werden, dass während der Echolokalisation bei blinden, jedoch nicht bei sehenden Menschen der visuelle Kortex aktiv ist und dass die Aktivierungsmuster merkmalsspezifisch sind (ebd.). Die Verarbeitung der Informationen aus den Echos findet bei blinden Menschen also in einer Hirnregion statt, die eigentlich für das Sehen zuständig ist, im Fall von Blindheit jedoch aufgrund der Plastizität des Gehirns die Verarbeitung nicht-visueller Informationen über Objekte übernimmt. Dabei scheint die dem visuellen Kortex immanente räumliche Organisation diesen Bereich des Gehirns für die Echolokalisation, die ebenfalls räumlicher Natur ist, zu prädisponieren (ebd.).

Trotz der offensichtlichen Vorteile, die Echolokalisation für blinde Menschen hat, ist sie bisher nicht fester Bestandteil von O&M-Programmen. Thaler und Goodale (2016) vermuten den Grund darin, dass sowohl das empirische als auch das allgemeine Wissen über Echolokalisation und ihren praktischen Nutzen noch rar und unter Sehenden wenig verbreitet ist. Auch Befürchtungen einer sozialen Stigmatisierung aufgrund des auffälligen Produzierens von Geräuschen könnten zu einer Zurückhaltung beitragen. Diese Befürchtungen erscheinen jedoch vor dem Hintergrund der situationsangemessenen Modulierbarkeit von Zungenklicks unbegründet. Zudem wird Echolokalisation nicht isoliert, sondern komplementär zu anderen Hilfsmitteln wie dem Langstock verwendet, da Echolokalisation vor allem zum Erkennen von Objekten in Kopfhöhe sowie zur Orientierung geeignet ist und weniger zum Detektieren von Objekten in Bodennähe (ebd.).

Profession

6 Diagnostik in der Blinden- und Sehbehindertenpädagogik

6.1 Allgemeines zur Diagnostik in der Blinden- und Sehbehindertenpädagogik

Diagnostische Fragestellungen in der Blinden- und Sehbehindertenpädagogik sind in der Regel pädagogisch-psychologische Fragestellungen unter besonderer Berücksichtigung des Untersuchungsbereichs der Sehfähigkeit bzw. alternativer Wahrnehmungsmöglichkeiten, insbesondere der Tastwahrnehmung.

Das Ziel von *psychologischer Diagnostik* ist die Beschreibung, Erklärung und Vorhersage individuellen Verhaltens in einem definierten Verhaltensbereich (Westhoff & Kluck, 2008). Die entscheidenden personen- und umweltbezogenen Bedingungen für vergangenes, gegenwärtiges und zukünftiges Verhalten in einem Verhaltensbereich sollen aufgezeigt werden, um daraus Interventionsmaßnahmen abzuleiten, die das individuelle Verhalten in einem entwicklungsförderlichen Sinn optimieren. Die *pädagogische Diagnostik* fokussiert den Verhaltensbereich Lehr- und Lernprozesse und deren Bedingungsfaktoren mit dem Ziel, den individuellen Lernprozess und seine Ergebnisse zu fördern (z. B. Jürgens & Lissmann, 2015). Die *sonderpädagogische Diagnostik* wiederum fokussiert traditionell gesehen die Personengruppe der Menschen mit Behinderungen (bzw. allgemeiner gesprochen der Menschen mit Beeinträchtigungen) und der von Behinderung bedrohten Menschen (bzw. der Menschen mit Gefährdungen) und betont den Aspekt der Förderung (Kany & Schöler, 2009; Bundschuh, 2014). Letzteres drückt sich auch in dem häufig verwendeten Begriff der *Förderdiagnostik* aus (z. B. Bundschuh, 2007), der neben der Förderung eine prozessorientierte und systemische Herangehensweise in den Vordergrund stellt, aber nicht dahingehend (miss)verstanden werden sollte, dass Förderung und Diagnostik untrennbar miteinander verwoben wären oder die Förderung gar am Anfang eines diagnostischen Prozesses stehen könnte. Eine möglichst objektive Diagnostik ist stets der erste Schritt, aus dem Fördermaßnahmen abgeleitet werden (Kany & Schöler, 2009). Dies widerspricht nicht der Idee, dass der diagnostische Prozess ein iterativer ist, der sich in wiederholten Zyklen aus Diagnostik und Förderung einer optimalen Lösung annähert, wobei es sich ab der ersten Wiederholung genaugenommen nicht mehr nur um Diagnostik, sondern auch um eine Evaluation der durchgeführten Fördermaßnahmen handelt.

Der *diagnostische Prozess* umfasst

- die Ableitung einer *untersuchungsleitenden Fragestellung* aus Untersuchungsanlass und Anamnese, die die Aspekte der Beschreibung (Status/Prozess), Erklärung (Be-

dingungsfaktoren) und Vorhersage (Förderung) individuellen Verhaltens in einem definierten Verhaltensbereich umfasst (z. B. Über welche schriftsprachlichen Kompetenzen verfügt Tom, welche Faktoren bedingen diese und wie kann sein Schriftspracherwerb weiter gefördert werden?),
- die theoriebasierte Definition der zur Beantwortung der untersuchungsleitenden Fragestellung notwendigen *Untersuchungsbereiche* (z. B. funktionales Sehen, schriftsprachliche Kompetenzen, spezifische und unspezifische Bedingungsfaktoren des Schriftspracherwerbs nach Marx, 2007),
- die Erstellung eines *Untersuchungsplans* mit Operationalisierungen der Untersuchungsbereiche (einschließlich ggf. vorgenommener blinden- und sehbehindertengerechter Adaptionen),
- die Durchführung und Auswertung der *Untersuchung*,
- die *Interpretation* der Untersuchungsergebnisse in Bezug auf die untersuchungsleitende Fragestellung sowie
- die Ableitung von *Interventions- bzw. Fördermaßnahmen* aus den Befunden.

Die besondere Berücksichtigung des Untersuchungsbereichs der Sehfähigkeit erfordert bei Personen mit visuellen Einschränkungen in sozialrechtlich nicht relevantem Ausmaß bis hin zu Personen mit vollständiger Blindheit okularer und/oder zerebraler Genese (▶ Kap. 1.1) unterschiedliche diagnostische Herangehensweisen.

Bei Personen mit Sehvermögen erfolgt zu Beginn der diagnostischen Untersuchung (Untersuchungsbereich 1) eine Diagnostik des elementaren funktionalen Sehens, d. h. eine Überprüfung von elementaren visuellen Fähigkeiten und Funktionen wie z. B. Sehschärfe und Kontrastempfindlichkeit unter Alltagsbedingungen (Henriksen & Laemers, 2016). Elementare Sehfunktionen können peripher (vor der Sehbahnkreuzung) oder zentral (postchiasmatisch) gestört sein (Weber et al., 2018). Die Diagnostik des elementaren funktionalen Sehens ist zum einen wesentlich, um den Beitrag des Bedingungsfaktors Sehfähigkeit zur Beantwortung einer untersuchungsleitenden Fragestellung einschätzen zu können. Zum anderen können auf der Grundlage der Ergebnisse der Überprüfung der Sehfähigkeit die Auswahl und/oder angemessene Adaptionen von Testmaterialien weiterer Untersuchungsbereiche vorgenommen werden (z. B. Vergrößerung eines zu lesenden Textes entsprechend dem Vergrößerungsbedarf), sodass eine möglichst faire Testung (für eine Definition vgl. z. B. Schmidt-Atzert & Amelang, 2012) gewährleistet wird. Daher ist es unabdingbar, dass die Überprüfung elementarer visueller Leistungen vor allen weiteren Untersuchungen stattfindet.

Bei Untersuchungspersonen mit Verdacht auf visuelle Wahrnehmungsstörungen erfolgt darüber hinaus und ebenfalls vor allen weiteren Untersuchungen die Überprüfung von komplexen zentral-visuellen Wahrnehmungsleistungen wie Figur-Grund-Wahrnehmung und Objekt- und Gesichtserkennung. Hierbei ist zu berücksichtigen, dass die Unterteilung in elementare und komplexe Sehfunktionen lediglich eine heuristische sein kann, da die verschiedenen visuellen Leistungen entweder aufeinander aufbauen oder sich gegenseitig bedingen (Zihl et al., 2012). Auch die Unterscheidung in periphere Sehfunktionen und zentrale visuelle Wahrnehmung ist nicht völlig trennscharf. Zum einen kann eine peripher verursachte Sehbehinderung die Performanz bei zentral-visuellen Wahrnehmungsaufgaben wie der Objekterkennung beeinträchtigen, ohne dass eine visuelle Wahrnehmungsstörung vorliegt. In diesem Fall verläuft die visuelle Wahrnehmung und Verarbeitung der ankommenden, durch die Sehbehinderung eingeschränkten visuellen Informationen regelrecht. Zum anderen können peripher bedingte Sehstörungen die zentral-visuelle Wahrnehmung sowie deren Entwicklung aber auch sekundär beeinträchtigen (Weber et al., 2018), d. h. zu sekundären visuellen Wahrnehmungsstörungen führen. Der Begriff des »Cerebral Visual Impairment« (CVI) betont demgegenüber die zentrale (zerebrale) Bedingtheit von primären visuellen Wahrnehmungsstörungen.

Bei blinden Untersuchungspersonen erfolgt eine informelle Überprüfung der Lichtscheinwahrnehmung in einem vollständig abgedunkelten Raum mit Hilfe einer Taschenlampe oder einem Augenspiegel (Sachsenweger, 2003). Darüber hinaus sollten, je nach untersuchungsleitender Fragestellung, alternative Wahrnehmungsmöglichkeiten, insbesondere die Tastwahrnehmung, überprüft werden.

Im Folgenden werden zunächst die Diagnostik des elementaren funktionalen Sehens und die Diagnostik von komplexen Sehfunktionen dargestellt sowie die Diagnostik alternativer Wahrnehmungsmöglichkeiten, bevor exemplarisch die pädagogisch-psychologischen Untersuchungsbereiche Intelligenz und allgemeiner Entwicklungsstand in den Blick genommen werden.

6.2 Diagnostik des elementaren funktionalen Sehens

Die Überprüfung von überwiegend elementaren visuellen Fähigkeiten und Funktionen betrifft die visuelle Adaptation, die Sehschärfe, das Kontrastsehen, das Stereosehen, das Farbsehen sowie das Gesichtsfeld (Zihl et al., 2012). Der Vergrößerungsbedarf ist zwar keine visuelle Fähigkeit oder Funktion, sollte aber zur Einschätzung des funktionalen Sehens ebenfalls überprüft werden, da er häufig aussagekräftiger ist als die Sehschärfe und bei der Hilfsmittelempfehlung eine herausragende Rolle spielt (Henriksen & Laemers, 2016), insbesondere auch im Schulkontext. Die Überprüfung der genannten Bereiche wird im Folgenden näher dargestellt.

Zur Überprüfung der *visuellen Adaptation*, also der visuellen Anpassungsfähigkeit bei Beleuchtungsveränderungen, steht der Zapfenadaptationstest von Lea Hyvärinen zur Verfügung (Hyvärinen & Jacob, 2011). Der informelle Test besteht aus je fünf roten, blauen und weißen Plastikkärtchen, die unter verschiedenen Lichtbedingungen sortiert werden sollen. Die Funktionsweise des Verfahrens beruht darauf, dass bei reduzierter Beleuchtung (mesopische Leuchtdichte, Dämmerungssehen) die weißen Plastikkärtchen sofort aufgefunden und innerhalb von fünf Sekunden eingesammelt werden, und dass eine Testperson mit normaler Adaptationsfähigkeit während dieser Zeit beginnt, die Farben zu unterscheiden, sodass mit dem Sortieren unmittelbar fortgefahren werden kann.

Die *Sehschärfe (Visus)* ist ein Maß für das Auflösungsvermögen des Auges. Sie ist definiert als der Kehrwert der angularen Sehschärfe, d. h. als der Kehrwert des kleinsten Winkels in Bogenminuten, »(...), unter dem zwei benachbarte Punkte gerade noch getrennt erkannt werden« (Burggraf, 2016, 65; ▸ Kap. 1.1). Bei einem angularen Winkel von einer Bogenminute (1') ist demnach die Sehschärfe 1,0. Anders als lange angenommen, liegt die durchschnittliche Sehschärfe eines jungen Erwachsenen jedoch nicht bei 1,0, sondern bei 1,25 (Burggraf, 2016), sodass schon allein deshalb eine prozentuale Angabe des Visus, bei der ein Visus von 1,0 als 100 % Sehschärfe betrachtet wird, nicht sinnvoll ist. Die Sehschärfe wird mit Korrektur (Brille) als Visus cum correctione (V.c.c.) erfasst. Im Rahmen der Einschätzung des funktionalen Sehens erfolgt eine beidäugige Messung, da dies der Sehsituation im Alltag entspricht (Henriksen & Laemers, 2016). Es stehen genormte Verfahren zur Sehschärfebestimmung zur Verfügung, bei denen Sehzeichen (Optotypen) erkannt werden müssen, daher spricht man hier auch von *Optotypensehschärfe*. Das europäische Normsehzeichen ist der Landoltring (Abbildung 13), ein Kreisring, der an einer von acht möglichen Stellen eine Öffnung aufweist, deren Größe in einem definierten Verhältnis zum Durchmesser des Rings steht (1:5). Die Aufgabe der Testperson besteht darin, die Stellung der Öffnung des Landoltrings zu erkennen.

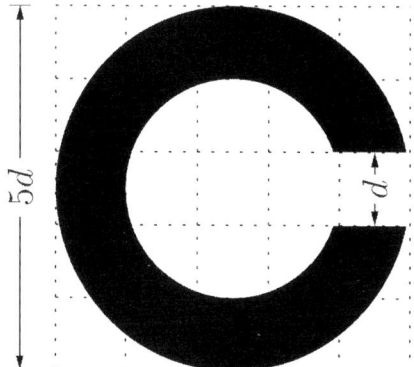

Abb. 13: Das europäische Normsehzeichen Landoltring (Quelle: By NielsKarschin - Own work, CC BY-SA 4.0, https://commons.wikimedia.org/w/index.php?curid=47176443, Zugriff: 02.08.2019)

Die Landoltringe werden zeilenweise in jeweils gleicher Anzahl (5, 8 oder 10 Zeichen; Wesemann, Schiefer & Bach, 2010) und in logarithmischer Aufteilung der Visusstufen (Abstufungen um die 10. Wurzel 10, also um den Faktor 1,26, von in der Regel 0,05; 0,063; 0,08 usw. bis 1,25) dargeboten. Eine Visusstufe gilt als erkannt, wenn 60 % der Landoltringe in einer Zeile erkannt werden (ebd.). Im Rahmen der Einschätzung des funktionalen Sehens können auch andere Optotypen (z. B. Zahlen oder Buchstaben), die den Normbedingungen angeglichen wurden, zum Einsatz kommen. Für Kinder eignen sich insbesondere die Lea-Symbole Quadrat, Herz/Apfel, Haus und Kreis (Abbildung 14), die an der Visusgrenze alle als Kreis erkannt werden, sodass ein Misserfolgserlebnis des getesteten Kindes vermieden werden kann (Henriksen & Laemers, 2016).

Abb. 14: Lea-Symbole
(Quelle: https://www.childrens.health.qld.gov.au/wp-content/uploads/images/fact-sheets/symbol-testing-card.png; Zugriff: 02.08.2019)

Zur Prüfung der *Fern-Sehschärfe* liegt die normgerechte Entfernung bei mindestens vier Metern, bei Testpersonen mit geringer Sehschärfe (unter 0,2) darf die Prüfentfernung deutlich verringert werden (Wesemann et al., 2010). In diesem Fall erfolgt die Bestimmung des Visus, indem die verringerte Prüfentfernung durch die vorgesehene Prüfentfernung geteilt und das Ergebnis mit der Visusstufe der noch erkannten Optotypenzeile multipliziert wird (Henriksen & Laemers, 2016). Die Fern-Sehschärfe kann mit Einzel- oder Reihenoptotypen bestimmt werden. Eine Bestimmung der Sehschärfe mit Reihenzeichen kann erst ab einem Alter von etwa drei Jahren erfolgen (ebd.). Das Erkennen von Reihenzeichen stellt eine komplexere und alltagsnähere Leistung der Testperson dar als das Erkennen von Einzelzeichen (ebd.).

Zur Prüfung der *Nah-Sehschärfe* ist ein Abstand von 40 cm gebräuchlich (Wesemann et al., 2010). Auch hier liegen Verfahren mit Einzel- oder Reihenoptotypen vor, wobei erstere vor allem für Kleinkinder und Kinder mit Konzentrationsschwierigkeiten gut geeignet sind (Henriksen & Lamers, 2016). Nach Möglichkeit sollte stets auch ein Test mit Reihenzeichen zum Einsatz kommen. Ein großer Unterschied zwischen dem mit Einzelzeichen und dem mit Reihenzeichen bestimmten Visus kann ein Hinweis auf ein Zentralskotom, also einen zentralen Gesichtsfeldausfall, sein (ebd.). Darüber hinaus sollte die Nah-Sehschärfe auch als Crowding-Sehschärfe (Burggraf, 2016) mit eng gruppierten Zeichen geprüft werden. Während der standardmäßige Abstand von Reihenzeichen der Zeichenbreite entspricht, variieren hier die Abstände der Zeichen von 50 % über 25 % bis zu 12,5 % (Henriksen & Lamers, 2016). Ein großer Unterschied zwischen der mit Einzelzeichen oder mit normal gruppierten Reihenzeichen bestimmten Sehschärfe und der Crowding-Sehschärfe, die mit eng gruppierten Reihenzeichen bestimmt wurde, kann auf visuelle Wahrnehmungsprobleme, sog. Crowdingprobleme, hinweisen, also auf »Schwierigkeiten, einzelne Zeichen als getrennt voneinander zu erkennen oder [auf] Probleme mit der Konturinteraktion« (ebd., 124).

Bei Säuglingen, aber auch bei Personen mit Beeinträchtigung der kognitiven Entwicklung lässt sich die Sehschärfe mittels Optotypen in der Regel nicht ermitteln. In diesen Fällen kann auf Verfahren zur Bestimmung der *Gittersehschärfe* zurückgegriffen werden. Dabei handelt es sich um nonverbale Verfahren, die auf der Blickpräferenztechnik (vgl. z. B. Siegler et al., 2016) beruhen. Die Blickpräferenztechnik nutzt die Tatsache, dass bereits Neugeborene eine Präferenz für kontrastreiche Muster zeigen (ebd.; Zihl et al., 2012). Die Lea-Gratings (Hyvärinen & Jacob, 2011; Abbildung 15) funktionieren nach diesem Prinzip. Pro Durchgang werden der Testperson sowohl eine Scheibe mit schwarz-weißem Streifenmuster einer bestimmten Streifenbreite als auch eine Scheibe mit einer grauen Fläche gleicher Helligkeit präsentiert, indem die beiden Scheiben in verschiedenen Orientierungen langsam auseinandergezogen werden.

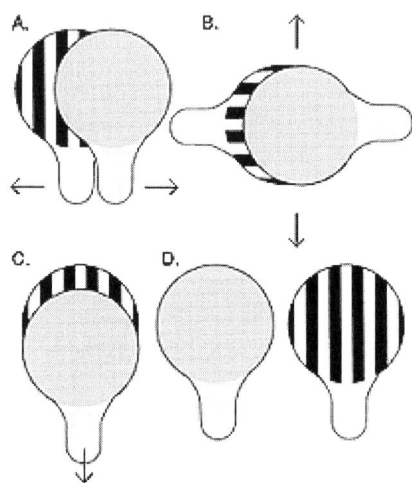

Abb. 15: Lea-Gratings zur Erfassung der Gittersehschärfe
(Quelle: http://www.lea-test.fi/de/sehtests/instruct/leagrati/leagrati.html; Zugriff: 02.08.2019)

Die Streifenbreite des Musters nimmt mit jedem Durchgang ab. Sofern die Testperson das Streifenmuster visuell auflösen kann, wird sie mit ihrem Blick der Scheibe mit dem Streifenmuster folgen, andernfalls lässt sich keine Blickpräferenz feststellen. Die Gittersehschärfe bestimmt sich nach dem feinsten Streifenmuster, für das eine Blickpräferenz beobachtet wurde. Sie wird in cpd (cycles per degree), also in Zyklen pro Grad, angegeben. Bei einem Testabstand von 57 cm entspricht die auf den Testscheiben angegebene Frequenz des Streifenmusters (Zyklen pro Zentimeter) exakt der Gittersehschärfe (Zyklen pro Grad), bei anderen Entfernungen muss entsprechend umgerechnet werden (Hyvärinen & Jacob, 2011). Die Gittersehschärfe ist lediglich ein Visusäquivalent, das sich nicht in die Optotypensehschärfe umrechnen lässt, da das Sehen in einem deutlich größeren Gesichtsfeldbereich erfasst wird als bei Verfahren, die mit Optotypen arbeiten (ebd.). Durch den damit einhergehenden Einbezug von größeren Netzhautbereichen, das Fehlen eines Crowding-Effekts sowie durch die fehlende Notwendigkeit, Details zu erkennen, kann die Gittersehschärfe deutlich besser ausfallen als die Optotyensehschärfe (Henriksen & Laemers, 2016). Bei Kindern mit mehrfachen Beeinträchtigungen, die kein Interesse an den Streifenmustern der Lea-Gratings zeigen, kann zur Bestimmung des Visusäquivalents nach der allgemeinen Formel

$$Visusäquivalent = \frac{Objektentfernung\ in\ mm}{Objektgröße\ in\ mm} \times 0.00145$$

(Zihl et al., 2012, 122) beispielsweise auf den STYCAR Graded-balls Vision Test (Sheridan, 1973) ausgewichen werden, der Aufschluss darüber gibt, »(...) in welcher Distanz ein bewegtes Objekt einer bestimmten Größe noch wahrgenommen wird« (Henriksen & Laemers, 2016, 128).

Der *Vergrößerungsbedarf* kann mit dem Test des Schweizerischen Zentralvereins für das Blindenwesen (SZB-Test) zur Messung des Vergrößerungsbedarfs (Buser, 2004) erfasst werden. Mit dem SZB-Test lässt sich feststellen, welche Schriftgröße benötigt wird bzw. um welchen Faktor die Schriftart Arial Größe 9.5 Pt (Zeitungsdruck) vergrößert werden muss, damit sie in 25 cm Entfernung über einen längeren Zeitraum bequem erkannt werden kann. Die Testperson hat die Aufgabe, kurze Texte in logarithmisch kleiner werdenden Schriftgrößen vorzulesen. Falls sie eine Leseschwäche hat oder (noch) nicht lesen kann, kann der SZB-Test mit Ziffern verwendet werden, der in einer Version mit Ziffern von 0 bis 9 sowie in einer Version für jüngere und Testpersonen mit Beeinträchtigung der kognitiven Entwicklung mit den Ziffern 0, 2 und 3 vorliegt. Die Ziffern sind in unterschiedlicher Reihenfolge und Länge angeordnet und sollen einzeln vorgelesen werden. Das Abbruchkriterium ist erreicht, sobald das Lesen langsam und stockend wird, was bei Texten schneller der Fall sein kann als bei Ziffern (Henriksen & Laemers, 2016). Der SZB-Test wird mit Korrektur und standardmäßig in einer Entfernung von 25 cm dargeboten. Andere Testentfernungen sind möglich, in diesem Fall wird der Vergrößerungsbedarf mit Hilfe einer Umrechnungstabelle ermittelt.

Das *Kontrastsehen* ermöglicht die Wahrnehmung von Helligkeits- bzw. Leuchtdichteunterschieden zwischen Objekten (Burggraf, 2016). Diese Fähigkeit ist äußerst alltagsrelevant, da das Erkennen eines Objekts nicht nur von seiner Größe abhängt, sondern auch vom Kontrast des Objekts zum Hintergrund. Je kleiner das Objekt ist, desto höher muss der Kontrast sein, um es wahrnehmen zu können (Henriksen & Laemers, 2016). Als Screening-Verfahren zur Prüfung der Kontrastempfindlichkeit kann der LCS Test SZB (LCS = Low Contrast Sensitivity; Schweizerischer Zentralverein für das Blindenwesen, 2018) eingesetzt werden, der mit Einzeloptotypen (Landoltringe) abnehmender Größe arbeitet. In einem ersten Schritt wird der Visus mit Landoltringen im hohen Kontrast (schwarz-weiß) ermittelt. In einem zweiten Schritt wird mit grauen Landoltringen im niedrigen Kontrast (K = 0.1) gemessen. Fällt der Wert im niedrigen Kontrast um mehr als drei Visusstufen niedriger aus als der Wert im hohen Kontrast, so indiziert das ein eingeschränktes Kontrastsehen. In diesem Fall kann für eine genauere Abklärung der Low Contrast Test von Lea Hyvärinen (Hyvärinen & Jacob, 2011) verwendet werden. Er besteht aus Lea-Symbolen oder Zahlen in gleichbleibender Größe, aber abnehmendem Kontrast und wird in Abhängigkeit von der Sehschärfe in unterschiedlichen Entfernungen durchgeführt. Die Ergebnisse werden in ein Diagramm eingetragen, das eine Analyse der Kontrastempfindlichkeitskurve ermöglicht (ebd.). Der Hiding Heidi Low Contrast Test (ebd.; Abbildung 16) schließlich ist ein nonverbales Verfahren für jüngere

Kinder und Personen mit Beeinträchtigung der kognitiven Entwicklung, das wie die Lea-Gratings auf der Blickpräferenztechnik beruht. Es besteht aus einer weißen Karte sowie mehreren Karten mit schematischen Gesichtern in abnehmenden Kontraststufen.

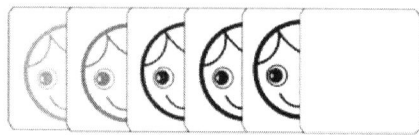

Abb. 16: Heiding Heidi Low Contrast Test
(Quelle: http://www.lea-test.fi/de/sehtests/instruct/hidinghe/hidinghe.html; Zugriff: 02.08.2019)

Beim *Binokularsehen* (beidäugiges Sehen) werden drei aufeinander aufbauende Stufen unterschieden (Burggraf, 2016; Henriksen & Laemers, 2016): Die unterste Stufe ist das Simultansehen, also die gleichzeitige und deckungsgleiche Wahrnehmung der Bilder beider Augen, darauf aufbauend die Fusion, also das Verschmelzen beider Bildeindrücke zu einem einzigen Bild, und schließlich als höchste Stufe die Stereopsis, also das dreidimensionale oder räumliche Sehen. Diagnostisch kann man von oben nach unten vorgehen, d. h. zunächst die Stereopsis prüfen und, falls diese keine positiven Ergebnisse liefert, abklären, ob Simultansehen und Fusion möglich sind. Zur Prüfung der Stereopsis eignet sich beispielsweise der Titmus-Test, insbesondere für jüngere Kinder und Personen mit Beeinträchtigung der kognitiven Entwicklung (Henriksen & Lamers, 2016). Bei vorhandener Stereopsis erscheinen die durch eine Polarisationsbrille betrachteten Testbilder, u. a. das stark vergrößerte Bild einer Fliege, dreidimensional. Simultansehen und Fusion lassen sich beispielsweise mit dem Worth4Dot-Test prüfen (ebd.). Bei diesem Verfahren kommt es darauf an, ob die Testperson durch eine Brille mit einem Grünfilter auf der einen und einem Rotfilter auf der anderen Seite alle vier mit einer speziellen Taschenlampe dargebotenen Punkte (ein weißer, ein roter und zwei grüne Punkte) wahrnehmen kann. Wird nur eine Farbe wahrgenommen, so gibt die Farbe der nicht wahrgenommenen Punkte Aufschluss darüber, welches Auge unterdrückt wird. Werden mehr als vier Punkte wahrgenommen, so ist das ein Hinweis auf Doppelbilder (ebd.).

Zur Überprüfung des *Farbsehens*, also der Fähigkeit Farben zu erkennen und zu unterscheiden, ist beispielsweise der Panel 16-Test gut geeignet (Hyvärinen & Jacob, 2011). Er besteht aus 16 verschiedenfarbigen Steinen, die ausgehend von einem blauen Pilotstein in eine Reihenfolge gebracht werden sollen, sodass der nachfolgende Stein dem vorangegangenen jeweils so ähnlich wie möglich ist. Die gelegte Reihenfolge wird in einem Testprotokoll in einer Weise festgehalten, die es ermöglicht, das Ergebnis auf Verwechslungsmuster, die für bestimmte Farbsinnstörungen charakteristisch sind, zu überprüfen. Für jüngere Kinder und Personen mit Beeinträchtigung der kognitiven Entwicklung kann die Aufgabe dadurch vereinfacht werden, dass nur sechs Steine verwendet werden, die einem zweiten Satz dieser sechs Steine zugeordnet werden müssen (Henriksen & Laemers, 2016).

Die peripheren Bereiche des *Gesichtsfelds*, das in seiner Gesamtheit horizontal 180° umfasst (▶ Kap. 1.1), sind insbesondere für die Orientierung im Raum wesentlich. Die zentralen 30° des Gesichtsfelds spielen eine besondere Rolle für Aufgaben in der Nähe (Henriksen & Laemers, 2016), wie beispielsweise das Lesen oder Handarbeiten. Für das flüssige Lesen von Zeitungsdruck ist ein Mindestgesichtsfeld von 4° Breite und 2° Höhe sowie ein Mindestvisus von 0.4 notwendig (Grein, 2002). Auf diese Weise sind in Abhängigkeit von Leseabstand und Druckgröße sieben bis zwölf Buchstaben gleichzeitig erfassbar. Werden weniger als fünf bis sieben Buchstaben gleichzeitig erfasst, ist kein flüssiges Lesen mehr möglich (ebd.). Das Mindestgesichtsfeld wächst proportional zum Vergrößerungsbedarf. Bei der Überprüfung des Gesichtsfelds geht es im Wesentlichen darum, dessen Grenzen zu erfassen sowie Gesichtsfeldausfälle auszuloten. Eine funktionale Überprüfung des Gesichtsfelds kann beispielsweise mit der Konfrontationsmethode erfolgen (Henriksen & Laemers, 2016). Damit lassen sich die Außengrenzen des Gesichtsfelds und somit periphere Gesichtsfeldausfälle feststellen, jedoch keine totalen bzw. relativen Skotome (begrenzte vollständige Ausfälle bzw. begrenzte Bereiche mit reduzierter Sensibilität innerhalb des Gesichtsfelds). Bei der Konfrontationsmethode soll die Testperson der ihr gegenübersitzenden untersuchenden Person in die Augen blicken, während eine zweite, hinter der Testperson befindliche Person mit gleichmäßiger Geschwindigkeit einen möglichst starken visuellen Reiz (z. B. ein Licht am Ende eines Stabes) von oben, unten, links und rechts in das Gesichtsfeld einführt. Beobachtet wird, ob und wann die Testperson verbal oder mit einer okulomotorischen Zuwendebewegung auf den peripheren Reiz reagiert (ebd.; Zihl et al., 2012). Für Menschen mit Beeinträchtigung der kognitiven Entwicklung eignet sich der Nef-Trichter zur Einschätzung der Außengrenzen des Gesichtsfelds (Henriksen & Laemers, 2016). Die zentralen 30° des Gesichtsfelds können mit dem Tangentscreen auf Skotome überprüft werden (für eine genaue Beschreibung vgl. ebd., 150 ff.). Darüber hinaus bietet das Amsler-Gitter, eine Karte mit einem quadratischen Gittermuster schwarz auf weiß oder umgekehrt und einem Fixationspunkt in der Mitte, eine Möglichkeit, kleine totale Skotome unter Alltagsbedingungen zu erfassen (ebd.; Burggraf, 2016). Das Amsler-Gitter wird monokular in einem Abstand von ca. 40 cm präsentiert. Die Testperson soll angeben, wenn die Linien des Gitters Lücken aufweisen oder nicht gerade gesehen werden. Zu beachten ist, dass kleinste Ausfälle vom Gehirn oft ergänzt werden und damit nicht angegeben werden können (Burggraf, 2016).

6.3 Diagnostik von komplexen Sehfunktionen

Bei Verdacht auf visuelle Wahrnehmungsstörungen müssen auch die komplexen zentralen Sehfunktionen überprüft werden. Die von 2017 bis 2022 gültige Leitlinie »Visuelle Wahrnehmungsstörungen«, federführend erstellt von der Gesellschaft für Neuropädiatrie (Arbeitsgemeinschaft der Wissenschaftlichen Medizinischen Fachgesellschaften, 2017; Weber et al., 2018), nennt als *komplexe Sehfunktionen* die Wahrnehmung von Objekten und Gesichtern, die visuelle Aufmerksamkeit, die Figur-Grund-Wahrnehmung, die Formunterscheidung und die Formkonstanz. Auf der Ebene der visuell-kognitiven Verarbeitung kommt das Gestaltschließen hinzu. In den Bereich der *visuell-räumlichen Wahrnehmung* fallen die komplexen Sehfunktionen des Erkennens von Hauptraumachsen und räumlichen Beziehungen. Auf der Ebene der visuell-kognitiven und weiteren Verarbeitung kommen hier die mentale Rotation, die räumliche Konstruktion und Navigation sowie die Visuomotorik hinzu (ebd.).

Ein umfassendes diagnostisches Verfahren zur Überprüfung komplexer Sehfunktionen existiert nicht. Einen tabellarischen Überblick über Testverfahren zur Erfassung einer oder mehrerer visueller Wahrnehmungsleistungen gibt Anhang 1 der Leitlinie »Visuelle Wahrnehmungsstörungen« (Arbeitsgemeinschaft der Wissenschaftlichen Medizinischen Fachgesellschaften, 2017). Mit dem Frostig Entwicklungstest der visuellen Wahrnehmung (als FEW-2 für Kinder im Alter von 4;0 bis 8;11 Jahren, Büttner et al., 2008; als FEW-JE für Jugendliche und Erwachsene im Alter von 9 bis 90 Jahren, Petermann et al., 2012) können die komplexen Wahrnehmungsleistungen Formkonstanz, Figur-Grund-Unterscheidung, Gestaltschließen, räumliche Beziehungen, Raum-Lage und Visuomotorik erhoben werden. Es liegen altersspezifische Normen für die Bezugsgruppe von Menschen ohne peripher bedingte Sehbehinderung vor. Die Subtests sind jedoch teilweise wenig reliabel. Darüber hinaus halten die Autorinnen und Autoren an der Differenzierung von vier sogenannten Wahrnehmungstypen (Formkonstanz, Figur-Grund-Unterscheidung, räumliche Beziehungen, Raum-Lage) fest, obwohl keine spezifischen visuellen Wahrnehmungsfähigkeiten nachgewiesen werden konnten. In den meisten Untersuchungen fand sich lediglich ein einziger Faktor (visuelle Wahrnehmung), zwei Untersuchungen konnten zwischen den beiden Faktoren visuelle Wahrnehmung und visuo-motorische Integration differenzieren (Büttner et al., 2008). Der Test ermöglicht daher neben der Bildung eines globalen visuellen Wahrnehmungsquotienten die Berechnung von separaten Skalenwerten für die motorik-reduzierte visuelle Wahrnehmung und die visuo-motorische Integration. Allerdings konnte das deutsche Autorenteam die angenommene zweifaktorielle Struktur des FEW-2 in einer konfirmatorischen Faktorenanalyse nicht bestätigen (Tischler et al., 2017). Aufgrund der Tatsache, dass die überwiegende Anzahl von Studien darauf hinweist, dass der FEW-2 nicht unterschiedliche visuelle Wahrnehmungsfunktionen misst, sondern lediglich einen globalen Faktor der visuellen Wahrnehmung, eignet er sich eher als ein (mit vielen Subtests wenig testökonomisches) Screening-Instrument zur Identifikation von Personen mit gestörter visueller Wahrnehmung denn zur Planung oder Begründung einer Förderung der visuellen Wahrnehmung (ebd.).

Für die individuelle Förderplanung bedeutsam sind vielmehr Beobachtungsverfahren, mit deren Hilfe das visuelle Verhalten dokumentiert und eingeschätzt werden kann. In-Sight (Ekkens, 2004) ist ein solches Beobachtungsverfahren. Es erfasst die Leistungsfähigkeit normal lernfähiger sehbehinderter Kinder im Alter von sechs bis zwölf Jahren hinsichtlich Sehvermögen und Verarbeitung komplexer visueller Informationen. Die visuelle Funktionsfähigkeit wird mit Aufgaben aus zwölf Kategorien untersucht, darunter Detailwahrnehmung, visuelle Diskrimination, Gestaltschließen, visuell-räumliche Wahrnehmung, visuell-motorische Fähigkeiten und Figur-Grund-Wahrnehmung. Es stehen Aufgaben für drei Altersbereiche zur Verfügung (6–8, 8–10 und 10–12 Jahre). Die Alterseinteilung dient jedoch lediglich der Orientierung, die Wahl der Aufgaben kann flexibel an den individuellen Entwicklungsstand angepasst werden. Erfasst wird, ob die Aufgaben vollständig richtig, teilweise richtig oder nicht ausreichend gelöst wurden. Auf diese Weise kann umfassend beschrieben werden, wie ein Kind sein Sehvermögen nutzt und wozu es visuell in der Lage ist.

Das Beobachtungsverfahren zur strukturierten klinischen Anamnese von zerebralen Sehstörungen (Dutton, 2013) nutzt den klinischen Befund, dass Schädigungen in einem oder mehreren der Gehirnareale, die für die Verarbeitung visueller Informationen zuständig sind (▶ Kap. 5.2.1), jeweils charakteristische visuelle Verhaltensweisen verursachen. Mit dem Beobachtungsbogen können Eltern von Kindern mit Visuswerten von ≥ 0,1 zu 51 Verhaltensweisen in sieben Bereichen befragt werden. Die sieben Bereiche umfassen:

- *Beeinträchtigungen des Gesichtsfeldes oder der visuellen Aufmerksamkeit auf einer Seite* (z. B. Schwierigkeiten beim Hinabsteigen von Treppen; Übersehen von Bildern oder Wörtern auf einer Hälfte der Seite)
- *Beeinträchtigungen der Bewegungswahrnehmung* (z. B. Schwierigkeiten, etwas zu sehen, das sich schnell bewegt)
- *Beeinträchtigungen in komplexen visuellen Situationen* (z. B. Schwierigkeiten, Spielzeug in einer Kiste, ein Kleidungsstück in einem Stapel oder eine bestimmte Person in einer Gruppe zu finden)
- *Beeinträchtigungen der visuellen Bewegungssteuerung* (z. B. ungenaues visuell gesteuertes Greifen; Stoßen gegen Hindernisse)
- *Beeinträchtigungen der visuellen Aufmerksamkeit* (z. B. Schwierigkeiten bei der gleichzeitigen Ausführung einer visuellen und einer auditiven Aufgabe, z. B. sich im Gehen unterhalten)
- *Schwierigkeiten im Zusammenhang mit einem visuell überladenen Umfeld* (z. B. auffälliges Verhalten in überfüllten Räumen)
- *Beeinträchtigungen des Erkennens* (z. B. von Personen, Gegenständen und Formen sowie Beeinträchtigung der Orientierung anhand des visuellen Erkennens).

Das Verhalten kann als ›nie‹, ›selten‹, ›manchmal‹, ›häufig‹ oder ›immer‹ zu beobachten angegeben werden. Die Antwort ›immer‹ gibt stets das von der Norm am weitesten abweichende Verhalten an. Häufungen von Schwierigkeiten in den Verhaltensbereichen 3, 4 und 5 weisen auf Funktionsstörungen des dorsalen Stroms hin, Häufungen von Schwierigkeiten in Verhaltensbereich 7 auf Funktionsstörungen des ventralen Stroms (ebd.). Da einige der Verhaltensweisen wenig spezifische Indikatoren darstellen (so kann z. B. auffälliges Verhalten in überfüllten Räumen sehr verschiedene Ursachen haben), ist zur Interpretation der Antwortmuster Fachwissen erforderlich, um Fehldiagnosen zu vermeiden (ebd.). Dutton nennt jedoch auch fünf im Beobachtungsbogen enthaltene Verhaltensweisen, die diagnostisch sehr zuverlässig sind und sich daher als Screening zur Identifikation von Kindern eignen, bei denen eine genauere Überprüfung notwendig ist (vgl. ebd., 39). Sind bei einem Kind drei oder mehr dieser Verhaltensweisen oft oder immer beobachtbar, so ist das ein deutlicher Hinweis auf visuelle Wahrnehmungsstörungen.

Ein weiteres Beobachtungsverfahren zur Einschätzung des funktionalen Sehens bei Verdacht auf visuelle Wahrnehmungsstörungen ist der aus dem Amerikanischen stammende CVI Range (Roman-Lantzy, 2018). CVI steht hier, wie im amerikanischen Sprachraum üblich, für Cortical Visual Impairment. Roman-Lantzy identifiziert zehn für CVI charakteristische Merkmale, die im CVI Range eingeschätzt werden sollen (in Klammern angegeben ist jeweils die Verhaltensausprägung, die auf das höchste Ausmaß an CVI hinweist):

- *Präferenz für bestimmte Farben* (visuelle Aufmerksamkeit wird nur von einer bestimmten Farbe hervorgerufen und aufrechterhalten)
- *Notwendigkeit von Bewegung* (es werden nur Objekte gesehen, die in Bewegung sind oder reflektierende Eigenschaften haben)
- *Visuelle Latenz* (anhaltend verzögerte visuelle Reaktion)
- *Präferenz für bestimmte Gesichtsfeldbereiche* (Reaktion auf visuelle Angebote erfolgt nur in bestimmten Gesichtsfeldbereichen)
- *Schwierigkeiten mit visueller Komplexität* (visuelle Reaktion erfolgt nur in ruhiger, einfarbiger und sehr reizarmer Umgebung; keine Beachtung von Gesichtern)
- *Lichtbedürfnis* (übermäßiges Interesse an Licht)
- *Schwierigkeiten mit dem Sehen in der Ferne* (visuelle Aufmerksamkeit ausschließlich im Nahraum bis max. 30 cm beobachtbar)
- *Atypische visuelle Reflexe* (taktile oder optische Reize lösen keinen Lidschlussreflex aus)
- *Schwierigkeiten mit visueller Neuheit* (nur bevorzugte oder bekannte Objekte erregen visuelle Aufmerksamkeit)
- *Abwesenheit von visuell koordiniertem Greifen* (Sehen und Tasten erfolgen unabhängig voneinander und am ehesten bei großen und/oder bewegten Objekten).

Das visuelle Verhalten kann im Hinblick auf jedes der zehn Merkmale einer von fünf Stufen zugeordnet werden, denen ein Kontinuum des funktionalen Sehens von 0–10 zugrunde liegt (Range 1–2, Range 3–4, Range 5–6, Range 7–8, Range 9–10), wobei die unterste Stufe indiziert, dass das für CVI charakteristische Merkmal vollständig vorhanden ist, und die höchste Stufe, dass das Merkmal nicht (mehr) vorhanden ist, d. h. dass das visuelle Verhalten demjenigen Gleichaltriger ohne visuelle Wahrnehmungsstörungen entspricht (ebd.). Die erreichten Werte geben Auskunft darüber, welche Art und welches Ausmaß an Intervention notwendig sind. Schwerpunkte der Förderung bei unterschiedlichen Schweregraden von CVI sowie entsprechende Fördervorschläge finden sich bei Roman-Lantzy (2018).

Vergleicht man die beiden Verfahren von Dutton und Roman-Lantzy, so fallen überwiegend Übereinstimmungen auf (z. B. Schwierigkeiten mit visueller Komplexität und der visuellen Bewegungssteuerung sowie Vernachlässigung von Gesichtsfeldbereichen), aber auch Unterschiede (z. B. wird Lichtbedürfnis nur im CVI Range genannt) oder gar Widersprüchliches (Bedeutung der Bewegungswahrnehmung). Letzteres ist möglicherweise dadurch zu erklären, dass die Notwendigkeit von Bewegung bei Roman-Lantzy ein Hinweis auf eine generelle Notwendigkeit starker visueller Reize zur Erregung visueller Aufmerksamkeit sein könnte, also ein Hinweis auf gestörte Aufmerksamkeitsprozesse, während die Beeinträchtigung der Bewegungswahrnehmung bei Dutton auf eine Störung der genuinen Verarbeitungsprozesse des dorsalen Pfads (▶ Kap. 5.2.1) hinweist. Deutlich wird in jedem Fall, dass Fachwissen, Erfahrung und Kontextualisierung der beobachteten Verhaltensweisen für eine korrekte Diagnose unabdingbar sind, wobei Roman-Lantzy (2018) anmerkt, dass die größte Schwierigkeit in der korrekten Beurteilung von Personen in Phase III der visuellen Funktionsfähigkeit (CVI Range 7–10) besteht, also von denjenigen, die nur (noch) geringe Abweichungen von altersgemäßen visuellen Verhaltensweisen zeigen. Daher stellt sie hierfür eine Erweiterung des CVI Range zur Verfügung, die eine detailliertere Beschreibung des visuellen Verhaltens auf dem genannten Niveau ermöglicht (ebd., 110 ff.).

6.4 Diagnostik nicht-visueller Wahrnehmungsmöglichkeiten

Bei blinden Untersuchungspersonen kann je nach untersuchungsleitender Fragestellung die Überprüfung alternativer Wahrnehmungsmöglichkeiten, insbesondere der Tastwahrnehmung, notwendig sein. So erfordert beispielsweise die Frage nach Stand, Bedingungsfaktoren und Fördermöglichkeiten des Schriftspracherwerbs eines blinden Kindes unter anderem eine Überprüfung der Tastwahrnehmung als personaler Voraussetzung für den Schriftspracherwerb (Lang, 2003, 2011; ▶ Kap. 9.2.1 und ▶ Kap. 9.2.2). Ein Screening von Aspekten der auditiven Wahrnehmung erfolgt bei bestimmten diagnostischen Fragestellungen, zum Beispiel im Rahmen einer Sprachstandserhebung oder einer Abklärung von Lese-Rechtschreib-Schwierigkeiten, generell bei allen Kindern, also nicht blindenspezifisch. Es kann aber auch bei blindenspezifischen diagnostischen Fragestellungen wie der Abklärung von Orientierung und Mobilität relevant werden, da die auditive Wahrnehmung neben der visuellen die einzige Sinnesmodalität ist, die räumliche Informationen über entfernte Ereignisse in der Umwelt liefert (Lewald, 2012). Die Überprüfung der auditiven Wahrnehmung wird hier nur kursorisch dargestellt.

6.4.1 Diagnostik der Tastwahrnehmung

Ein Verfahren zur Überprüfung der haptischen Unterscheidungsfähigkeit von eher historischem Wert ist der Roughness Discrimination Test (Nolan & Morris, 1965). Er soll die haptischen Voraussetzungen für das Lesen von Brailleschrift zu Beginn der ersten Klasse erfassen. Die Aufgabe besteht jeweils darin zu bestimmen, welche von vier Sandpapierproben sich anders anfühlt. Die Texturunterschiede werden über die 69 Items hinweg stetig geringer. Belege für eine prognostische Validität des Leseerfolgs am Ende des ersten Schuljahres liegen vor (ebd.). Die verfügbaren Prozentrangnormen für Schülerinnen und Schüler im ersten Monat ihres Schulbesuchs sind jedoch veraltet. Zudem ist der Test für Kinder sehr ermüdend.

Ein deutlich aktuelleres und abwechslungsreicheres Verfahren zur Überprüfung der taktil-kinästhetischen Wahrnehmung ist der Göttinger Entwicklungstest der Taktil-Kinästhetischen Wahrnehmung TAKIWA (Kiese-Himmel, 2003). Der Test ermöglicht die Beurteilung der Leistung von Kindern im Alter von 3;6 bis 6;0 Jahren in sechs taktil-kinästhetischen Wahrnehmungsdimensionen (Berührungslokalisation, Druckempfindlichkeit, Zwei-Punkt-Diskrimination, Fingeridentifikation, Graphästhesie und Stereognosie) sowie des taktil-kinästhetischen Entwicklungsstands insgesamt. Da alle Aufgaben ohne Sicht durchgeführt werden, ist der TAKIWA mit blinden Kindern weitgehend barrierefrei durchführbar. Eine Ausnahme stellt das Antwortformat im Untertest Graphästhesie dar. Bei diesem Untertest werden mit einem Wattestäbchen einfache geometrische Formen (z. B. Kreis) auf die Handfläche der Testperson gezeichnet, die jeweils entweder richtig benannt oder auf einer Abbildung aller Formen gezeigt werden sollen. Um das Antwortformat vergleichbar zu halten und Benennungsprobleme auszuschließen, ist eine Adaption der Abbildung notwendig, z. B. als Quellkopie. Einschränkend muss hier jedoch gesagt werden, dass Kinder mit Schwierigkeiten in der taktil-kinästhetischen Wahrnehmung auch Schwierigkeiten haben werden, das tastbare Antwortformat zu nutzen. Gleiches gilt für das Antwortformat im Untertest Stereognosie von Objekten. Die für den TAKIWA vorliegenden altersspezifischen Normen basieren auf Daten sehender Kinder. Insbesondere im Hinblick auf die komplexeren, perzeptiv-motorischen Untertests wie die Stereognosie, also das Erkennen von Objekten und Objektqualitäten (z. B. Textur, Länge, Gewicht) durch aktives Tasten, sind die verfügbaren Normen aufgrund der Entwicklungsunterschiede zwischen sehenden und blinden Kindern im Bereich der Feinmotorik, aber auch im Bereich der Begriffsbildung (▶ Kap. 5.1.1) nicht ohne weitere Interpretation verwendbar.

Von derselben Autorin wie der TAKIWA stammt auch der Diagnostische Elternfragebogen zur taktil-kinästhetischen Responsivität im frühen Kindesalter DEF-TK (Kiese-Himmel, 2000). Der Fragebogen ist als Screeningverfahren zur Identifikation von Kindern mit einem Risiko im Bereich der taktil-kinästhetischen Entwicklung konzipiert. Er umfasst im Anschluss an acht Anamnesefragen insgesamt 32 Items zu zehn Sensibilitäts- bzw. Verhaltensbereichen (z. B. taktile Überempfindlichkeit auf bestimmte Objektqualitäten oder Berührungserfahrungen bei der Körperpflege, Schmerzüberempfindlichkeit, reduzierte Sensibilität insbesondere bei Schmerz). Es liegen Prozentrangnormen für die beiden Altersgruppen 1;3 bis 3;11 Jahre sowie 4;0 bis 7;11 Jahre vor. Colmant, Eysholdt und Rosanowski (2008) weisen darauf hin, dass eine große Zahl von Items des DEF-TK nicht beobachtbar sei, und kommen daher zu dem Schluss, dass der DEF-TK für eine klinische Anwendung ungeeignet und der TAKIWA vorzuziehen sei.

Neben den wenigen normierten Verfahren liegen auch einige standardisierte, blinden- und sehbehindertenspezifische Beobachtungsverfahren zur Beurteilung der Tastwahrnehmung vor. An erster Stelle sei hier das Tactual Profile (Visio, 2005; Withagen et al., 2009, 2010) genannt, ein Beobachtungsverfahren zur Erfassung der Tastfertigkeiten von blinden und hochgradig sehbehinderten Kindern und Jugendlichen im Alter von null bis 16 Jahren. Gegebenenfalls vorhandenes Sehvermögen darf und soll während der Bearbeitung genutzt werden. Materialien für sechs Altersgruppen dienen der Beobachtung von Tastfertigkeiten in den Kategorien Tastsensorik, Tastmotorik, Tastwahrnehmung und praktische Fertigkeiten, die sich jeweils in mehrere Unterkategorien (z. B. Tastsensitivität, Manipulation, Detailwahrnehmung, Taststrategie) gliedern. Die Kategorienzuordnung erscheint nicht immer eindeutig. Erfasst wird, ob die Aufgaben vollständig richtig, teilweise richtig oder nicht ausreichend gelöst wurden. Eine Untersuchung mit 48 geburtsblinden Kindern im Alter von null bis zwölf Jahren hat gezeigt, dass viele der Items eine geringe Item-Schwierigkeit aufweisen (> .70), also von mehr als 70 % der Kinder in der entsprechenden Altersgruppe gelöst werden können (Withagen et al., 2010). Diese Items sind somit von eher geringem diagnostischem Wert. Es wird daher empfohlen, zunächst mit einer Kurzversion aus insgesamt 19 Items zu arbeiten, die Item-Schwierigkeiten von ≤ .70 in der vorgesehenen und der nächsthöheren Altersgruppe aufweisen (ebd.). Tactual Profile versteht sich als förderdiagnostisches Verfahren und wird durch eine Sammlung zugehöriger Fördervorschläge ergänzt (Visio, 2013).

Der Marburger Typhlographietest mtt (Reinschmidt & Laufenberg, 2006) bietet standardisierte Beobachtungsmöglichkeiten zur Überprüfung der Tastfähigkeiten und -fertigkeiten von Schülerinnen und Schülern im Alter von zehn bis 18 Jahren. Beobachtet werden Tastgeschicklichkeit und -strategien, Formerkennung und -unterscheidung sowie begriffliche und räumliche Konzepte im Umgang mit drei Typhlographien (Einzelblume, 3 Blumen, Landkarte). Anhand der Blumen-Typhlographien sollen Einzelteile wie Blüte oder Stiel sowie Unterschiede und Ähnlichkeiten zwischen den Blumen erkannt und benannt werden. Für die Erkundung der Landkarte inklusive einer Legende stehen drei Minuten Zeit zur Verfügung. Im Anschluss werden 14 Fragen zur Landkarte gestellt (z. B. Wie viele Städte befinden sich in diesem Land? Wie reise ich von der Großstadt links unten bzw. im Südwesten zur Sternwarte?), wobei die Testperson stets auf Karte und Legende zurückgreifen darf. Die Aufgaben zur Landkarte erscheinen im Vergleich sehr viel schwieriger als die Bearbeitung der anderen Typhlographien. Auch sollte beachtet werden, dass der mtt mit gymnasialen Schülerinnen und Schülern entwickelt wurde und blinde Kinder und Jugendliche anderer Schularten überfordern könnte.

6.4.2 Diagnostik der auditiven Wahrnehmung

Zur Prüfung der auditiven Wahrnehmung im Rahmen einer Abklärung von Lese-Rechtschreib-Schwierigkeiten eignet sich für Vorschulkinder das Bielefelder Screening zur Früherkennung von Lese-Rechtschreibschwierigkeiten BISC (Jansen et al., 2002), für Grundschulkinder die Basiskompetenzen für Lese-Rechtschreibleistungen BAKO 1-4 (Stock et al., 2003) sowie für ältere Schülerinnen und Schüler (Klasse 3-10) der Allgemeine Deutsche Sprachtest ADST (Steinert, 2011). BISC und BAKO 1-4 überprüfen auf unterschiedlichen Entwicklungsniveaus die phonologische Bewusstheit, also die Fähigkeit, die Struktur der gesprochenen Sprache zu analysieren (Reime, Silben, Laute) und mit den sprachlichen Einheiten zu operieren (▶ Kap. 7.1.4). Der ADST enthält neben den Testteilen Schreiben und Sprechen auch einen separat durchführbaren Teil Hören mit sieben Untertests (z. B. hören die Testpersonen im Untertest Phonematik/Hören jeweils vier Wörter, die sich im Anlaut, Inlaut oder

Auslaut unterscheiden und sollen angeben, in welcher Reihenfolge sie gehört wurden).

Bei Grundschulkindern kann im Rahmen einer Abklärung der Ursachen bei Lese-Rechtschreibschwäche auch der Heidelberger Lautdifferenzierungstest H-LAD (Brunner et al., 2005) zur Prüfung der auditiv-kinästhetischen Wahrnehmung verwendet werden. Er ermöglicht eine Beurteilung der auditiven Diskriminationsfähigkeit und ist in der Lage, zuverlässig zwischen Kindern mit auditiver Verarbeitungs- und Wahrnehmungsstörung (AVWS) und Kindern ohne AVWS zu trennen (Nickisch & Kiese-Himmel, 2009).

Grundschulkinder mit Verdacht auf AVWS können mit dem Münchner Auditiven Screeningtest für Verarbeitungs- und Wahrnehmungsstörungen MAUS (Nickisch et al., 2004) untersucht werden. Das Verfahren umfasst die Untertests Sinnlossilben, Wörter im Störgeräusch, Phonemdifferenzierung und Phonemidentifikation. Es dient der Identifikation derjenigen Kinder, die eingehender bezüglich einer AVWS untersucht werden sollten. Hierbei muss vorab das periphere Hörvermögen klinisch geprüft werden.

Das Diagnostische Inventar auditiver Alltagshandlungen DIAS (Eggert & Reichenbach, 2005) ermöglicht durch die Konfrontation mit auditiven Situationen unterschiedlicher Komplexität (z. B. Glocke suchen) eine informelle Überprüfung der Entwicklungsstufe der auditiven Lokalisation bei Kindern im Grundschulalter. Dies kann im Kontext von diagnostischen Fragestellungen zur Orientierung und Mobilität blinder Kinder hilfreich sein.

6.5 Pädagogisch-psychologische Diagnostik

Unter den pädagogisch-psychologischen Untersuchungsbereichen kommt der Diagnostik der Intelligenz und des allgemeinen Entwicklungsstandes im Hinblick auf die Planung und Umsetzung individualisierender Bildungs- und Förderangebote eine zentrale Bedeutung zu. Bei Kindern und Jugendlichen mit Blindheit und Sehbehinderung stellt die Erfassung dieser Untersuchungsbereiche eine besondere Herausforderung dar. Ihr Zugang zu Informationen, ihr Erwerb von Kompetenzen und mentalen Vorstellungen, aber auch ihr Aufbau von Handlungsstrategien unterscheidet sich wesentlich von denjenigen sehender Gleichaltriger. Gleichzeitig erfordert die Erfassung ihrer kognitiven Fähigkeiten und ihres Entwicklungsstandes spezifische Verfahrensweisen, die ihre Wahrnehmungsmöglichkeiten angemessen berücksichtigen.

Die Anwendung gängiger, für sehende Testpersonen konzipierter und normierter Intelligenz- und Entwicklungstests zur Diagnostik von blinden und sehbehinderten Kindern und Jugendlichen ist aus mehreren Gründen problematisch. Zum einen ist eine im Vergleich zu Sehenden langsamere Entwicklung in Bereichen wie beispielsweise der motorischen oder der sozial-kognitiven Entwicklung normal für blinde Kinder (z. B. Brambring, 2005; Brambring & Stahn, 2007; ▶ Kap. 5.1.1). Dies liegt unter anderem daran, dass aufgrund einer Blindheit oder Sehbehinderung visuelle Anreize für die Entwicklung sowie Beobachtungslernen nicht oder nur eingeschränkt zur Verfügung stehen. Auch haben insbesondere blinde Kinder im Vergleich zu sehenden nicht denselben Zugang zu inzidentellen Lerngelegenheiten und Alltagserfahrungen. Angesichts einer divergenten Normalentwicklung können die Normen sehender Kinder für die Diagnostik derjenigen mit Blindheit oder Sehbehinderung nicht genutzt werden.

Darüber hinaus ist zu berücksichtigen, dass gleiche Testaufgaben für sehende und blinde Kinder eine unterschiedliche Schwierigkeit aufweisen und unterschiedliche Kompetenzen erfassen können, was einer Nutzung gängiger Testverfahren ebenfalls entgegensteht. So haben blinde Kinder beispielsweise mit Aufgaben zur Objektklassifikation mehr Schwierigkeiten als gleichaltrige sehende Kinder (Hatwell, 1985), unter anderem auch deshalb, weil durch die haptische im Gegensatz zur visuellen Aufgabenbearbeitung die Gedächtnisleistung miterfasst wird (▶ Kap. 5.1.1).

Nicht zuletzt können visuell basierte Aufgaben in gängigen Verfahren von blinden Testpersonen nicht und von sehbehinderten Testpersonen nur eingeschränkt bearbeitet werden. Bei blinden Testpersonen besteht eine übliche Praxis häufig darin, die Diagnostik auf verbale Testteile zu beschränken. Dies reduziert jedoch das zu erfassende Konstrukt (z. B. Intelligenz) in unzulässiger Weise.

Bei sehbehinderten Testpersonen ist davon auszugehen, dass bei der Bearbeitung visuell basierter Aufgaben aus gängigen Testverfahren, die bei den Testpersonen ein unbeeinträchtigtes Sehen voraussetzen, die verminderte Sehfähigkeit miterfasst wird und somit die Testergebnisse nicht nur das zu erfassende Konstrukt (z. B. Intelligenz) widerspiegeln, sondern auch konstrukt-irrelevante Varianz (Braden, 2003). Das Testergebnis wird somit verfälscht und ist nicht mehr valide. Häufig werden daher visuell basierte Aufgaben sehbehindertengerecht adaptiert, beispielsweise durch Vergrößerung des Testmaterials, durch die Verwendung vergrößernder Sehhilfen oder durch Zeitzugaben (vgl. z. B. Hofmann, 1993; Steer et al., 2007). Das führt jedoch dazu, dass die Normwerte des Testverfahrens nicht mehr ohne Weiteres gültig sind, da sie unter anderen Bedingungen ermittelt wurden. Eine normbezogene Testauswertung kann somit lediglich grobe Näherungswerte für die zu erfassenden Merkmale liefern. Insbesondere bei Speed-Tests, bei denen der zeitliche Aspekt für die Punktevergabe relevant ist, ist eine sehbehindertengerechte Adaption mit nachfolgender normbezogener Auswertung nicht möglich.

Zur adäquaten Erfassung von Intelligenz und Entwicklungsstand blinder und sehbehinderter Kinder und Jugendlicher sind demnach den funktionalen Voraussetzungen angepasste Testmaterialien sowie gruppenspezifische Normierungen erforderlich.

6.5.1 Intelligenzdiagnostik

Bereits zu Beginn des 20. Jahrhunderts, nachdem Binet und Simon im Jahre 1905 den ersten Intelligenztest veröffentlicht hatten, bestand Interesse daran, diesen für den Einsatz bei blinden Kindern zu adaptieren (Hofer, Heyl & Lang, 2019). So hat

Bürklen (1918a–c) die Anwendung der Binet-Simon-Methode zur Intelligenzprüfung bei blinden Kindern in mehreren aufeinanderfolgenden Ausgaben der Zeitschrift für das österreichische Blindenwesen beschrieben. In der Tradition der Binet-Tests wurden zuletzt in den 1980er Jahren die Perkins-Binet Tests of Intelligence for the Blind aufgelegt und psychometrisch geprüft (Gutterman et al., 1985). Die Ergebnisse waren nicht überzeugend, und der Test wird heute nicht mehr vertrieben.

Auch die in der Praxis weit verbreiteten Hamburg Wechsler Intelligenztests HAWIE (für Erwachsene) und HAWIK (für Kinder) und ihre Revisionen wurden für blinde Menschen adaptiert und normiert. So entstanden die Haptic Intelligence Scale for Adult Blind HISAB (Shurrager & Shurrager, 1964), die auf dem Handlungsteil des HAWIE basiert, heute aber ebenfalls nicht mehr vertrieben wird, sowie der Intelligence Test for Visually Impaired Children ITVIC (Dekker, Drenth & Zaal, 1993; deutsche Übersetzung: Nater, 1998). Der ITVIC ist analog zum HAWIK aufgebaut und enthält neben einem Verbalteil mit fünf Untertests einen haptischen Handlungsteil mit sieben Untertests. Die Untertests verteilen sich wiederum auf die vier Faktoren Orientierung, räumliche Fähigkeiten, schlussfolgerndes Denken sowie sprachliches Verständnis. Eine Kurzform des Tests ist verfügbar. Der ITVIC ist bei blinden und hochgradig sehbehinderten Kindern und Jugendlichen, die die Brailleschrift nutzen, im Alter von sechs bis einschließlich 15 Jahren anwendbar. Die Normierung basiert auf Daten einer niederländischen Stichprobe. Die Auswertung erfolgt altersspezifisch, darüber hinaus kann nach dem Sehvermögen (blind vs. hochgradig sehbehindert) differenziert werden. Neben den mittlerweile veralteten Normen ist auch die fehlende Vergleichbarkeit der aus dem niederländischen und dem deutschen HAWIK-R zu importierenden Untertests, insbesondere des Wortschatztests, ein Problem bei der Anwendung des ITVIC bei blinden und hochgradig sehbehinderten Kindern und Jugendlichen aus Deutschland. Die derzeit aktuellste Publikation hinsichtlich einer Adaption des Wechsler Intelligenztests für blinde Kinder stammt aus dem Jahr 2016 (Cassar & Lucchese, 2016). Hierbei handelt es sich jedoch lediglich um eine Materialerprobung bei einem dreizehnjährigen blinden Jungen.

Blindenspezifische Intelligenztestverfahren wurden im Kontext der Beurteilung der beruflichen Befähigung erstellt, so beispielsweise der Cognitive Test for the Blind (CTB), Teil des Comprehensive Vocational Evaluation System for Individuals with Visual Impairment/Blindness (Dial et al., 1990; Nelson et al., 2002). Für blinde und sehbehinderte Kinder wurde der Williams Intelligence Test for Children with Defective Vision (Williams,1956) entwickelt und als Intelligenztest für normalsichtige und sehgeschädigte Kinder und Jugendliche INS in den deutschen Sprachraum übertragen (Horn, 1970). Der INS, der ungeprüft für sich in Anspruch nimmt, weder Personen mit Erblindung noch mit Sehbehinderung noch Normalsichtige bevorzugt zu behandeln, besteht aus 100 schwierigkeitsgestaffelten Aufgaben sowie fünf Zusatzaufgaben für jüngere Kinder. Er ist insgesamt für den Altersbereich von drei bis 16 Jahren vorgesehen. Der INS umfasst mehrere Aufgabenserien wie beispielsweise Wissensfragen beantworten, Zahlen nachsprechen oder Lückentext ergänzen. Eine Auswertung nach unterschiedlichen Intelligenzfaktoren oder Indizes ist nicht möglich, es kann lediglich ein Intelligenzquotient ermittelt werden. Die vorliegenden Normen sind veraltet, deutsche Normen liegen keine vor.

Ebenfalls speziell für blinde Kinder und Jugendliche entwickelt wurde der Blind Learning Aptitude Test BLAT (Newland, 1971), der mit einem sogenannten Lernquotienten die Lernfähigkeit unabhängig von Lerngelegenheiten erfassen will, somit aber auch nur die fluide Intelligenzkomponente abdeckt, nicht jedoch die wissensbezogene kristalline Intelligenzkomponente (zur genaueren Unterscheidung von fluider und kristalliner Intelligenz siehe Horn & Cattell, 1966). Der BLAT ist ein Test für blinde Kinder und Jugendliche im Alter von sechs bis 16 Jahren. Er umfasst insgesamt 49 tastbare Testaufgaben, die sechs verschiedenen Aufgabentypen zugeordnet sind, beispielsweise dem Erkennen eines Unterschieds (»Welche von sechs tastbaren Figuren ist anders als die anderen?«) oder dem Fortsetzen einer Reihe (»Welche aus sechs tastbaren Figuren folgt als nächste in einer Reihe von drei Figuren?«). Bereits in den 1970er Jahren gab es Hinweise, dass die amerikanischen Normwerte nicht ohne Weiteres in Deutschland angewandt werden können, da in einer deutschen Stichprobe in allen Altersgruppen signifikant höhere Mittelwerte erzielt wurden (Krapf, 1975). 2019 müssen die Normen in jedem Fall als veraltet gelten.

Ein spezifischer, aber für die Blinden- und Sehbehindertenpädagogik sehr relevanter Aspekt von Intelligenz wird mit dem Tactile Test of Basic Concepts (TTBC) erfasst, einer tastbaren Adaption des Boehm Test of Basic Concepts (Caton, 1978). Der TTBC prüft mit Hilfe von Relieffiguren das Verständnis räumlich-relationaler Konzepte wie beispielsweise »über«, »neben«, »hinter« und »zwischen« (z. B.: »Schau dir die Linie und die Dreiecke an. Leg deinen Finger auf das Dreieck, das *über* der Linie ist.«). Der TTBC ist aktuell als Boehm-3 Preschool Tactile Edition (Ferrell et al., 2014) bzw. als Boehm-3 Preschool Big Picture Edition (Boehm, 2014) für blinde bzw. sehbehinderte Kinder im Alter von drei bis fünf Jahren erhältlich sowie als Boehm-3 K-2 Tactile Edition bzw. als Boehm-3 K-2 Big Picture Edition für blinde bzw. sehbehinderte Kinder im Alter von fünf bis sechs Jahren. Das Ergebnis wird deskriptiv festgehalten.

Insgesamt lässt sich feststellen, dass im deutschsprachigen Raum bis heute kein normiertes Verfahren zur Erfassung der Intelligenz von blinden und sehbehinderten Kindern und Jugendlichen existiert. Die vorliegenden Normen sind überwiegend aus dem englischsprachigen Raum und veraltet.

6.5.2 Diagnostik des allgemeinen Entwicklungsstands

Zur Überprüfung des allgemeinen Entwicklungsstands blinder und sehbehinderter Kinder im Alter von null bis fünf Jahren finden sich in der englischsprachigen Literatur die Reynell-Zinkin Developmental Scales for Young Visually Handicapped Children (Reynell & Zinkin, 1979). Das Verfahren umfasst verschiedene Skalen zur mentalen Entwicklung, u. a. sensomotorisches Verständnis, Umweltexploration und verbales Verständnis. Die Reynell-Zinkin Skalen bieten keine Normwerte, jedoch orientierende Altersangaben. Vervloed, Hamers, van Mens-Weisz und Timmer-Van de Vosse (2000) haben die Altersangaben mit den Daten einer niederländischen Stichprobe von 82 sehbehinderten Kindern ohne zusätzliche Beeinträchtigung im Alter von null bis 48 Monaten verglichen. Sie konnten zeigen, dass die ursprünglichen Angaben die Entwicklung sehbehinderter Kinder überschätzen. Ein weiteres international gebräuchliches Verfahren zur Entwicklungsbeobachtung stellt das Skills Inventory des Oregon Project for Visually Impaired and Blind Preschool Children (Anderson, 1991) dar. Es umfasst kognitive, sprachliche, soziale, visuelle, kompensatorische, feinmotorische, grobmotorische und Selbsthilfe-Kompetenzen. Die Kompetenzen decken den Altersbereich von null bis sechs Jahren ab und sind in groben Alterskategorien angeordnet, die sich jedoch auf die Normalentwicklung sehender Kinder beziehen. Kompetenzen, die sich bei blinden Kindern signifikant später entwickeln können, sind gesondert gekennzeichnet.

Auch im deutschsprachigen Raum stehen Beobachtungsverfahren zur Beschreibung des Entwicklungsstands blinder Kinder im Kleinkind- und Vorschulalter zur Verfügung. Die Bielefelder Beobachtungsbögen zur Frühförderung blinder Klein- und Vorschulkinder (Brambring, 1999) sind ein blindenspezifisches förderdiagnostisches Verfahren zur differenzierten Entwicklungsbeobachtung von Kindern im Alter von null bis 72 Monaten in den Bereichen Haltungs- und Gleichgewichtsmotorik, selbstinitiierte Bewegungen, Orientierung und Mobilität, manuelle Fertigkeiten, lebenspraktische Fertigkeiten, kognitive Entwicklung, Sprachentwicklung und sozial-emotionale Entwicklung. Die Entwicklungsaufgaben eines Bereichs sind nach Lernzielen angeordnet, d. h. in aufeinander aufbauenden Teilschritten von der einfachsten Ausprägung einer Fertigkeit bis hin zum vollständigen Fertigkeitserwerb. Die Altersangaben beruhen auf einer Längsschnittuntersuchung von zehn blinden Kindern, wobei vier der Kinder keine zusätzliche Beeinträchtigung hatten und somit die Normalentwicklung blinder Kinder repräsentieren. Die Angaben dienen der Orientierung, wann bei blinden Kindern mit dem Auftreten der jeweiligen Fertigkeit bzw. mit dem nächsten Teilschritt zu rechnen ist.

Eine Beurteilung des Entwicklungsniveaus mehrfachbehinderter Kinder mit und ohne Sehbeeinträchtigung im Entwicklungsalter von null bis 48 Monaten kann ferner mit dem Beobachtungsbogen für mehrfachbehinderte Kinder (Nielsen, 2002) vorgenommen werden. Er umfasst die Entwicklungsbereiche Grobmotorik, Feinmotorik, Mundmotorik, visuelle Wahrnehmung, auditive Wahrnehmung, haptisch-taktile Wahrnehmung, olfaktorisch-gustatorische Wahrnehmung, räumliche Wahrnehmung, Objektwahrnehmung, Sprache, soziale Kompetenz, emotionale Kompetenz, Spielverhalten, Sauberkeitserziehung, An- und Ausziehen, Hygiene und Essfertigkeiten. Die genaue Herkunft der angegebenen Altersvergleichswerte lässt sich dem Manual leider nicht entnehmen, sie orientieren sich jedoch offensichtlich an der Normalentwicklung sehender Kinder. Zusammen mit dem umfangreichen FIELA-Förderplan zum Aktiven Lernen von sehgeschädigten und mehrfachbehinderten Kindern (Nielsen, 2000; ▶ Kap. 7.3.1) ermöglicht das Verfahren die Erstellung eines individuellen Förderplans.

Das Paderborner Entwicklungsraster für Schwerst-Mehrfachbehinderte mit Sehschädigung PERM (Faber & Rosen, 1997) dient der Entwicklungsdiagnostik von Kindern und Jugendlichen, die aufgrund einer komplexen Beeinträchtigung das vergleichbare Entwicklungsniveau eines einjährigen Säuglings nicht überschreiten. Es ermöglicht die differenzierte Einschätzung individueller Kompetenzen in neun Entwicklungsbereichen (Grobmotorik, Feinmotorik, Nahrungsaufnahme, passive Kommunikation, aktive Kommunikation, visuelle Wahrnehmung, auditive Wahrnehmung, Kognition und Sozialverhalten), die im Laufe der Normalentwicklung in den ersten zwölf Lebensmonaten erworben werden, sowie die Planung einer bedürfnisgerechten Förderung. Mit Ausnahme der Items im Beobachtungsbereich visuelle Wahrnehmung setzen die Beobachtungsitems keine Sehfähigkeit voraus.

Insgesamt lässt sich auch für den Bereich der Entwicklungsdiagnostik festhalten, dass normierte und psychometrisch geprüfte Verfahren zur Erfassung des allgemeinen Entwicklungsstands blinder und sehbehinderter Klein- und Vorschulkinder fehlen. Darüber hinaus existieren keinerlei Verfahren zur Entwicklungsbeurteilung blinder und sehbehinderter Kinder im Schulalter sowie blinder und sehbehinderter Jugendlicher.

Angesichts der großen Heterogenität der Gruppe der blinden und sehbehinderten Menschen bei gleichzeitig geringer Populationsgröße mag das Fehlen psychometrischer Verfahren nicht verwundern (vgl. Brambring, 1989), für eine zuverlässige Erfassung von Intelligenz und Entwicklungsstand sind sie dennoch unerlässlich. Die Intelligenz- und Entwicklungsskalen für Kinder und Jugendliche (IDS-2, Grob & Hagmann-von Arx, 2018) sind als Nachfolger der Intelligenz- und Entwicklungsskalen für Kinder von 5–10 Jahren (IDS, Grob, Meyer & Hagmann-von Arx, 2009) ein Verfahren, das eine normierte Erfassung sowohl der kognitiven Funktionen als auch der allgemeinen Entwicklungsfunktionen von Kindern und Jugendlichen ohne Sehbeeinträchtigung erlaubt. Die IDS-2 ermöglichen Aussagen zu den Funktionsbereichen Intelligenz, exekutive Funktionen, Psychomotorik, sozial-emotionale Kompetenz, schulische Kompetenzen und Arbeitshaltung. Die Altersspanne ist in den IDS-2 gegenüber den IDS erweitert auf 5;0 bis 20;11 Jahre. Aufgrund ihres umfassenden multidimensionalen Konzepts eignen sich die IDS-2 als Basis für eine blinden- und sehbehindertengerechte Anpassung und Weiterentwicklung der Testmaterialien, die derzeit vorgenommen wird (Hofer et al., 2019).

7 Blinden- und sehbehindertenspezifische Förderkonzepte

Bereits in den Anfängen der institutionalisierten Blindenpädagogik gegen Ende des 18. und zu Beginn des 19. Jahrhunderts und seit der Etablierung der Sehbehindertenpädagogik im Laufe des 20. Jahrhunderts (▶ Kap. 2) wurden in der Schulpraxis spezifische Förderbereiche identifiziert, die zu besonderen pädagogischen Maßnahmen führten. Die psychologische und medizinische Grundlegung dieser Maßnahmen sowie deren sonderpädagogische Weiterentwicklung führten schließlich im 20. und 21. Jahrhundert zu fundierten blinden- und sehbehindertenspezifischen Förderkonzepten. Die aktuellen Schwerpunkte dieser Konzepte (Wahrnehmungsförderung, Bewegungsförderung, Begriffsbildung, Förderung sozialer Kompetenz etc.) lassen sich entwicklungs-, wahrnehmungs- und sozialpsychologisch ableiten (▶ Kap. 5) und nehmen Bezug zur Medizin und Neuropsychologie. Ihre Implementierung innerhalb der Blinden- und Sehbehindertenpädagogik zeigt sich in konkreten inhaltlichen Vorgaben und Bestimmungen, die Eingang in Bildungspläne (z. B. Ministerium für Kultus- Jugend und Sport Baden-Württemberg, 2011) und amtliche Empfehlungen zum Förderschwerpunkt Sehen (vgl. Drave et al., 2000) bzw. in das Spezifische Curriculum (Degenhardt et al., 2016; Allman & Lewis, 2014) gefunden haben.

7.1 Wahrnehmungsförderung

7.1.1 Grundlagen der Wahrnehmungsförderung

Wahrnehmung steuert und koordiniert die Lokomotion, schafft einen Orientierungsrahmen, bildet die Grundlage der Informationsaufnahme und der Erkenntnisgewinnung (Begriffsbildung), bestimmt Kommunikations- und Interaktionsprozesse, stellt die Voraussetzung für Alltagsverrichtungen dar, ermöglicht Zugänge zu Ästhetik und Kultur etc. Wahrnehmung ist somit eine wesentliche Grundlage für Entwicklung und Lernen (Smith, 2014, 118 f.).

Die verschiedenen Wahrnehmungssysteme (basales Orientierungssystem: propriozeptive, vestibuläre Wahrnehmung etc.; auditives, visuelles, haptisches Wahrnehmungssystem, Geruchs- und Geschmackssystem) arbeiten eng zusammen (vgl. Gibson, 1982, 72 ff.). Fällt die visuelle Wahrnehmungsmöglichkeit teilweise oder vollständig aus, muss dieser Ausfall u. a. mittels der verbliebenen Wahrnehmungsmodalitäten kompensiert werden. Der gezielten Wahrnehmungsförderung kommt hier eine entscheidende Rolle zu.

Die Verarbeitung sensorischer Informationen hängt grundsätzlich eng mit der zerebralen neuronalen Vernetzung zusammen. Bedeutsam für Lerneffekte ist, dass von einer Plastizität neuronaler Strukturen ausgegangen werden kann. Untersuchungen mit blinden Menschen legen nahe, dass deren verstärktes Angewiesensein auf die auditive und haptische Wahrnehmung und die starke Nutzung dieser Systeme die neuronale Vernetzung entsprechender Kortexareale steigert bzw. Kortexareale aktiviert, die sehende Personen für die visuelle Wahrnehmung nutzen (Thaler & Goodale, 2016; Röder, 2012; Catteneo & Vecchi, 2011).

Fundierte Kenntnisse über Wahrnehmungsprozesse und Wahrnehmungsverarbeitung stellen den Ausgangspunkt für Maßnahmen der Wahrnehmungsförderung dar. Folgender Wahrnehmungsbegriff ist hierbei relevant:

> »Wahrnehmung umfasst die aktive Suche, die Verarbeitung (z. B. Deutung, Kategorisierung) und Speicherung von Umweltinformationen, die über spezifische Erkundungstätigkeiten miteinander verknüpfter Wahrnehmungssysteme aus einer komplexen Reizsituation herausgelöst werden können« (Lang, 2017 b, 240).

> »Wahrnehmung ist also nicht primär die Aufnahme von informativen Reizen, sondern vielmehr erst deren sinnstiftende Verarbeitung. Wahrnehmung ist somit auch kein passives ›Auf-sich-einwirken-Lassen‹ von Reizen, sondern ein aktiver Prozess von Informationssuche, Informationsaufnahme und Informationsverarbeitung« (Fröhlich, 2015, 53).

Diese Sichtweisen verstehen Wahrnehmung als einen sinn- bzw. hypothesengeleiteten Suchprozess nach Informationen, der Aktivität und Erkundungstätigkeiten (z. B. Tastbewegungen) erfordert und funktionierende Wahrnehmungssysteme (z. B. intakte Reizaufnahme und -weiterleitung optischer, akustischer oder taktiler Reize) voraussetzt (Lang, 2017 b, 240 f.). Hinsichtlich einer Wahrnehmungsförderung ist bedeutsam, dass Wahrnehmung vom individuellen Motivations- und Konzentrationsniveau abhängt und hinsichtlich der Informationsverarbeitung und -speicherung auf bereits vorhandenen Erfahrungen aufbaut. Da in konkreten Wahrnehmungssituationen in der Regel verschiedene Wahrnehmungssysteme zusammenarbeiten, sollte auch die Förderung multimodal aufgebaut sein. Trotzdem ergeben sich Notwendigkeiten zu Schwerpunktsetzungen wie beispielsweise bei Menschen mit hochgradigen Sehbehinderungen. Hier fokussiert die Wahrnehmungsförderung insbesondere auf visuell-haptisch-auditive Wahrnehmungsangebote, um eine möglichst umfassende und sich gegenseitig ergänzende Informationsaufnahme zu ermöglichen.

Wahrnehmungsförderung kann grundsätzlich unterschiedliche Ansatzpunkte präferieren:

1. Optimierung der Erkundungstätigkeiten: z. B. Erlernen effektiver und beidhändiger Taststrategien, Einführung visueller Suchstrategien bei der Nutzung eines Monokulars
2. Verbesserung des Informationszugangs: z. B. Ausstattung mit geeigneten Hilfsmitteln (optische Vergrößerungshilfen, Hörhilfen etc.), Hervorheben der relevanten Information (durch Ausleuchten des Arbeitsbereichs, durch Aufmerksam-Ma-

chen auf bedeutsame Merkmale etc.), angepasste Positionierung (Vermeidung von Blendung, Ausrichtung des Körpers auf den Wahrnehmungsgegenstand, stabile und ergonomische Körperhaltung etc.), multisensorische Informationsangebote
3. Steigerung des Motivations- und Konzentrationsniveaus: z. B. Minimierung von Störung und Ablenkung, Einbezug in sinnvolle Alltags- und Spielkontexte, Berücksichtigung individueller Interessen und Vorlieben
4. Hilfen zur Informationsspeicherung: z. B. präzise sprachliche Begleitung, gezieltes Aufgreifen von Vorerfahrungen, wiederholtes Wahrnehmungsangebot.

Wahrnehmungsförderung – auch in ihren ganz basalen Ausprägungsformen – lässt sich nicht reduzieren auf eine einseitige sensorische Stimulation, sondern vollzieht sich eingebettet in ein interaktives und kommunikatives Geschehen, das vielfältige Möglichkeiten zur Aktion und Reaktion beinhaltet (vgl. Fröhlich, 2015, 224 f.).

Angebote zur Wahrnehmungsförderung sollten folgende Kriterien erfüllen (vgl. Hudelmayer et al., 1985, 163 ff.; Lang, 2017 b, 241 f.):

- Individuelle Planung und Durchführung sowie Orientierung am gesamten Entwicklungsstand des Kindes bzw. des Jugendlichen
- Zielgerichte Durchführung unter Zuhilfenahme spezifischer Medien und Methoden
- Schaffung einer vertrauensvollen personalen Beziehung, um Wahrnehmungsbereitschaft zu fördern und hemmende Faktoren (z. B. Ängste) zu minimieren
- Wecken von Neugierverhalten und Interesse sowie Förderung von Motivation und Konzentration durch Handlungsorientierung und Einbettung in subjektiv bedeutsame Lern- und Spielsituationen
- Berücksichtigung der Multimodalität von Wahrnehmung
- Vielfältige und variantenreiche Erkundungstätigkeiten initiieren bzw. gezielt einführen
- Verknüpfung neuer Wahrnehmungserfahrungen mit bereits bestehenden kognitiven Konzepten.

7.1.2 Visuelle Wahrnehmungsförderung

Die visuelle Wahrnehmungsförderung ist eines der konstituierenden Merkmale sehbehindertenpädagogischen Handelns in der Frühförderung und in schulischen Kontexten. Für die Fortbewegung, für die Orientierung, für die Bewältigung von Alltagsverrichtungen sowie für die Aufnahme und Steuerung von Interaktionsprozessen oder für den Zugang zu Objektmerkmalen und Umweltinformationen (inkl. Schriftinformationen) können selbst geringe Sehfähigkeiten eine wesentliche Hilfe und Erleichterung darstellen. Ein optimales Ausnutzen vorhandener visueller Wahrnehmungsfähigkeiten zählt somit zu den zentralen Zielstellungen der Sehbehindertenpädagogik.

Für Menschen mit hochgradiger Sehbehinderung, die in Abhängigkeit der jeweiligen Aufgabenstellungen sowohl auf blinden- als auch auf sehbehindertenspezifische Strategien zurückgreifen, können die visuellen Wahrnehmungsmöglichkeiten einen grundlegenden Orientierungs- und Bezugsrahmen herstellen, wodurch die haptische oder auditive Informationsaufnahme wirksam unterstützt wird.

Die visuelle Wahrnehmungsförderung stellt einen Teilbereich des Handlungsfelds »Low Vision« dar. Low Vision umfasst die Diagnostik des funktionalen Sehvermögens, die gezielte Unterstützung und Förderung des Sehens durch den Einsatz spezifischer Programme, Materialien und Hilfsmittel sowie die Beratung hinsichtlich der Raumgestaltung und der Ausstattung eines beruflichen oder schulischen Arbeitsplatzes (vgl. Laemers, 2004). Diese Aufzählung der Low Vision-Bereiche verdeutlicht, dass Interventionen zur Förderung des Sehens zwingend auf einer umfassenden Sehdiagnostik (▶ Kap. 6.2 und ▶ Kap. 6.3) aufbauen.

Die Komplexität und die sich daraus ergebenden Ansatzpunkte und Inhaltsbereiche einer Förderung des funktionalen Sehens können an einem bereits in den 1980er Jahren entwickelten Faktorenmodell von A.L. Corn (Corn & Lusk, 2010, 14) veranschaulicht werden. Corn unterscheidet folgende Dimensionen, die jeweils beispielhaft konkretisiert sind:

- Visuelle Fähigkeiten:
  - Sehfunktionen wie Sehschärfe, Gesichtsfeld, Beweglichkeit der Augen, Licht- und Farbwahrnehmung
  - Hirnfunktionen
- Individuelle Voraussetzungen
  - Kognition
  - Sensorische Entwicklung und sensorische Integration
  - Wahrnehmungsfähigkeiten
  - Psychische Konstitution
  - Physische Konstitution
- Visuelle Außenreize
  - Farbe
  - Kontrast
  - Zeit (z. B. Dauer der Darbietung)
  - Raum
  - Beleuchtung.

Methodische Umsetzungen bzw. Programme zur Sehförderung müssen vor dem Hintergrund der formulierten Kriterien für Angebote der Wahrnehmungsförderung (s. o.) kritisch geprüft werden. Einseitige »Inputprogramme« einer visuellen Stimulation, die oftmals zu isolierten, unspezifischen und mechanistischen Übungsfolgen führten, in denen Kinder und Jugendliche passiv und ohne Interaktionsangebot optischen Reizen ausgesetzt waren (z. B. durch Abspielen von Diafolgen oder Platzierung von Leuchtmaterial im Sehfeld), genügen den Anforderungen einer sinnvollen und erfolgversprechenden Förderung nicht (vgl. Henriksen & Laemers, 2016, 193 ff.). Die Problematik der skizzierten Vorgehensweisen liegt maßgeblich in der Künstlichkeit der Fördersituation und der darin enthaltenen Passivität, die eine Aneignung oder Verbesserung von Sehfunktionen und deren Übertragung in den »Sehalltag« der Kinder und Jugendlichen massiv erschweren. Die aufgeführten Kritikpunkte bedeuten jedoch nicht, dass grundsätzlich auf alltagsferne Sondersituationen der visuellen Wahrnehmungsförderung verzichtet werden soll bzw. verzichtet werden kann. Speziell visuelle Grundfertigkeiten lassen sich nicht immer in Alltagssituationen initiieren. Zeschitz (2006, 104) bringt dies überaus deutlich auf den Punkt:

> »… Sondersituationen sind legitim und notwendig, wo es darum geht, die Etablierung von visuellen Grundfertigkeiten wie Fixieren, Folgebewegungen, Abtastbewegungen usw. zu fördern bzw. immer dort, wo im Alltag verfügbare Stimuli nicht ausreichen, Sehtätigkeit zu provozieren. Hier verdunkeln wir, hier haben … Dias, Lichtkiste … ihre Berechtigung als notwendige Hilfsmittel und Katalysatoren.«

Aber auch in diesem Argumentationsrahmen müssen Fördersituationen eingebettet sein in sinnvolle, kommunikative und die Eigenaktivität der Kinder und Jugendlichen provozierende Handlungen und Spielkontexte. Der Übertrag in den Alltag kann z. B. dadurch gelingen, dass bei der Raumgestaltung, bei der Adaption von Spielmaterial oder in Essensituationen (z. B. Auswahl von Tischsets, Farbe und Muster auf Trinkgefäßen) diejenigen Muster, Farbkontraste etc. aufgegriffen werden, die in Sondersituationen Sehreaktionen auslösen konnten.

Zusammenfassend lässt sich festhalten, dass sich Seherziehung »… auf das Bereitstellen attraktiver und gut strukturierter Sehumwelten (Beleuchtung, Kontrast, Bedeutungshaftigkeit, Sehhilfen etc.) ebenso wie auf eine die Eigenaktivität unterstützende Nutzung des Sehvermögens …« bezieht (Walthes, 2000, 212).

Visuelle Wahrnehmungsförderung zielt darauf ab, spezifische Hilfestellungen für die Ausbildung und Verbesserung von Sehfunktionen und komplexen visuellen Wahrnehmungsleistungen zu geben. Zu den grundlegenden Sehfunktionen zählen beispielsweise die visuelle Aufmerksamkeit, die Fixation, das Kontrastsehen, der Blickrichtungswechsel (Sakkaden) oder das Verfolgen bewegter Objekte (vgl. Henriksen & Laemers 2016, 108 ff.; Zeschitz, 2002; Verband für Blinden- und Sehbehindertenpädagogik, 2011/2016). Komplexe visuelle Wahrnehmungsleistungen bauen auf diesen Sehfunktionen auf und umfassen zum Beispiel Aufgaben zur Form-, Objekt- und Gesichtserkennung sowie explizit ab dem Schulalter Leseaufgaben (Zihl et al., 2012, 10). Hilfreich für das Umschreiben komplexer visueller Wahrnehmungsleistungen ist die von Hyvärinen und Jacob (2011) vorgenommene Fokussierung auf Anforderungsbereiche des Sehens. Hierbei wird unterschieden nach Sehaufgaben in der Kommunikation und Interaktion, Sehaufgaben in alltagsbezogenen Aktivitäten, Sehaufgaben für die Orientierung und Bewegung sowie Sehaufgaben in der Nähe (z. B. Lesen und Schreiben).

Bei der visuellen Wahrnehmungsförderung geht es auch um das Anbahnen effektiver Wahrnehmungsstrategien. Die Bedeutung von Strategien und Techniken lässt sich am Beispiel der Nutzung des Monokulars verdeutlichen (Henriksen & Laemers 2016, 240): Die Strategie des Scannings ermöglicht das systematische visuelle Abtasten eines Wahrnehmungsbereichs (oft links beginnend in einem Zickzackmuster von oben nach unten); mit Tracking-Strategien lassen sich bewegte Objekte verfolgen; mit der Tracing-Technik können systematisch Linien verfolgt werden.

Materialien zur visuellen Wahrnehmungsförderung müssen den individuellen Möglichkeiten und Bedarfen des sehbehinderten Kindes entsprechen. Zur Auswahl stehen verschiedenste Materialien, die sich grob folgenden Gruppen zuordnen lassen:

- Alltagsmaterialien
- Spielsachen
- Lichtpulte mit Spielmaterial
- Computerprogramme und Tablet-Apps
- Bildmaterial
- Kinderbücher.

Beim Medieneinsatz ist prinzipiell darauf zu achten, dass die ausgewählten Gegenstände oder Bilder visuell attraktiv (Farb- und Formpräferenzen des Kindes, hoher Kontrast zum Hintergrund etc.) und visuell gut zugänglich sind (ausreichende Größe bzw. Einsatz vergrößernder Hilfsmittel, stabile Sitzposition bzw. Lagerung etc.). Alltagsmaterialien und Spielsachen lassen sich oftmals in basale Förderkonzeptionen integrieren (z. B. Konzept des Aktiven Lernens nach Nielsen, ▶ Kap. 7.3.1) oder in Verbindung mit spezifischen Fördermaterialien (z. B. Lichtpulte) einsetzen.

Lichtpulte oder Lichtboxen sind von unten gleichmäßig beleuchtete Flächen, deren Lichtintensität (teilweise auch Lichtfarbe) individuell eingestellt werden kann (▶ Abb. 17). Auf diese helle Arbeitsfläche können Schablonen, Folien, Umrisse oder auch Gegenstände aus durchscheinenden Materialien aufgelegt werden, sodass eine kontrastoptimierte und attraktive Seh- und Lernumgebung entstehen kann.

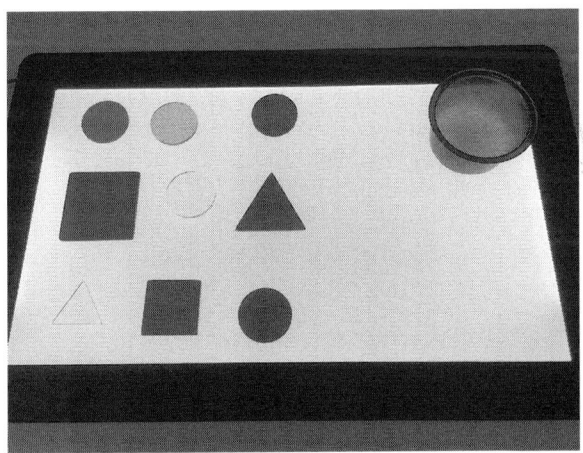

Abb. 17: Lichtpult mit Spielmaterial

Lichtpulte können einerseits visuelle Aufmerksamkeit erzeugen und andererseits visuomotorische Funktionen (z. B. Auge-Hand-Koordination) fördern, da in der Regel eine Verknüpfung mit motorischen Handlungen erfolgt. Je nach Zusatzmaterial können darüber hinaus beispielsweise über Puzzle-, Zuordnungs- oder auch Schreib- und Malaufgaben Funktionen wie die Form- und Objekterkennung, visuelles Vergleichen oder Farbwahrnehmung thematisiert werden. Das American Printing House for the Blind (www.aph.org) gibt mittels verschiedener Materialpakete unterschiedlicher Schwierigkeitsstufen einen Überblick über die Breite dieser Möglichkeiten. Eine Besonderheit der Lichtpulte ist, dass hier mit konkretem Material hantiert werden kann, sodass z. B. Formmerkmale haptisch und visuell erfasst werden können. Förderangebote mittels Computer oder Tablet können diesen multisensorischen Lernweg in dieser Form nicht anbieten, woraus sich Rückschlüsse über die Reihenfolge des Medieneinsatzes ziehen lassen (vgl. Campana & Ouimet, 2015). Demnach kann es äußerst sinnvoll sein, Sehfunktionen zunächst an einer Lichtbox einzuführen, bevor Übungen am Computer oder am Tablet durchgeführt werden.

Computer und Tablet bieten vielfältige Möglichkeiten, Bildmaterial kontrastreich und interaktiv anzubieten. Mittels Tastensteuerung oder Touchscreen können beispielsweise Präsentationsdauer und Animationen (z. B. sich bewegende Objekte) gesteuert oder komplexe Zuordnungs- oder Identifikationsspiele durchgeführt werden. Mit Hilfe gängiger Präsentationssoftware (z. B. PowerPoint) lassen sich Bilder und Fotos aus der Lebenswelt und aus den Interessensbereichen der Kinder und Jugendlichen in die Fördersituation integrieren und zu Geschichten zusammenfügen. Neben selbst erstellten Präsentationen existieren auch spezielle Programme und Apps zur visuellen Wahrnehmungsförderung, die sowohl Bildmaterial, Übungssequenzen und Spielvariationen enthalten. Die Beurteilung entsprechender Angebote sollte dahingehend erfolgen, inwieweit sich die Übungen individualisieren lassen und eigene Handlungsmöglichkeiten beinhalten. Auch die Qualität der Bilder und auslösbaren Effekte (Kontrastierung, Farbwahl, Geschwindigkeit etc.) sollten sorgfältig geprüft werden, um sinnvolle Übungen zu identifizieren.

Visuelle Wahrnehmungsförderung kann auch über Kinderbücher erfolgen, wenn diese hinsichtlich der Art und Qualität der Abbildungen geeignet erscheinen und die Kinder über die zum Betrachten notwendigen Hilfsmittel (z. B. Lupenbrille, Bildschirmlesegerät) verfügen. Auf dem Lehrmittelmarkt erhältlich sind vereinzelt Bilderbücher, die speziell für sehbehinderte Kinder konzipiert wurden und dementsprechend z. B. über kontrastverstärkende Linien als Umrandungen verfügen und eine Komplexitätsreduktion des Bildmaterials aufweisen.

7.1.3 Haptische Wahrnehmungsförderung

Während bei den Systemen des Sehens und Hörens klar zwischen der Bezeichnung des aufgenommenen Reizes (optische bzw. akustische Reize) und der Bezeichnung des Wahrnehmungssystems (visuelle bzw. auditive Wahrnehmung) unterschieden werden kann, erscheint eine analoge Differenzierung im Bereich des Tastens weniger eindeutig. Der Gebrauch der Begriffe »taktil« und »haptisch« erfolgt meist uneinheitlich und oftmals unsystematisch (vgl. Grunwald, 2001). Sinnvoll erscheint die Verwendung von »taktil« als Bezeichnung für Reize in Analogie zu »optisch« und akustisch«. Taktile Reize wären demnach Reize, auf die die Mechanorezeptoren der Haut auch bei passivem Berührt-Werden ansprechen. Demgegenüber sollte das Wahrnehmungssystem des Tastens und Ertastens einheitlich als »haptisches System«

bezeichnet werden (Gibson, 1982, 75, 131 ff.), da hier mehrere Subsysteme in komplexer Weise zusammenspielen:

- Rezeptorsysteme der Haut (Rezeptoren, die auf mechanische, thermische, chemische und elektrische Reize ansprechen),
- kinästhetische und propriozeptive Wahrnehmung über Rezeptorsysteme der Muskeln und Gelenke
- und deren gemeinsame zentrale Verarbeitung.

Hierdurch unterscheidet sich die haptische Wahrnehmung grundsätzlich vom passiven Berührt-Werden. Der Begriff »Haptik« ist somit eng verbunden mit aktiven Erkundungstätigkeiten durch Tasten (Goldstein, 2015, 342 f.; Streri, 2003), wodurch wiederum der enge Zusammenhang zwischen Wahrnehmung und Bewegung deutlich wird. Haptik ist im wahrsten Sinne des Wortes »Senso-Motorik«. Nur durch aktive Explorationsbewegungen können Objekte identifiziert und Objekteigenschaften wie Oberflächenstruktur, Form, Dimension oder Konsistenz erkannt werden. Haptische Wahrnehmungsleistungen hängen somit eng mit motorischen Entwicklungsprozessen zusammen. Gerade in diesem Bereich existiert für blinde Kinder häufig ein deutlicher Förderbedarf (▶ Kap. 5.1.1). Eine Förderung der haptischen Wahrnehmung enthält zwingend die Vermittlung vielfältiger und effektiver Taststrategien. Grundsätzlich erfordert eine möglichst umfassende Informationsaufnahme durch Tasten ein

- beidhändiges Tasten und ein
- systematisches Vorgehen (beidhändiges flächiges »Überblickstasten« vor einer Detailanalyse mit differenzierten Tastbewegungen der Fingerkuppen).

Sollen Texturen oder Formen miteinander verglichen werden, besteht die effektivste Strategie aus einem beidhändigen, parallelen Vergleichen der Objekte, wobei jede Hand zeitgleich eine Form oder Textur ertastet. Auf diese Weise kann ein unmittelbares, das Gedächtnis weniger belastendes Vergleichen stattfinden.

Bezüglich der Formwahrnehmung spielen »räumliche Ankerpunkte« eine entscheidende Rolle. Blinde Kinder stützen ihre räumliche Analyse anfänglich in der Regel auf den Bezug zum eigenen Körper und erst später auf externale Referenzpunkte (Millar, 2000; 1994, 96 ff.). Eine klare, frontale Ausrichtung des eigenen Körpers zum Tastobjekt kann somit die räumliche Orientierung während des Tastvorgangs wesentlich erleichtern. Bei der Bewältigung von Tastaufgaben muss somit immer auch die Positionierung und Körperhaltung der tastenden Person Berücksichtigung finden bzw. es muss auf eine stabile und räumlich eindeutige Ausrichtung geachtet werden. Die eigentlichen Tastbewegungen, die zur Formwahrnehmung notwendig sind und die es dementsprechend anzubahnen gilt, beschreibt Gibson (1982, 161 f.) folgendermaßen:

- Ertasten mit möglichst vielen Fingern
- Anpassung der Finger an Vertiefungen der Oberfläche
- erkundende und abwechslungsreiche Bewegungsfolgen
- Verfolgen von Rundungen mit einzelnen Fingern

- Streichen über die Oberfläche
- Daumenopposition zu verschiedenen Fingern.

Um Konsistenzmerkmale (Starrheit, Elastizität, Weichheit etc.) zu erfassen, müssen Objekte gedrückt, gequetscht, gezogen oder gestoßen werden (Gibson, 1982, 165; Lederman & Klatzky, 1987; Smith, 2014, 127).

Während sich bei der Texturwahrnehmung Taststrategien auf Streichbewegungen der Hände bzw. der Fingerkuppen mit geringem Auflagedruck über eine Oberfläche beschränken, sind für die Wahrnehmung von Größe oder Länge umfänglichere Explorationshandlungen notwendig (vgl. Lederman & Klatzky 1987; Gibson, 1982, 155 f.; Smith, 2014, 217):

- Umfassen kleinerer Gegenstände mit beiden Händen
- Objekt zwischen Daumen und Zeigefinger klemmen bzw. Anfang und Ende des Objekts mit beiden Händen markieren (der Abstand zwischen Daumen und Zeigefinger bzw. zwischen den Händen und Armen gibt Auskunft über das Ausmaß des Objekts)
- Abmessen mit der Handspanne
- Größenvergleich kleinerer Objekte: Objekte nebeneinanderlegen oder -stellen und Vergleich der Endpunkte.

Die verschiedenen Taststrategien entwickeln sich nicht automatisch in der Interaktion mit der dinglichen Umgebung, sondern müssen in der Regel explizit in Fördersituationen eingeführt und eingeübt werden. Ein offensichtliches und eindrückliches Beispiel für diesen Sachverhalt stellt das Erlernen der Brailleschrift dar. Das Lesen der Brailleschrift ist nur durch eine intensive Schulung haptischer Wahrnehmungsleistungen möglich, wobei die haptische Differenzierungsfähigkeit für die Unterscheidung kleinster taktiler Musterunterschiede ebenso im Mittelpunkt steht wie das Erlernen spezifischer, beidhändiger Lesebewegungen (Lang, 2013; 2011 a; 2003).

Die Tastwahrnehmung bleibt trotz ihrer grundsätzlich hohen Leistungsfähigkeit für die Informationsaufnahme mit spezifischen Grenzen und Besonderheiten verbunden (Lang, 2017 b, 255):

- Tasten ist im Vergleich zum Sehen deutlich anstrengender und erfordert wesentlich mehr Zeit.
- Manche Objekte (z. B. sehr kleine, sehr große, bewegte) sind kaum ertastbar.
- Tasten hat einen stärker sukzessiven Charakter als Sehen. Hierdurch ist das Erkennen von Zusammenhängen und Relationen erschwert.
- Einige Objektmerkmale sind haptisch nicht direkt zugänglich (Farben etc.).
- Aufgrund des direkten Hautkontakts spielen emotionale Komponenten beim Tasten eine große Rolle, sodass Ängste und Tasthemmungen das Explorationsverhalten stark einschränken können. Diese Mechanismen können durch soziale Tabus und Restriktionen noch verstärkt werden.

Wie bei jeder Art der Förderung muss auch der haptischen Wahrnehmungsförderung eine Diagnostik vorangehen. Ein entsprechendes Inventar zur haptischen

Wahrnehmung liegt mit dem »Tactual Profile« (▶ 6.4.1) vor. Dieses Instrumentarium ermöglicht ein strukturiertes und systematisches Beobachten des Tastverhaltens. Darüber hinaus existiert eine unmittelbar auf das »Tactual Profile« aufbauende Übungssammlung, die umfängliche Beispiele auf unterschiedlichen Kompetenzniveaus sowohl zu motorischen als auch zu sensorischen Komponenten der Tastwahrnehmung enthält (Withagen et al., 2009).

Für Menschen mit mehrfachen Beeinträchtigungen kommt noch eine weitere Dimension der haptischen Wahrnehmung hinzu, die die Bedeutsamkeit einer diesbezüglichen Förderung zusätzlich unterstreicht: über die Haptik kann ein basaler Zugang zur Kommunikation mit der sozialen und dinglichen Umwelt ermöglicht werden. Entsprechende Förderkonzepte (▶ Kap. 7.3) stellen diesen Aspekt in den Mittelpunkt ihres Vorgehens.

Unter methodischen Aspekten stellt sich die Frage, inwieweit die Führung der Hände der tastenden Person hilfreich für deren Informationsaufnahme sein kann. Grundsätzlich gilt, dass die eigenständige Exploration im Vordergrund stehen sollte. Um das Tastverhalten zu steuern und die Aufmerksamkeit auf wesentliche Merkmale zu lenken, bietet sich eine verbale Begleitung des Tastvorgangs an. Hierbei können konkrete Suchaufgaben, die ein beidhändiges Vorgehen erforderlich machen, hilfreich sein (z. B. »Wie groß ist das Modell? Gehe mit der einen Hand an den Anfang und mit der anderen ans Ende des Modells.«). In Ausnahmefällen, z. B. um Details zu zeigen oder um eine Tasthandlung oder Taststrategie vorzuführen, kann eine Handführung sinnvoll sein. Hinsichtlich der Technik der Handführung können Anleihen aus dem Konzept der »Problemlösenden Alltagsgeschehnisse« nach Affolter (2007) vorgenommen werden, da hier den »geführten Bewegungen« eine zentrale Bedeutung zukommt. Insgesamt sollten bei der Anwendung von Handführung folgende Aspekte beachtet werden:

- Jede Berührung und somit auch jede Handführung muss zwingend vorab verbal angekündigt werden.
- Günstig ist das Führen von hinten, da sich hier die Tätigkeiten der Hände der führenden und der geführten Person entsprechen.
- Direkte Handführung: Die führende Person führt die Bewegung/Handlung mit der Hand der geführten Person durch. Beispiel: Die rechte Hand der führenden Person umschließt die rechte Hand der geführten Person. Diese wiederum umschließt ein Werkzeug, z. B. ein Messer.
- Umgekehrte Handhaltung bei Personen, die noch keinen direkten Hautkontakt zum Tastobjekt zulassen: »Hand-unter-Hand-Führung«: Die Hände des Kindes (Jugendlichen etc.) befinden auf oder an den Händen der Lehrkraft. Die Lehrkraft berührt das Objekt bzw. hält das Werkzeug und führt die Exploration bzw. die Handlung aus (vgl. Anthony, 2017 b, 602 f.).
- Mit der Führung soll nachgelassen werden, sobald die geführte Person beginnt, eine Tastbewegung selbstständig fortzuführen.
- Während der Handführung: handlungsbegleitende (präzise) Verbalisierung (auch die Tastbewegung/Taststrategie selbst kann thematisiert werden).

7.1.4 Auditive Wahrnehmungsförderung

Die auditive Wahrnehmung spielt für das blinde und sehbeeinträchtigte Kind von Anfang an eine entscheidende Rolle: Für die sozial-emotionale Entwicklung (z. B. Personenerkennung, Interaktionsgestaltung), für das Erreichen kognitiver Entwicklungsschritte (z. B. Objektpermanenz, Begriffsbildung), für die selbstständige Orientierung und Fortbewegung oder für die Sprachentwicklung und den Schriftspracherwerb ist die auditive Wahrnehmung ein wesentlicher Entwicklungsfaktor. Demzufolge muss darauf geachtet werden, dass das Hörvermögen so früh wie möglich und regelmäßig fundiert geprüft wird (Anthony, 2017 a, 295). Neben einer Audiometrie kann eine funktionale Hörprüfung hilfreich sein, bei der die Aufmerksamkeit gegenüber auditiven Informationen, die Reaktionen auf auditive Stimuli und deren Abhängigkeit von der Positionierung des Kindes sowie die auditive Informationsaufnahme detailliert beobachtet werden (Anthony, 2017 b, 592; Smith, 2014, 141 f.; ▶ Kap. 6.4.2).

McCarthy und Holbrook (2017, 358) differenzieren die für ein blindes bzw. sehbeeinträchtigtes Kind benötigten Hörkompetenzen in zwei Bereiche: Kompetenzen eines aktiv Zuhörenden, um Sprachinformationen korrekt aufzunehmen, und Hörkompetenzen, um die fehlenden visuellen Umweltinformationen zu kompensieren. Die hierfür notwendigen auditiven Wahrnehmungsfähigkeiten umfassen folgende Bereiche, die sich im Laufe von Kindheit und Jugend entwickeln und ausdifferenzieren (Barclay & Staples, 2012, 12 ff., 483 ff.; Smith, 2014, 120 f.):

- auditives Bewusstsein (z. B. einfache Reaktionen des Säuglings auf Stimmen und Geräusche)
- auditive Aufmerksamkeit (z. B. Nachahmung von Geräuschen, Figur-Grund-Unterscheidung)
- Geräuschlokalisation (z. B. Hinwenden zur Geräuschquelle, Entfernung abschätzen)
- auditive Diskrimination (z. B. Unterscheidung bekannter und neuer Geräusche/Stimmen)
- auditives Gedächtnis (z. B. Begriffsbildung, Wortschatz)
- rezeptive und expressive Kommunikationsfähigkeiten (z. B. Wortimitationen, Benennungen)
- Hören in sozialen Kontexten (z. B. im Spiel, beim gemeinsamen Singen; Anweisungen befolgen)
- Hören im Rahmen des Schriftspracherwerbs und des Lesens und Schreibens (z. B. phonologische Bewusstheit)
- aktives Zuhören (z. B. in Situationen mit mehreren Gesprächsteilnehmenden)
- Hören im Kontext von Medien und Technologie (z. B. Hörbuch, Radio, Sprachausgabe).

Für Fördersituationen gilt generell, dass eine störgeräuscharme Umgebung vorherrschen sollte, damit das blinde oder sehbeeinträchtigte Kind in Interaktionen und Spielsituationen eindeutige akustische Stimuli erhält und adäquat darauf reagieren kann (Anthony, 2017 a, 295). Betont werden muss darüber hinaus, dass insbesondere für blinde Kleinkinder Umweltgeräusche und deren Bedeutung in der Regel nur dann verständlich sind (z. B. durch das Erkennen von Ursache-Wirkungszusammenhängen), wenn weitere Sinneseindrücken (z. B. durch Ertasten des geräuschverursachenden Gegenstands) einbezogen werden (Barclay, 2012, 25; Smith, 2014, 133).

Die auditive Wahrnehmungsförderung mit Kleinkindern ist eingebunden in Interaktionshandlungen, in denen gemeinsam spielerisch Geräusche verursacht, variiert und lokalisiert werden und Raum für Unterbrechungen, gezielte Reaktionen und Erläuterungen vorhanden ist (Barclay, 2012). Zunehmend können im Kindergartenalter Umweltgeräusche Anlässe für ein zielgerichtetes Hinhören sein und in Spielsituationen einbezogen werden. Darüber hinaus beginnt im Vorschulalter der spielerische Umgang mit Wörtern, Silben und Lauten, woraus sich die für den Lese- und Schreibprozess äußerst bedeutsame phonologische Bewusstheit entwickelt (Byrnes, 2012). Entsprechende Übungen mit Reimen, Liedern, Klatsch- und Fingerspielen oder mittels Vorlesebüchern finden sich im Emergent-Literacy-Ansatz, der sich gezielt mit der Entwicklung von Vorläuferfähigkeiten für den Schriftspracherwerb befasst (vgl. Wright & Stratton, 2007).

Sehr spezielle auditive Fähigkeiten werden für die Informationsaufnahme aus Audio-Medien bzw. mittels Sprachausgabesystemen im schulischen Kontext benötigt. Gerade hierfür erscheinen spezifische Übungen dringend notwendig zu sein, um effektiv komplexe Informationen aufnehmen, verarbeiten und speichern zu können. Postello und Barclay (2012, 136 ff.) schlagen beispielsweise vor, Audio-Texte abschnittsweise und fragegeleitet anzuhören, um ein grundlegendes Hörverständnis einzuüben.

Auditive Wahrnehmungsfähigkeiten spielen für die Orientierung und Mobilität blinder Menschen eine entscheidende Rolle, sodass ein entsprechendes Training stets auditive Wahrnehmungsübungen beinhaltet wie beispielsweise zum Identifizieren, Lokalisieren und Abschätzen der Entfernung von Schritt- oder Motorgeräuschen oder zum Ausnutzen von Schallreflexionen (z. B. Schrittschall, Langstockgeräusche) in und außerhalb von Gebäuden (Lawson & Wiener, 2010). Eine spezielle Form des Ausnutzens von Schallreflexionen stellt die aktive Echolokalisation mittels Klicksonar dar. Hierbei werden durch prägnante Zungenklicks bewusst erzeugte Signale ausgesendet. Die von Hindernissen bzw. Objekten zurückkommenden Schallreflexionen können wahrgenommen und im Gehirn verarbeitet werden, wodurch Gegenstände, Gebäude, Hindernisse etc. georget, Objekteigenschaften (z. B. Größe, Form) unterschieden und Entfernungen eingeschätzt werden können (Hölscher, 2018; Kish, 2015; ▶ Kap. 5.2.3). Der Amerikaner Daniel Kish, selbst frühkindlich erblindet, nutzte die Klick-Echoortung zunächst intuitiv und entwickelte bzw. perfektionierte sein Vorgehen autodidaktisch und machte die Methode weltweit bekannt. Mittlerweile liegt ein didaktisches Konzept einzelner Übungsteile vor, das bereits im Kleinkindalter mit entsprechenden Hörangeboten beginnen kann (Kish, 2015). Ausgehend von einer grundlegenden Sensibilisierung für akustische Signale und dem Einüben des Zungenklicks, werden zunächst sehr starke Echosignale bewusstgemacht (z. B. durch Sprechen gegen ein Brettchen und Sprechen ohne Brettchen oder Klicken in eine Schüssel versus Klicken ohne Hindernis). Weitere methodische Lernschritte sind:

- Impulsklärung (z. B. Schallreflexionen in Räumen mit Nachhall oder Reflexionen nahe am Hindernis wahrnehmen und in zunehmender Entfernung)

- Impulsvergleich (z. B. Kontraste anbieten: Schallreflexionen an Mauern und Hecken im Vergleich)
- Impulsassoziation (z. B. unmittelbar wahrgenommene Echos mit zurückliegenden Erfahrungen vergleichen)
- Impulswechsel (z. B. zusätzliche Geräuschquellen bei Suchaufgaben als Erleichterung zeitweise anbieten und anschließend wieder zurücknehmen)
- Stabilisierung der Aufmerksamkeit (z. B. durch Pausen und anschließende Neuausrichtung und Neukonzentration).

Zahlreiche Studien zur Echolokalisation geben Auskunft über die notwendigen Eigenschaften der Klickgeräusche und über die neuronale Verarbeitung der per Zungenklick ausgelösten Schallreflexionen (Thaler & Goodale, 2016; Kolarik et al., 2014). Der Zungenklick scheint deshalb sehr gut für die Echolokalisation geeignet, weil er eine Konstanz und Reproduzierbarkeit aufweist sowie gezielt und variabel hinsichtlich der Lautstärke eingesetzt werden kann. Darüber hinaus spielt auch die Nähe und die gleichbleibende Distanz zwischen Klangerzeugung (Zunge) und Schallaufnahme (Ohren) eine unterstützende Rolle bei der Informationsauswertung (Kish, 2015).

Kish betont, dass der Klicksonar-Einsatz in Kombination mit der Verwendung des Langstocks erfolgen soll (Kish, 2015). Nur so ist ein gefahrloses Fortbewegen möglich, da Bodenunebenheiten, bodennahe Hindernisse oder Abbrüche mit dem Langstock ertastet werden können, während eine Grundorientierung sowie die Wahrnehmung weiter entfernter Hindernisse und Markierungspunkte per Klicksonar stattfindet.

7.2 Bewegungsförderung

7.2.1 Grundlagen der motorischen Förderung

Bewegung stellt einen entscheidenden Faktor für die körperliche Gesunderhaltung sowie für die geistige und körperliche Entwicklung dar. Da dem Sehen eine wichtige Rolle bezüglich Bewegungsanreiz, Bewegungslernen (v. a. Lernen durch Nachahmung) und Bewegungssteuerung zukommt, erweist sich vor allem bei blinden Kindern der Bereich der Motorik als derjenige, der vielfältige Entwicklungsbesonderheiten enthält (▶ Kap. 5.1.1). Der Bewegungsförderung kommt somit von Anfang an eine spezifische Bedeutsamkeit zu. Neben motorischen und körperlichen Aspekten finden hierbei auch sozial-integrative, sensorische, emotionale, kognitive und psychisch-motivationale Aspekte Berücksichtigung, was sich anhand folgender Zielstellungen des Sportunterrichts zeigen lässt (Lang, 2011 b; Thiele, 2001):

- Abbau von Verzögerungen der motorischen Entwicklung
- Entwicklung elementarer Bewegungsformen
- Haltungs- und Koordinationsschulung

- Abbau von Bewegungsängsten und -hemmungen
- Stärkung des Selbstbewusstseins
- Wahrnehmungsförderung und Förderung der Orientierungsfähigkeiten
- Freizeitgestaltung
- Integration (gemeinsame Sportaktivitäten mit Menschen ohne Sehbeeinträchtigung)
- Sozialerziehung
- …

Eine Studie zum Bewegungsverhalten blinder und sehbehinderter Schülerinnen und Schüler einer Blinden- und Sehbehindertenschule (N = 115) im Durchschnittsalter von 16.0 Jahre (Teigland et al., 2015; Giese et al., 2014), bei der das Bewegungsprofil per Schrittzähler mit demjenigen sehender Jugendlicher aus Allgemeinen Schulen (N = 118) verglichen wurde, konnte aufzeigen, dass sich Schülerinnen und Schüler ohne Sehbeeinträchtigung außerhalb des Schulsports deutlich mehr bewegen als blinde und sehbehinderte Jugendliche. Blinde und sehbehinderte Jugendliche bewegen sich allerdings im Sportunterricht mehr als sehende. Einem spezifisch an die Bedürfnisse blinder und sehbehinderter Kinder und Jugendlicher angepassten Sportunterricht, der vielfältige Bewegungsaktivitäten initiiert, kommt somit eine große Bedeutung für das Sammeln von Bewegungserfahrungen und für das Ermöglichen motorischer Lernprozesse zu.

Befürchtungen und Ängste, sportliche Aktivitäten und Belastungsformen könnten zu einer Verschlechterung des Sehstatus führen, sind in der Regel unbegründet. In enger Abstimmung zwischen Sportophthalmologie und Pädagogik wurden unter Einbezug aktueller augenmedizinischer Erkenntnisse und sportpädagogischer Grundlagen Empfehlungen erarbeitet, die für blinde und sehbehinderte Kinder und Jugendliche nur wenige Einschränkungen zur Folge haben (Katlun et al., 2017 a; b). Dieses System umfasst insgesamt fünf Kategorien, die von augenärztlicher Seite festgelegt werden:

1. Es liegt keine Einschränkung vor.
2. Tragen einer Sportschutzbrille v. a. bei Schlagspielen und Kontaktsportarten.
3. Verzicht auf Vollkontaktsportarten mit direkter Verletzungsgefahr des Auges (z. B. Boxen, Karate).
4. Verbot von schnellen Bewegungen und Erschütterungen (gilt nur nach Linsenimplantationen oder Netzhautablösungen in den ersten vier Wochen nach der Operation).
5. Schutz vor Infektionen (z. B. in den ersten Wochen nach operativen Eingriffen oder bei Entzündungen).

Ein Sportverbot kann es für Menschen mit Sehbeeinträchtigungen deshalb nur in absoluten und eng umschriebenen Ausnahmefällen geben. Vielmehr ist die volle Teilnahmefähigkeit blinder und sehbehinderter Schülerinnen und Schüler am Sportunterricht und darüber hinaus auch die uneingeschränkte Teilnahme am Freizeitsport unter augenärztlicher Perspektive in den allermeisten Fällen völlig problemlos möglich.

7.2.2 Das Bewegungslernen blinder und sehbehinderter Menschen

Aufgrund des erschwerten Zugangs zu motorischen Lernvorgängen durch Nachahmung müssen für das Bewegungslernen blinder und sehbehinderter Menschen alternative Zugänge und Vermittlungsformen gewählt werden. In der Fachliteratur werden diesbezüglich verschiedene Möglichkeiten diskutiert (vgl. Lang, 2011 b; Lieberman et al., 2013, 106 ff.), wobei einige der aufgeführten Maßnahmen leicht zu mechanistisch ausgeführten Bewegungskopien führen können. Dies trifft beispielsweise auf geführte Bewegungen (hierbei muss die führende Person äußerst sensibel vorgehen und jede Körperberührung zuvor ankündigen) und auf die Bewegungsdemonstration bzw. Haltungsdemonstration mit Abtasten des Bewegungsablaufes bzw. der Körperhaltung zu. Mehr Handlungsspielräume eröffnen Vorgehensweisen wie koaktive Bewegungen bzw. Parallelbewegungen (Bewegungen werden gemeinsam ausgeführt; mit Handhaltung oder seitlich nebeneinander mit Körperkontakt) und der Einsatz akustischer Hilfen zur Bewegungssteuerung (z. B. durch rhythmisches Mitsprechen, Klatschen, Einsatz von Musik). Einige Techniken erscheinen kognitiv höchst anspruchsvoll, da umfassende Transferleistungen bewältigt werden müssen. Hierzu zählen beispielsweise das Betonen kinästhetischer Wahrnehmung (hierbei muss auf die Eigenwahrnehmung z. B. hinsichtlich verschiedener Körperstellungen sensibilisiert werden), der Einsatz von Bewegungsbeschreibungen oder die Demonstration von Bewegung und Körperhaltung an Modellen (z. B. Gliederpuppen).

Generell können manche komplexen Bewegungsfolgen in Teilbewegungen aufgelöst und isoliert eingeübt werden. Manche neuen Bewegungs- und Haltungsmuster lassen sich aus bereits bekannten Mustern ableiten (z. B. kann der Wechselsprung auf der Stelle zum dynamischen Sprinten weiterentwickelt werden) (Hildenbrandt & Scherer, 1995) oder je nach Erfahrungswissen mittels Analogien erarbeiten (z. B. die Beine im Sitzen zu einem »Schwarzschrift-V« formen).

Ein eigenes didaktisches Konzept des Bewegungslernens stellt der »sinn- und erfahrungsorientierte« Ansatz nach Giese und Scherer (2010) dar, der innerhalb der schulischen Blinden- und Sehbehindertenpädagogik entwickelt wurde, jedoch grundsätzlich auch für die allgemeine Sportdidaktik gilt. Kern des Ansatzes sind subjektiv bedeutsame Bewegungsaufgaben, die die Schülerinnen und Schüler auf der Suche nach Lösungsmöglichkeiten zu eigenen Bewegungshandlungen herausfordern. Grundlegende Prinzipien des Bewegungsablaufs erarbeiten sich die Schülerinnen und Schüler hierbei selbstständig. Am Beispiel des Werfens, das einen besonders komplexen Bewegungsablauf darstellt, wird der sinn- und erfahrungsorientierte Ansatz anschaulich konkretisiert: durch eigene Versuche, eine möglichst große Distanz per Wurf zu überbrücken, wobei zumindest die Zieltreffer auditiv wahrnehmbar gemacht werden, erproben die Kinder und Jugendlichen selbsttätig verschiedene Wurftechniken (z. B. beidhändiges/einhändiges Werfen, Werfen aus der Sitzposition bzw. aus dem Stand oder mit Anlauf) und sammeln auf diese Weise grundlegende Wurferfahrungen und erarbeiten sich elementare Bewegungsprinzipien für das Werfen.

7.2.3 Förderliche Rahmenbedingungen und mögliche Bewegungsaktivitäten

Voraussetzung für ein angstfreies und dynamisches Bewegen im Raum ist zunächst ein belastbarer und vertrauensvoller pädagogischer Bezug zwischen dem Menschen mit Blindheit bzw. Sehbeeinträchtigung und der Pädagogin bzw. dem Pädagogen. Die blinde oder sehbeeinträchtigte Person muss sich darauf verlassen können, dass potentielle Gefahrenquellen (z. B. aufgebaute Geräte oder anderweitige Hindernisse) beseitigt bzw. abgesichert sind und vereinbarte Signale (z. B. Stoppruf für einen sofortigen Bewegungsstopp) eingehalten werden. Darüber hinaus gelten gute Raumkenntnisse als wesentlicher Einflussfaktor auf das Bewegungsverhalten. Ein Abgehen der Wände und das Kennenlernen markanter Orientierungspunkte (z. B. Türen) sind hierfür hilfreich. Akustische, taktile und optische Orientierungshilfen (z. B. Laufen in Richtung einer Schallquelle, kontrastreiche Markierung des Bewegungsfeldes, Absperrungen durch Matten und Gummibänder mit Glöckchen) strukturieren und sichern den Bewegungsraum. Zu förderlichen Raumbedingungen zählt auch das Vermeiden bzw. Minimieren von Störgeräuschen, da insbesondere blinde Menschen für Orientierungsaufgaben auf ihre auditive Wahrnehmung angewiesen sind (z. B. Wahrnehmung von Schallreflexionen, um Hindernisse zu erkennen; Erkennen anderer Sportlerinnen und Sportler an deren Trittschall).

Grundsätzlich ist die Bandbreite möglicher sportlicher Aktivitäten für blinde und sehbehinderte Menschen nahezu grenzenlos. Manche Sportarten bedürfen größerer spezifischer Adaptionen (z. B. Blindenfußball), andere lassen sich mit leichten Änderungen der Regeln (z. B. Fangspiele mit fester Partnerin bzw. festem Partner) oder der Sportgeräte (z. B. Bälle mit hohem Kontrast und langsamerer Flugbewegung, Klingelbälle) relativ einfach durchführen und wiederum andere können nahezu unverändert bleiben (z. B. Judo, Schwimmen). Übungen und Spiele aus Ansätzen wie der Psychomotorik oder der Rhythmisch-musikalischen Erziehung gelten generell als gut durchführbar, da hier das gemeinsame Handeln und Erleben innerhalb eines Bewegungskontextes im Vordergrund stehen.

Einen breiten Überblick über verschiedene Sportarten und eventuell notwendige blinden- und sehbehindertenspezifische Anpassungen finden sich beispielsweise bei Giese (2010 a; b), Lang (2011 b) und Scherer (1983).

7.3 Basale Förderkonzeptionen für Kinder und Jugendliche mit mehrfachen Beeinträchtigungen

Ab den 1970er Jahren wurden Kinder und Jugendliche mit schwersten zusätzlichen Beeinträchtigungen an den blinden- und sehbehindertenspezifischen Einrichtungen in den eigenen Schulbetrieb oder teilweise auch in mobile Beratungsdienste aufgenommen. Die seither gesammelten umfänglichen praktischen Erfahrungen in vielfältigen Förder- und Unterrichtssituationen haben einerseits zu eigenständigen Förderansätzen geführt. Andererseits wurden bestehende Förderkonzepte aus dem Kontext der Schwerstbehindertenpädagogik aufgegriffen und gegebenenfalls erweitert bzw. angepasst. Die Förderkonzeptionen des »Aktiven Lernens« von Lilli Nielsen (1926–2013) und der »Basalen Stimulation« von A. Fröhlich (geb. 1946) stehen beispielhaft für diese Entwicklungen. Die Arbeiten von Nielsen als auch diejenigen von Fröhlich stellen nach wie vor praxisnahe Konzeptionen für die Förderung von Menschen mit schwersten Behinderungen dar, sodass sie an dieser Stelle knapp skizziert werden sollen.

In der Taubblinden- bzw. Hörsehbehindertenpädagogik sind ebenfalls eigenständige Förderkonzeptionen entstanden, die sinnvoll auf die Arbeit mit mehrfachbeeinträchtigten Menschen übertragbar sind. Der inhaltliche Schwerpunkt liegt hierbei häufig im Bereich der Kommunikationsförderung.

7.3.1 Der blinden- und sehbehindertenspezifische Förderansatz des Aktiven Lernens nach Lilli Nielsen

Nielsen entwickelte ihr Konzept für Pädagoginnen und Pädagogen aus der konkreten Arbeit mit mehrfachbeeinträchtigten, blinden und sehbehinderten Kindern und Jugendlichen. Die Anfänge gehen zurück bis in die 1960er/1970er Jahre. Um ihre Zielgruppe zu definieren, orientiert sich Nielsen am Entwicklungsalter nicht beeinträchtigter Kinder. Ihre Förderangebote, die überwiegend die Bereiche der Motorik (Fein- und Grobmotorik) und der Wahrnehmung betreffen, aber auch kognitive Lernprozesse (z. B. Ursache-Wirkungs-Prinzipien, Raumorientierung) unterstützen sollen, richten sich an Personen, deren Fähigkeiten und Fertigkeiten vergleichbar mit denjenigen eines nichtbeeinträchtigten, maximal 48 Monate alten Kindes sind (Nielsen, 2000).

Nielsen geht davon aus, dass Lernprozesse nur in der aktiven und selbstinitiierten Auseinandersetzung mit der Umwelt entstehen können (Nielsen 2001, 242 f.; 1996, 17 ff.). Ausgehend von einer umfassenden Diagnostik (Nielsen, 2002) ist es folglich die Aufgabe der Lehrperson, individuelle und entwicklungsangemessene Förderangebote bereitzustellen, die dem Kind bzw. dem Jugendlichen oder Erwachsenen Gelegenheiten verschaffen, aus eigener Erprobung und Erforschung zu lernen. Die Vorbereitung einer dementsprechend anregungsreichen Umgebung gehört neben der genauen Beobachtung und Feststellung des Entwicklungsstandes zu den pädagogischen Hauptaufgaben.

Nach Nielsen muss die Umgebung so gestaltet sein, dass das Kind selbst bei unbewussten oder zufälligen Bewegungen ein sensorisches Feedback erhält. Durch wiederholte beispielsweise haptische, auditive oder visuelle Bewegungsrückmeldung (z. B. löst die Bewegung ein Geräusch aus), sollen allmählich Ursache-Wirkungs-Prinzipien bewusst werden, sodass sich die Kinder bzw. Jugendlichen als selbstwirksam erleben und die Bewegung schließlich bewusst ausgeführt wird (Nielsen, 1996, 34 f.).

Ansätze und Übungen, bei denen die Kinder und Jugendlichen weitgehend passiv bleiben (z. B. bei einseitigen sensorischen Stimulationen oder bei geführten Bewegungen), lehnt Nielsen strikt ab (Nielsen, 1996 13 ff.).

Im Sinne einer anregungsreichen Umgebungsgestaltung entwickelte Nielsen eine Fülle an Materialien, die durchgängig zu aktiven Lernprozessen führen sollen. Zu den in der Praxis weit verbreiteten Fördermaterialien zählt beispielsweise das Resonanzbrett (1992 a; 1996), eine auf wenige Zentimeter hohen Kanthölzern montierte große Sperrholzplatte. Liegt ein Kind oder Jugendlicher auf dem Resonanzbrett, wölbt sich dieses leicht durch, sodass Materialien wie Kugeln und Murmeln stets zum Körper rollen. Jede Bewegung des Kindes bringt die Kugeln und Murmeln zum Rollen, wodurch ein durch den Resonanzkörper unter dem Brett verstärktes Rollgeräusch entsteht (»Sensorisches Feedback«).

Das zweifellos bekannteste Material stellt der »Little Room« dar, ein mittels Wand- und Deckenelementen abgegrenzter kleiner Raum, in dem das Kind liegen oder sitzen kann (Nielsen, 1993; 1996). Die Seitenteile können mit verschiedenen Texturen oder Materialien bestückt werden und an den Plexiglasdeckenelementen lassen sich per Gummiband verschiedenste Materialien in Greif- oder Berührungsnähe des Kindes positionieren. Die ausgewählten Materialien müssen dem Entwicklungsniveau und den Interessen des Kindes entsprechen (beispielsweise hinsichtlich der Greifentwicklung und den haptischen Explorationsstrategien). Das sensorische Feedback erfolgt hier über die Berührung bzw. die haptischen Wahrnehmungseindrücke bzw. kann bei entsprechendem Materialeinsatz auch über ausgelöste akustische (z. B. bei Materialien, die bei Berührung Geräusche verursachen) oder optische Effekte (z. B. bei Glitzermaterial) stattfinden.

Weitere, vielfältige Materialbeispiele finden sich in der Literatur (Nielsen, 1992 a; b; 1993; 1996) oder können dem FIELA-Förderplan, einer Sammlung von 730 Fördervorschlägen (Nielsen, 2000), entnommen werden.

Die Praktikabilität des Ansatzes und die aktivitätsauslösenden Effekte, die bei einer kompetenten Anwendung des »Aktiven Lernens« beobachtbar sind, stehen für die Praktikerinnen und Praktiker außer Zweifel. Weniger überzeugend erscheint dagegen die theoretische Fundierung des Ansatzes (Gömann, 2010). Auch die einseitige Orientierung am Entwicklungsalter einer »Normalentwicklung« kann zu Recht kritisiert werden. Zudem genügt Nielsens Ansatz den Ansprüchen einer auf den Unterricht mit schwerstbehinderten Kindern und Jugendlichen übertragenen kategorialen Bildung (▶ Kap. 4.1.2) nur unzureichend, da der Bereich der materialen Bildung von Nielsen weitgehend ausgespart wurde. Hier liegt es nun an den Lehrkräften, die mit dem Ansatz arbeiten, Bildungsinhalte gezielt und sinnvoll einzubeziehen. Möglichkeiten hierfür gibt es zur Genüge. Beispielsweise könnte ein »Little Room« individualisiert mit entwicklungsangemessenen Objekten bestückt werden, die zugleich thematisch zum Unterrichtsgegenstand (z. B. Herbst) passen.

Wie bei jedem konkreten Praxiskonzept erscheinen Ergänzungen in denjenigen Bereichen als notwendig, die nicht zum Kernbereich des Ansatzes zählen. Wenig Aufmerksamkeit schenkt Nielsen zum Beispiel der Kommunikation und dem gemeinsamen, sozialen Lernen.

7.3.2 Die Anwendung des Förderkonzepts der Basalen Stimulation nach Andreas Fröhlich in der Blinden- und Sehbehindertenpädagogik

Fröhlich konnte mit seinem ab den 1970er Jahren entwickelten Ansatz der Basalen Stimulation wesentlich dazu beitragen, dass schwerstbehinderte Menschen Zugang zu Bildungsangeboten im Rahmen der allgemeinen Schulpflicht erhielten. Sein bis heute kontinuierlich weiterentwickeltes und an neue Herausforderungen angepasstes Konzept gehört zu den Grundlagen einer Pädagogik bei schwerster Behinderung.

Die Basale Stimulation entstand aus der konkreten sonderpädagogischen Praxis der Förderung schwerstbehinderter Kinder und Jugendlicher. Eine theoretische Grundlage erhält das Konzept aus Erkenntnissen der Neurophysiologie, der Pränatalforschung und der Entwicklungspsychologie. Praktische Anregungen kommen aus der indischen Baby-Massage und aus der Physiotherapie.

Primäre Zielgruppe der Basalen Stimulation sind Menschen mit schwersten Behinderungen, wobei in den letzten Jahren eine Ausweitung in den Bereich der Pflege schwerkranker und an Demenz erkrankter Menschen stattfand (Fröhlich, 2015, 9).

Die Basale Stimulation versteht sich als voraussetzungslose, intensive und ganzheitliche Förderung schwer und schwerst beeinträchtigter Menschen (Fröhlich, 2015, 156), die dazu beitragen soll, den Mangel an Eigenerfahrung, Eigenbewegung und Auseinandersetzung mit der Umwelt zu kompensieren (Fröhlich, 2015, 19). Eine wesentliche Rolle zur Bestimmung der pädagogischen Grundausrichtung des Ansatzes spielt die inhaltliche Definition des Begriffs der »Basalen Stimulation«:

> »Basal bedeutet in diesem Zusammenhang etwas ähnliches wie elementar, nämlich bei den Ursprüngen der Entwicklung anzufangen, keine Vorleistungen einzufordern, da zu beginnen, wo sich das Kind in seiner tatsächlichen Entwicklung befindet. Mit dem Begriffsbestandteil Stimulation ist kein ›Be-reizen‹ gemeint, … sondern das Angebot, die Einladung, sich mit dem eigenen Körper, mit Objekten, ihren Eigenschaften und eben auch mit Menschen, sensorisch-sinnlich zu befassen« (Fröhlich & Heidingsfelder, 2005, 96).

Bei dieser Definition kommt bereits eine Weiterentwicklung der basalen Stimulation hin zu einer kommunikations-, interaktions- und entwicklungsfördernden Anregungsform (Fröhlich, 2015, 225) zum Ausdruck, die als Antwort auf den anfänglichen Vorwurf einer einseitigen, mechanistischen und rein passiven Stimulation zu verstehen ist.

Zu den elementaren Erfahrungen, an denen die Basale Stimulation ansetzt, zählen nach Fröhlich insbesondere vestibuläre, vibratorische und somatische (kutane) Wahrnehmungseindrücke, die bereits pränatal vorhanden sind (Fröhlich, 2015; 1997). Auf diese Bereiche sollen sich individuelle und entwicklungsangemessene Förderangebote zunächst beziehen, wobei das Prinzip der Interaktion, d. h. das wechselseitige Aufeinander-Eingehen, eine zentrale Bedeutung erhält.

Während somatische Anregung die Wahrnehmung des eigenen Körpers fokussiert und beispielsweise über Massageberührungen, Abreiben bzw. Abföhnen oder über Materialberieselung des Körpers bzw. von Körperteilen erfolgen kann, können zur vibratorischen Anregung Massagekissen, Resonanzkisten etc. eingesetzt werden.

Die vestibuläre Anregung zielt auf Erfahrungen der Schwerkraft, der Raumlage oder des Gleichgewichts ab, wobei Materialien wie Hängematten, Therapiebälle oder Schaukeln zum Einsatz kommen können. Fröhlich (1997, 2015) beschreibt zu diesen Bereichen und auch zu aufbauenden Wahrnehmungsmodalitäten (haptische, auditive, visuelle, gustatorische und olfaktorische Wahrnehmung) umfängliche, praxisnahe Anregungsmöglichkeiten.

Als Anwendungskontext der Basalen Stimulation kommen Pflegehandlungen in Frage. Darüber hinaus kann das Konzept als Vermittlungsform auf einem basal-perzeptiven Aneignungsniveau (Terfloth & Bauersfeld, 2015, 103 ff.) zur Umsetzung materialier Bildungsinhalte eingesetzt werden.

Aus blinden- und sehbehindertenpädagogischer Sicht muss darauf hingewiesen werden, dass gerade für blinde Menschen die Sprache als Signal für die Anwesenheit bzw. für die Annäherung oder Entfernung der Bezugsperson eine äußerst wichtige Rolle spielt. Auf diesen Sachverhalt sollte in der Interaktion mit Menschen mit schweren Beeinträchtigungen besonders geachtet werden. Darüber hinaus gelten die Grundsätze, dass Berührungen stets verbal angekündigt werden müssen und dass Bewegungsführungen einer großen Sensibilität der führenden Person bedürfen. Bei der Positionierung des mehrfachbeeinträchtigten Kindes oder Jugendlichen ist generell auf eine blendfreie Ausrichtung (z. B. Vermeiden, dass die Person in Rückenlage direkt in eine Deckenleuchte blickt) zu achten. Die Materialauswahl sollte auch stets Aspekte wie Farb- und Helligkeitskontrast berücksichtigen.

7.3.3 Kommunikationsförderung bei Taubblindheit/ Hörsehbehinderung

Die Kommunikationsförderung stellt einen zentralen Inhaltsbereich der Taubblinden-/Hörsehbehindertenpädagogik dar. Im Mittelpunkt steht hierbei die Entwicklung eines Kommunikationssystems, mit dem sich der taubblinde bzw. hörsehbehinderte Mensch in seiner Umwelt effektiv verständigen kann.

Bei Menschen mit angeborener Taubblindheit oder Hörsehbehinderung stehen basale Interaktions- und Kommunikationserfahrungen, die sich in wechselseitigen dyadischen Beziehungen und einfachen Handlungsroutinen zeigen können, im Zentrum. Ein Kind mit einer Hörsehschädigung hat unter Umständen zunächst keine Vorstellung davon, dass außerhalb seiner eigenen Körperwahrnehmung eine Welt existiert, die erkundet werden kann. Es ist folglich in elementarer Weise auf Bezugspersonen angewiesen, die mit ihm in eine wechselseitige Beziehung treten und ihm hierdurch emotional bedeutsame Umwelterfahrungen ermöglichen und sein Interesse für soziale und sächliche Lernprozesse wecken. Es versteht sich, dass hierbei ein sehr sensibles Vorgehen gewählt werden muss, bei dem in kleinen Schritten Interaktions- und Kommunikationsgrundlagen wie Ursache-Wirkungs-prinzipien, »Turn-taking« oder die geteilte Aufmerksamkeit in einem langsamen, für die hörsehbehinderte bzw. taubblinde Person verarbeitbaren Interaktionstempo angebahnt werden.

Voraussetzung dieser pädagogischen Vorgehensweise ist eine dialog-orientierte Grundhaltung aller Bezugspersonen, bei der die taubblinde oder hörsehbehinderte

Person erlebt, dass ihre Bedürfnisse nach Sicherheit und Selbstwirksamkeit respektiert, ihre Signale für Angst und Unbehagen oder Neugier und Interesse wahrgenommen werden und zu verlässlichen Reaktionen der Kommunikationspartnerinnen und -partner führen. Die Bezugspersonen müssen demnach aktiv und gemeinsam mit dem taubblinden oder hörsehbehinderten Kind, Jugendlichen oder Erwachsenen nach Verständigungswegen suchen. Der hier skizzierte Ansatz einer basalen Kommunikationsförderung wurde in internationaler Zusammenarbeit von Fachkräften der Taubblinden- und Hörsehbehindertenpädagogik als Konzept ausgearbeitet und als »Co-Creating Communication« bzw. in seiner Weiterentwicklung als »Kommunikative Beziehungen« bezeichnet (Nafstad & Rødbroe, 2018; Nafstad & Rødbroe, 1999; Rødbroe & Janssen, 2014; Janssen & Rødbroe, 2014, Souriau et al., 2014 a; b). Dieses Konzept ist grundlegend für die pädagogische Arbeit mit Menschen mit angeborener Taubblindheit oder Hörsehbehinderung und gleichzeitig von hoher Relevanz für die Arbeit mit schwer beeinträchtigten Menschen generell, da hier die Interaktions- und Kommunikationsgrundlagen in der Regel ebenfalls erarbeitet werden müssen.

Aufbauend auf den Grunderfahrungen der Kommunikation werden komplexe Kommunikationssysteme in die Förderung taubblinder und hörsehbehinderter Menschen integriert (vgl. Lemke-Werner & Pitroff, 2009; Schweizerische Stiftung für Taubblinde, 2011). Neben der Lautsprache können dies Gebärdensysteme sein, die sich vor allem hinsichtlich ihrer Komplexität unterscheiden. Das komplexeste System stellt die Deutsche Gebärdensprache (DGS) dar, die als anerkanntes Sprachsystem bezüglich Wortschatz, Grammatik und Syntax ein eigenes Regelwerk aufweist. Dieses Regelwerk unterscheidet sich grundlegend von demjenigen der deutschen Lautsprache. Das Konzept der »Lautsprachbegleitenden Gebärden (LBG)« nutzt den Gebärdenwortschatz der DGS, orientiert sich hinsichtlich Grammatik und Syntax jedoch an der Lautsprache, die parallel zu den Gebärden gesprochen wird. Beim »Lautsprachunterstützenden Gebärden (LUG)« werden zusätzlich zur Lautsprache Schlüsselwörter zur Unterstützung des Verständnisses gebärdet. All diese Gebärdensysteme können sowohl visuell als auch taktil (zum Beispiel unter den Händen des taubblinden Menschen) ausgeführt werden.

Darüber hinaus können Kommunikationsrituale genutzt werden, z. B. um taubblinden und hörsehbehinderten Menschen die Kontaktaufnahme anzukündigen (z. B. taktil durch eine Initialberührung an den Schultern) oder um anzuzeigen, dass man sich annähert (z. B. vibratorisch durch Stampfen bei der Annäherung). Bezugsobjekte, die stellvertretend für eine bestimmte Handlung oder einen bestimmten Raum stehen (z. B. ein Waschlappen, der *Waschen* bedeutet), und eine Vielzahl an bild- bzw. audiogestützten elektronischen Kommunikationshilfen ergänzen das Spektrum an Kommunikationsmitteln, die taubblinde und hörsehbehinderte Menschen einsetzen können. Bei entsprechend vorhandenen kognitiven Voraussetzungen und je nach Sehvermögen können auch die Schwarzschrift bzw. die Brailleschrift als Systeme der schriftlichen Kommunikation hinzutreten. Vor allem im Bereich der erworbenen Hörsehschädigung oder Taubblindheit wird das Lormen eingesetzt. Lormen setzt Schriftsprachkompetenzen voraus, da Wörter mithilfe von speziellen Lormbuchstaben als Bewegungs- und Berührungsabfolgen in die Hand der hörsehgeschädigten Person buchstabiert werden.

7.4 Begriffsbildung

Blinde und sehbehinderte Kinder und Jugendliche müssen lernen, mit den ihnen zur Verfügung stehenden Wahrnehmungsmöglichkeiten vielfältige Umweltinformationen aufzunehmen. Auf der Grundlage der wahrgenommenen Merkmale und Eigenschaften von Lebewesen, Objekten oder Tätigkeiten finden umfassende Kategorisierungen statt, die die Komplexität der zahllosen Einzelerscheinungen reduzieren und eine flexible Handlungsfähigkeit ermöglichen.

> »Ein Begriff ist eine kognitive Struktur, die Dinge oder Ereignisse aufgrund von Ähnlichkeiten oder kontextuellen Verbindungen zusammen gruppiert ... Er schafft so eine Kategorie, die uns erlaubt, Ähnliches in der Welt zusammenzugruppieren. Damit wird der Umgang mit einer sonst unendlichen Vielfalt von Umweltereignissen erleichtert« (Szagun, 2013, 137).

Begriffsbildung ist grundsätzlich von verschiedenen Einflussfaktoren wie kulturellen Einflüssen (z. B. Welche Begriffe sind für die jeweilige Kultur typisch und notwendig?), Wahrnehmungsfähigkeiten (z. B. Welche Wahrnehmungsmodalitäten stehen zur Verfügung? Wie leistungsfähig sind sie und welche Begriffsmerkmale können damit erfasst werden?) und weiteren individuellen Faktoren (z. B. die soziale und dingliche Umgebung oder die kognitive Leistungsfähigkeit) abhängig (Wessells, 1994, 241 ff.).

7.4.1 Besonderheiten im Begriffslernen blinder und sehbehinderter Menschen

Die Voraussetzungen blinder und sehbehinderter Kinder und Jugendlicher zum Begriffslernen können sich aufgrund spezifischer Entwicklungsbesonderheiten (▶ Kap. 5.1) und der eingeschränkten Wahrnehmungsmöglichkeiten von denjenigen nicht-sehbeeinträchtigter Kinder und Jugendlicher unterscheiden. Folgende Beispiele können diesen Sachverhalt veranschaulichen (Lang, 2017 b, 253 ff.):

- In der frühen Eltern-Kind-Interaktion, in der bei sehenden Kindern Mimik und Gestik eine bedeutende Rolle spielen, werden Bezüge und Zusammenhänge hergestellt, die das Erfassen von Bedeutungen erleichtern.
- Sich später einstellende lokomotorische Fähigkeiten schränken den Erfahrungsraum ein und erschweren den Kontakt zu verschiedenen Begriffsrepräsentanten.
- Feinmotorische Fähigkeiten beeinflussen mit, welche Begriffsmerkmale ertastet werden können.
- Manche Begriffsmerkmale können von blinden und sehbehinderten Kindern nur erschwert bzw. gar nicht direkt erfasst werden (z. B. Farben, Strukturen sehr großer oder sehr kleiner bzw. fragiler Objekte).

Durch Bereitstellen und Zugänglich-Machen einer anregungsreichen Umgebung, durch den Aufbau von Interaktionsmustern, die auf die kindlichen Bedürfnisse abgestimmt sind, durch das Initiieren und Begleiten vielfältiger Explorationshandlungen und durch verbalsprachliche Zugänge können blinde und sehbehinderte Kinder ein ähnliches Begriffswissen und diesbezügliche Wortbedeutungen erwerben wie sehende Kinder (vgl. Pérez-Pereira & Conti-Ramsden, 1999, 90 ff.; Warren, 1994).

»Verbalismus« (▶ Kap. 5.1.1), d. h. die Verwendung von Wörtern ohne Vorhandensein eines begrifflichen Konzepts, ist kein auf blinde Menschen beschränktes Phänomen, sondern kann generell auftreten. Blinde Menschen können selbstverständlich auch adäquate Vorstellungen von visuellen Konzepten (z. B. Farben) erwerben (vgl. Lang, 2017 b, 260 ff.). Die nachfolgend aufgeführten Maßnahmen können mithelfen, Verbalismus zu vermeiden.

7.4.2 Konkrete Maßnahmen zur Förderung der Begriffsbildung

Vor allem im Rahmen der Frühförderung schaffen grundlegende Angebote insbesondere in den Bereichen Sprachförderung/Kommunikationsentwicklung, motorische Förderung (Lokomotion, Feinmotorik), Wahrnehmungsförderung (z. B. Einführung von Wahrnehmungsstrategien und Erkundungshandlungen, um kriteriale Merkmale eines Begriffs zu erkennen) sowie Sach- und Alltagserfahrungen (aktive Beteiligung der Kinder an Tätigkeiten im Haus, im Garten etc.) die Voraussetzungen und Grundlagen dafür, dass vielfältige Begriffe durch eigene Handlungserfahrungen gebildet werden können.

Für das gezielte Begriffslernen in konkreten Lernsituationen können folgende Prinzipien und deren beispielhafte Erläuterungen einen hilfreichen didaktischen Rahmen aufzeigen (Lang, 2017 b, 266 ff.)

1. Schaffen einer geeigneten Lernumgebung
   – Ermutigung zur Exploration, Abbau von Hemmungen und Ängsten
   – Begriffsrepräsentanten zugänglich machen (z. B. »Ausstellungstisch« im Klassenzimmer)
   – Ordnungssysteme für Klassifizierungsaufgaben und Sortierhandlungen verwenden
2. Vor- bzw. nachbereitende Strukturierung
   – Vorwissen der Kinder und Jugendlichen aufgreifen
   – Realbegegnungen bei sehr komplexen Sachverhalten vor- und nachbereiten (z. B. Modell einer Straßenbahn als Vorbereitung zur Realbegegnung und zur nachträglichen Verständnissicherung einsetzen)
3. Realbegegnungen bzw. konkrete Erfahrungen ermöglichen
   – wenn möglich, direkte Erfahrungen aus »erster Hand« initiieren; wiederholte Begegnungen und Explorationen ermöglichen
   – Einsatz von Veranschaulichungsmedien (z. B. Modelle) bei Objekten, die nicht real erfahren werden können (z. B. weit entfernte, gefährliche oder nicht mehr existente Objekte)
   – genügend Zeit für eine intensive Exploration mit allen verfügbaren Sinnesmodalitäten einplanen

- abstrakte, nichtgegenständliche Begriffe (z. B. Eifersucht) über geeignete Vermittlungsformen erarbeiten (z. B. Rollenspiele, verbale Erläuterungen anhand von Beispielen)
4. Hervorheben der kriterialen Merkmale des Begriffes
   - alle zugänglichen Merkmale eigenaktiv und handlungsorientiert erkunden lassen
   - nicht oder kaum zugängliche Merkmale (z. B. fragile, sich bewegende, sehr kleine oder optische Merkmale) durch Veranschaulichungsmedien (z. B. vergrößerte oder verkleinerte Modelle, ReliefAbbildungen) vermitteln oder über Analogiebildungen bekannter Sachverhalte bzw. durch verbale Erläuterungen ergänzen
   - falls notwendig, Exploration lenken: auf Merkmale hinweisen, Merkmale in Beziehung zueinander setzen
   - Merkmale durch Vergleich verschiedener Begriffsrepräsentanten erarbeiten
   - prototypische Begriffsrepräsentanten stehen gewöhnlich am Anfang der Begriffsbildung
5. Bereitstellen einer konkreten Terminologie für Begriffe und deren Merkmale
   - präzises Verbalisieren der Merkmale (z. B. Wahrnehmungsqualitäten)
6. Hierarchisierung mittels neben-, unter- oder übergeordneter Begriffe
   - bereits bekannte, im Zusammenhang mit dem zu erlernenden Begriff stehende Begriffe aufgreifen
   - den neuen Begriff gezielt in größere Zusammenhänge einordnen, mit verwandten Begriffen vergleichen bzw. systematisch mit ihnen verknüpfen

7.5 Soziale Kompetenz

Soziale Kompetenz ermöglicht eine gelingende soziale Interaktion, da sie mit dem Vorhandensein sozialer Fertigkeiten wie dem Umgang mit eigenen Gefühlen (Kompetenzen des Selbstmanagements wie z. B. Impulskontrolle), einem positiven Beziehungsaufbau (z. B. den Gefühlen anderer Aufmerksamkeit schenken), dem Entschlüsseln sozialer Hinweisreize oder dem Befolgen sozialer Regeln (kooperative Kompetenzen) verbunden ist (Lindenkamp, 2010). Sozial kompetentes Verhalten zeigt sich in einem Ausgleich der Interessen der Interagierenden mit dem Ziel, beide Seiten zu einem positiven Resultat zu führen (Scheithauer & Gottschalk, 2009). Dabei ist soziale Kompetenz keine generelle Persönlichkeitseigenschaft, sondern eine Fähigkeit, auf die situationsabhängig zurückgegriffen werden kann, um soziale Situationen und Aufgaben zu meistern (Hudelmayer, 1997, 8). Soziale Kompetenz lässt sich in folgende Teilaspekte gliedern (Hudelmayer, 1997, 9; Scheithauer & Gottschalk, 2009, 514):

1. in eine kognitive, wissensbezogene Dimension (z. B. kulturspezifisches Wissen über Regeln des sozialen Miteinanders),

2. in eine normative Dimension (z. B. motivational oder wertbezogenes Abwägen von Handlungsalternativen) und
3. in eine Handlungsdimension, in der es um konkrete Fertigkeiten geht.

In der Blinden- und Sehbehindertenpädagogik fand ab den 1970er Jahren eine systematische Beschäftigung mit Fragen der sozialen Kompetenz statt. Ausschlaggebend war die Feststellung, dass die Fokussierung auf eine fundierte Allgemeinbildung und eine gründliche Berufsausbildung in vielen Fällen nicht zu einer umfassenden sozialen Integration und zur Teilhabe am Gesellschaftsleben geführt haben (Hudelmayer, 1997, 6). Offensichtlich sind die Möglichkeiten zur sozialen Teilhabe nach wie vor eingeschränkt. Pinquart und Pfeiffer (2013) berichten in einer Studie zur Bewältigung alterstypischer Entwicklungsaufgaben von Schwierigkeiten sehbeeinträchtigter Jugendlicher, einer Gruppe Gleichaltriger anzugehören oder enge Freundschaften einzugehen. In einer Untersuchung von Lang und Sarimski (2019) zur sozialen Teilhabe inklusiv beschulter Grundschulkinder (N = 120) wird für einen Teil der Kinder mit Sehbeeinträchtigung festgestellt, dass diese gering in Klassenfreundschaften eingebunden sind und nicht als bevorzugte Partnerinnen oder bevorzugte Partner für gemeinsame Aktivitäten gewählt werden.

Als Einflussfaktoren auf den Grad der sozialen Teilhabe werden Aspekte wie beispielsweise Einstellungen der Kontaktpersonen, Verhalten von Unterrichtsassistenzkräften, aber auch personale Faktoren der sehbeeinträchtigten Kinder und Jugendlichen wie Unselbstständigkeit in der Mobilität und bei lebenspraktischen Aufgaben oder Hemmungen und Unsicherheiten im Kontakt mit sehenden Menschen identifiziert. Diese letztgenannten Faktoren bilden zentrale Inhaltsschwerpunkte empirisch entwickelter blinden- und sehbehindertenspezifischer Förderkonzepte zum sozialen Lernen (Thienwiebel, 1996; Strittmatter, 1999; Wagner, 2003). Die inhaltliche Breite dieser Konzepte lässt sich anhand des Programms von Wagner (2003) veranschaulichen, das folgende Komponenten enthält:

- Personal Management/Self Care (z. B. Umgang mit der Sehbehinderung/Blindheit)
- Lebenspraktische Fähigkeiten und Orientierung und Mobilität
- Auseinandersetzung mit der Berufswelt
- Soziale Interaktion (z. B. nonverbale Kommunikation, sich einem Gesprächspartner zuwenden)/Freizeitverhalten.

Die Notwendigkeit einer spezifischen Förderung im Bereich des sozialen Lernens ergibt sich daraus, dass für blinde und sehbehinderte Menschen der Zugang zu Informationen über die soziale Umgebung, über soziale Verhaltensweisen und deren Wirkungen (z. B. nonverbale Kommunikation) beeinträchtigt ist und Lernstrategien auf der Grundlage von Beobachtung, Imitation und erfahrungsorientiertem Lernen nicht bzw. eingeschränkt zur Verfügung stehen (Sacks & Page, 2017, 754 f.). Darüber hinaus kann eine Sehbeeinträchtigung die Ausbildung eines positiven Selbstbildes und die Entwicklung von Selbstbewusstsein und Selbstständigkeit erschweren (Lewis & Wolffe, 2006).

Die Förderung in Orientierung und Mobilität sowie Lebenspraktischen Fähigkeiten fokussiert auf die Bereiche Selbstständigkeit, Selbstbestimmung und Selbstbewusstsein. Besonderer Zugänge bedarf es innerhalb der Bereiche der sozialen Interaktion (z. B. Körpersprache, soziale Umgangsformen) und des Selbstbildes (z. B. Umgang mit der eigenen Behinderung) (Sacks, 2014). In der Interaktion können Verhaltensweisen, die durch eine Sehbeeinträchtigung bedingt sein können (z. B. Schräghalten des Kopfes bei Gesichtsfeldeinschränkungen, geringer Gesprächsabstand, fehlender Blickkontakt), bei nicht-sehbeeinträchtigten Gesprächspartnerinnen oder -partnern Unsicherheiten oder Missverständnisse auslösen und zum Kontaktabbruch führen (Röder & Severin, 1997). Kolaschinski (2011) konnte in einer Untersuchung zum Selbstwertgefühl blinder und sehbehinderter Jugendlicher ein im Vergleich mit sehenden Jugendlichen deutlich geringeres Selbstwerterleben in sozialen Interaktionen feststellen.

Das konkrete Vorgehen einer gezielten Förderung sozialer Kompetenzen greift auf Methoden zurück wie Rollenspiele, Entspannungstechniken, Selbstbeobachtung, kooperative Lernformen innerhalb der Peergroup oder Video- und Audiofeedback (Sacks & Page, 2017; Sacks, 2014; Hofer, 2011; Erin, 2006).

Ein eigenständiges Konzept zur Förderung sozialer Kompetenz blinder und sehbehinderter Schülerinnen und Schüler stellt der theaterpädagogische Ansatz dar, der von Karl Elbl für den Kontext inklusiver Beschulungsformen entwickelt wurde (Elbl, 2008). Im Rahmen von Kursangeboten für sehbehinderte und blinde Schülerinnen und Schüler werden in Theaterprojekten relevante Aspekte sozialer Kompetenz wie Rollenverhalten, Selbstdarstellung, Kommunikationsverhalten, Rhetorik, Körperbewusstsein etc. gezielt thematisiert und handelnd erprobt.

7.6 Orientierung und Mobilität

Orientierung und Mobilität (O&M) stellt in der Blinden- und Sehbehindertenpädagogik einen eigenständigen Förderbereich dar. Hierbei geht es darum, dass Menschen mit Blindheit und Sehbehinderung die notwendigen Konzepte und Fähigkeiten erwerben, um sich sicher, effizient und zielgerichtet in ihrer Umgebung fortbewegen zu können (Griffin-Shirley & Trusty, 2017, 655). Der Begriff »Orientierung« beinhaltet das Wissen um die eigene Position im Raum in Relation zu Objekten oder anderen Menschen unter Einbezug der durch die Eigenbewegung ausgelösten Veränderungen; »Mobilität« umfasst die zielgerichtete Fortbewegung (Fazzi, 2014, 249). Diese Begriffsklärung zeigt, dass Orientierung und Mobilität sowohl auf kognitiven und wahrnehmungsbezogenen als auch auf motorischen Kompetenzen aufbaut. Fähigkeiten und Fertigkeiten im Bereich Orientierung und Mobilität können als Teilbereiche des sozialen Lernens und des Aufbaus sozialer Kompetenz (▶ Kap. 7.5) betrachtet werden und einen Beitrag zu größtmöglicher Selbstständigkeit und Selbstbestimmung leisten.

Bereits im 19. Jahrhundert gab es vereinzelt Vorschläge und Übungen zum Einsatz eines Langstocks als Mobilitätshilfe (Griffin-Shirley & Pogrund, 2018, 4 ff.). Die erste Führhundschule wurde 1916 in Oldenburg gegründet. Der Ausgangspunkt der

Entwicklung eines systematischen O&M-Unterrichts liegt in den USA im Kontext der Rehabilitation im Zweiten Weltkrieg erblindeter Soldaten. 1944 wurde hierbei konsequent der Langstock als Mobilitätshilfe und eine diesbezüglich entwickelte Pendeltechnik eingesetzt (Bledsoe, 2010). Nach und nach wurden entsprechende Trainingsprogramme auch für Menschen ohne kriegsbedingte Erblindung angeboten, wobei es sich hier meist um späterblindete Erwachsene handelte. Darüber hinaus entstanden Konzepte für die Ausbildung von O&M-Lehrkräften. Anfang der 1970er Jahre wurde diese Entwicklung in Deutschland aufgegriffen und an Schulen sowie an beruflichen Ausbildungs- und Umschulungseinrichtungen umgesetzt (Staatsinstitut für Schulpädagogik und Bildungsforschung, 2001, 11). Der Unterricht in Orientierung und Mobilität hat sich seither zu einem umfassenden Konzept weiterentwickelt, das vom Kleinkindalter bis ins hohe Lebensalter mit jeweils speziellen inhaltlichen Schwerpunktsetzungen für Menschen mit unterschiedlichen Sehbeeinträchtigungen durchgeführt wird.

Als wesentliche Komponenten des O&M-Unterrichts gelten folgende Inhalte, die anhand einiger Beispiele konkretisiert werden (vgl. Pogrund & Griffin-Shirley, 2018, Griffin-Shirley & Trusty, 2017; Fazzi, 2014):

- Förderung der Fortbewegung
    - allgemein: Bewegungsförderung
    - spezifisch: Führtechniken, Körperschutztechniken, Führlinien folgen, Körperdrehungen etc.
- Begriffsbildung
    - Körperteile und deren Funktionen, räumliche Begriffe (oben, unten, links, rechts etc.), Gebäude (Aufbau, Funktion etc.), Fahrzeuge, Straßen und Kreuzungen etc.
- Wahrnehmungsförderung
    - auditiv: Geräuschidentifikation und -lokalisation, Anweisungsverständnis, aktive und passive Echoortung (▶ Kap. 7.1.4) etc.
    - visuell: funktionales Sehvermögen (Sehfunktionen und komplexe Wahrnehmungsaufgaben)
    - haptisch: Diskrimination von Oberflächen, Formen etc. durch Tasten; unterschiedliche Bodenbeschaffenheiten wahrnehmen etc.
- Orientierung
    - Orientierungspunkte in der direkten Umgebung nutzen (unterschiedliche Raumakustik, Bodenbeschaffenheiten, Gerüche, Möbel, Türen und Fenster etc.); Nutzung von Leitlinien wie Bodenmarkierungen, Wände, Bordsteinkante etc.; Aufbau mentaler Vorstellungen und kognitiver Landkarten; Routenplanung
    - Orientierungssysteme: z. B. Orientierung auf dem Teller nach dem Uhrsystem, Kompass, Entfernungen schätzen und messen
    - Orientierung durch aktive Echoortung (▶ Kap. 7.1.4)
- Straßenverkehr und öffentliche Transportmittel
    - Bus, Bahn, Straßenbahn etc. (Ein- und Ausstieg, Haltestelle auswählen etc.)
    - Straßen und Kreuzungen (Führlinien nutzen, Ampelsysteme etc.)
- Hilfsmitteleinsatz

- Nutzung des Langstocks bzw. alternativer Mobilitätshilfen (z. B. Rahmenkonstruktionen auf Rädchen) gegebenenfalls in Ergänzung mit Formen der aktiven Echoortung (▶ Kap. 7.1.4)
- Nutzung von Apps und GPS-gestützten Orientierungs- und Mobilitätshilfen
- Nutzung von Sehhilfen (z. B. Monokular)
- Nutzung taktiler Modelle, Karten und Skizzen.

Die bei einigen Inhaltskomponenten aufgeführten Verbindungen zur aktiven Echoortung sind sinnvolle Ergänzungen, wenngleich festgehalten werden muss, dass die spezielle Form der Nutzung von Klicksonar bislang noch kaum in offizielle O&M-Curricula aufgenommen wurde (Hölscher, 2018).

Erweitert werden kann die Inhaltsauflistung auch um den Aspekt der Kontextgestaltung (visuelle und taktile Leitlinien, Raumbeleuchtung, Beschriftungssysteme, Anordnung von Mobiliar etc.) (Hofer & Oser, 2011, 242 f.).

Das klassische O&M-Hilfsmittel, insbesondere für Menschen mit Blindheit, ist der Langstock (Klee, 2005; Hofer & Oser, 2011). Mittels Pendeltechnik kann die Langstocknutzung eine körperbreite Schutzzone vor bodennahen Hindernissen gewährleisten, Bodenstrukturen anzeigen oder Leitlinien identifizieren. Darüber hinaus erfüllt die Langstocknutzung die Kennzeichnungspflicht von Menschen mit Sehschädigungen im Straßenverkehr.

O&M-Unterricht erfordert als Rehabilitationsmaßnahme eine direkte 1:1-Situation einer blinden oder sehbehinderten Person mit einer speziell geschulten und ausgebildeten O&M-Fachkraft (Griffin-Shirley & Pogrund, 2018, 11). Dadurch wird sichergestellt, dass die individuellen Voraussetzungen berücksichtigt, individuelle Zielstellungen verfolgt und angepasste Strategien vermittelt werden können. Entsprechende Rehabilitationsmaßnahmen werden in Deutschland im Rahmen der Sozialgesetzgebung über die jeweils zuständigen Kostenträger (hier in erster Linie Krankenkassen) finanziert. Aber auch an Bildungseinrichtungen der Blinden- und Sehbehindertenpädagogik kann durch O&M-Fachkräfte ein entsprechender Unterricht angeboten werden. Anwendungssituationen für eingeführte Strategien und Techniken ergeben sich in vielfältiger Weise auch im Schulalltag. So können beispielsweise Schülerinnen und Schüler beim Klassenraumwechsel oder auf dem Weg zur Turnhalle den Einsatz des Langstocks üben. Dies ist insbesondere dann sinnvoll und nachhaltig, wenn die begleitende Lehrkraft Grundkenntnisse in O&M hat und in engem Austausch mit der O&M-Spezialistin bzw. dem O&M-Spezialisten steht, sodass gegebenenfalls korrigierend eingegriffen werden kann.

Für die adäquate Begleitung blinder Menschen müssen sehende Führpersonen zwingend Techniken der »sehenden Begleitung« beherrschen. Die geführte Person muss hierbei die Situation mitbestimmen können und darf keinesfalls gezogen oder geschoben werden. Bei der Technik der »sehenden Begleitung« hält sich die geführte Person mit einer Hand oberhalb des Ellbogengelenks an der Führperson fest, sodass sie sich stets etwa einen halben Schritt hinter der Führperson befindet. Hierdurch ist die geführte Person in der Lage, Richtungsänderungen selbst wahrzunehmen oder den Kontakt selbstbestimmt zu beenden. Für die Vorgehensweise bei schmalen Durchgängen, bei der Durchquerung von Türen etc. existieren weitere Strategien (s. Deutscher Blinden- und Sehbehindertenverband e.V., 2012).

7.7 Lebenspraktische Fähigkeiten

Lebenspraktische Fähigkeiten (LPF) umfassen Kompetenzen, die notwendig sind, um eine möglichst selbstständige Alltagsbewältigung zu erreichen. Wie der Bereich Orientierung und Mobilität spielen lebenspraktische Fähigkeiten eine wesentliche Rolle für den Aufbau von sozialer Kompetenz (▶ Kap. 7.5).

LPF umfasst spezifische Handlungskonzepte und -strategien in folgenden Bereichen (Bardin, 2014, 234; Zebehazy et al., 2017, 701; Hergert & Hofer, 2011 b, 260):

- Haushaltsführung (Reinigung, Organisation, Planung etc.)
- Gesundheit, Hygiene, Körperpflege, Kosmetik
- Kleidung und Kleiderpflege
- Ernährung (Einkauf, kochen, essen etc.)
- Zeitmanagement
- Geldmanagement (Einkauf, Kontoführung, Geldautomat bedienen etc.)
- Nutzung von Medien und Hilfsmitteln (Smartphone, Bildschirmlesegerät etc.)
- Freizeitgestaltung.

Analog zum Bereich O&M ist der Bereich LPF fester Bestandteil von Rehabilitationsmaßnahmen bei erworbener Blindheit oder Sehbehinderung. Diese Aufgabe übernehmen speziell ausgebildete Rehabilitationsfachkräfte. Im schulischen Kontext ist LPF ein Kernbereich des spezifischen bzw. erweiterten Curriculums (Degenhardt et al., 2016; Allman & Lewis, 2014) und fällt somit in die Zuständigkeit von Sonderpädagoginnen und Sonderpädagogen.

Während Menschen mit unbeeinträchtigtem Sehvermögen bereits im Kindesalter komplexe Alltagshandlungen durch das Beobachten von Modellen (Imitationslernen) erwerben und in Spielhandlungen üben können, sind diese Lernstrategien für blinde und sehbehinderte Menschen in der Regel stark eingeschränkt. Gezielte und individuelle pädagogische Fördermaßnahmen sind somit unerlässlich, um die für die Alltagsbewältigung benötigten Strategien und Techniken bzw. die erforderliche Hilfsmittelnutzung einzuführen und zu üben. Eine entsprechende Begriffsbildung (▶ Kap. 7.4), (fein-)motorische Fertigkeiten, Handlungsplanung und eine hohe Eigenmotivation sind Voraussetzungen für die erfolgreiche Bewältigung alltagspraktischer Herausforderungen und stellen wesentliche Komponenten einer LPF-Schulung dar (Hergert & Hofer, 2011 a, 255). Im Mittelpunkt steht die alltagsnahe Problemlösung in sinnvollen Lernzusammenhängen.

Folgende konkrete didaktische Vermittlungsprinzipien lassen sich für LPF-Unterricht formulieren (vgl. Hergert & Hofer, 2011, 264 ff.):

- Vorüberlegungen: Analyse der erforderlichen Lernvoraussetzungen (Begriffe, feinmotorische Kompetenzen), der Motivationslage etc.
- Komplexitätsreduktion der Aufgabe (schrittweises Einführen von Handlungsabfolgen)
- Handlungsorientierung: Lernen durch aktives und geplantes Tun

- Strukturierung der Lernumgebung (Kontrastierung, Ordnungsprinzipien etc.)
- Transfer von Strategien und Techniken: z. B. Integration von Schneidetechniken bei der Nahrungszubereitung
- Hilfsmittelanpassung und Umgebungsgestaltung: individuelle Lösungen finden (Röpke, 2016): z. B. Rutschfestigkeit herstellen, Kontrastierung (Verwendung von Tischsets etc.), Greifhilfen für Menschen mit motorischen Beeinträchtigungen.

8 Hilfsmittel und Maßnahmen für einen erleichterten Informationszugang für Menschen mit Blindheit und Sehbehinderung

8.1 Low Vision: Maßnahmen und Hilfsmittel

Hilfsmittel für Menschen mit Sehbeeinträchtigungen sind vielfältig und können verschiedenen Einsatzbereichen und Funktionen zugeordnet werden. Im Bereich LPF (Lebenspraktische Fähigkeiten) können beispielsweise Hilfsmittel das Wiegen und Messen (z. B. Messbecher mit kontrastreicher Skalierung, Einfüllhilfen, Digitalwaagen mit großem Display oder mit Sprachausgabe) erleichtern und die selbstständige Lebensführung unterstützen.

Nachfolgend soll auf Maßnahmen und Hilfsmittel fokussiert werden, die insbesondere im Bereich der Teilhabe an Bildungsprozessen und für den diesbezüglich erforderlichen Informationsaustausch benötigt werden sowie den Zugang zu Schrift und Bildinformationen sicherstellen. Hierzu können Maßnahmen und Hilfsmittel gezählt werden, die die visuelle Reizaufnahme verbessern (z. B. durch Versorgung mit Brille, Lupe etc.), die Wahrnehmungssituation optimieren (z. B. durch Anpassung der Beleuchtung) oder die visuelle Reizverarbeitung unterstützen (z. B. durch Strukturierung des Angebots).

Henriksen und Laemers (2016, 157 ff.) nennen fünf grundsätzliche Maßnahmen im Bereich Low Vision:

- Vergrößerung
- Verbesserung von Kontrasten
- Beleuchtung
- Reduzierung von Komplexität
- Platzierung bzw. Auswahl eines geeigneten Sitzplatzes.

8.1.1 Vergrößerung

Der Hilfsmitteleinsatz bei Menschen mit Sehbeeinträchtigungen lässt sich anschaulich am Beispiel des Vergrößerungsbedarfs aufzeigen. Im Alltag wird eine Vergrößerung am häufigsten durch Annäherung erzielt. Eine Reduktion des üblichen Leseabstands von etwa 25 cm auf die Hälfte bewirkt eine Vergrößerung des Netzhautbildes um das Zweifache. Voraussetzung ist, dass eine ausreichende Akkommodationsfähigkeit vorhanden ist. Ab dem frühen Jugendalter nimmt die Fähigkeit der Linse jedoch kontinuierlich ab, Objekte in geringem Abstand zum Auge scharf auf der Netzhaut abzubilden. Bei Kindern mit Sehbeeinträchtigungen kann bereits im Kindesalter die Akkommodationsfähigkeit eingeschränkt sein (Henriksen & Laemers, 2016, 115).

Der Einsatz optisch vergrößernder Hilfsmittel kommt dann in Frage, wenn die Vergrößerung durch Annäherung nicht mehr ausreicht. Zu bedenken ist allerdings, dass der mit dem vergrößernden Hilfsmittel sichtbare Bereich (Sehfeld) mit zunehmender Vergrößerung immer kleiner wird (Henriksen & Laemers, 2016, 160).

Bei Kindern im Grundschulalter wird als vergrößerndes Hilfsmittel häufig die Visolettlupe eingesetzt (vergrößernde Hilfsmittel ▸ Abb. 18), da sie einfach zu handhaben ist. Das Auge muss nah an die Lupe herangeführt werden, damit höhere Vergrößerungen erzielt werden können. Lupenbrillen können auch bei herabgesetzter Akkommodationsfähigkeit verwendet werden. Zudem sind sie für Schreibaufgaben und Bastelarbeiten geeignet, da die Hände frei bleiben.

Sehr hohe Vergrößerungen im Nahbereich und zusätzliche Farb- und Kontrastanpassungen können mit elektronischen Hilfsmitteln wie elektronischen Lupen, Bildschirmlesegeräten oder mobilen Kamerasystemen erzielt werden.

Für Sehaufgaben in der Ferne (z. B. Erkennen eines Tafelanschriebs) eignen sich kleine Fernrohre (Monokulare) oder elektronische Kamerasysteme. Textangebote in individuell angepasstem Großdruck können insbesondere dann sinnvoll und notwendig werden, wenn stationäre Hilfsmittel (z. B. Bildschirmlesegeräte) nicht verfügbar sind wie beispielsweise bei Gruppen- und Stationsarbeiten im Schulunterricht. Bedacht werden muss hierbei, dass durch eine Formatvergrößerung von DinA4 auf DinA3 lediglich ein Vergrößerungsfaktor von 1,4 erzielt wird, der nur für wenige Schülerinnen und Schüler ausreichend ist.

Ein weiteres zentrales Hilfsmittel stellt ein sehbehindertenspezifisch ausgestatteter Computerarbeitsplatz dar. Dieser ermöglicht neben der benötigten Vergrößerung das Einstellen individueller Farb- und Helligkeitskontraste. Ein sehbehindertenspezifischer Computerarbeitsplatz enthält zwingend einen schwenkbaren Monitorarm, sodass bei aufrechter Sitzhaltung eine Vergrößerung durch Annäherung erzielt werden kann. Um die Übersichtlichkeit auch bei hohem Vergrößerungsbedarf zu verbessern, kann ein Großbildschirm (ab 24 Zoll) hilfreich sein. Für Menschen mit Sehbeeinträchtigungen ist die Computeransteuerung per Maus häufig ineffektiv, da aufgrund der notwendigen Vergrößerung der Bildschirmüberblick eingeschränkt wird. Eine geeignete und alle Funktionen umfassende Ansteuerung kann über die Tastatur mittels Shortcut-Tastenkombinationen erfolgen.

Reichen die Vergrößerungs- und Einstellungsmöglichkeiten handelsüblicher Computer-Betriebssysteme und -Programme nicht aus, wird eine spezielle Vergrößerungssoftware benötigt, die auch bei starker Vergrößerung eine kantenglatte Buchstabendarstellung und ein scharfes Bildschirmbild ermöglicht. Zusätzlich lassen sich hiermit individuelle Cursor- und Mauszeigerdarstellungen wählen. Jede professionelle Vergrößerungssoftware enthält optional eine zuschaltbare Sprachausgabe, sodass sich beispielsweise Schülerinnen und Schüler mit hochgradigen Sehbehinderungen längere Textpassagen vorlesen lassen können. Für Menschen, deren Informationszugang aufgabenspezifisch visuell, auditiv oder haptisch mittels Brailleschrift erfolgt, ist eine Kopplung von Vergrößerungssoftware mit Screenreader und Brailleszeile (▸ Kap. 3.2) möglich.

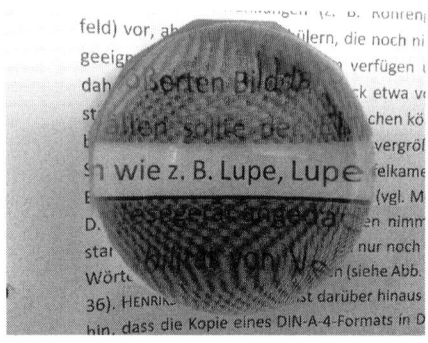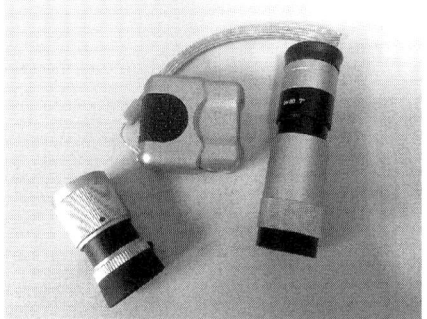

Abb. 18: Auswahl vergrößernder Hilfsmittel

Eine Tablet-Nutzung kann über standardmäßig vorhandene Möglichkeiten wie Sprachein- und -ausgabe sowie Vergrößerungsoptionen ebenfalls eine Hilfsmittelfunktion übernehmen, zumal über die Vielfalt der Anwendungen (Apps) Unterstützungsmöglichkeiten in unterschiedlichen Bereichen (z. B. Abfotografieren von Tafelbildern, Scannen von Texten, Hilfestellung bei der Orientierung in fremder Umgebung, Farberkennung) zur Verfügung stehen.

8.1.2 Verbesserung von Kontrasten

Einschränkungen des Kontrastsehens können sich auf die Informationsentnahme, Orientierungsfähigkeiten, lebenspraktische Tätigkeiten und auf Kommunikationssituationen (mimische Veränderungen sind in der Regel kontrastarm) auswirken (Henriksen & Laemers, 2016, 176). Eine Kontrasterhöhung lässt sich durch den Einsatz von Farben mit hohen Leuchtdichteunterschieden (z. B. schwarz und weiß, dunkelblau und gelb, schwarz und gelb; Kombination von Komplementärfarben) erzielen (Krug, 2001, 123). Die Wahrnehmung von schwachen Kontrasten ist grundsätzlich von der Beleuchtungssituation abhängig, d. h. je höher die Beleuchtungsstärke, desto besser ist die Kontrastwahrnehmung.

Kontraste sind für die Gestaltung von Räumen (z. B. Kontrast zwischen Wand und Tür oder Wand und Treppenhandlauf), für Alltagssituationen (z. B. Kontrast zwischen Teller, Trinkbecher und Tischoberfläche) und für die Einrichtung von Arbeitsplätzen (z. B. Kontrast zwischen Tischfläche und Arbeitsmaterialien) von hoher Bedeutung. In schulischen Kontexten muss darüber hinaus bei der Gestaltung von Arbeitsblättern und weiterer Lernmedien auf hohe Kontraste geachtet werden. Beispielsweise empfiehlt sich bei Abbildungen ein Nachfahren der Konturen mit einem schwarzen Stift, und für Schreibaufgaben eignet sich die Verwendung von schwarzem Filzstift oder von schwarzer Tinte auf weißem Papier (Henriksen & Laemers, 2016, 178). Bei erhöhter Blendempfindlichkeit kann eine inverse Darstellung (helle Schrift auf dunklem Hintergrund) die Informationsaufnahme erleichtern.

8.1.3 Beleuchtung

Eine gute Beleuchtungssituation erleichtert generell die Informationsaufnahme, da sowohl die Sehschärfe als auch das Kontrastsehen begünstigt wird (Henriksen & Laemers, 2016, 179). Die Beleuchtungssituation im Unterricht mit sehbehinderten Schülerinnen und Schülern muss die Selbstständigkeit und Mobilität der Lernenden unterstützen, das Sehen motivieren und fördern, die Orientierung erleichtern und Gefahrenstellen minimieren (Landeswohlfahrtsverband Hessen, 2012, 6). Sie muss flexible Anpassungen an individuelle Sehbedürfnisse, unterschiedliche Sehaufgaben und pädagogische Nutzungskonzepte (Einzelarbeit, Klassenunterricht etc.) ermöglichen. Hieraus ergeben sich folgende Kriterien für ein Beleuchtungskonzept (Landeswohlfahrtsverband Hessen, 2012, 9 ff.; Henriksen & Laemers, 2016, 188 f.):

- schalt- und dimmbare Grundbeleuchtung über einfache Bedienelemente
- gleichmäßige Ausleuchtung des Raumes mit einem hohen Anteil indirekter Beleuchtung, um Direkt- und Reflexionsblendung (z. B. über spiegelnde Oberflächen) zu minimieren
- zusätzliche individuelle Arbeitsplatzleuchten zur gleichmäßigen Ausleuchtung des Arbeitsbereichs
- Tageslicht-Blendschutz (z. B. durch Sonnenschutzrollos)
- flimmerfreie Leuchtmittel (Verwendung elektronischer Vorschaltgeräte); keine Halogenlampen.

Bezüglich der Beleuchtungsstärke sollte bei Maximalbeleuchtung in Unterrichtsräumen ein Wert von 1000 Lux nicht unterschritten werden (Degenhardt, 2007, 69; Landeswohlfahrtsverband Hessen, 2012, 12).

Der Einsatz von Kantenfilterbrillen kann die Blendempfindlichkeit, die mit einigen Augenerkrankungen (z. B. Albinismus, Aniridie, Katarakt) verbunden ist, deutlich reduzieren. Kantenfilter absorbieren den für die Blendung verantwortlichen kurzwelligen Blauanteil des Lichts an einer definierten Stelle des Lichtspektrums (Henriksen & Laemers, 2016, 184 f.). Lichtschutzgläser (»Sonnenbrillen«) reduzieren dagegen das sichtbare Licht gleichmäßig. Beachtet werden muss, dass Kantenfilter die Farbwahrnehmung beeinträchtigen können. Die Auswahl eines geeigneten Kantenfilters muss stets individuell durch Erprobung stattfinden.

8.1.4 Reduzierung von Komplexität

Maßnahmen im Sinne einer Reduktion von Komplexität gelten sowohl für die Raum- und Arbeitsplatzgestaltung als auch für die Gestaltung von Arbeitsmaterialien (Arbeitsblätter etc.). Eine klare und deutliche Strukturierung kann generell für alle die visuelle Informationsaufnahme erleichtern und stellt insbesondere für Menschen mit okularen und zerebralen Sehbeeinträchtigungen eine große Hilfe dar. Eine Reduzierung von Komplexität hat zum Ziel, die visuelle Ablenkung durch nicht relevante visuelle Informationen zu begrenzen, die Unterscheidbarkeit zwischen einer Figur bzw. einem »Vordergrund« und der nicht bedeutsamen Hintergrundinformation zu erhöhen sowie Strukturinformationen (z. B. die Anordnung von Informationen) für die Informationsaufnahme zu nutzen. Als hilfreich haben sich folgende Maßnahmen erwiesen (vgl. Henriksen & Laemers, 2016, 190):

- klare Gestaltung visueller Informationen (z. B. durch gezielten Einsatz von Farb- und Helligkeitskontrasten)
- unwichtige Details bzw. störende Informationen weglassen (z. B. bei Abbildungen, Verzierungen auf Arbeitsblättern)
- Hintergrund unauffällig gestalten, damit sich die relevanten Informationen maximal abheben (z. B. einfarbige Arbeitsunterlagen)
- zurückhaltende Raumdekoration sowie dosiertes und strukturiertes Plakatieren der Wände im Klassenzimmer
- Ordnungssysteme am Arbeitsplatz (z. B. strukturierende Ablageflächen für Arbeitsmaterialien)
- deutliche Gliederung auf Arbeitsblättern und bei schriftlichen Informationen (z. B. Hervorhebung von Überschriften etc.)
- Crowding-Probleme (eng gruppierte Informationen können nicht voneinander getrennt werden): Vergrößerung der Abstände (z. B. zwischen Wörtern oder Buchstaben).

Der Einsatz von Vergrößerungshilfen verkleinert das Sehfeld, wodurch sich die visuelle Komplexität reduziert. D. h. auch für Menschen, die visusbedingt keinen Vergrößerungsbedarf aufweisen (z. B. bei zerebralen Sehbeeinträchtigungen), kann eine Vergrößerung zur Komplexitätsreduktion hilfreich sein.

8.1.5 Platzierung

Die visuelle Aufmerksamkeit und Leistungsfähigkeit ist davon abhängig, wie und wo die wahrzunehmenden Informationen präsentiert werden und wo und in welcher Position sich die wahrnehmende Person befindet (Henriksen & Laemers, 2016, 191 f.). Bei Menschen mit Gesichtsfeldausfällen müssen visuelle Angebote im Wahrnehmungsbereich stattfinden. Menschen mit Bewegungseinschränkungen brauchen gegebenenfalls Unterstützung durch Lagerungs- bzw. Sitzhilfen, um eine wahrnehmungsförderliche Position einnehmen zu können. Finden Wahrnehmungsangebote überwiegend in einer Liegeposition statt, muss vermieden werden, dass die Person direkt in die Deckenbeleuchtung blickt. Gegenlichtsituationen sind generell zu vermeiden. Eine ergonomische Arbeitsplatzgestaltung (z. B. durch höhen- und neigungsverstellbare Arbeitstische) verhindert ein rasches Ermüden bzw. beugt Fehlhaltungen v. a. bei visuellen Naharbeiten vor.

8.2 Spezifische Maßnahmen im Kontext zerebral bedingter Sehbeeinträchtigungen

Die unter Kapitel 8.1 (▶ Kap. 8.1) aufgeführten Low Vision-Maßnahmen haben eine grundsätzliche Relevanz für Menschen mit Sehbeeinträchtigungen, unabhängig davon, ob die Sehschädigung okular oder zerebral (CVI, ▶ Kap. 5.2.2) bedingt ist. Allerdings ergeben sich die Maßnahmen bei Vorliegen von CVI aufgrund der unterschiedlichen Störungen visueller Wahrnehmungsverarbeitung und nicht aufgrund von Beeinträchtigungen bei der Aufnahme optischer Reize. Die nachfolgende Übersicht (Tabelle 7) fasst mögliche Auswirkungen von CVI-Symptomen auf die Lesekompetenz sowie auf mathematisches Lernen beispielhaft zusammen (vgl. Henriksen & Laemers, 2016, 250; Barclay, 2015, 423), woraus sich konkrete Fördermaßnahmen ableiten lassen.

Tab. 7: Auswirkungen von CVI-Symptomen auf Lesekompetenzen und mathematisches Lernen (vgl. Henriksen & Laemers, 2016, 250; Barclay, 2015, 423)

Dysfunktion der dorsalen visuellen Wahrnehmungsverarbeitung		
CVI-Symptom	Mögliche Auswirkung auf die Lesefähigkeit	Mögliche Auswirkung auf mathematisches Lernen
Crowding	Schwierigkeiten, alle Buchstaben eines Wortes zu erkennen, wenn diese in zu geringem Buchstabenabstand präsentiert werden.	Schwierigkeiten, z. B. alle Objekte, Bilder und zugehörige Ziffern zu erkennen, wenn diese sehr nahe beieinander stehen.
Fehlendes Herstellen einer visuellen Übersichtlichkeit	Schwierigkeit, z. B. auf einer Buchseite mit vielen Informationen mehr als ein oder zwei visuelle Elemente gleichzeitig zu verarbeiten. Zusätzlich erschweren ein Durcheinander am Arbeitsplatz oder im Raum den Zugang zum geschriebenen Wort.	Schwierigkeit, den Verlauf einer komplexen mathematischen Operation zu verfolgen, weil nur ein oder zwei visuelle Elemente gleichzeitig verarbeitet werden können; Schwierigkeit, Stellenwerte einzuhalten; Schwierigkeiten beim Erkennen von Zahlen in Diagrammen und Grafiken.
Schwierigkeiten im visuellen sequentiellen Gedächtnis	Probleme beim Erinnern der Buchstabenreihenfolge.	Probleme beim Erinnern von Zahlenfolgen.

Tab. 7: Auswirkungen von CVI-Symptomen auf Lesekompetenzen und mathematisches Lernen (vgl. Henriksen & Laemers, 2016, 250; Barclay, 2015, 423) – Fortsetzung

Dysfunktion der dorsalen visuellen Wahrnehmungsverarbeitung		
Probleme im visuellen Absuchen (z. B. bei Simultanagnosie und der damit verbundenen Unfähigkeit des mühelosen Blickwechsels zwischen verschiedenen Objekten)	Schwierigkeit, in Büchern die nächste Zeile oder den nachfolgenden Abschnitt zu finden.	Schwierigkeit beim Vervollständigen von Rechenaufgaben, die korrekte Zahlenreihe zu lokalisieren oder nachfolgende Abschnitte aufzufinden.
Schwierigkeiten bei der simultanen Informationsverarbeitung	Beeinträchtigte Leistungsfähigkeit durch sensorische Störeinflüsse (z. B. Störgeräusche; visuelle, taktile, kinästhetische oder olfaktorische Ablenkungen) oder mentales oder physisches Unbehagen	

Dysfunktion der ventralen visuellen Wahrnehmungsverarbeitung		
CVI-Symptom	*Mögliche Auswirkung auf die Lesefähigkeit*	*Mögliche Auswirkung auf mathematisches Lernen*
Schwierigkeiten bei der Formerkennung	Beeinträchtigung der Buchstabenerkennung	Beeinträchtigung der Ziffernerkennung
Schwierigkeiten im visuellen Gedächtnis	Problem, den visuellen Input mit der gespeicherten Vorstellung von Buchstaben und Wörtern abzugleichen.	Problem, den visuellen Input mit der gespeicherten Vorstellung von Ziffern und Wörtern abzugleichen.
Probleme bei der visuellen Formkonstanz	Verwechslung von ähnlichen, z. B. spiegelgleichen Buchstaben (z. B. d und b) (derartige visuelle Verwechslungen sollten ab dem Alter von 7 Jahren nicht mehr auftreten.)	Verwechslung von ähnlichen, z. B. spiegelgleichen Ziffern (z. B. 6 und 9)
Alexie (Unfähigkeit zu lesen) ohne Agraphie (Unfähigkeit zu schreiben)	Selten auftretend: Unfähigkeit, trotz vorhandener Fähigkeit, Texte zu schreiben, das selbst Geschriebene zu erlesen.	Schwierigkeit, selbst geschriebene Ziffern zu erlesen.

In Abhängigkeit der jeweiligen Symptome kann die Unterstützung von Menschen mit CVI beispielsweise folgende konkrete Maßnahmen umfassen (Mundhenk, 2017; Sheline, 2016; Roman-Lantzy, 2018):

- Gestaltung des Arbeitsplatzes:
    - Vermeidung sensorischer Ablenkung (z. B. geräuscharme Umgebung; Sitzplatz vorne, seitlich im Klassenraum statt hinten, mittig)
    - Ordnungssysteme am Arbeitsplatz (z. B. Ablagesysteme, Ordner etc. sortiert nach Fächern)

- Einzelarbeitsplätze mit Ausrichtung zur Wand (evtl. mobile seitliche Abtrennungsmöglichkeiten durch Stellwände)
- Arbeitsmaterialien:
  - Verringerung der visuellen Komplexität (z. B. klare Strukturierung durch deutliche Absätze; jede Aufgabe auf einem gesonderten Blatt; Abdecken nicht benötigter Teilbereiche; Einsatz von Leseschablonen oder Lesefenstern; Verringerung des Textausschnitts durch Vergrößerung)
  - Vermeidung von Crowding-Effekten durch Vergrößerung des Buchstabenabstands (Laufweite) und größeren Zeilenabstand
  - Individuelle Schriftgröße
  - Häufige Blickwechsel vermeiden (z. B. durch Direkteintrag in das Arbeitsblatt statt Schreiben in ein Schulheft; Abschreibaufgaben reduzieren, stattdessen Text diktieren)
  - Vermeiden von komplexen »Wimmelbildern« (stattdessen Einzelbilder)
  - Gezielter Einsatz von Helligkeits- und Farbkontrasten (z. B. bei Bildbearbeitung; Strukturierungshilfen, Markierungen und Hervorhebungen in Texten)
  - Eigenes Schreiben in Druckschrift statt in verbundener Schrift
  - Eingeführte Aufgabenformate beibehalten
- Technische Hilfsmittel:
  - Einsatz von Vergrößerungshilfen (z. B. Hellfeldlupe, Vergrößerungshilfen am Computer), um für die Detailerkennung oder bei Leseaufgaben den Bild-/Textausschnitt zu verkleinern
  - »Spotlighting«: visuelle Aufmerksamkeit mittels lichtstarker Taschenlampe auf relevante Informationen lenken (z. B. Schlüsselwort im Tafelanschrieb)
  - Einsatz von Informationszugängen über Sprache (z. B. »Vorlesestifte«; Computersprachausgabe bei digitalen Texten; zusätzliche Verbalisierung bei Tafelanschrieben)
- Zeitzugaben bei der Aufgabenbewältigung und Einbinden von Sehpausen
- Orientierungshilfen:
  - Struktur im Klassenzimmer (stabile Anordnung von Tischen, Regalen etc.)
  - Farbige Ordnungssysteme (z. B. Boxen); offene Regale mit Vorhängen abdecken
  - Fußbodenmarkierungen; Türmarkierungen (z. B. von Fachräumen)
  - Pausenbeschäftigung vorab klären.

8.3 Assistive Informationstechnologien und Hilfsmittel für blinde Menschen

Analog zu Kapitel 8.1 (▶ Kap. 8.1) stehen auch die im Kontext von Blindheit aufgeführten Hilfsmittel in engem Zusammenhang mit dem Bereich des Informationszugangs und der schriftlichen Kommunikation.

Moderne IT-Systeme gewährleisten in Verbindung mit assistiven Zusatzkomponenten einerseits einen umfassenden Informationszugang für blinde Menschen und sorgen andererseits für eine gelingende schriftliche Kommunikation zwischen Braille- und Schwarzschriftnutzenden. Digital vorliegende Textdokumente können sowohl von blinden als auch von sehenden Menschen erstellt und problemlos ausgetauscht werden. Mit Hilfe von Vorlesesystemen werden schriftliche Informationen in Verbalsprache umgesetzt. Entsprechende Geräte werden zunehmend kleiner und verfügen unter Umständen über weitere Erkennungsfunktionen (z. B. Gesichtserkennung). Einige Geräte lassen sich an Brillengestellen montieren und übertragen die Informationen per »In-Ear-Kopfhörer« (z. B. www.Orcam.com).

Ein mit assistiver Technologie ausgestatteter Computer verfügt zusätzlich zum Rechner oder Laptop über folgende Komponenten (Kalina, 2011):

- **Braillezeile:**
  Am gebräuchlichsten sind Braillezeilen, auf denen 40 oder 80 Braillemodule nebeneinander angeordnet sind. Jedes Braillemodul kann mittels acht einzeln elektronisch ansteuerbaren Kunststoffstiften jedes Braillezeichen abbilden. Braillezeilen gibt es in Ausführungen als reine Ausgabesysteme, die ausschließlich den Brailletext darstellen, und als kombinierte Systeme, die mittels einer integrierten Brailleeingabetastatur auch zur Textproduktion verwendet werden können (Abbildung 19).

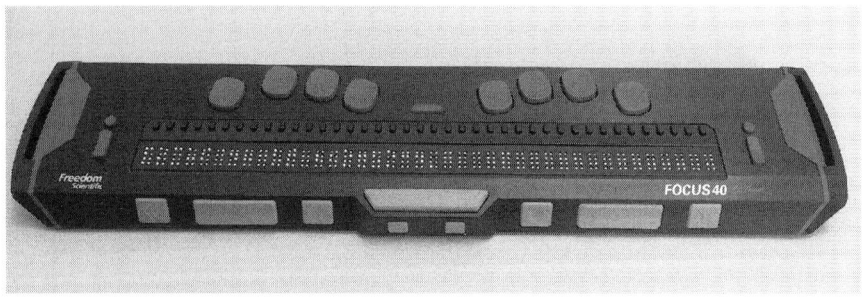

Abb. 19: Braillezeile mit 40 Braillemodulen und Brailleeingabetastatur

- **Screenreader mit Sprachausgabe:**
  Der Screenreader stellt die Brücke zwischen Bildschirm und Braillezeile dar. Hierbei handelt es sich um eine professionelle Software, die den Bildschirminhalt analysiert und hierbei Textfelder, Icons, Menüs, Bilder etc. erkennt. Die Nutzerin bzw. der Nutzer kann entscheiden, welche Informationen auf der Braillezeile für die taktile Informationsentnahme angezeigt werden und welche mittels Sprachausgabe zur Verfügung stehen. Komplexe Bildschirminhalte wie Internetseiten werden in der Regel kombiniert per taktilem und auditivem Zugang bearbeitet.
- **Erweiterungen: Punktschriftdrucker, Vergrößerungssoftware:**
  Digitale Textdokumente können mittels einer Konvertierungssoftware für den Brailleausdruck auf Papier vorbereitet werden. Für den Ausdruck ist ein entsprechender Punktschriftdrucker erforderlich.

Für Menschen, die sowohl die Brailleschrift als auch Schwarzschrift nutzen, wird die Computerausstattung um eine Vergrößerungssoftware erweitert.

Die Steuerung des Computers und die Softwarebedienung erfolgen über Tastaturbefehle. Für die Texteingabe stehen die Computertastatur und die gegebenenfalls an der Braillezeile vorhandene Eingabetastatur zur Verfügung. In der Regel wird zu Beginn der Sekundarstufe das Schreiben auf der Computertastatur im 10-Fingersystem eingeführt, während im Grundschulalter aufgrund der geringeren Komplexität und der Schreibanalogie zur mechanischen Brailleschreibmaschine die Eingabetastatur verwendet wird. Im schulischen Kontext sind Braillezeilen mit 40 Braillemodulen üblich. Da die Textdarstellung nur zeilenweise erfolgen kann, ist das Gewinnen eines Überblicks über den Text erschwert.

Smartphones und Tablets können ebenfalls mit Braillezeilen gekoppelt werden. Je nach Fabrikat und Betriebssystem des Tablets oder Smartphones gehört eine Bedienhilfe mit integriertem Screenreader bereits zur Standardausstattung. Mittels spezieller Apps können blinde Menschen vielfältige Unterstützung in den Bereichen Orientierung (z. B. mittels GPS-gestützter Orientierungshilfen) oder Alltagsbewältigung (z. B. durch Bilderkennung, Farberkennung, Barcodescanner) erhalten.

Die Zuverlässigkeit von Spracheingabesystemen ist mittlerweile hoch, sodass diese zunehmend zur Textproduktion eingesetzt werden.

Blinde Menschen können Web-Seiten nutzen, wenn diese nach Grundprinzipien der Barrierefreiheit gestaltet sind. Entsprechende Bedingungen werden für Deutschland in der Barrierefreie-Informationstechnik-Verordnung (BITV 2.0) formuliert.

Damit digitale Dokumente barrierearm zugänglich werden, müssen Mindeststandards bezüglich der Textformatierung erfüllt sein. Im deutschsprachigen Raum wurde für Arbeiten mit dem Textverarbeitungsprogramm MS-Word im Rahmen einer Kooperation der blinden- bzw. sehbehindertenpädagogischen Einrichtungen ein spezieller »E-Buch-Standard« erarbeitet (http://www.augenbit.de/wiki/index.php?title=E-Buch_Anleitung; Zugriff: 31.07.2019). Dieser Standard sichert ein einheitliches Qualitätsniveau und ermöglicht die bundesweite Austauschbarkeit elektronischer Unterrichtsmaterialien (z. B. Schulbücher, Arbeitstexte). Im E-Buch-Standard ist geregelt, wie Strukturinformationen (z. B. Überschrifthierarchien, Hervorhebungen im Text, Merksätze) und Darstellungsformate (z. B. Lückentexte, Tabellen) umgesetzt bzw. eindeutig angekündigt werden. Auch der Umgang mit Tabellen und Bildern ist geregelt, sodass entsprechende Darstellungen vereinfacht bzw. alternativ als Fließtext oder Beschreibung präsentiert werden können.

Auch für die Zugänglichkeit und für die effektive Nutzung von plattformunabhängigen PDF-Dokumenten (PDF: Portable Document Format) mittels Screenreader müssen Mindestvoraussetzungen erfüllt sein (z. B. ausgeschalteter Dokumentenschutz, Strukturierung von Inhalten mit Hilfe von formatierten Überschriften, Alternativtexte für Bilder, Beachtung der Lesereihenfolge, regelbares Kontrastverhältnis etc.) (Schneeberger & Feix, 2013, 1053 ff.).

Für den nicht-digitalen Informationszugang können Braillenutzerinnen und -nutzer Brailleausdrucke auf Papier für das Lesen und mechanische oder elektronische Brailleschreibmaschinen für das Schreiben verwenden (Abbildung 20).

Abb. 20: Mechanische Perkins- und elektronische Elotypeschreibmaschine

Darüber hinaus kann Brailleschrift auch über das Sticheln der einzelnen Punkte auf einer Schreibtafel (Abbildung 21) produziert werden. Hierbei erfolgt das Prägen der Punkte von rechts nach links, damit die erhabenen Punkte auf dem umgedrehten Schreibblatt später in Leserichtung erlesen werden können. Diese hauptsächlich für das Anfertigen von Notizen genutzte Schreibmethode kann individuell nach wie vor bedeutsam sein, auch wenn diese Funktion verstärkt von digitalen Sprachaufnahmegeräten oder entsprechenden Apps übernommen wird.

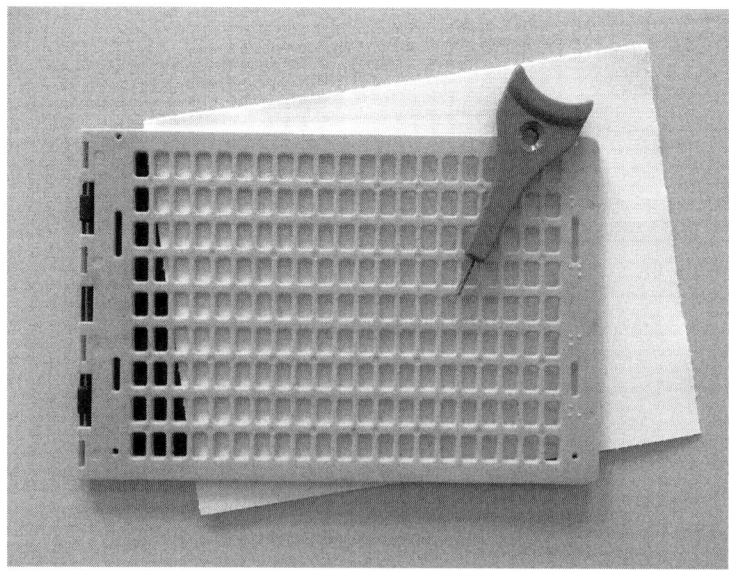

Abb. 21: Schreibtafel mit Stichel

9 Didaktik des Unterrichts mit blinden und sehbehinderten Kindern und Jugendlichen

Die bisherigen Ausführungen zu Blindheit und Sehbeeinträchtigung und deren Ausprägungen und Auswirkungen zeigen deutlich, dass in schulischen Kontexten jeweils individuelle didaktische Entscheidungen getroffen werden müssen, um den pädagogischen Bedürfnissen der Schülerinnen und Schülern gerecht werden zu können. Eine Didaktik des Unterrichts, die Schülerinnen und Schüler mit Blindheit und Sehbehinderung grundlegend berücksichtigt, muss den Handlungsrahmen für diese Individualentscheidungen zur Verfügung stellen. Für den gemeinsamen Unterricht im Kontext von Inklusion ist von zentraler Wichtigkeit, dass diese didaktischen Überlegungen kompatibel sind mit allgemeindidaktischen Modellen und gegebenenfalls weiteren sonderpädagogischen Unterrichtsnotwendigkeiten.

Nachfolgend wird ein Strukturmodell einer blinden- und sehbehindertenspezifischen Didaktik vorgestellt, das den genannten Anforderungen gerecht werden kann (Lang, 2017 a).

9.1 Modell einer Didaktik des Unterrichts mit blinden und sehbehinderten Schülerinnen und Schülern

Das Didaktik-Modell (▶ Abb. 22) basiert auf den Arbeiten von Schindele (1985) und wurde ursprünglich für den Unterricht mit blinden und hochgradig sehbehinderten Schülerinnen und Schülern entwickelt (Lang, 2017 a). Es lässt sich jedoch ohne Weiteres auf die Gruppe der Kinder und Jugendlichen mit sämtlichen Sehbeeinträchtigungen und Blindheit erweitern. Von Anfang an mitberücksichtigt sind Schülerinnen und Schüler mit mehrfachen Beeinträchtigungen und sich daraus ergebenden zusätzlichen Förderbedarfen.

Ausgangspunkt des Modells sind die individuellen Lernvoraussetzungen der Schülerinnen und Schüler, die sich auf der Grundlage der ICF (▶ Kap. 1.1) konkretisieren lassen, sodass die Fähigkeiten und Fertigkeiten in den verschiedenen Entwicklungsbereichen (z. B. Kognition, Motorik, Wahrnehmung, Sprache) auf die konkreten Möglichkeiten der Teilhabe und Aktivität bezogen bleiben. Gleichzeitig wird deutlich, dass sonderpädagogisches Handeln auf diagnostischen Informationen beruht. Für didaktische Entscheidungen im Unterricht mit Schülerinnen und

Schülern mit Sehbeeinträchtigungen bedeutet dies, dass beispielsweise zwingend eine Überprüfung des funktionalen Sehens stattfinden muss.

Aus den Lernvoraussetzungen der Schülerinnen und Schüler ergeben sich deren individuelle Lernbedürfnisse und Lernerfordernisse, wobei sich Lernbedürfnisse aus der Perspektive der Schülerin bzw. des Schülers ergeben und Lernerfordernisse von der Lehrperson definiert werden (Lang, 2017 a, 199). Diese Unterscheidung erscheint bedeutsam, wenngleich sich in der Praxis vielfältige Überschneidungen ergeben.

Das Explorationsverhalten wird durch die fehlende bzw. eingeschränkte Wahrnehmung optischer Stimuli beeinträchtigt. Sehend aufwachsende Kinder können von sich aus sehr viel einfacher und gefahrloser Bewegungs- bzw. Erfahrungsräume aufsuchen und entsprechende begriffliche Vorstellungen der Welt entwickeln, während insbesondere Kinder mit Blindheit und hochgradiger Sehbehinderung häufig auf vermittelnde Bezugspersonen angewiesen sind (v. a. bei komplexen räumlichen Zusammenhängen, bei Phänomenen wie Wolken oder bei Farbmerkmalen). Soziale und kommunikative Verhaltensweisen (z. B. mimische und gestische Ausdrucksformen) können von sehenden Kindern durch Imitationslernen verhältnismäßig einfach erworben werden. Aus diesen Zusammenhängen heraus zählen die Wahrnehmungsförderung, die Begriffsbildung, die Bewegungsförderung und das soziale Lernen zu grundlegenden fächerübergreifenden Unterrichtsprinzipien. Darüber hinaus ergeben sich für den Unterricht mit blinden und sehbehinderten Schülerinnen und Schülern je nach Unterrichtsbereich spezifische fachdidaktische Besonderheiten (z. B. im Schriftspracherwerb ▶ Kap. 9.2, im Sportunterricht, im Mathematikunterricht). Die Berücksichtigung der Lernbedürfnisse und Lernerfordernisse bedingt insbesondere didaktische Entscheidungen auf folgenden Ebenen:

- Unterrichtsziele
- Unterrichtsinhalte
- Unterrichtsmethoden
- Unterrichtsmedien
- Raumgestaltung.

Diese didaktischen Handlungsebenen stehen im Mittelpunkt des Didaktik-Modells. Neben den Lernbedürfnissen und Lernerfordernissen gibt es weitere Einflussvariablen auf diesbezügliche Entscheidungen. Hierzu zählen außerschulische Faktoren wie Berufsperspektiven oder gesellschaftliche Rahmenbedingungen wie der Grad an Barrierefreiheit in den Bereichen Mobilität oder Informationszugänglichkeit. Formale Vorgaben wie Bildungs- und Lehrpläne üben aufgrund ihrer Verbindlichkeit einen direkten Einfluss auf didaktische Unterrichtsentscheidungen aus. Nicht zuletzt können auch allgemeindidaktische Modelle (z. B. zur Inklusion) und Konzepte anderer Förderschwerpunkte Unterrichtsentscheidungen wesentlich mitprägen.

Hervorgehoben werden soll jedoch, dass die genannten Einflussvariablen nicht einseitig auf die Didaktik des Unterrichts mit blinden und sehbehinderten Schülerinnen und Schülern einwirken, sondern dass umgekehrt auch eine Gestaltungskraft von der Didaktik ausgehen kann bzw. muss, die Veränderungsprozesse in Gang setzt. Beispielsweise können aus dem didaktischen Handlungsrahmen der Blinden- und Sehbehindertenpädagogik Aspekte für die Gestaltung öffentlicher Räume oder für die Informationszugänglichkeit abgeleitet werden. Formale Vorgaben wie Prüfungsformate, die Gestaltung von Schulbüchern oder die Entwicklung von Inklusionskonzepten müssen grundsätzlich blinden- und sehbehindertenspezifische Aspekte mitberücksichtigen.

Eine weitere Dimension, die das Didaktik-Modell abbildet, kann als personaler Bezug zwischen Lehrperson und Schülerin bzw. Schüler bezeichnet werden. Dieses Verhältnis ist mitbestimmend für die Qualität des Unterrichts oder der Fördermaßnahme. Bei mehrfachbeeinträchtigten Kindern und Jugendlichen mit umfassendem und komplexem Förderbedarf oder bei taubblinden Schülerinnen und Schülern stellt der Beziehungsaufbau die entscheidende Grundlage des pädagogischen Handelns dar.

Nachfolgend werden die didaktischen Handlungsebenen Ziele und Inhalte, Methoden, Medien und Notwendigkeiten der Raumgestaltung konkretisiert.

9.1.1 Unterrichtsziele und Unterrichtsinhalte

Bereits Schindele (1985, 106 ff.) hat in seinen didaktischen Überlegungen auf pädagogische Leit- und Richtziele hingewiesen, die für alle Schülerinnen und Schüler unabhängig vom Vorliegen von Beeinträchtigungen und Behinderungen gelten. Hierunter fallen Zielstellungen wie beispielsweise Teilhabe am gesellschaftlichen Leben, selbstständige Lebensgestaltung, verantwortliches Handeln, Demokratiebewusstsein etc. Um diese allgemeinen Ziele zu erreichen, sind jedoch in Abhängigkeit der jeweiligen Schülerinnen- und Schülergruppe durchaus spezifische Schritte mit eigenen Teilzielen notwendig. Blinde und sehbehinderte Menschen müssen beispielsweise über bestimmte Kompetenzen und Fähigkeiten in den Bereichen Orientierung und Mobilität bzw. Lebenspraxis verfügen, um ihr Leben selbstständig gestalten zu können. Um erfolgreich am gesellschaftlichen Leben teilhaben zu können, bedarf es unter anderem blinden- und sehbehindertenspezifischer Kompetenzen hinsichtlich der Kommunikationsgestaltung oder der Kulturtechniken (z. B. Beherrschung der Brailleschrift und der diesbezüglichen assistiven Technologien). Eine spezifische Hilfsmittelkompetenz ist in schulischen Kontexten in nahezu allen Unterrichtsfächern notwendig, um die jeweiligen Unterrichtsvorgaben erfüllen zu können. Die aufgeführten Beispiele zeigen, dass spezifische Zielstellungen überall dort auftreten, wo spezifische Kompetenzen vermittelt werden. Darüber hinaus bedingen diese Zielstellungen spezifische inhaltliche Entscheidungen.

Entsprechende Inhaltsbereiche mit besonderer Relevanz für blinde und sehbehinderte Schülerinnen und Schüler wie Förderung der Wahrnehmung, O&M und LPF, soziale Kompetenz oder Umgang mit assistiver Technologie werden im »Spezifischen Curriculum« (▶ Kap. 4.2.2) aufgeführt. Diese spezifischen Inhalte ergänzen diejenigen inhaltlichen Vorgaben, die durch die Bildungs- und Lehrpläne des Bildungsganges (z. B. Grundschule, Schule im Förderschwerpunkt geistige Entwicklung, Gymnasium) bestimmt werden, in dem sich die Schülerin bzw. der Schüler mit Blindheit oder Sehbehinderung befindet.

Die inhaltliche Fülle, die sich aus den Bildungsplanvorgaben und dem zusätzlichen »Spezifischen Curriculum« ergibt, kann zu einem verstärkten Zugriff auf Formen des

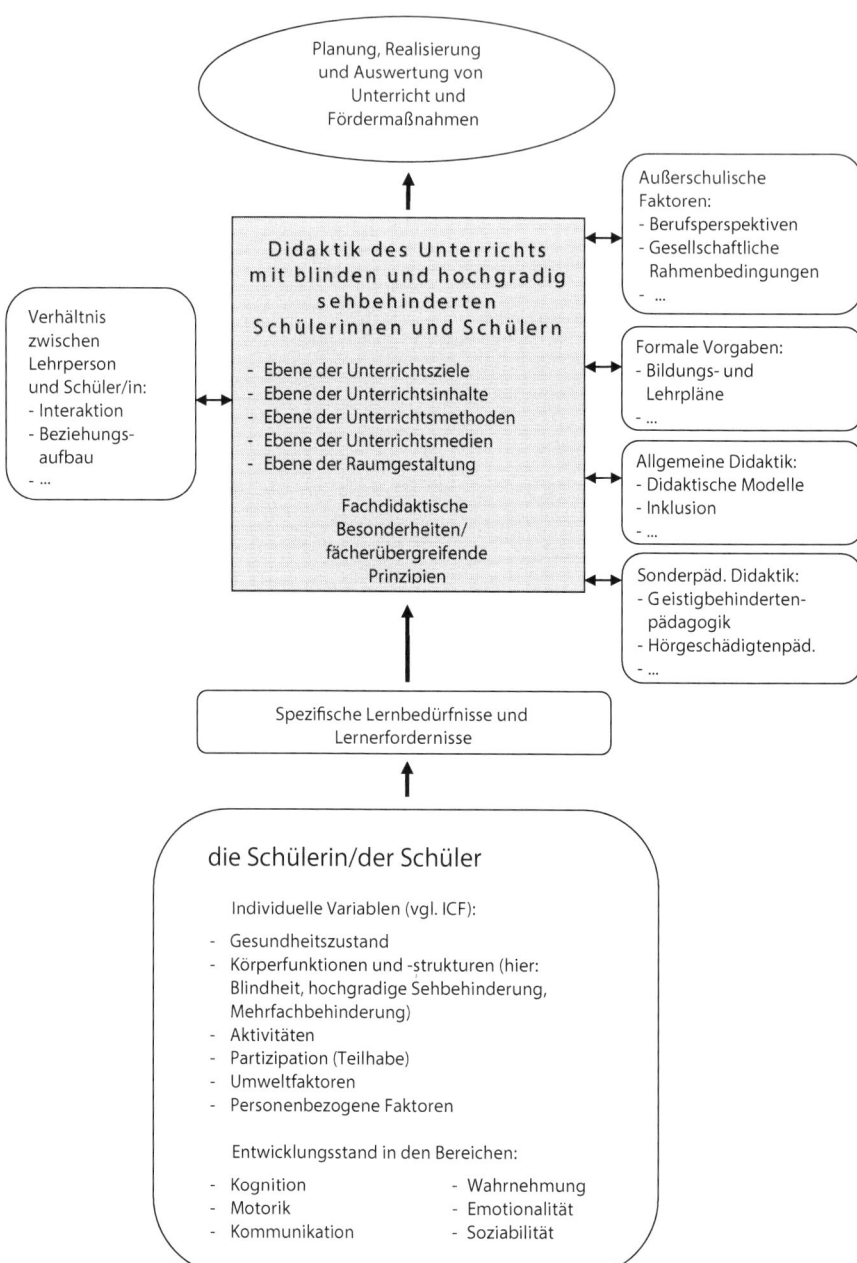

Abb. 22: Modell einer blinden- und sehbehindertenspezifischen Didaktik (Lang, 2017 a, 197)

exemplarischen Lehrens und Lernens führen, da hierbei die stoffliche Reduktion nicht zu einer Reduktion der zu vermittelnden Kompetenzen führt.

9.1.2 Unterrichtsmethoden

Methodische Entscheidungen, die für blinde und sehbehinderte Kinder und Jugendliche notwendig sind, erweisen sich auch für Schülerinnen und Schüler ohne Sehbeeinträchtigung als geeignet und wünschenswert. Während dort in der Regel mehrere methodische Alternativen zur Verfügung stehen, gibt es diese Flexibilität im Unterricht mit blinden und sehbehinderten Kindern oftmals nicht. Blinde Kinder sind beispielsweise in vielen sachunterrichtlichen oder naturwissenschaftlichen Lernprozessen auf einen eigenaktiven und konkret-handelnden Lernzugang angewiesen, da eine Veranschaulichung über Bilddarstellungen oder über das Beobachten der Handlungen der Lehrkraft nicht möglich ist. Die Methode eines handlungsorientierten Unterrichts erhält somit einen besonderen Stellenwert. Für Schülerinnen und Schüler mit komplexem Förderbedarf können Elemente des Förderkonzepts von Nielsen die aktive Auseinandersetzung mit Lerninhalten initiieren (▶ Kap. 7.3.1). Zur Förderung von sozialen Kompetenzen und zur Unterstützung sozialer Integrationsprozesse können Methoden des Kooperativen Lernens (Borsch, 2015) eine zentrale Rolle einnehmen. Offene Unterrichtskonzepte (z. B. Wochenplanarbeit, Lernstationen, Projektarbeit) eignen sich besonders, um die notwendigen Differenzierungs- und Individualisierungsmaßnahmen (z. B. zur Umsetzung individueller Zielstellungen) realisieren zu können. Auf Seiten der Lehrkraft sind vielfältige methodische Maßnahmen notwendig, um eine größtmögliche Teilhabe am Unterrichtsgeschehen sicherzustellen: z. B. handlungsbegleitendes Verbalisieren von Tafel- oder Whiteboardanschrieben, direktes Aufrufen von Schülerinnen und Schülern mit dem Namen, verbale statt nonverbale Rückmeldung auf Handlungen oder Äußerungen etc. (Lang, 2017 a, 208).

9.1.3 Unterrichtsmedien

Im Unterricht mit blinden und sehbehinderten Schülerinnen und Schülern hat neben dem Einsatz von Schrift (Brailleschrift und adaptierte Schwarzschrift) der Einsatz von Medien zur Bewältigung und zur Veranschaulichung von Unterrichtsinhalten eine besondere Bedeutung. Hilfsmittel, die den Informationszugang und Informationsaustausch sicherstellen, wurden in Kapitel 8 (▶ Kap. 8) dargestellt.

Die Brailleschrift ist sicherlich eines der markantesten und charakteristischsten Medien blinder Menschen, deren Entwicklung und Etablierung einen Meilenstein für den Bildungszugang darstellte (▶ Kap. 3). Der Braille-Schriftspracherwerb erfordert eine Reihe spezifischer didaktischer Maßnahmen, die in Kapitel 9.3 (▶ Kap. 9.3) ausgeführt werden.

Medien zur Veranschaulichung von Inhalten sowie zur Vermittlung adäquater Vorstellungen über Lebewesen, Objekte oder Tätigkeiten standen im Sinne der Begriffsbildung schon gegen Ende des 19. Jahrhunderts im Zentrum blindenpädagogischer Betrachtung. Simon Heller empfahl die als Grundvorgehensweise auch heute noch didaktisch bedeutsame »Methode der absteigenden Linie« (Heller, 1886, 140 ff.), d. h. von der Realbegegnung ausgehend sollen die eingesetzten Medien schrittweise abstrakter werden (z. B. Realbegegnung mit einem Tier – Stopfpräparat – Nachbildung aus Holz, Ton etc. – Reliefbild – Umrisszeichnung). Auch die Möglichkeit der umgekehrten Vorgehensweise einer »Methode der aufsteigenden Linie« zog Heller in Betracht. Dies ist vor allem dann notwendig, wenn sich die Realbegegnung als äußerst komplex gestaltet (z. B. Besuch einer Schleuse; das Transportmittel Straßenbahn) und die inhaltliche Durchdringung dieser Komplexität einer Vorstrukturierung bedarf. Sind Realobjekte für eine Realbegegnung zu klein oder zu groß (z. B. Einzeller, Mond), zu weit entfernt (z. B. Eiffelturm), zu gefährlich (z. B. Löwe) oder nicht mehr existent (z. B. Dinosaurier), müssen zwangsläufig modellhafte Darstellungsformen gewählt werden. Veranschaulichungsmedien können in der Regel nicht für sich alleine stehen, sondern bedürfen umfangreicher Zusatzinformationen in Form von verbalen Erläuterungen, Texten oder erklärende Legenden. Abbildung 23 fasst die verschiedenen Veranschaulichungsmöglichkeiten zusammen, wobei konkret handelnde Veranschaulichungsformen (z. B. Szenisches Spiel) nicht berücksichtigt sind. Die letztliche Entscheidung ist abhängig von der didaktischen Analyse, bei der die Lernvoraussetzungen der Schülerinnen und Schüler (z. B. hinsichtlich kognitiver Fähigkeiten, Vorerfahrungen sowie haptischer, visueller oder auditiver Wahrnehmungsmöglichkeiten), die Zielstellungen des Unterrichts (Welche Veranschaulichung wird den Unterrichtszielen am besten gerecht?) und die Realisierbarkeit der medialen Umsetzung (Arbeitsaufwand, Zugänglichkeit etc.) eine Rolle spielen.

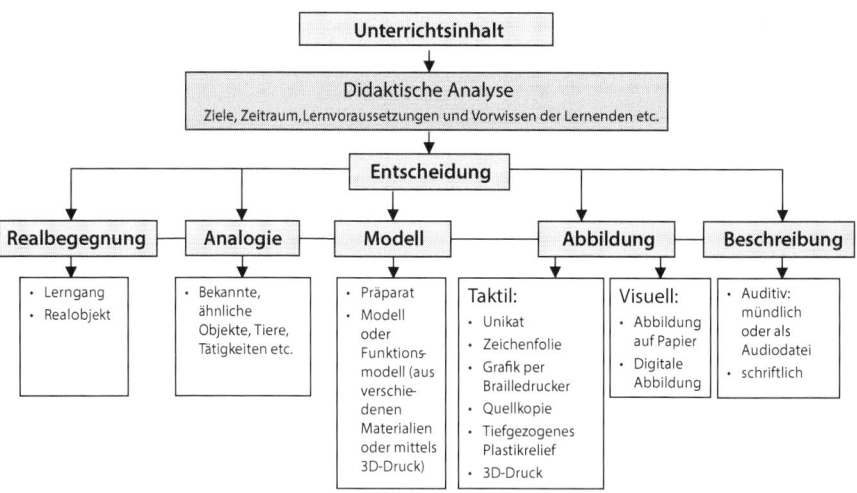

Abb. 23: Veranschaulichungsmöglichkeiten von Unterrichtsinhalten

Für die Erstellung taktiler Abbildungen stehen verschiedene Herstellungsverfahren zur Verfügung:

9 Didaktik des Unterrichts mit blinden und sehbehinderten Kindern und Jugendlichen

- die Erstellung eines Unikats durch Aufkleben verschiedener Materialien
- das Herstellen einer Umrissdarstellung auf Zeichenfolie
- die Herstellung einer Thermokopie, wobei schwarze Flächen oder Linien auf Spezialpapier mittels eines Fuser-Geräts aufquellen und ertastet werden können
- die Produktion eines im Vakuum-Tiefziehverfahren erstellten Plastikreliefs (hierzu ist die Erstellung einer temperaturfesten Vorlage notwendig)
- der Ausdruck einer Abbildung mittels grafikfähigem Brailledrucker
- die Herstellung einer Abbildung im 3D-Druckverfahren.

Die skizzierten Herstellungsverfahren erfordern einen unterschiedlichen Geräteaufwand und weisen spezifische Vor- und Nachteile auf (Lang, 2017 a, 216 ff.). Beispielsweise lassen sich auf Zeichenfolie oder Thermokopie nur sehr begrenzt unterschiedliche Texturen darstellen (z. B. durch Schraffur). Nicht jedes Verfahren ist somit für jede Veranschaulichung geeignet. Handelt es sich um komplexe Abbildungen, die eine möglichst hohe Texturvielfalt, eine starke Überhöhung und eine Braillebeschriftung aufweisen müssen, kommen vor allem das Tiefziehverfahren und der 3D-Druck in Frage. Letzteres eignet sich insbesondere für die Herstellung von Modellen. Tabelle 8 zeigt verschiedene Beispiele einiger Herstellungsverfahren auf.

Tab. 8: Beispiele für taktile Veranschaulichungsmedien

Zeichenfolie	Thermokopie	Tiefgezogenes Relief	per 3D-Drucker erstellte Veranschaulichungen

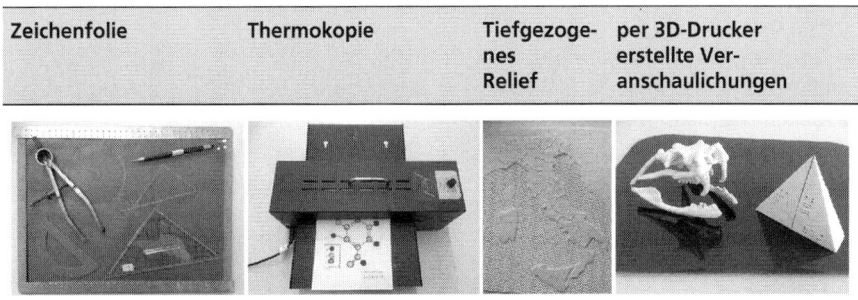

Unabhängig davon, welches Herstellungsverfahren verwendet wird, muss das Medium so gestaltet sein, dass die relevanten Informationen für blinde und sehbehinderte Schülerinnen und Schüler möglichst einfach und eindeutig mit Hilfe der vorhandenen oder einzuführenden Explorationsstrategien und Hilfsmittel zugänglich sind.

Hillenbrand (2015) hat auf der Grundlage internationaler Evaluationsforschung Prinzipien wirksamer Lernmedien abgeleitet, von denen einige auch für blinden- und sehbehindertenspezifische Medien eine besondere Bedeutsamkeit aufweisen:

- Auswahl treffen: Reduktion der Inhalte auf das Wesentliche
- Vorwissen aktivieren
- klare Instruktion zum Gebrauch des Mediums
- Differenzierungsmöglichkeiten im Einsatz der Medien

- aufsteigender Schwierigkeitsgrad
- peergestütztes Lernen (z. B. durch kooperative Lernformen).

Ergänzt werden können diese Prinzipien durch folgende Kriterien (Lang, 2017, 213 ff.; Hudelmayer, 1983, 193):

- Anpassung an die Lernvoraussetzungen der Schülerinnen und Schüler (Wahrnehmungsmöglichkeiten, Hilfsmittelkompetenz etc.)
- Zerlegung komplexer Abbildungen in Einzeldarstellungen
- Anpassung der Größe des Mediums (für eine taktile Abbildung erscheint der Handtastraum, d. h. die Spannbreite der beiden Hände, als geeignete Orientierungsgröße)
- Rutschfestigkeit und Stabilität sicherstellen
- relevante Informationen (z. B. Flächen, Linien etc.) müssen haptisch und visuell gut unterscheidbar sein (z. B. durch hohen Farb-/Helligkeitskontrast und maximale taktile Kontrastierung)
- Punkte und Linien müssen einen Mindestabstand aufweisen (taktil: ca. 2mm)
- Linienüberschneidungen und Überlappungen von Flächen sind ebenso wie perspektivische Darstellungen zu vermeiden
- Beschriftung in Punkt- bzw. Schwarzschrift; Achtung: Hinweis- und Beschriftungspfeile können die haptische und visuelle Exploration von Abbildungen stören.

Blinde und sehbehinderte Schülerinnen und Schüler benötigen im Vergleich zu Lernenden ohne Sehbeeinträchtigung in der Regel deutlich mehr Zeit und Anstrengung für die haptische bzw. visuelle Erkundung von Medien und Lernangeboten. Sollte eine direkte Anleitung mit Handführung unumgänglich sein, muss diese der Schülerin bzw. dem Schüler zwingend vorab verbal angekündigt werden.

9.1.4 Raumgestaltung

Maßnahmen zur Optimierung der Raumgestaltung betreffen das Schulgebäude mit Pausenhof, das Klassenzimmer und den individuellen Arbeitsplatz.

Unter dem Vorzeichen von Inklusion sollten für jedes Schulgebäude bzw. zumindest bei allen Schulneu- und -umbauten grundsätzlich die Vorgaben der Behindertenrechtskonvention gelten, wo in Ausführungen in Artikel 2 zum Bereich »Universal Design« und in Artikel 9 (Zugänglichkeit) eindeutig Barrierefreiheit hinsichtlich der Raumgestaltung gefordert wird (Bundesgesetzblatt, 2008). Die Umsetzung entsprechender Forderungen und rechtlicher Grundlagen zum barrierefreien Bauen erweisen sich in der Praxis oftmals als schwierig (Degenhardt, 2018). Unter dem Aspekt der Barrierefreiheit für blinde und sehbehinderte Schülerinnen und Schüler müssen Schulgebäude (inklusive Treppenhäuser und Flure) ausreichend und blendfrei (d. h. gleichmäßig) ausgeleuchtet sein. Für Unterrichtsräume sehbehinderter Schülerinnen und Schüler wird eine Beleuchtungsstärke von mindestens 1000 Lux empfohlen (Degenhardt, 2007, 69). Gefahrenquellen wie Absätze oder

Treppenstufen müssen kontrastreich markiert sein und Hindernisse in Fluren oder auf dem Schulgelände vermieden werden. Raumbeschriftungen sollten in Schwarzschrift und in Brailleschrift vorhanden sein. Wichtige Orientierungshilfen gehen von optischen und/oder taktilen Leitlinien aus.

Im Klassenraum sollten Schülerarbeitsplätze sowie Regale und Schränke übersichtlich und konstant angeordnet sein. Wichtig ist darüber hinaus eine Sensibilisierung der Klasse, Schultaschen etc. direkt am Arbeitsplatz zu lagern und nicht genutzte Stühle unter die Tische zu schieben, um Stolperfallen und Hindernisse zu minimieren. Im Unterricht mit Schülerinnen und Schülern mit zusätzlichen Förderbedarfen ist Raum für Lagerungsmöglichkeiten sowie für spezielle Hilfsmittel und Fördermaterialien notwendig.

Schülerinnen und Schüler mit Sehbeeinträchtigungen sind in hohem Maße auf die auditive Informationsgewinnung angewiesen. Der Klassenraum sollte deshalb möglichst wenig äußerem Lärm (z. B. einer stark befahrenen Straße) ausgesetzt sein. Auch im Klassenunterricht muss darauf geachtet werden, Störgeräusche zu minimieren.

Der Arbeitsplatz (Lang, 2017 a, 218) sollte so gewählt werden, dass trotz des Platzbedarfs etwaiger Hilfsmittel das soziale Miteinander und die Kooperation mit Mitschülerinnen und Mitschülern nicht gestört wird. Sehbehinderte Schülerinnen und Schüler benötigen darüber hinaus optimale Sicht auf Projektionsflächen oder auf die Tafel. Um ergonomisches visuelles Arbeiten im Nahbereich zu gewährleisten, sind höhenverstellbare Tische mit neigbarer Tischplatte unabdingbar. Darüber hinaus sollte der Arbeitsplatz mit einer Arbeitsplatzleuchte individuell ausleuchtbar sein. Grundsätzlich sollten Ordnungssysteme und Strukturierungshilfen (Schreibunterlagen, Ablagefächer etc.) mit klaren, kontrastreichen und gegebenenfalls taktilen Markierungen eingesetzt werden. Sowohl für blinde als auch für sehbehinderte Schülerinnen und Schüler müssen Materialien oder Lesetexte mittels entsprechender Unterlagen oder Fixierungsmöglichkeiten (z. B. Magnete, Klettband) rutschfest angeboten werden.

9.2 Didaktik des Braille-Schriftspracherwerbs

Fachdidaktische Besonderheiten im Unterricht mit blinden und sehbehinderten Schülerinnen und Schülern gibt es in nahezu allen Unterrichtsbereichen. Für die meisten dieser Bereiche und Fächer liegen diese Besonderheiten als ausgearbeitete didaktischen Konzeptionen vor (z. B. Mathematik: Smith, 2017; Leuders, 2012; Hahn, 2006; Lang, 2011 c; Sport: Farrenkopf et al., 2017; Giese, 2010 a, b; Thiele, 2001; Lang 2011 b; Kunst: McNear & Brusegaard, 2017; Lokatis-Daseke & Wolter, 2008).

Im Folgenden wird die didaktische Spezifik des Unterrichts mit blinden und sehbehinderten Kindern und Jugendlichen am Beispiel des Braille-Schriftspracherwerbs konkret aufgezeigt.

9.2.1 Wahrnehmung und Braillelesen

Das Lesen der Brailleschrift ist ein eng miteinander verwobener Wahrnehmungsprozess aus motorischen und sensorischen Teilvorgängen.

Brailleleserinnen und -leser benutzen in der Regel die Fingerkuppen der Zeigefinger (seltener der Mittelfinger), um Buchstaben und Wörter zu identifizieren. Am Leseprozess sind beide Hände beteiligt, wobei sich im Erwerbsprozess eine dominante Lesehand herausbildet. Das beidhändige Lesen führt zu höheren Lesegeschwindigkeiten als einhändiges Lesen, da der Zeilenwechsel wesentlich schneller und ohne Leseunterbrechung gelingt. Eine günstige Taststrategie für das Braillelesen lässt sich wie folgt beschreiben (Kamei-Hannan & Ricci, 2015, 174; Millar, 1997, 76, 82): Während die rechte Hand die Zeile zu Ende liest, wechselt die linke in die neue Zeile, um anschließend den Anfang der Zeile alleine zu lesen bis die rechte Hand hinzugeführt wird. Den mittleren Zeilenabschnitt lesen beide Hände parallel, bevor die rechte Hand wieder die alleinige Leseaufgabe übernimmt und die linke in die neue Zeile wechselt.

Es erweist sich als vorteilhaft, wenn außer den Lesefingern noch weitere Finger auf die Textzeile aufgelegt werden. Obwohl letztendlich nur die Lesefinger die Dekodierungsaufgabe durchführen, können zusätzliche Finger hilfreiche Orientierungsfunktionen (z. B. Erkennen von Wortgrenzen, Zeilenende) übernehmen (Harley et al., 1997, 78). Die Lesebewegungen guter Brailleleserinnen und Brailleleser lassen sich folgendermaßen charakterisieren (Hoolbrook et al., 2017, 392; Hudelmayer, 1985, 132):

- unabhängiger Gebrauch beider Hände
- mehrere Finger beider Hände werden auf die Lesezeile aufgelegt
- sicherer und ökonomischer Zeilenwechsel
- geringer, gleichbleibender Auflagedruck der Lesefinger auf den Lesetext
- fließender, horizontaler Bewegungsablauf mit wenigen Vertikal- und Rückbewegungen.

Die beschriebenen Lesebewegungen entwickeln sich erst langsam im Laufe des Schriftspracherwerbs. Bei Leseanfängerinnen und -anfängern sind zunächst unsystematische Tastbewegungen, vertikale oder zirkuläre Bewegungen über einzelnen Punktschriftzeichen, Rückbewegungen, ein erhöhter Auflagedruck der Lesefinger sowie Probleme beim Aufsuchen einer neuen Zeile beobachtbar (Millar, 1997, 90 ff.). Die Veränderung der Lesebewegungen und ein Wechsel der Wahrnehmungsstrategie bedingen sich gegenseitig. Abbildung 24 veranschaulicht die verschiedenen Brailleleseestrategien.

Brailleleseanfängerinnen und -anfänger, die von Geburt an blind bzw. in den ersten Lebensjahren erblindet sind, nehmen aufgrund ihrer zunächst unsystematischen Tastbewegungen Braillezeichen textural war. D. h. grobe texturale Unterschiede (z. B. zwischen den Braillebuchstaben a und l) können differenziert werden. Die Punktdichte ist hierbei das entscheidende Kriterium (Millar, 1997, 44). Bereits an dieser Stelle zeigt sich ein großer Unterschied zur Wahrnehmungsstrategie beim visuellen Lesen:

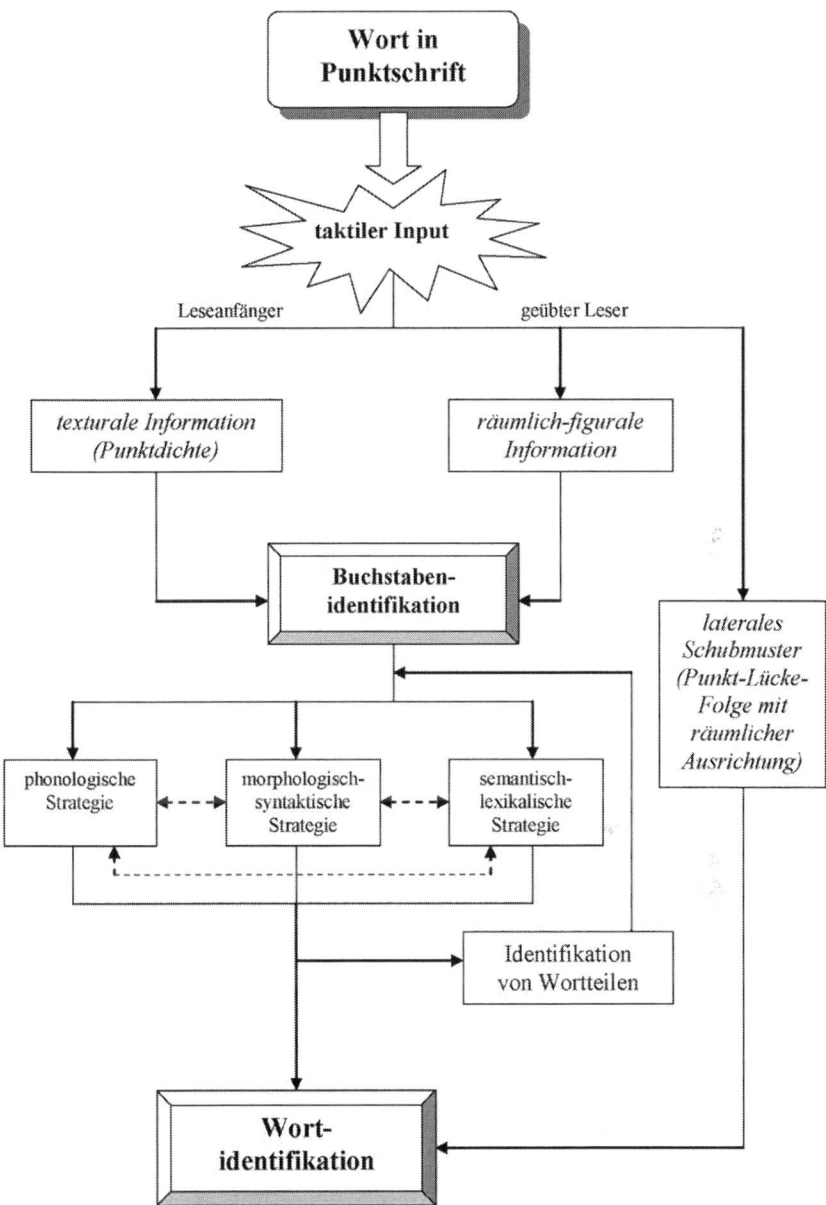

Abb. 24: Wahrnehmungs- und Leseprozesse (Lang, 2003, 176)

Hier werden Buchstaben figural wahrgenommen. Jeder Schwarzschriftbuchstabe stellt eine räumlich klar strukturierte Figur aus Rundungen, Strichen, Punkten etc. dar, die visuell verhältnismäßig einfach zugänglich ist und bei vergrößerter Darstellung gleich bleibt. Auch Braillezeichen können von sehenden Menschen visuell leicht als Figuren wahrgenommen werden (z. B. erinnert der Brailleschriftbuchstabe o an das mathematische Schwarzschriftzeichen >). Die für eine figurale Wahrnehmungsstrategie notwendige räumliche Analyse der Braillezeichen lässt sich auf haptischem Weg sehr viel schwerer bewerkstelligen. Früh erblindete Kinder sind hierzu zunächst noch nicht in der Lage, da die externalen räumlichen Referenzbezüge, die zur eindeutigen Punktlokalisation notwendig sind, erst mit der Etablierung systematischer Tastbewegungen vorhanden sind (Millar, 1994, 101, 106; 1997, 54). Erst durch stabile Tastbewegungen können die räumlichen Beziehungen der Hände und Finger zueinander, zur Körperhaltung und zur horizontalen Lesebewegung mit der räumlichen Ausrichtung des Braillezeichens bzw. des Brailletextes in Beziehung gesetzt werden (vgl. Millar, 1994, 106 ff., 114 ff.; 1997, 34 f., 83 ff.). Ist diese Voraussetzung erfüllt, kann das blinde Kind die räumliche Position der Punkte im Punktraster der Brailleschrift erkennen. Die beschriebenen Sachverhalte haben weitreichende didaktische Folgen: Zu Beginn des Schriftspracherwerbs darf bei früh erblindeten oder geburtsblinden Kindern nur originalgroße Brailleschrift eingesetzt werden, da eine Vergrößerung der Braillezeichen die charakteristischen texturalen Merkmale zerstören würde. Hier zeigt sich ein elementarer Unterschied zur Schwarzschrift, wo die Vergrößerung der Buchstaben ein leichteres Erkennen ermöglicht. Da jedoch viele Braillezeichen eine starke texturale Ähnlichkeit aufweisen, spielt das Erfassen der räumlichen Struktur im weiteren Verlauf des Lesenlernens eine wichtige Rolle für die schnelle und sichere Buchstabenerkennung sowie für deren ökonomische Speicherung. Somit müssen didaktische Maßnahmen getroffen werden, damit auf der Grundlage stabiler Tastbewegungen der Wechsel von einer texturalen zu einer räumlich-figuralen Wahrnehmungsstrategie gelingt (▶ Kap. 9.2.2). Später erblindeten Kindern, Jugendlichen oder Erwachsenen gelingt die figurale Wahrnehmungsstrategie aufgrund der vorliegenden visuellen Raumerfahrung deutlich leichter. Hier kann das taktile Braillemuster unmittelbar mit der räumlichen Anordnung im 6-Punkteraster verbunden werden.

Der Leseprozess wurde bislang lediglich unter dem Aspekt der Buchstabenerkennung betrachtet. Das Lesen von Wörtern und Sätzen ist jedoch weder in der Braille- noch in der Schwarzschrift ein sukzessives Erkennen von Einzelbuchstaben. Vielmehr werden sowohl im visuellen als auch haptischen Leseprozess größere Wahrnehmungseinheiten gebildet. Für die Brailleschrift konnte nachgewiesen werden, dass über gleichmäßige Lesebewegungen charakteristische laterale Punkt-Lücke-Muster wahrgenommen werden können, wodurch eine schnelle Wortidentifikation ermöglicht wird (Millar, 1987). Konkret bedeutet dies, dass häufige Buchstabenkombinationen, Vor- und Nachsilben, Wortstämme sowie auch kurze Ganzwörter nicht buchstabenweise erlesen werden müssen, sondern anhand ihrer charakteristischen Punkt-Lücke-Folge als Ganzes erkannt werden können.

Um den Lesevorgang umfassend beschreiben zu können, müssen weitere Strategien einbezogen werden, über die teilweise schon Leseanfängerinnen und -anfänger verfügen. In der Phase des Lesebeginns spielen phonologische, d. h. die Aussprache betreffende Kodierungsstrategien, eine große Rolle. Auf diese Strategien greifen geübte Leserinnen und Leser nur bei schwierigem Textmaterial zurück (Millar, 1997, 114 ff.). Darüber hinaus sind semantische, orthographische und syntaktische Kontextinformationen am Leseprozess beteiligt. Die zu Lesebeginn auftretende Strategie, Wörter nach dem Identifizieren der Anfangsbuchstaben zu »erraten«, vollzieht sich keineswegs nach zufälligen Gesichtspunkten, sondern stellt eine effektive Möglichkeit dar, semantische bzw. orthographische Kontextinformationen einzubeziehen (Millar, 1997, 262). Das Vorwissen über die Inhalte des Lesetextes und das damit verbundene Wortmaterial sowie das syntaktische Wissen über die Satzstellung erleichtert auch versierten Leserinnen und Lesern den Leseprozess beträchtlich.

9.2.2 Bausteine des Lese- und Schreiblehrgangs

Der Schriftspracherwerb weist verschiedene Aspekte und Teilbereiche auf, die nachfolgend als »Bausteine« (Abbildung 25) thematisiert und hinsichtlich braillespezifischer Besonderheiten erläutert werden.

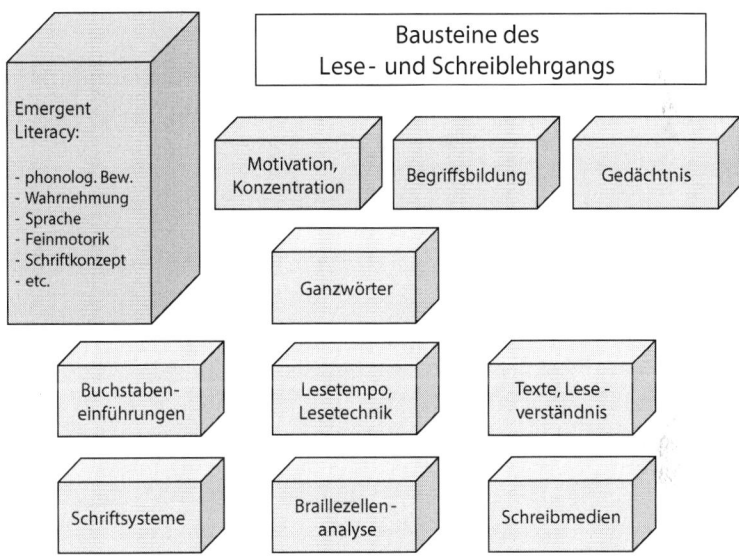

Abb. 25: Bausteine des Lese- und Schreiblehrgangs

Emergent Literacy

Mit Emergent Literacy wird die Phase vor Beginn eines systematischen Lese- und Schreiblehrganges bezeichnet (streng genommen ab der Geburt), in der wesentliche Vorläuferfähigkeiten für den Schriftspracherwerb angebahnt werden. Entsprechende pädagogische Konzepte versuchen, diese Grundlagen im Rahmen sinnvoller, motivierender und spielerischer Handlungen gezielt aufzubauen (Holbrook et al., 2017 a, 383).
Blinde Kinder können aufgrund der geringen Präsenz von Brailleschrift im Unterschied zu sehenden Kindern kaum literale Erfahrungen in natürlichen Spiel- und Alltagssituationen sammeln. Dieser Sachverhalt wird noch verstärkt, da selbst beim Vorhandensein von Brailleschrift (z. B. als Beschriftungsetiketten) diese nur durch den

unmittelbaren Hautkontakt wahrgenommen werden kann und somit in der Regel nicht eigenständig zu entdecken ist. Zudem sind produktive Schrifterfahrungen wie Kritzeltätigkeiten nur bei Vorhandensein einer Brailleschreibmaschine möglich und Braillelese- und -schreibvorbilder sind in der Regel nicht vorhanden. Emergent Literacy erscheint somit gerade für blinde Kinder eine enorm wichtige Rolle zu spielen, da wesentliche Grundlagen des Schriftspracherwerbs pädagogisch gezielt initiiert werden müssen (Lang, 2011, 25 ff.). Konkret geht es hierbei insbesondere um folgende Bereiche (Lang, 2011, 29 f.; Wright & Stratton, 2007; Holbrook et al., 2017 a, 383 ff.):

- Förderung der Grob- und Feinmotorik (z. B. Bewegungskoordination, Fingerkraft)
- Begriffsbildung, Symbolverständnis
- Sprachentwicklung
- Tastwahrnehmung (z. B. taktile Differenzierungsfähigkeit, Linien verfolgen, Anbahnung von Lesebewegungen)
- Anbahnung von Schrifterfahrung (z. B. durch Vorlesesituationen mit taktilen Bilderbüchern mit Braillebeschriftung; Brailleetiketten an Spielsachen, Kleiderhaken; Kritzeltätigkeiten auf der Brailleschreibmaschine)
- Förderung phonologischer Bewusstheit (z. B. Spiele mit Lauten, Anlaute erkennen).

Zu diesen Förderbereichen existieren umfassende Sammlungen von handlungsorientierten und spielerischen Übungen (z. B. Wright & Stratton, 2007; Swenson 2016, 65 ff.) und spezifische Förderprogramme (z. B. Lang, 2013).

Motivation und Konzentration

Der Brailleschriftspracherwerb erscheint als besonders übungsintensiv, da zufällige Schriftbegegnungen kaum stattfinden und damit alltagsnahe und natürliche Übungssituationen weitgehend wegfallen. Eine besondere Herausforderung stellt das Braillelesenlernen für Menschen dar, die nach abgeschlossenem Schriftspracherwerb in Schwarzschrift erblinden. Brailllesefähigkeiten bauen sich meist erst langsam auf und können den Kompetenzverlust z. B. bezüglich der Lesegeschwindigkeit nicht kompensieren. Grundsätzlich spielt das Lernen in motivierenden, individuell bedeutsamen Kontexten von Anfang an eine zentrale Rolle. Generell sind Motivation und Konzentration wesentliche Gelingensfaktoren für erfolgreiches Lesen- und Schreibenlernen (Kamei-Hannan & Ricci ,2015, 12). Wormsley (2016) setzt diese Aspekte konsequent in ihrem Ansatz zum Brailleschriftspracherwerb um, der sich anhand der zentralen Merkmale Individualisierung, Bedeutsamkeit und Motivation charakterisieren lässt.

Gedächtnis

Buchstaben und Laute müssen im Leselernprozess miteinander in Beziehung gebracht werden. Diese Phonem-Graphem-Beziehung muss gespeichert werden, sodass in Lesesituationen über das Arbeitsgedächtnis schnell und effektiv darauf zurückgegriffen werden kann. Dasselbe gilt für häufige Buchstabenverbindungen, Silben und Wortstrukturen. Kamei-Hannan und Ricci (2015, 33) schreiben dem Braillelesen im Vergleich zum Schwarzschriftlesen eine höhere Gedächtnisbelastung zu. Es kann angenommen werden, dass die große Ähnlichkeit der Braillezeichen zu schwierigeren Prozessen bei der Bildung buchstabenübergreifender Einheiten führen kann. Ein langsameres Dekodieren der Wahrnehmungseinheiten erfordert folglich mehr Gedächtnisleistung für den Syntheseprozess beim Wortlesen. Ein weiterer Faktor stellt die Redundanzarmut der Braillezeichen dar (Lang, 2003, 153 f.). Im Unterschied zu Schwarzschriftbuchstaben unterscheiden sich Braillebuchstaben nur hinsichtlich weniger Merkmale voneinander, wodurch eine genauere Zeichenanalyse notwendig wird.

Gedächtnisleistungen können den Lese- und den Leselernprozess somit maßgeblich erleichtern. Auch Prozesse des Langzeitgedächtnisses beeinflussen die Leseleistung. Dies trifft insbesondere auf das Leseverständnis zu, da Worte bzw. Textinhalte verstanden und miteinander in Beziehung gebracht werden müssen.

Begriffsbildung und Leseverständnis

Ziel des Lesens ist das Verstehen der schriftlich fixierten Inhalte. Hierbei müssen die Textinhalte mit konkretem Handlungswissen bzw. mit über Sprache erworbenem Wissen verknüpft werden.

Die Lernvoraussetzungen blinder Kinder und die sich daraus ergebenden Erschwernisse bei der Umweltexploration sowie im Aufbau von Erfahrungswissen und im Erlernen von Begriffen begründen die Notwendigkeit einer zielgerichteten Begriffsbildung (▸ Kap. 7.4). Gleichzeitig zeigt sich auch bei didaktischen Entscheidungen im Schriftspracherwerb die zentrale Bedeutung der Begriffsbildung und unterstreicht ihre grundsätzliche didaktische Einbindung als Unterrichtsprinzip. Forschungsergebnisse deuten darauf hin, dass Brailleleserinnen und Brailleleser im Grundschulalter in den Bereichen Wortschatz und Leseverständnis schlechter abschneiden als gleichaltrige sehende Kinder (Emerson et al., 2009).

Bereits Vorlesegeschichten und Fibeltexte müssen hinsichtlich ihrer Inhalte kritisch analysiert und gegebenenfalls handlungsorientiert bzw. unter Einbezug geeigneter Veranschaulichungsmedien erschlossen werden. Textverständnis baut auf Vorwissen und auf das Vorhandensein eines entsprechenden Wortschatzes auf. Als sinnvoll für Vorlesesituationen eigenen sich beispielsweise »Geschichtenboxen«, in denen die für das Textverständnis hilfreichen Gegenstände, Figuren etc. aufbewahrt werden. In Geschichten vorkommende Sachverhalte oder Tätigkeiten (z. B. Arbeiten im Garten, in der Küche) müssen gegebenenfalls nachgespielt oder in Form von Unterrichtsprojekten umgesetzt werden.

Eine Erleichterung für das Textverständnis kann von Vorabinformationen ausgehen oder davon, dass nach dem Lesen der Überschrift Hypothesen zum Inhalt formuliert werden.

Ganzwörter

Das Lesen von Ganzwörtern spielt im Leselernprozess eine große Rolle. Noch bevor sich auf der Grundlage der erfassten Phonem-Graphem-Korrespondenz eine systematische, alphabetische Lesestrategie entwickelt, können Kinder Wörter anhand charakteristischer Merkmale (z. B. Wortlänge, markante Buchstaben) erkennen (Günther, 1986). Diese logographemische Lesestrategie steht auch blinden Kindern zur Verfügung, da markante Braillezeichen oder Wortlängen taktil gut zugänglich sind (Lang, 2011, 26 f.). Der Kontakt mit Ganzwörtern dient nicht nur dem Aufbau eines Schriftkonzepts, sondern steigert durch die damit verbundene Sinnhaftigkeit des Lesens die Lesemotivation. Somit sollten Ganzwörter in Form von Beschriftungen (z. B. Namensetiketten am Kleiderhaken, am Sitzplatz; Beschriftung von Spielboxen etc.) bereits im Rahmen der Frühförderung und weiterführend in schulischen Kontexten konsequent angeboten werden. Auch im systematischen Lese- und Schreiblehrgang spielen Ganzwörter (z. B. die Namen der Fibelfiguren, Namen der Kinder der Klasse) eine wichtige Rolle. Für Wortkärtchen in Brailleschrift muss die Raumlage (z. B. durch eine Kerbe an der unteren Kärtchenkante) markiert sein.

Buchstabeneinführungen

Während sehende Kinder Ganzwörter direkt oder aus dem Gedächtnis heraus »abmalen« können, ist diese logographemische Schreibstrategie von blinden Kindern nicht anwendbar, da aus dem Tasteindruck des Braillewortes nicht auf dessen Schreibweise auf der Brailleschreibmaschine geschlossen werden kann (Lang, 2011, 27). Blinde Kinder können Buchstaben und Wörter erst dann schreiben, wenn ihnen die notwendige Tastenkombination zum Prägen der Braillepunkte an der Brailleschreibmaschine beigebracht wurde. Dies geschieht im Rahmen der Buchstabeneinführungen, wodurch gleichzeitig die Phonem-Graphem-Korrespondenz erfasst wird. Der Schreibprozess blinder Kinder beginnt somit mit der alphabetischen Schreibstrategie. Diese Unterschiede zum Schreibenlernen sehender Kinder sind insbesondere in inklusiven Lernkontexten bedeutsam und machen spezielle didaktische Maßnahmen notwendig. Auch bei der Arbeit mit Anlauttabellen brauchen blinde Kinder zwingend Informationen darüber, welche Tasten der Brailleschreibmaschine benötigt werden, da, wie bereits erwähnt, ein »Abmalen« der Buchstaben nicht möglich ist. Die Verknüpfung zwischen Brailletastatur an der Schreibmaschine und Anordnung der geprägten Braillepunkte wird im Baustein »Braillezellenanalyse« beschrieben.

Prinzipiell orientiert sich die Reihenfolge der einzuführenden Buchstaben an folgenden Kriterien:

- Häufigkeit des Vorkommens des Buchstabens
- Sinnhaftigkeit des zu bildenden Wortmaterials
- Fibelvorgaben
- Ertastbarkeit

- schreibtechnische Schwierigkeiten
- spiegelgleiche Buchstaben und Buchstaben mit ähnlicher Punktdichte müssen zeitlich getrennt eingeführt werden.

Hinsichtlich der letzten drei Aufzählungspunkte können sich durchaus gravierende Unterschiede zwischen sinnvollen Buchstabenreihenfolgen in Schwarzschrift und in Brailleschrift ergeben. Tauchen in Schwarzschriftfibeln ungünstige Buchstabenreihungen auf, müssen für das blinde Kind zusätzliche Übungen zur Buchstabenfestigung eingeschoben werden, bevor ein ähnliches Zeichen eingeführt wird.

Lesegeschwindigkeit und Lesetechnik

Die Brailleschrift wird durchschnittlich zwei- bis dreimal langsamer gelesen als Schwarzschrift (Lang, 2017 a, 211). Die Braillelesegeschwindigkeit ist abhängig von der Lesetechnik (insbesondere Zeilenwechsel) und einer effektiven Worterkennung (▶ Kap. 9.2.1). Beide Komponenten bieten zahlreiche Ansatzpunkte für spezifische Übungen (s. Kamei-Hannan & Ricci 2015, 156 ff.; Wormsley 2016, 68 ff.). Von Anfang an sollte eine beidhändige Lesestrategie angebahnt werden, wobei Lesematerial grundsätzlich rutschfest (z. B. mittels einer entsprechenden Unterlage) angeboten werden muss. Kooperative Lernformen wie »Echolesen« oder »Wiederholendes Lesen« können die Leseflüssigkeit erhöhen, Suchaufgaben nach Schlüsselwörtern oder einzelnen Buchstaben können die taktile Diskriminierung steigern.

Auch beim Lesen auf der Braillezeile spielt die Lesetechnik eine entscheidende Rolle. Hier ist besonders auf eine effektive Zeilenschaltung zu achten. Damit ein flüssiges Lesen erreicht wird, muss bei der Bedienung der Zeilenschaltung mindestens eine Hand auf der Braillezeile verbleiben, um den Leseprozess direkt fortsetzen zu können.

Die im Vergleich zum Schwarzschriftlesen reduzierten Lesegeschwindigkeiten machen vor allem bei umfangreichen Leseaufgaben (z. B. Ganzschriften) den zusätzlichen Einsatz einer Sprachausgabe notwendig.

Schriftsysteme

Braillenutzerinnen und -nutzer ohne zusätzlichen Förderbedarf erwerben im Laufe ihrer Schulzeit verschiedene Braillesysteme (▶ Kap. 3.2 und ▶ Kap. 3.3). Neben den Schriftsystemen der Vollschrift, der Kurzschrift und der 8-Punkt-Computerschrift Eurobraille werden ein System für mathematische Darstellungen (Marburger Mathematikschrift oder LaTeX), die Braille-Notenschrift und eventuell Braillesysteme anderer Sprachen (z. B. englische Kurzschrift) sowie Systeme für die Darstellung naturwissenschaftlicher Ausdrücke (z. B. in Chemie) erlernt. Da alle Systeme auf ein einheitliches Punktraster aus 6 bzw. 8 Punkten zurückgehen, existieren vielfache Zeichenmehrfachbelegungen, die je nach Kontext völlig unterschiedliche Bedeutungen aufweisen. Diese Lernerschwernis existiert im Schwarzschriftsystem nicht annähernd.

Braillezellenanalyse

Mit Braillezellenanalyse wird der Vorgang bezeichnet, die räumliche Position der einzelnen Braillepunkte im 6- oder 8-Punktraster zu thematisieren. In Kapitel 9.2.1 (▶ Kap. 9.2.1) wurden bereits Voraussetzungen genannt, wann die Braillezellenanalyse im Prozess des Schriftspracherwerbs erfolgen kann. In der Praxis sind diese Voraussetzungen dann erfüllt, wenn sich die Lesebewegungen durch systematische Übungen und viele Kontaktmöglichkeiten mit Ganzwörtern stabilisieren, wenn sich eine konstante Lese- und Sitzhaltung einstellt und erste Braillebuchstaben mittels texturaler Wahrnehmungsstrategie voneinander unterschieden werden können. Die Braillezellenanalyse erfolgt am sinnvollsten ausgehend vom Schreibprozess mit Hilfe einer »Schwingzelle« (Abbildung 26). Im ausgeklappten Zustand symbolisiert die Schwingzelle die Brailletastatur der Schreibmaschine. Jede Bohrung steht für eine Schreibtaste. Hier können nun die für das Schreiben eines Buchstabens benötigten Punkte (bzw. Finger auf der Tastatur) markiert werden. Zusammengeklappt ergibt sich dann die räumliche Position der Braillepunkte im Punkteraster des Braillebuchstabens.

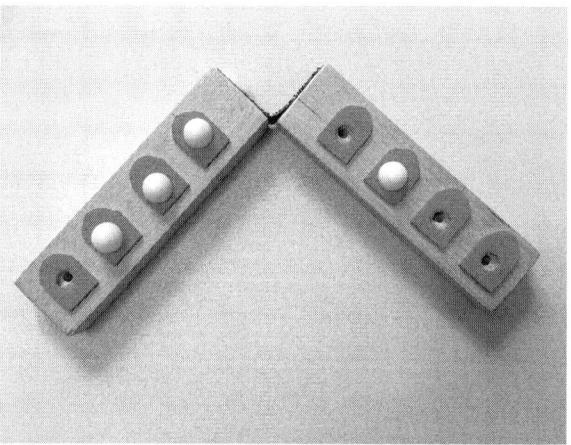

Abb. 26: Schwingzelle (hier im 8-Punktraster)

Schreibmedien

Die verschiedenen Schreibmedien zur Produktion von Brailleschrift wurden in Kapitel 8.2 (▶ Kap. 8.2) vorgestellt. Ihre Einführung erfolgt je nach individuellen und schulorganisatorischen Voraussetzungen unterschiedlich. Im Anfangsunterricht wird in der Regel der Schreibprozess mittels einer mechanischen Brailleschreibmaschine begonnen, da hier der Vorgang des Prägens der Buchstaben unmittelbar verfolgt und wahrgenommen werden kann. Häufig erfolgt während der Grundschulzeit (oftmals bereits im ersten Schuljahr) die Einführung eines Computers mit Braillezeile und

Brailleeingabetastatur. Die Sprachausgabe sollte anfangs nur gezielt für ausgewählte Übungen eingesetzt werden, um möglichst viele Übungsmöglichkeiten zum Braillelesen aufrecht zu halten. Die Einführung von Tafel und Stichel erfolgt nicht mehr flächendeckend, wenngleich dieses Medium für bestimmte Schreibaufgaben und Schreibkontexte durchaus sinnvoll und individuell nützlich sein kann.

9.2.3 Schriftspracherwerb bei dualer Schriftnutzung

Zahlreiche Menschen unterschiedlichen Alters können trotz ihrer gravierenden Sehbeeinträchtigung die Schwarzschrift nutzen, wenn diese umfassend optimiert angeboten wird (z. B. durch Vergrößerung mittels Großdruck, durch Verwendung optischer oder elektronischer Vergrößerungshilfen bzw. mittels Vergrößerungssoftware am Computer). Diese Schwarzschriftnutzung kann trotz ihrer großen Bedeutsamkeit in vielen Alltagssituationen speziell bei längeren Leseaufgaben an Grenzen stoßen, weil beispielsweise die Lesegeschwindigkeit sehr langsam ist oder sich der Leseprozess als äußerst anstrengend erweist und Begleiterscheinungen wie Kopfschmerzen und rasches Ermüden auslöst. In diesen Fällen stellt die Brailleschrift als weiteres Schriftsystem eine sinnvolle Ergänzung dar, die individuell auch zum primären Schriftsystem werden kann oder bei progredienten Sehschädigungen sich zum alleinigen Schriftsystem entwickelt. In Anlehnung an die im englischen Sprachraum übliche Bezeichnung »dual media« für die gleichzeitige Braille- und Schwarzschriftnutzung sollte im deutschen Sprachraum der Begriff »duale Schriftnutzung« bzw. für die Bezeichnung der Personengruppe »duale Schriftnutzende« verwendet werden, um der großen Heterogenität der Gruppe der Braille- und Schwarzschriftlesenden gerecht zu werden. Diese Gruppe umfasst sowohl Menschen mit hochgradigen Sehbehinderungen als auch Personen, die sozialrechtlich-medizinisch als »blind« gelten (Lang et al., 2018).

Bei einer in Deutschland und der Schweiz durchgeführten Umfrage zur Nutzung der Brailleschrift, wurde bei der entsprechenden Frage zur Schriftnutzung in 20,8 % der gültigen Antworten (N = 790) eine duale Nutzung von Braille- und Schwarzschrift als Leseschrift angegeben (Hofer et al. 2016).

Der Brailleschrifterwerb dieser Personengruppe weist einige Besonderheiten auf:

- Je früher die Brailleeinführung erfolgt und je länger die Braillenutzung andauert, desto höhere Lesekompetenzen werden erreicht (Hofer et al., 2019; Holbrook et al., 2017 a). Die »Frühzeitigkeit« beeinflusst vor allem den Lernerfolg und die Lernmotivation (Coudert, 2012; Hector, 2014).
- Nach Oshima et al. (2014) erreichen später erblindete Menschen grundsätzlich eine vergleichbare taktile Differenzierungsfähigkeit wie früh- oder geburtsblinde Menschen, sie erkennen allerdings die Braillezeichen deutlich langsamer. Dieser Sachverhalt wirkt sich erschwerend auf die Lesegeschwindigkeit aus.
- Der Erfolg im Brailleschrifterwerb wird von der Akzeptanz der Brailleschrift mitbestimmt. Die Brailleakzeptanz wiederum hängt in großem Maße von den Einstellungen der Bezugspersonen gegenüber der Brailleschrift ab (Jennings, 1999; Argyropoulus et al., 2008).

In Abhängigkeit von der Lebensphase, in der der Brailleschrifterwerb stattfindet und von den konkreten Leseaufgaben, die zu bewältigen sind (z. B. im Kontext Schule und Beruf), muss der Braillelernprozess so früh wie möglich beginnen und stark individualisierende Unterstützungs- und Förderangebote beinhalten, die die jeweilige soziale und psychische Ausgangssituation berücksichtigen und Bezugspersonen mit einbeziehen.

Die Grundlage einer Entscheidung für eine duale Schriftnutzung stellt ein »Learning Media Assessment« dar, das verschiedene Aspekte (z. B. funktionales Sehvermögen, augenärztlicher Befund, Hilfsmittelbedarf, Lese- und Schreibleistungen etc.) berücksichtigen muss. Umfassende Verfahrensbeschreibungen und Diagnoseinstrumente liegen vor allem aus dem englischen Sprachraum vor (z. B. Holbrook et al., 2017 b; Koenig & Holbrook, 1995; 2010; Lang, 2009; Wormsley, 2016).

Das didaktische Vorgehen der Brailleeinführung für duale Schriftnutzende bzw. das gleichzeitige Erlernen von Braille- und Schwarzschrift unterscheidet sich durchaus vom Vorgehen bei geburtsblinden Kindern, die keine Schwarzschrift erwerben. So kann beispielsweise problemlos mit Braillezellenvergrößerungen gearbeitet werden, da die räumliche Analyse visuell erfolgen kann (▶ Kap. 9.2.1).

Institution

10 Frühförderung

10.1 Das System der Frühförderung

»Frühförderung ist ein Hilfsangebot für Kinder im Säuglings-, Kleinkind- und Kindergartenalter, die eine Behinderung haben oder davon bedroht sind, und auch für deren Eltern und andere Personen, die Elternfunktionen wahrnehmen.«
...
»Frühförderung hat das Ziel, bei Behinderungen und Entwicklungsgefährdungen von Kindern die Hilfen anzubieten, die am ehesten dazu beitragen, dass die Kinder sich möglichst gut entwickeln, ihre Kompetenzen entfalten, und sich in ihre Lebenswelt integrieren können« (Thurmair & Naggl, 2010, 13).

Frühförderung stellt eine interdisziplinäre »Komplexleistung« dar, die medizinische, therapeutische, psychologische, heilpädagogische, sonderpädagogische und psychosoziale Leistungen umfasst (SGB IX, §46). Diese Leistungen können je nach Zuständigkeit über verschiedene Kostenträger (v. a. Krankenkassen, Sozialhilfeträger) abgerechnet werden. In etlichen Bundesländern (z. B. Baden-Württemberg, Nordrhein-Westfalen) wird die sonderpädagogische Frühförderung über Beratungsstellen der Förderschulen angeboten und von den jeweilen Kultusministerien finanziert.

Grundsätzlich lassen sich die in Tabelle 9 aufgeführten Dienste für Frühförderleistungen unterscheiden (vgl. Sohns, 2010, 100 ff.; Thurmair & Naggl, 2010, 34).

Tab. 9: Leistungserbringer für Frühfördermaßnahmen

Frei praktizierende Fachkräfte	Frühförderstellen	Sozialpädiatrische Zentren (SPZ)
Ambulante Dienste (meist medizinisch ausgerichtet) a) Therapeutinnen (Physiotherapie, Ergotherapie, Logopädie) b) Ärzte (Kinderärzte, Hausärzte) c) Psychologinnen d) Weitere Fachkräfte (z. B. Heilpädagogen etc.)	Heil- oder sonderpädagogische Frühförderung a) Allgemeine Frühförderstellen: regional; familiennahe Grundversorgung b) Spezialisierte Frühförderstellen (z. B. für bl./sb. Kinder): z. T. überregional	Ambulante, überregionale Einrichtung unter ärztlicher Leitung mit medizinischer Ausrichtung (Schwerpunkte: spezialisierte Diagnostik, z. T. auch stationäre Therapien etc.); Zuständigkeit für Kinder und Jugendliche

Bundesweit existieren 62 blinden- und sehbehindertenspezifische Frühfördereinrichtungen, wovon 58 an Förderschulen für blinde und sehbehinderte Schülerinnen und Schüler angegliedert sind (Walthes, 2014, 123). In der Frühförderung für blinde und sehbehinderte Kinder arbeiten in großem Umfang Sonderpädagoginnen und Sonderpädagogen. Je nach Schulträger bzw. Träger der Frühförderstelle und den damit zusammenhängenden strukturellen Möglichkeiten können jedoch auch weitere Berufsgruppen wie beispielsweise Sozial- und Heilpädagoginnen und -pädagogen oder Orthoptistinnen und Orthoptisten in diesem Feld tätig sein.

Es kann davon ausgegangen werden, dass alle Kinder mit Blindheit von einer blinden- und sehbehindertenspezifischen Frühförderstelle betreut werden. Bei Kindern mit Sehbehinderungen ist dies durchschnittlich bei 20 %, bei Kindern mit Sehbeeinträchtigung und zusätzlichen Förderbedarfen bei 67 % der Kinder der Fall (Walthes, 2014, 133).

Die Unterschiede zwischen allgemeiner und blinden- und sehbehindertenspezifischer Frühförderung fasst Tabelle 10 zusammen (vgl. Walthes, 2014, 137).

Tab. 10: Allgemeine und blinden-/sehbehindertenspezifische Frühförderung (vgl. Walthes, 2014, 137)

	Allgemeine Frühförderung	**Blinden- und sehbehindertenspezifische Frühförderung**
Klientel	Alter 0–3 Jahre	Alter 0–6 Jahre (bzw. bis Schuleintritt)
Berufsgruppen	interdisziplinäres Team (Ärztinnen und Ärzte, Psychologinnen und Psychologen, Physio- und Ergotherapeutinnen und -therapeuten, Sonder- und Heilpädagoginnen und -pädagogen etc.) Heilpädagogen (Sozialpädagoginnen)	in großem Umfang Sonderpädagoginnen und -pädagogen mit den Fachrichtungen Blinden- bzw. Sehbehindertenpädagogik
Struktur des Angebotes	ambulant, d. h. die Frühförderung findet in der Frühförderstelle statt und selten mobil	mobil, d. h. im Umfeld des Kindes zu Hause oder bspw. im Kindergarten und eher selten ambulant in der Frühförderstelle
Inhalte	Entwicklungsbezogene Beratung, Unterstützung, Diagnostik und Förderung	Beratung, Unterstützung, Diagnostik und Förderung mit Fokus auf blinden- und sehbehindertenspezifische Fragestellungen; Schulvorbereitung
Häufigkeit	ein- bis mehrmals wöchentlich	im Durchschnitt alle zwei Wochen; in den Ferien keine Frühförderung
Finanzierung	Mischfinanzierung: Krankenkassen und Sozialhilfeträger	in vielen Bundesländern ein Angebot der Kultusministerien

10.2 Prinzipien und Ziele der Frühförderung

Kernelemente der pädagogischen Frühförderung sind Diagnostik (v. a. Feststellung des Entwicklungsstands), Förderung und Hilfsmittelversorgung sowie Beratung (insbesondere der Eltern und weiterer Bezugspersonen). Hierbei gelten vier Prinzipien als handlungsleitend (Thurmair & Naggl, 2010, 26 ff.):

- Ganzheitlichkeit: Diagnostik und Förderung werden im Kontext der kindlichen Gesamtentwicklung und der kindlichen Lebenswelt betrachtet.
- Familienorientierung: In die Förderung einbezogen ist eine umfängliche Begleitung und Beratung der Eltern, um deren Kompetenzen und Ressourcen nachhaltig zu stärken.
- Interdisziplinarität: Die Komplexität einer Behinderung macht eine Kooperation verschiedener Professionen (v. a. Sonderpädagogik, Medizin, Psychologie) unabdingbar.
- Vernetzung: Frühfördermaßnahmen sind eingebettet in verschiedene Systeme (z. B. Familie, Kindergarten, Elterngruppen, Behörden).

Sarimski (2017, 24 ff.) ersetzt den Begriff der »Ganzheitlichkeit« durch »Resilienzorientierung«, womit er den Fokus auf die Entwicklung von Kompetenzen und den Aufbau entwicklungsförderlicher Faktoren richtet, die das Potential der Kinder für eine günstige Entwicklung, trotz bestehender biologischer, psychologischer und sozialer Entwicklungsrisiken, unterstützt. Darüber hinaus stellt für ihn die Interaktions- und Beziehungsorientierung, d. h. die Stärkung der Eltern-Kind-Beziehung ein wesentliches Prinzip der Frühförderung dar.

Innerhalb der Frühförderung lassen sich Ziele und Inhalte in Bezug auf das Kind und in Bezug auf das Erziehungsumfeld (v. a. Eltern) konkretisieren, wobei beide Perspektiven eine Einheit bilden.

Im Hinblick auf das Kind stehen insbesondere die Entfaltung der kindlichen Kompetenzen (z. B. durch adäquate Hilfsmittelversorgung, durch Maßnahmen zur Sehförderung), das Ermöglichen von Selbsterleben und Selbstwerterfahrung (z. B. durch Berücksichtigung der kindlichen Interessen, durch entwicklungsgemäße und interaktive Angebote) und die Integration in die Lebenswelt (z. B. durch die Förderung sozialer Kompetenzen, durch alltagsbezogene Angebote) im Vordergrund (Thurmair & Naggl, 2010, 22 ff.; Fornefeld, 2004, 84 f.). Auf Seiten der Eltern zielt Frühförderung darauf ab, die elterlichen Kompetenzen im Umgang mit ihrem Kind zu stärken. Hierbei kann die videogestützte Interaktionsberatung, bei der Sequenzen der gemeinsamen Interaktion von Frühförderkraft, Eltern und Kind beispielsweise in Spielsituationen videografiert und anschließend gemeinsam besprochen werden, eine wichtige Rolle spielen, um die Sensitivität der Eltern für die kindlichen Bedürfnisse und generell die Sicherheit der Eltern in der Interaktion mit ihrem Kind zu erhöhen (Sarimski, 2017, 38 ff.). Darüber hinaus sollten Eltern durch fachliche Anleitung und Beratung (»Consulting«) über die besonderen Entwicklungsbedürfnisse ihres Kindes, über den Entwicklungsstand und über entwicklungsfördernde Maßnahmen informiert werden (Thurmair & Naggl, 2010,

22 ff.). Die Unterstützung bei der Bewältigung der speziellen familiären Situation (»Counseling«) umfasst z. B. Hilfen zur emotionalen Annahme des Kindes mit Behinderung, Hilfestellung bei der Kommunikation mit Behörden und Kostenträgern oder das Aufzeigen externer Unterstützungssysteme (z. B. Elterngruppen, Elternverbände).

10.3 Grundlagen der Frühförderung blinder und sehbehinderter Kinder

Die visuelle Wahrnehmung spielt für die kindliche Entwicklung eine bedeutende Rolle. Sehen motiviert und steuert Kommunikationsprozesse sowie die gezielte, eigenständige Auseinandersetzung mit der sozialen und dinglichen Umwelt und schafft auf diese Weise vielfältige Entwicklungsmöglichkeiten.

Entwicklungsgefährdungen und Entwicklungsbesonderheiten bei einem Ausfall oder bei Beeinträchtigungen der Sehfunktionen wurden in Kapitel 5.1.1 (▶ Kap. 5.1.1) ausführlich dargestellt. Die dort herangezogenen Forschungs- und Studienergebnisse geben konkrete Hinweise auf Gefährdungen und Besonderheiten in den Bereichen der sozial-emotionalen Entwicklung (z. B. durch Beeinträchtigung der frühen Eltern-Kind-Interaktion), der motorischen Entwicklung (Grob- und Feinmotorik), der kognitiven Entwicklung (z. B. Begriffsbildung, exekutive Funktionen) und der Sprachentwicklung (z. B. Wortschatzentwicklung). Die Entwicklungsbesonderheiten weisen hinsichtlich Häufigkeit und Ausmaß je nach Entwicklungsbereich deutliche Unterschiede auf.

Die Ziele der Frühförderung beziehen sich grundsätzlich auf eine Vorbeugung bzw. auf einen Abbau von Entwicklungsgefährdungen und Entwicklungsbeeinträchtigungen.

Bei der Beratung der Bezugspersonen des blinden oder sehbehinderten Kindes (Eltern, Kindergartenerzieherinnen etc.) sind folgende Inhalte beispielhaft:

- Gestaltung der Umgebung (Orientierungshilfen, Ordnungssysteme, Kontrastierungen, Beleuchtungssituation, Spielsachen etc.)
- Hilfsmittelberatung (Mobilitätshilfen, Lagerungshilfen, Kommunikationshilfen, optische Hilfsmittel etc.)
- Aufklärung über Entwicklungsbesonderheiten und über Konsequenzen aus den Diagnosedaten
- Interaktionsberatung (Gestaltung von gemeinsamen Spielsituationen etc.)
- Informationen über die Sehschädigung, schulische Angebote, rechtliche Fragen etc.

10.3.1 Förderbereiche einer blinden- und sehbehindertenspezifischen Frühförderung

Aus den in Kapitel 5.1.1 (▶ Kap. 5.1.1) dargestellten entwicklungspsychologischen Gegebenheiten lassen sich vielfältige, für die Entwicklung blinder und sehbehinderter Kinder besonders relevante Förderbereiche ableiten (▶ Kap. 7). Diese Förderbereiche stehen in Kontakt zueinander und beeinflussen sich gegenseitig, sodass in Fördersituationen in der Regel eine Verknüpfung mehrerer Bereiche stattfindet.

Wahrnehmungsförderung

Wahrnehmungsförderung umfasst bei sehr jungen Kindern und bei Kindern mit mehrfachen Beeinträchtigungen basale Wahrnehmungsfunktionen wie die Förderung der Eigenwahrnehmung oder das Reagieren auf vestibuläre, somatische und vibratorische Wahrnehmungsangebote. Jegliche Förderung muss eingebettet sein in eine Interaktionshandlung, in der wechselseitige Aktionen und Reaktionen möglich sind.

Ein konstituierendes Element einer sehbehindertenspezifischen Wahrnehmungsförderung stellt die visuelle Wahrnehmungsförderung dar (▶ Kap. 7.1.2). Für blinde Kinder und unter Einbezug des Sehvermögens auch für hochgradig sehbehinderte Kinder spielt die Tastförderung, in der das Vermitteln variationsreicher Taststrategien besonders wichtig ist, eine zentrale Rolle. Die Gewinnung taktiler Informationen stellt einen wesentlichen Zugang zur Objektwelt und zur Begriffsbildung dar.

Besondere Aufmerksamkeit gilt der Vorbereitung auf den Brailleschriftspracherwerb, wofür eine braillespezifische taktile Differenzierungsfähigkeit erforderlich ist.

Neben dem Tasten ist insbesondere für blinde Kinder die auditive Informationsgewinnung von hoher Bedeutung, sodass Übungen zur auditiven Wahrnehmungsförderung, oftmals in Zusammenhang mit dem Bereich der Orientierung und Mobilität, intensiv im Rahmen der Frühförderung praktiziert werden.

Bewegungsförderung

Die motorische Förderung steht häufig im Zentrum der Frühförderung blinder Kinder, da in diesem Entwicklungsbereich in der Regel deutliche Entwicklungsbesonderheiten bestehen (▶ Kap. 5.1.1). Bewegungs- und Wahrnehmungsentwicklung sowie die kognitive Entwicklung stehen in einem engen Zusammenhang. Wahrnehmungshandlungen erfordern insbesondere beim Tasten zwingend koordinierte feinmotorische Bewegungstätigkeiten. Lokomotorische Fähigkeiten erweitern den Explorationsraum, der mit Hilfe der vorhandenen Wahrnehmungsmöglichkeiten analysiert und strukturiert werden kann, wodurch beispielsweise die Begriffsbildung maßgeblich vorangetrieben wird. Zur Förderung der selbstständigen Fortbewegung können spezielle Mobilitätshilfen eingesetzt werden (z. B. Kinderlangstöcke oder auf Rollen montierte Rahmenkonstruktionen zum Vor-sich-Herschieben, damit Hindernisse erkannt werden).

Kommunikation

Die frühe Eltern-Kind-Kommunikation kann durch den fehlenden Blickkontakt des blinden Kindes beeinträchtigt werden. Eltern benötigen daher umfassende Hilfestellungen und Anleitungen, um eine alternative Kontaktaufnahme über Sprache oder Berührung praktizieren zu können. Das kindliche Verhalten in Kommunikationssituationen kann Eltern mitunter verunsichern: Beispielsweise kann ein Verharren in der Körperhaltung bei Sprach- oder Geräuschangebot leicht als Desinteresse oder Kommunikationsabwehr fehlinterpretiert werden, obwohl das blinde Kind hierdurch sein konzentriertes Lauschen und sein Warten auf weitere Angebote zum Ausdruck bringt.

Kognition

Auf die Zusammenhänge zwischen Bewegungsförderung und Begriffsbildung wurde bereits hingewiesen. Ergänzend sei hier erwähnt, dass der Sprache für die Begriffsbildung blinder Kinder eine kompensatorische Bedeutung zukommt (▸ Kap. 5.1.1). Nicht unmittelbar erfahrbare Sachverhalte und Begriffe können mittels Sprache erlernt werden. Für das Begriffslernen spielt grundsätzlich neben dem Ermöglichen vielfältiger, direkter Umweltzugänge die sprachliche Begleitung der Explorationshandlung eine entscheidende Rolle, beispielsweise um Farbmerkmale eines Begriffes einzubeziehen.

Lebenspraktische Fähigkeiten (LPF)

Der Erwerb lebenspraktischer Fähigkeiten erfolgt bei sehenden Kindern in hohem Maße über Modelllernen, indem beobachtetes Verhalten imitiert wird. Sehbehinderte und blinde Kinder sind im Bereich lebenspraktischer Fähigkeiten (z. B. bei der Nahrungsaufnahme, beim selbstständigen Ankleiden) stärker auf angeleitete Lernsituationen angewiesen.

Orientierung & Mobilität (O&M)

Orientierung und Mobilität setzt Wahrnehmung und Bewegung (z. B. aktive und passive Fortbewegung) voraus, sodass sich hier natürlicherweise vielfältige Überschneidungen in Fördersituationen ergeben. Der Einsatz von Mobilitätshilfen zur Bewegungsförderung ist hierfür beispielgebend. Das Ausnutzen von Trittschall oder anderer selbst ausgelöster Schallreflexionen (z. B. durch Klicklaute mit der Zunge, dem sogenannten »Klick-Sonar«, vgl. Kish, 2015) wird bereits in der Frühförderung vorbereitet bzw. geübt.

Hinweisreize und markante Punkte in der häuslichen Umgebung (z. B. Zimmer mit unterschiedlichen Bodenbelägen) und gezielt ausgestattete Spielbereiche (z. B. mit seitlichen Begrenzungen, damit Spielsachen nicht wegrollen können) sowie der bewusste Einsatz von Beleuchtung und Farbkontrasten bei der Kinderzimmergestaltung unterstützen die Orientierung und Mobilität blinder und sehbehinderter Kinder zusätzlich.

Die Spezifik der Frühförderung blinder und sehbehinderter Kinder erschöpft sich jedoch nicht mit der entwicklungspsychologischen Grundlegung spezieller Förderbereiche. Vielmehr erfordert auch die Durchführung entsprechender Fördermaßnahmen eine blinden- und sehbehindertenspezifische Expertise in den Bereichen der Hilfsmittel- und Medienversorgung, des didaktisch-methodischen Vorgehens, der angemessenen Raumgestaltung (▶ Kap 8.1 und ▶ Kap. 9.1.4). Ein hohes Maß an Spezifik ist darüber hinaus bereits zu Beginn von Frühfördermaßnahmen notwendig, wenn es darum geht, mittels eines angepassten diagnostischen Vorgehens den Entwicklungsstand sowie die individuellen Fähigkeiten und Fertigkeiten des blinden bzw. sehbehinderten Kindes zu erheben (▶ Kap. 6).

10.3.2 Familienorientierung in der Frühförderung blinder und sehbehinderter Kinder

Entwicklungsförderung ist nicht nur von kindorientierten, direkten und systematischen Fördermaßnahmen abhängig, sondern baut maßgeblich auf einer förderlichen Beziehung zwischen Eltern und Kind auf. Eine nachhaltige Entwicklungsförderung gelingt dann, wenn die Beziehung zwischen Eltern und Kind so gestaltet werden kann, dass das Kind sich eigenaktiv mit der Umwelt auseinandersetzt und es hierbei, z. B. im Spiel, Impulse für die »Zone der nächsten Entwicklung« erhält (Sarimski et al., 2013, 10). Diese Sichtweise findet sich in einer familienorientierten Frühförderung wieder, in der die Unterstützung der Gesamtfamilie in ihrem jeweiligen sozialen Kontext mit in den Blickpunkt rückt. Die Eltern sollen zunehmend in die Lage kommen, ihre Stärken und Kompetenzen einzusetzen, um Problemsituationen selbst zu bewältigen und eine entwicklungsförderliche Umgebung schaffen zu können (»Empowerment«).

Eine Befragung von Eltern mit geistig behinderten, hörgeschädigten und blinden bzw. sehbehinderten Kindern mit einem Durchschnittsalter von 2;6 Jahren (N = 125) mit wiederholter Durchführung ein Jahr später (N = 87) zeigte, dass sich Eltern stärker belastet fühlen, je geringer das Kompetenzniveau ihrer Kinder ist (Lang et al., 2012). Gerade bei hohem Belastungsempfinden erscheint ein familienorientiertes Vorgehen in der Frühförderung unabdingbar, um die Eltern zu stärken und dadurch die Entwicklungsbedingungen des Kindes zu verbessern. Die isolierte Auswertung der erhobenen Daten der Eltern blinder und sehbehinderter Kinder (N = 22 zum Befragungszeitpunkt 1 und N = 13 zum Befragungszeitpunkt 2) macht deutlich, dass sich Eltern eine stärkere Familienorientierung in der Frühförderung wünschen: Während die Zufriedenheit mit der Qualität der Frühförderung insgesamt hoch ist, wünschen sich doch etwa ein Drittel der Befragten mehr Unterstützung bei der Diagnoseverarbeitung, mehr Berücksichtigung und Verständnis des familiären Alltags sowie mehr Hilfestellungen bei Verhaltensschwierigkeiten des Kindes (Hintermair et al., 2012).

Eine explorative Studie zur Praxis der Frühförderung blinder und sehbehinderter Kinder (Sarimski & Lang, 2018) zeigt, dass etwa 50 % der für die Förderung zur Verfügung stehenden Zeit direkt mit dem Kind zugebracht wird und familienorientierte Inhalte wie das Einbeziehen der Eltern in Fördersituationen und das Anleiten in konkreten Eltern-Kind-Interaktionen im Vergleich hierzu noch verhältnismäßig wenig Raum einnehmen.

11 Schule

11.1 Schulen im »Förderschwerpunkt Sehen«

Die Schulen im »Förderschwerpunkt Sehen« befinden sich in unterschiedlichen Trägerschaften. Neben Bundesländern können beispielsweise Städte, Stiftungen, Vereine oder Verbände als Schulträger fungieren. An vielen Orten ist ein zusätzliches 5. Grundschuljahr fest etabliert, um den erhöhten Zeitbedarf im Schriftspracherwerb und im sachkundlichen Lernen aufzufangen.

Die »klassischen«, im 19. Jahrhundert gegründeten Blindenschulen mit Internat verstehen sich heute als blinden- und sehbehindertenpädagogische Förderzentren, die einen eigenen Schulbereich ausweisen und darüber hinaus im Kontext von Integration bzw. Inklusion die spezifische Unterstützung und Beratung an Allgemeinen Schulen übernehmen.

In hohem Maße besuchen Kinder und Jugendliche mit weiteren Beeinträchtigungen (vorwiegend in den Förderschwerpunkten Lernen, geistige Entwicklung sowie körperliche und motorische Entwicklung) schulische Einrichtungen der Blinden- und Sehbehindertenpädagogik. Der Anteil mehrfachbeeinträchtigter Schülerinnen und Schüler wird mit über 60 % angegeben (Hudelmayer, 2006, 205). Viele der als Sehbehindertenschulen gegründeten Einrichtungen wurden seit Ende des 20. Jahrhunderts für blinde Schülerinnen und Schüler geöffnet (z. B. in Nordrhein-Westfalen) bzw. hinsichtlich der Aufnahme lern- oder mehrfachbehinderter Kinder und Jugendlicher erweitert. Eigenständige Schulen für sehbehinderte Schülerinnen und Schüler gibt es nur noch in wenigen Bundesländern.

Für die Gruppe der hörsehbehinderten bzw. taubblinden Schülerinnen und Schüler wurden spezielle Einrichtungen (z. B. Potsdam, Hannover) oder Abteilungen an blinden- und sehbehindertenspezifischen Institutionen (z. B. Würzburg, Schramberg-Heiligenbronn) gegründet.

Zahlreiche Einrichtungen bieten die Bildungsgänge der Grundschule und der Sekundarstufe I (z. B. Hauptschule, Realschule, Mittelschule) sowie die Bildungsgänge des Förderschwerpunkts Lernen und des Förderschwerpunkts Geistige Entwicklung an. Einige wenige Sondereinrichtungen (Königs Wusterhausen, Marburg, Soest) verfügen über Bildungsgänge (allgemeines Gymnasium, berufliches Gymnasium, Fachoberschule) zum Erlangen der allgemeinen Hochschulreife bzw. einer Fachhochschulreife.

Nur in wenigen Bundesländern (z. B. Bayern, Baden-Württemberg) existieren aktuelle blinden- und sehbehindertenspezifische Bildungspläne, die ergänzend zu den Bildungs- und Lehrplänen des besuchten Bildungsganges (z. B. Grundschule, Realschule, Förderschwerpunkt Geistige Entwicklung) Gültigkeit haben.

An den Schulen in München (damalige Landesschule für Blinde), Nürnberg und Würzburg wurde zum Schuljahr 1998/99 der Schulversuch »Öffnung der Schulen für Sehgeschädigte für Schüler ohne sonderpädagogischen Förderbedarf« durchgeführt (Köhler-Krauß, 2002). Diese Möglichkeiten des gemeinsamen Unterrichts an Förderschulen existieren in Bayern nach wie vor. Andere Einrichtungen sind diesem Beispiel einer »umgekehrten Inklusion« mittlerweile gefolgt (z. B. Nikolauspflege Stuttgart, Blindenstudienanstalt Marburg).

11.2 Integration/Inklusion blinder und sehbehinderter Schülerinnen und Schüler

Sonderpädagogische Förderung findet zunehmend außerhalb der Sondereinrichtungen statt. Die für die Integration bzw. Inklusion blinder und sehbehinderter Schülerinnen und Schüler zur Verfügung stehenden personalen Ressourcen variieren je nach Bundesland und individuellem Bedarf der Schülerin bzw. des Schülers stark. In einer Untersuchung zu Gelingensbedingungen von Inklusionsmaßnahmen (Lang & Heyl, 2013) wurden umfangreiche Daten aus Fallstudien (N = 8) von aktuell und ehemals integriert beschulten blinden und hochgradig sehbehinderten Schülerinnen und Schülern aus verschiedenen Bundesländern erhoben. Hierbei wurde festgestellt, dass die jeweils individuell zur Verfügung stehenden Deputatsstunden an blinden- und sehbehindertenspezifischer Unterstützung zwischen fünf und elf Deputatsstunden pro Woche variierte. Angemerkt werden muss allerdings, dass in einigen nicht an der Studie beteiligten Bundesländern die Zuweisungen deutlich niedriger sind. Es zeigte sich ein Trend, wonach höhere Deputatszuweisungen die Wahrscheinlichkeit des Verbleibens in der Integration erhöhen. Allerdings sind die Unterstützungsbedarfe grundsätzlich individuell und temporär äußerst unterschiedlich. Während beispielsweise ein sehbehinderter Schüler der gymnasialen Oberstufe unter Umständen zeitweise nur eine sporadische Unterstützung benötigt, können für eine blinde Erstklässlerin ohne Weiteres mehr als 10 Wochendeputatsstunden Unterstützung durch eine blindenpädagogische Lehrkraft notwendig sein. Nicht in jedem Bundesland kann ein derart hoher Unterstützungsbedarf ohne Weiteres abgedeckt werden. Prinzipiell sind vielfältige Einflussvariablen erkennbar, die über ein Fortführen oder einen Abbruch einer integrativen Beschulung entscheiden können (z. B. Schulleistungen, Status der Sehbeeinträchtigung, individuelle Wünsche, Kooperationsfähigkeit der beteiligten Personen) (Lang & Heyl, 2013). Blinden- und sehbehindertenpädagogische Expertise kann einer dieser Einflussfaktoren sein, sodass für die Inklusion eine möglichst flexible und ausreichend hohe Stundenzuweisung erforderlich ist, damit im Rahmen einer intensiven sonderpädagogischen Unterstützung auch (temporär) zeitintensive Maßnahmen möglich sind.

Eine große Herausforderung stellt die flächendeckende blinden- und sehbehindertenspezifische Unterstützung mehrfachbeeinträchtigter sehgeschädigter Kinder und Jugendlicher an Allgemeinen Schulen, aber auch an Einrichtungen des Förderschwerpunkts Geistige Entwicklung sowie des Förderschwerpunkts Motorische Entwicklung dar. In vielen Bundesländern stehen für diese Aufgabe nicht genügend Ressourcen zur Verfügung.

Die Aufgaben der sonderpädagogischen Unterstützung umfassen die Beratung von Lehrkräften der Allgemeinen Schule (Aufklärung über die Sehschädigung, Klassenzimmergestaltung, Textgestaltung, Unterrichtsmethoden, Nachteilsausgleich etc.) und der Eltern (Schullaufbahnberatung, rechtliche Fragen etc.), die Durchführung von ergänzendem Unterricht (z. B. Einführung der Braille-Kurzschrift, taktiles geometrisches Zeichnen, Einführung technischer Hilfsmittel), die Hilfsmittelberatung und die Herstellung bzw. Beschaffung von besonderen Lehr- und Lernmitteln (taktile Karten, Schaubilder, Modelle etc.).

Aus den bislang vorliegenden Erfahrungen des gemeinsamen Unterrichts blinder und sehbehinderter Kinder und Jugendlicher an Allgemeinen Schulen können Komponenten abgeleitet werden (Abbildung 27), die für den Aufbau eines inklusiv ausgerichteten Schulsystems zwingend mitbedacht werden müssen (vgl. Lang & Thiele 2017; Adrian, 2017; Armbruster et al., 2016). Die einzelnen Komponenten werden nachfolgend sukzessive benannt und skizziert. Es versteht sich von selbst, dass die hier implizierten Standards der Bildung blinder und sehbehinderter Schülerinnen und Schüler auch für die Sondereinrichtung Gültigkeit haben.

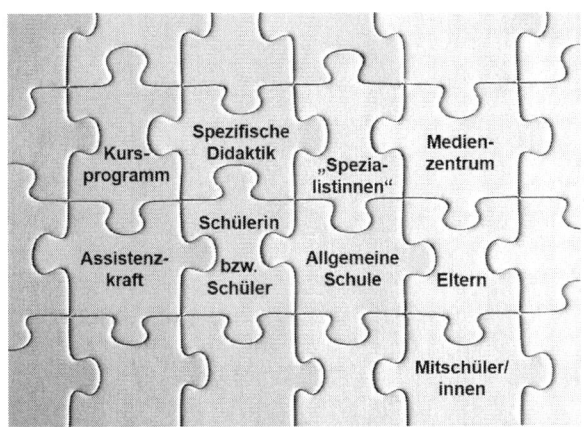

Abb. 27: Komponenten einer blinden- und sehbehindertenspezifischen Unterstützung an Allgemeinen Schulen

Medienzentrum

Alle Unterrichtsmaterialien müssen, angelehnt an die Forderungen eines »Universal Design for Learning« (vgl. Wember & Melle, 2018; Schlüter et al., 2016; Fisseler, 2015), in einer barrierearm zugänglichen Form vorliegen. Dies trifft auch auf den Einsatz von Schulbüchern zu. Aktuell werden insbesondere die für blinde Schülerinnen und Schüler benötigten Schulbücher in jedem Bundesland von einem entsprechenden Medienzentrum in eine barrierefreie, digitale Form nach E-Buch-Standard übertragen (http://www.augenbit.de/wiki/index.php?title=E-Buch_Anleitung; Zugriff: 13.11.2019).

Assistenzkraft

Assistenzkräfte für die individuelle Unterrichtsbegleitung von Kindern und Jugendlichen mit Behinderungen sind in vielen Kontexten des gemeinsamen Unterrichts feste Bestandteile des Unterstützungssystems. Nicht immer sind jedoch die konkreten Aufgabenbereiche und Zuständigkeiten klar geregelt und oftmals bestehen offene Fragen beispielsweise hinsichtlich Qualifizierung, notwendiger Einweisung und Fortbildung (vgl. Laubner et al., 2017). Ein kritisches Hinterfragen der enormen Zuwachszahlen von Schulbegleitungen innerhalb der letzten Jahre und ein Prüfen, wann und in welchen Situationen eine direkte personale Unterstützung notwendig ist, erscheint auch im Kontext der Blinden- und Sehbehindertenpädagogik als angebracht (Henriksen, 2018). Es besteht durchaus die Gefahr, dass Inklusionsmaßnahmen auf das Bereitstellen individueller Begleitpersonen reduziert und qualifizierte sonderpädagogische Ressourcen nicht im notwendigen Maße zur Verfügung gestellt werden. Zudem gilt es zu bedenken, welche Auswirkungen eine ständige Begleitung auf die soziale Integration oder auf die Entwicklung von Selbstständigkeit haben kann. Dennoch gilt, dass bei entsprechender Notwendigkeit und definierten Zuständigkeiten, bei intensiver Vorbereitung auf die anfallenden Aufgaben und bei notwendiger Zurückhaltung in Gruppenprozessen die Anwesenheit einer Unterrichtsbegleitung wesentlich zum Gelingen von Inklusion beitragen kann.

Kursprogramm

Angesichts der Fülle an blinden- und sehbehindertenspezifischen Inhaltsbereichen (Spezifisches Curriculum, ▶ Kap. 4.2.2), haben sich Intensivkurse als Ergänzung zur Vor-Ort-Beratung und -Unterstützung bewährt. Diese Kurse werden von Förderzentren der Blinden- und Sehbehindertenpädagogik angeboten und können auch an Wochenenden stattfinden. Folgende Inhalte werden hierbei beispielsweise berücksichtigt (vgl. https://www.lfs-schleswig.de/kurse/kurs-programm/; https://blubs kurse.ssilv.de/; Zugriff: 13.11.2019):

- Einführung in Brailleschriftsysteme: insbesondere Kurzschrift, Mathematikschrift, Notenschrift
- Computernutzung ohne Maus
- Umgang mit Hilfsmitteln (z. B. Bildschirmlesegerät, Lupen)
- Soziales Lernen
- Bewerbungstraining
- Sportarten: Klettern, Rudern etc.

Neben der inhaltlichen Arbeit ermöglichen die Kurse einen intensiven Kontakt zu anderen blinden und sehbehinderten Schülerinnen und Schülern, der im inklusiven

Kontext in der Regel nicht gegeben ist. Diese Kontakte können für die Identitätsentwicklung eine bedeutende Rolle spielen und ungezwungene Möglichkeiten eines Peer-Tutorings schaffen.

Voraussetzungen an der Allgemeinen Schule

Der Verantwortungsbereich der Allgemeinen Schule bezieht sich einerseits auf Aufgaben als Kostenträger (Lehrmittel, Raumausstattung etc.) und andererseits auf die Umsetzung eines barrierearmen, differenzierenden Unterrichts, der konkrete, individuelle Unterstützungshilfen bereitstellt. Hierzu zählt die Gewährleistung eines individuellen Nachteilsausgleichs, der gemeinsam mit den zuständigen sonderpädagogischen Lehrkräften definiert wird. Für blinde und sehbehinderte Schülerinnen und Schüler bezieht sich der Nachteilsausgleich beispielsweise bei Klassenarbeiten und Prüfungen auf die Verwendung von Hilfsmitteln (z. B. Computer mit Braillezeile und Sprachausgabe, Vergrößerungssoftware), auf Anpassungen der Aufgabenstellung (z. B. digitale Aufgabenbearbeitung; Erstellung barrierefreier Dokumente) und auf etwaige Zeitzugaben (z. B. bei Leseaufgaben).

Zu den Aufgaben der Blinden- und Sehbehindertenpädagogik gehört die Unterstützung der Allgemeinen Schulen im Prozess der im Rahmen von Inklusion notwendigen pädagogischen Weiterentwicklungen. Hierbei spielen Maßnahmen zur Umsetzung eines »Universal Design for Learning« und die Entwicklung konkreter didaktischer Möglichkeiten des gemeinsamen (zieldifferenten) Unterrichts eine maßgebliche Rolle.

Weitere personale Aspekte

Eine gelingende Inklusion ist davon abhängig, dass die beteiligten Personen aktiv und verantwortlich miteinander kooperieren. Neben den Lehrkräften aus Sonderpädagogik und Allgemeinen Schulen sowie gegebenenfalls der Unterrichtsbegleitung ist hierbei auch die Schülerin bzw. der Schüler mit Blindheit oder Sehbehinderung gefordert (z. B. durch Teilnahme am Kursprogramm). Mitschülerinnen und Mitschüler müssen transparent über die notwendigen Unterstützungsmaßnahmen und über Unterrichtsnotwendigkeiten informiert werden, damit sie diese als Nachteilsausgleich und nicht als einseitige Bevorzugung erleben. In diesem Zusammenhang können Sensibilisierungsübungen mit Einsatz von Simulationsbrillen bzw. Augenbinden zum Verständnis des Nachteilsausgleichs beitragen. Kooperative Lernformen können die Akzeptanz gegenüber »Anderssein« erhöhen und ein gegenseitiges Kennenlernen unterstützen.

Auch die Eltern bzw. die Erziehungsberechtigten arbeiten aktiv im Inklusionsprozess mit, bspw. bei der Antragsstellung von Hilfsmitteln bei den jeweiligen Kostenträgern. Schließlich sind gegebenenfalls Kooperationen mit weiteren »Spezialistinnen und Spezialisten« (z. B. Augenärztinnen und Augenärzte, Rehabilitationsfachkräfte für Orientierung und Mobilität) notwendig, um eine umfassende Teilhabe am Schulleben zu sichern.

12 Ausbildung und Beruf

Die Berufsbildung kann zweifelsfrei als entscheidendes Motiv für die Gründung der ersten Blindenschulen und als deren primäres Ziel speziell in der Anfangszeit bezeichnet werden. Im Laufe des 19. Jahrhunderts erreichte die vollumfängliche Blindenfürsorge »von der Wiege bis zum Grabe« (Pablasek, 1867) mit Einrichtungen, die alle Lebensbereiche (Vorschule, Schule, Ausbildung, Beruf, Alter) abdeckten, ihren Höhepunkt. Ein wesentlicher Grund für diese Entwicklung kann in den großen Schwierigkeiten blinder Menschen nach der Berufsausbildung gesehen werden, im Berufsleben Fuß zu fassen und ein selbstständiges Auskommen zu erreichen (Mehls & Brass, 2006). Seither haben sich die Ausbildungs- und Berufsmöglichkeiten blinder und sehbehinderter Menschen stark verändert und zu flexibleren stationären und inklusiven Angeboten weiterentwickelt, wenngleich vielfältige Herausforderungen und Problembereiche nach wie vor existieren.

Eine exakte Erfassung von Berufssituation und Erwerbstätigkeit blinder und sehbehinderter Menschen in Deutschland gestaltet sich aktuell angesichts fehlender belastbarer Daten als schwierig. In den amtlichen Beschäftigungsstatistiken werden die Merkmale Blindheit und Sehbehinderung nicht gesondert erhoben. Die vorliegenden Angaben beruhen auf Berechnungen und Ableitungen, wobei auf Zahlenmaterial des Statistischen Bundesamtes (Schwerbehindertenstatistik, Statistiken über den Bezug von Sozialleistungen) zurückgegriffen wird. Bach (2014, a; b; 2015) kommt in seinen diesbezüglichen Berechnungen zu dem Ergebnis, dass davon ausgegangen werden muss, dass lediglich etwa 25 % der blinden und hochgradig sehbehinderten und etwa 45 % der sehbehinderten Menschen im erwerbsfähigen Alter tatsächlich erwerbstätig sind. Die allgemeine Erwerbstätigenquote wird für den Vergleichszeitraum für Deutschland mit 70–75 % angegeben (Bach, 2014 b). Die Gründe für diese enorme Diskrepanz liegen einerseits in der häufigen Praxis einer Frühverrentung erwerbstätiger Menschen, sobald eine Blindheit oder hochgradige Sehbehinderung auftritt, und andererseits in der hohen Arbeitslosigkeit blinder und sehbehinderter Menschen (Bach, 2015).

Diese äußerst problematische Berufssituation ist ein Indikator dafür, dass von Inklusion auf dem Arbeitsmarkt noch nicht gesprochen werden kann.

12.1 Konzepte pädagogischer Unterstützungsmaßnahmen im Kontext der beruflichen Bildung

Der große Stellenwert, den die berufliche Bildung innerhalb der Blinden- und Sehbehindertenpädagogik einnimmt, zeigt sich daran, dass dieser Bereich explizit in spezifischen Curricula enthalten ist bzw. dass eigene Curricula hierfür erstellt wurden. Das in den USA entwickelte und in der dortigen Praxis etablierte Expanded Core Curriculum (ECC) weist als eigenständigen Bereich »Einführung in die Arbeitswelt« aus (Hatlen, 1996; 1997; Lohmeier et al., 2008; Allmann & Lewis, 2014 b), worunter beispielsweise eine gezielte Berufsvorbereitung und Berufserkundung fällt. In den Mittelpunkt der Betrachtung rückt insbesondere der Übergang von der Schule in die berufliche Bildung. Hierzu gehören beispielsweise das Ermöglichen konkreter Zugänge zu verschiedenen Berufsfeldern durch praxisnahe Berufserkundungen, der Aufbau von Arbeitshaltung und kooperativer bzw. sozialer Kompetenzen, das Erkennen und Artikulieren eigener Stärken und Interessen, eine geeignete Hilfsmittelversorgung und der Aufbau von Hilfsmittelkompetenz sowie notwendiger Fähigkeiten und Fertigkeiten in den Bereichen Orientierung, Mobilität und Lebenspraxis (Wolffe, 2014). Eine ähnliche inhaltliche Bestimmung erfolgt im aus Deutschland stammenden »Spezifischen Curriculum« für den schulischen Bereich (Degenhardt et al., 2016). Auch dort wird unter den Stichworten »Lebensplanung, Berufsorientierung« auf die in der Schule zu entwickelnden berufsrelevanten Kompetenzen, auf die Analyse eigener Fähigkeiten und Fertigkeiten und auf die Vermittlung konkreter Kenntnisse über Berufs- und Ausbildungsmöglichkeiten hingewiesen.

Um eine über den klassischen Schulbereich hinausgehende Konkretisierung und Differenzierung pädagogischer Unterstützungsmaßnahmen zu erhalten, wurde die gesamte Struktur des Spezifischen Curriculums mit der Einteilung in

- Förderung des Sehens,
- Wahrnehmung und Lernen,
- O&M, LPF und Bewegung,
- Technische Hilfen,
- Lebensplanung (Berufsorientierung) und Freizeit,
- Soziale Kompetenz

(teilweise mit begrifflichen Abwandlungen) auf den Bereich der beruflichen Rehabilitation und auf den Bereich des Übergangs von der Schule in den Beruf übertragen, sodass eigenständige Curricula entstanden, die inhaltliche Standards definieren (Degenhardt et al., 2016).

Neben den curricularen Rahmenplänen gibt es konkrete und erprobte Praxiskonzepte, die beispielgebend für die praktische Umsetzung einer blinden- und sehbehindertenspezifischen Berufsvorbereitung sein können. Verwiesen sei an dieser Stelle auf das Programm STAR (»Schule trifft Arbeitswelt«) des Landes Nordrhein-

Westfalen, das 2012 im Rahmen einer landesweiten Initiative entwickelt wurde (https://www.lwl-bbw-soest.de/de/unsere-angebote/star/; Zugriff: 19.02.2019). Das Programm STAR besteht aus einer engen Kooperation zwischen Integrationsamt und dem blinden- und sehbehindertenspezifischen Berufsbildungswerk (BBW) in Soest, wobei individuell nach Bedarf für Schülerinnen und Schüler ab Klasse 8 über das BBW spezifische Module (z. B. Modul: Grunddiagnostik Sehvermögen, Hilfsmittel, O&M, LPF; Modul: Potentialanalyse; Modul: Erkundung der Berufsfelder Metalltechnik, Wirtschaft und Verwaltung, Ernährung und Hauswirtschaft; Modul: Training arbeitsrelevanter, sozialer Kompetenzen) abgerufen werden können. Ein weiteres Praxisprogramm, das vollständig inklusiv arbeitet, wurde in Schleswig am Landesförderzentrum Sehen entwickelt (Adrian & Scholz, 2017). Das dortige Unterstützungs- und Beratungsangebot beginnt zwei Jahre vor Schulabschluss und umfasst neben der Vor-Ort-Betreuung an der Allgemeinen Schule auch spezielle Kursangebote für blinde und sehbehinderte Schülerinnen und Schüler sowie Seminarangebote für Berufsschullehrkräfte und weitere Kooperationspartnerinnen und -partner. Die Angebote beinhalten beispielsweise die Diagnostik des Sehens unter Berücksichtigung beruflicher Anforderungen, Sehhilfenberatung, Beratung zum Umgang mit der Sehbeeinträchtigung, Förderung der Entwicklung sozialer Kompetenzen, Erweiterung eigener Handlungsmöglichkeiten durch O&M- und LPF-Schulung sowie Unterstützung und Beratung in der Berufsorientierung (z. B. durch Arbeitserkundungen und Praktika). Während der Ausbildungsphase findet z. B. eine Unterstützung bei der individuellen Arbeitsplatzausstattung statt oder bei der Gestaltung des notwendigen Nachteilsausgleichs. Die Zuständigkeit des Förderzentrums endet mit dem Ausbildungsabschluss und dem Eintritt in das Berufsverhältnis. Studierende mit Sehschädigung können im ersten Jahr des Studiums unterstützt und beraten werden.

12.2 Ausbildungsmöglichkeiten und berufliche Rehabilitation blinder und sehbehinderter Menschen

Durch die Ratifizierung der Behindertenrechtskonvention der Vereinten Nationen (Bundesgesetzblatt, 2008) verpflichtet sich Deutschland nach Artikel 24 und 27 dazu, Menschen mit Behinderungen einen gleichberechtigten und wirksamen Zugang zu Hochschulbildung, Berufsausbildung und Beruf zu gewähren bzw. diesen durch angemessene Vorkehrungen sicherzustellen. Im Widerspruch hierzu sind laut Bildungsbericht 2018 die Ausbildungsangebote für Menschen mit Behinderungen rückläufig (Autorengruppe Bildungsberichterstattung, 2018, 133). Dies bedeutet, dass sich für Menschen mit Behinderungen nicht erst die Berufsausübung als problematisch erweist, sondern dass bereits die Berufsausbildung mit erheblichen Hürden und Schwierigkeiten verbunden ist. Die Herausforderungen beginnen mit formalen Vorgaben der Sozialgesetzgebung, die wesentlich darüber entscheiden, welche Maßnahmen in welchem Umfang und unter welchen Rahmenbedingungen von welchem Kostenträger finanziert werden. Diese Vorgaben können die grundsätzlich vorhandenen Einschränkungen bei der Berufswahl zusätzlich verschärfen. Zugleich kann jedoch auch festgestellt werden, dass es bei der Umsetzung von Ausbildungsangeboten zunehmend zu individuellen, modularisierten, flexiblen und auch wohnortnahen Lösungen kommen kann, bei denen verschiedene Institutionen (z. B. blinden- und sehbehindertenspezifische Beratungsstellen und Förderzentren, spezifische Berufsbildungs- und Berufsförderungswerke, allgemeine Berufsschulen und Ausbildungsbetriebe) eng miteinander kooperieren (Walthes, 2014, 158 f.). Die konkrete Unterstützung in der Ausbildungsphase blinder und sehbehinderter Jugendlicher und junger Erwachsener kann somit von stationären Einrichtungen (z. B. spezialisierte Berufsförderungswerke), inklusiv ausgerichteten Systemen (Nutzung der allgemeinen Ausbildungsmöglichkeiten mit sonderpädagogischer Unterstützung) oder kooperativen Mischformen ausgebracht werden (Hilgers, 2017, Denninghaus et al., 2005).

Die berufliche Bildung wird aktuell in folgende Bereiche unterteilt (Autorengruppe Bildungsberichterstattung, 2018):

- Übergangssystem (z. B. berufsvorbereitende Maßnahmen wie das Berufsvorbereitungsjahr)
- Duales Ausbildungssystem (betrieblich-duale Ausbildung in einem anerkannten Ausbildungsberuf)
- Schulberufssystem (außerbetriebliche Berufsausbildung in einem anerkannten Ausbildungsberuf z. B. in Berufsfachschulen).

Darüber hinaus sind als Möglichkeiten der Berufsqualifizierung das Hochschulstudium und die berufliche Bildung in einer Werkstatt für behinderte Menschen (WfbM) zu nennen. Letzteres wird in Kapitel 12.3 (▶ Kap. 12.3) thematisiert.

Das Übergangssystem umfasst verschiedene nachschulische Maßnahmen für Jugendliche und junge Erwachsene mit und ohne Schulabschluss zur Vorbereitung auf eine anschließende Berufsausbildung. Hierbei stehen die Förderung der Ausbildungsreife und das Finden eines geeigneten Berufsfeldes im Vordergrund. Zu den Maßnahmen des Übergangssystems zählt beispielsweise das Berufsvorbereitungsjahr, das verpflichtend ist, wenn nach Verlassen der Vollzeitschule weder eine weiterführende Schule besucht noch ein Ausbildungsverhältnis begonnen wird, die Schulpflicht je nach bundeslandspezifischer Bestimmung jedoch noch nicht erfüllt ist. Darüber hinaus wird bei erfüllter Schulpflicht im Rahmen Berufsvorbereitender Bildungsmaßnahmen (BvB) ähnliche Unterstützung gewährt bzw. das Nachholen eines Hauptschulabschlusses ermöglicht. Die Rechtsgrundlage derartiger Maßnahmen bildet das Sozialgesetzbuch (z. B. SGB IX, § 49). Eine Blindentechnische Grundausbildung (BTG) mit Unterricht in Lebenspraktischen Fähigkeiten, Orientierung und Mobilität, zur Hilfsmittelnutzung und zum Brailleerwerb zählt ebenfalls zu den berufsvorbereitenden Maßnahmen.

Berufs- und ausbildungsvorbereitende Maßnahmen werden in Deutschland von verschiedenen Institutionen (z. B. blinden- und sehbehindertenspezifische Berufsbildungs- und Berufsförderungswerke, einzelne Förderzentren im »Förderschwerpunkt Sehen«) angeboten.

In Deutschland existieren insgesamt drei überregionale Berufsbildungswerke (BBW) für blinde und sehbehinderte Menschen (Chemnitz, Soest, Stuttgart). In diesen Einrichtungen werden im Rahmen des Schulberufssystems und zunehmend auch im Rahmen eines wohnortnahen, modularisierten, dualen Ausbildungssystems ausgewählte Ausbildungsberufe in den Bereichen Wirtschaft und Verwaltung (z. B. Informatikkauffrau/-kaufmann, Kauffrau/Kaufmann für Büromanagement), Metalltechnik (z. B. Zerspannungsmechaniker/in, Fachkraft für Metalltechnik), Ernährung und Hauswirtschaft (z. B. Hauswirtschafter/in, Koch/Köchin, Beikoch/Beiköchin), Informationstechnik (z. B. Fachinformatiker/in), Gartenbau (z. B. Gärtner/in) und Medizin (z. B. Masseur/in) angeboten. Einige der dieser Berufsfelder stehen ausschließlich sehbehinderten Menschen offen.

Das traditionelle Blindenhandwerk als Ausbildungsberuf (z. B. Bürsten- und Pinselmacher, Korbmacher) spielt mittlerweile eine untergeordnete Rolle. Das Angebot der BBW kann mit ca. 25 Ausbildungsberufen bei weitem nicht die Breite der insgesamt 327 vom Bundesinstitut für Berufsbildung aufgeführten anerkannten Ausbildungsberufe (https://www.bibb.de/veroeffentlichungen/de/publication/show/9193; Zugriff: 18.02.2019) abdecken. Einige Förderzentren mit »Förderschwerpunkt Sehen« bieten berufsbezogene Bildungsgänge in Form von Berufsfachschulen (z. B. Büroberufe, Physiotherapie/Massage, Musik) oder Berufsschulen mit angeschlossenen Ausbildungswerkstätten an und ermöglichen auf diese Weise weitere Ausbildungsberufe.

Junge Erwachsene mit einem allgemeinen oder Fachabitur können an den regulären Hochschulen ein Studium aufnehmen. Häufige Studienfächer sind beispielsweise Sozialpädagogik, Psychologie, Pädagogik/Sonderpädagogik, Informatik oder Rechtswissenschaft (Habeck, 2012). Einzelne Hochschulen bieten neben der Finanzierung von Assistenzkräften weiterführende und teilweise institutionalisierte Unterstützungsmaßnahmen für blinde und sehbehinderte Studierende an (z. B. Umsetzungsdienste für die Erstellung barrierefreier Studienmaterialien).

Zur beruflichen Rehabilitation von Erwerbstätigen, bei welchen im Laufe ihres Arbeitslebens eine Erblindung oder eine Sehbeeinträchtigung auftritt, wurden bundesweit drei blinden- und sehbehindertenspezifische Berufsförderungswerke (Düren, Halle, Würzburg-Veitshöchheim) eingerichtet. An diesen werden berufsvorbereitende Maßnahmen, Umschulungen und Ausbildungen sowie teilweise auch Erstausbildungen angeboten.

12.3 Ausbildung und Beruf von Jugendlichen und jungen Erwachsenen mit mehrfachen Beeinträchtigungen

Grundsätzlich muss die hohe Bedeutsamkeit von Erwerbstätigkeit betont werden. Stöppler (2014, 107 ff.) nennt folgende Funktionen von Erwerbsarbeit:

- Materielle Existenzsicherung
- Sozialer Status
- Strukturierung des Alltags (Arbeit/Freizeit; Anspannung/Entspannung, z. B: Pause)
- Aufbau sozialer Netzwerke und Verhinderung sozialer Isolation
- Steigerung des Selbstwertgefühls und der Förderung der Identitätsentwicklung
- Sicherheit (z. B. durch Kündigungs- und Versicherungsschutz).

Für Menschen mit geistiger Behinderung können sich bezüglich dieser Funktionen spezifische Besonderheiten ergeben: Beispielsweise reicht die Entlohnung in einer Werkstatt für Menschen mit Behinderung nicht aus für eine vollständige materielle Existenzsicherung oder die Bedeutung der Arbeit für die Alltagsstrukturierung oder für die Identitätsentwicklung (durch Übernahme neuer Rollen) ist äußerst hoch. Die beschriebenen Funktionen erhalten jedoch eine prinzipielle Gültigkeit. Im Hinblick auf Menschen mit schwersten Behinderungen ist es sinnvoll, nicht auf die Erwerbstätigkeit zu fokussieren, sondern auf den Aspekt der Arbeit als sinnvolle Tätigkeit, sodass für diese Zielgruppe insbesondere die Funktionen der Strukturierung, Selbstverwirklichung und sozialen Teilhabe im Mittelpunkt stehen (Bernasconi & Böing, 2015, 230).

Blinde und sehbehinderte Jugendliche mit zusätzlichen kognitiven Beeinträchtigungen werden in der Regel nach den Bildungsgängen der Förderschwerpunkte Geistige Entwicklung oder Lernen unterrichtet. Grundsätzlich gelten die in Kapitel 12.1 (▸ Kap. 12.1) genannten Aspekte einer blinden- und sehbehindertenspezifischen Berufsvorbereitung. Die Gestaltung des Übergangs von der Schule in den Beruf steht in der Berufsschulstufe des Bildungsgangs Geistige Entwicklung im Mittelpunkt des Unterrichts. Hier sollen berufliche Kompetenzen vermittelt und gezielt auf eine berufliche Tätigkeit vorbereitet werden, wobei Berufspraktika, Erprobungswochen und Berufserkundungen integriert sind. Auch die Arbeit mit Schülerfirmen kann einen wichtigen Beitrag zur Berufsvorbereitung leisten (Zentel & Sansour, 2014). Ein Instrument, die Phase der Berufsfindung möglichst differenziert zu gestalten, stellt die Berufswegekonferenz dar. Hier können neben der Schülerin bzw. dem Schüler, den Eltern und der Schule, Vertreterinnen und Vertreter von Werkstätten, Berufsberatung, Arbeitsagenturen, Integrationsfachdiensten etc. einbezogen werden, um die beruflichen Möglichkeiten gezielt und unter Berücksichtigung individueller Wünsche zu planen und umzusetzen (Stöppler, 2014, 110 f.).

Die Berufsperspektiven blinder und sehbehinderter Jugendlicher und junger Erwachsener mit zusätzlichem Förderbedarf erweisen sich insgesamt als äußerst eingeschränkt, da die meisten Ausbildungsberufe einen anerkannten Schulabschluss (mindestens Hauptschulabschluss) voraussetzen. Je nach individuellen Fähigkeiten und Fertigkeiten kann für Jugendliche in den Bildungsgängen der Förderschwerpunkte Lernen und Geistige Entwicklung nach dem Schulabschluss durch geeignete Fördersysteme wie z. B. berufsvorbereitende Maßnahmen eine berufliche Ausbildung möglich sein oder eine unterstützte Beschäftigung in Frage kommen (Stöppler, 2014, 112). Diesbezügliche und weitere Angebote sind beispielsweise über die Berufsbildungswerke zugänglich. Eine Erwerbstätigkeit auf dem allgemeinen Arbeitsmarkt findet jedoch vergleichsweise selten statt.

Oftmals konzentrieren sich die beruflichen Tätigkeiten auf Arbeiten in einer Werkstatt für behinderte Menschen (WfbM) bzw. in einer Blindenwerkstatt. Bezüglich der Blindenwerkstätten gilt es begrifflich zu unterscheiden in Blindenwerkstätten, die nach dem Blindenwarenvertriebsgesetz staatlich anerkannt sind und die dort definierten Standards einhalten, und Werkstätten, die als anerkannte Werkstätten für behinderte Menschen (WfbM) ausdrücklich auch blinde und sehbehinderte Menschen beschäftigen.

Das Sozialgesetzbuch (SGB) IX definiert Zielstellungen und regelt in § 136, wer Anspruch auf Aufnahme in eine WfbM hat:

»(1) Die Werkstatt für behinderte Menschen ist eine Einrichtung zur Teilhabe behinderter Menschen am Arbeitsleben …. Sie hat denjenigen behinderten Menschen, die wegen Art oder Schwere der Behinderung nicht, noch nicht oder noch nicht wieder auf dem allgemeinen Arbeitsmarkt beschäftigt werden können,
    1. eine angemessene berufliche Bildung und eine Beschäftigung zu einem ihrer Leistung angemessenen Arbeitsentgelt aus dem Arbeitsergebnis anzubieten und
    2. zu ermöglichen, ihre Leistungs- oder Erwerbsfähigkeit zu erhalten, zu entwickeln, zu erhöhen oder wiederzugewinnen und dabei ihre Persönlichkeit weiterzuentwickeln.
(…)
    (2) Die Werkstatt steht allen behinderten Menschen im Sinne des Absatzes 1 unabhängig von Art oder Schwere der Behinderung offen, sofern erwartet werden kann, dass sie spätestens nach Teilnahme an Maßnahmen im Berufsbildungsbereich wenigstens ein Mindestmaß wirtschaftlich verwertbarer Arbeitsleistung erbringen werden. Dies ist nicht der Fall bei behinderten Menschen, bei denen trotz einer der Behinderung angemessenen Betreuung eine erhebliche Selbst- oder Fremdgefährdung zu erwarten ist oder das Ausmaß der erforderlichen Betreuung und Pflege die Teilnahme an Maßnahmen im Berufsbildungsbereich oder sonstige Umstände ein Mindestmaß wirtschaftlich verwertbarer Arbeitsleistung im Arbeitsbereich dauerhaft nicht zulassen.
    (3) Behinderte Menschen, die die Voraussetzungen für eine Beschäftigung in einer Werkstatt nicht erfüllen, sollen in Einrichtungen oder Gruppen betreut und gefördert werden, die der Werkstatt angegliedert sind.«

Die organisatorische Struktur einer WfbM gliedert sich in drei aufeinander aufbauende Bereiche (Bernasconi & Böing, 2015, 233 f.):

- Eingangsverfahren
- Berufsbildungsbereich
- Arbeitsbereich bzw. Förder- und Betreuungsbereich, wenn die Voraussetzungen für den Arbeitsbereich nicht erfüllt sind.

Wird im Eingangsverfahren die grundsätzliche »Werkstatttauglichkeit« festgestellt, findet im Berufsbildungsbereich die eigentliche berufliche Ausbildung statt mit dem Ziel, Kompetenzen anzubahnen, die eine produktive Arbeitsleistung ermöglichen. Die wertschöpfende Arbeit (oftmals Produktionsaufträge von Firmen mit Sortier-, Verpackungs- oder Herstellungsaufgaben) findet schließlich im Arbeitsbereich der WfbM statt. Im Förder- und Betreuungsbereich werden Tätigkeiten und individuelle Fördermaßnahmen angeboten, die nicht dem Druck wirtschaftlicher Produktivität ausgesetzt sind.

Angesichts der Häufigkeit von Sehbeeinträchtigungen in Einrichtungen der Förderschwerpunkte Geistige Entwicklung und Motorische Entwicklung (► Kap. 1.3) und der vergleichsweise geringen Zahl blinden- und sehbehindertenspezifischer beruflicher Einrichtungen, besucht die überwiegende Zahl mehrfachbeeinträchtigter blinder und sehbehinderter Erwachsener allgemeine WfbM, die unter Umständen nicht oder nicht ausreichend auf deren Bedarfe eingestellt und eingerichtet sind. Degenhardt und Henriksen (2010) konnten in einer Untersuchung in allen Beschäftigungsbereichen einer allgemeinen WfbM mittels Visusmessungen (N = 234) bei 22 % der Beschäftigten eine Sehbeeinträchtigung feststellen, die nach sozialrechtlich-medizinischer Definition mindestens eine Sehbehinderung (Fernvisus $\leq 0{,}3$) darstellt. Hieran wird deutlich, dass Werkstätten zwingend im Sinne einer Erhöhung von Barrierefreiheit blinden- und sehbehindertenspezifische Standards berücksichtigen müssen (z. B. hinsichtlich Beleuchtungssituation, Einsatz von Kontrasten, Arbeitsplatzgestaltung, Orientierungshilfen). Weitere Anpassungen ergeben sich im Bereich der Hilfsmittelversorgung der Beschäftigten (z. B. Brillenversorgung und Vergrößerungshilfen) und bezüglich der Interaktionsgestaltung (z. B. nonverbale Gesprächsanteile, Zeigegesten, Kontaktankündigung).

13 Blindheit und Sehbehinderung im Alter

13.1 Epidemiologische Daten

Detaillierte Daten zu Sehbehinderung und Blindheit in Deutschland liegen lediglich für diejenigen Personen vor, denen ein Schwerbehindertenausweis ausgestellt wurde und bei denen Blindheit oder Sehbehinderung die schwerste Behinderung darstellt (Robert Koch-Institut, 2017). Es ist davon auszugehen, dass die tatsächliche Anzahl von Personen mit Blindheit und Sehbehinderung in Deutschland höher ist als aus dieser Schwerbehindertenstatistik hervorgeht, da zum einen nicht jede Person einen Schwerbehindertenausweis beantragt, zum anderen nicht bei allen Betroffenen Blindheit oder Sehbehinderung die schwerste Behinderung ist. Im Hinblick auf die Altersverteilung sind die vorliegenden Daten dennoch aussagekräftig. Sie zeigen, dass Blindheit und Sehbehinderung ganz überwiegend im höheren Lebensalter auftreten. Die Zahl der Betroffenen steigt mit dem chronologischen Alter nahezu exponentiell an (Abbildung 28). So waren in Deutschland am Stichtag 31.12.2017 von den insgesamt 350.822 Personen mit Blindheit und Sehbehinderung als schwerster Behinderung 5.121 (1,5 %) unter 18 Jahre alt, 23.835 (6,8 %) waren 18 bis 45 Jahre alt, 69.898 (19,9 %) waren 45 bis 65 Jahre alt und 251.968 (71,8 %) waren 65 Jahre und älter (Statistisches Bundesamt, 2019).

Das Phänomen ist nicht auf Deutschland beschränkt. Prävalenzzahlen aus sechs europäischen Ländern zeigen, dass 3 % der 65- bis 74-Jährigen, 13 % der über 75-Jährigen und 33 % der über 85-Jährigen trotz bester Korrektur einen Visus von weniger als 0,5 auf dem besseren Auge aufweisen (Seland et al., 2011).

Es kann daher angenommen werden, dass in Alten- und Pflegeheimen der Anteil von Menschen mit Blindheit und Sehbehinderung hoch ist. Hierzu liegen jedoch kaum Zahlen vor. In einer Studie von Thederan, Steinmetz, Kampmann, Koob-Matthes, Grehn und Klink (2016) wurde bei einem Fünftel (21,7 %) der untersuchten Heimbewohnerinnen und -bewohner eine zuvor nicht erkannte, akut behandlungsbedürftige ophthalmologische Diagnose festgestellt (z. B. Katarakt, Glaukom, altersabhängige Makuladegeneration). Knapp der Hälfte der Untersuchten wurden regelmäßige ophthalmologische Kontrollen sowie Brillen, vergrößernde Sehhilfen oder Anpassungen der räumlichen Umgebung empfohlen.

Die häufigste Ursache für Blindheit und Sehbehinderung in Deutschland ist mit ca. 50 % die altersabhängige Makuladegeneration AMD (Finger et al., 2011). Hierbei handelt es sich um eine mit höherem Alter zunehmend häufiger auftretende fortschreitende Netzhauterkrankung mit Einbußen im zentralen Gesichtsfeld bis hin zu dessen vollständigem Verlust aufgrund von krankhaften Veränderungen der

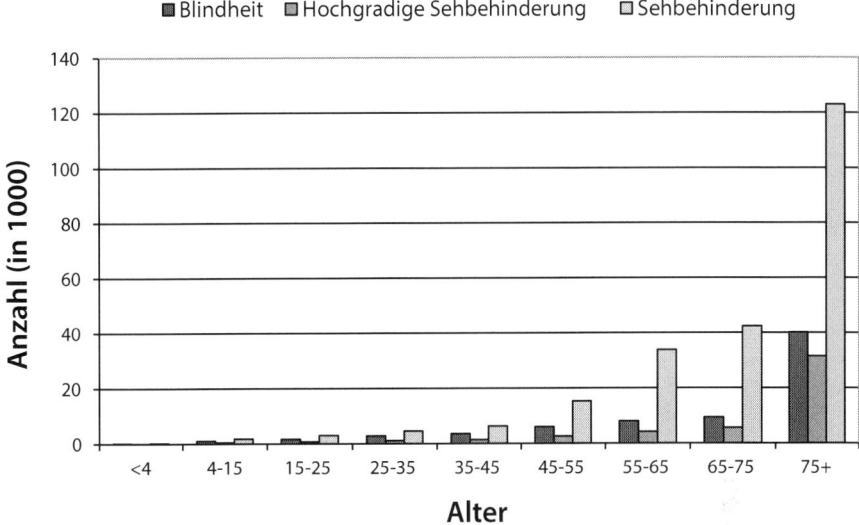

Abb. 28: Personen mit Blindheit und Sehbehinderung am 31.12.2017 (Statistisches Bundesamt, 2019; eigene Berechnungen und Darstellung)

Netzhaut im Bereich des schärfsten Sehens (vgl. z. B. Grehn, 2012). Man unterscheidet zwischen einer trockenen Form der AMD (ca. 85 % der Fälle) und einer feuchten Form, bei der Aderhautgefäße in die Netzhaut einwachsen, was zu einem Flüssigkeitsaustritt aus den Gefäßen führt. Die Behandlungsmöglichkeiten der AMD sind derzeit sehr begrenzt. Lediglich für die (seltenere) feuchte Verlaufsform stehen lindernde Behandlungsmöglichkeiten zur Verfügung, allen voran die intravitreale Injektion von Medikamenten zur Hemmung von Gefäßwachstum (anti-VEGF-Medikamente), mit der vor allem im Anfangsstadium einer feuchten AMD eine längerfristige Visusstabilisierung erreicht werden kann (Gerding, 2016). Nach der AMD ist das Glaukom (ca. 15 %) sowie die diabetische Retinopathie (ca. 10 %) die zweit- bzw. dritthäufigste Ursache von Blindheit und Sehbehinderung in Deutschland (Robert Koch-Institut, 2017). Beide Erkrankungen lassen sich im Frühstadium jedoch gut behandeln. Die Katarakt führt in Deutschland relativ selten zu Neuerblindungen, da sie auch im späten Stadium noch erfolgreich behandelt werden kann (ebd.).

Die mit dem Alter zunehmende Auftretenswahrscheinlichkeit von Blindheit und Sehbehinderung ist immer auch vor dem Hintergrund einer stetig steigenden Lebenserwartung zu sehen, die zu einer bedeutsamen Zunahme insbesondere hochaltriger Personen führt (Oeppen & Vaupel, 2002) und damit auch zu einer Zunahme an Personen mit irreversibler Augenerkrankung. Prognosen bis zum Jahr 2030 gehen dementsprechend von einem deutlichen Anstieg an Erblindungen und Sehbehinderungen in Deutschland aus (Knauer & Pfeiffer, 2006; Finger et al., 2011).

Der Eintritt einer signifikanten Seheinbuße ist also am wahrscheinlichsten in der insgesamt fragilen Lebensphase des höheren Lebensalters, wenn Bewältigungsressourcen in vielerlei Hinsicht gefordert sind und für die Bewältigung von mit dem Sehverlust einhergehenden Person-Umwelt-Fehlpassungen möglicherweise nur eingeschränkt zur Verfügung stehen.

13.2 Lebenssituation

Im höheren Erwachsenenalter sind Bewältigungsressourcen vor allem aufgrund der für diese Lebensphase typischen Entwicklungsaufgaben der Anpassung und Aufrechterhaltung gefordert (Havighurst, 1948), so zum Beispiel zur Bewältigung der Anpassung an den Ruhestand, der Anpassung an nachlassende Körperkräfte sowie an den Tod von bedeutsamen Anderen, zur Aufrechterhaltung von Alltagskompetenz und Wohlbefinden, aber durchaus auch für die Übernahme neuer Rollen (z. B. Großelternrolle). Insbesondere die Aufrechterhaltung von Alltagskompetenz und Wohlbefinden werden durch alterskorrelierte Blindheit und Sehbehinderung erschwert und daher im Folgenden näher betrachtet.

Es ist einer der robustesten Befunde der psychosozialen Forschung zu Blindheit und Sehbehinderung im Alter, dass ein Sehverlust mit deutlichen Einschränkungen insbesondere in den sog. instrumentellen Alltagsaktivitäten (z. B. Nutzung öffentlicher Verkehrsmittel, Einkaufen, Mahlzeiten zubereiten) sowie in außerhäuslichen Freizeitaktivitäten verbunden ist (z. B. Wahl et al., 2013). Darüber hinaus belegen zahlreiche Studien ein geringeres subjektives Wohlbefinden älterer Menschen mit Sehbehinderung im Vergleich zu älteren Menschen mit unbeeinträchtigtem Sehvermögen (z. B. Burmedi et al., 2002; Wahl et al., 1999), auch wenn die Effektstärken der gefundenen Unterschiede eher gering sind, wie eine Metaanalyse zeigt (Pinquart & Pfeiffer, 2011). Aktuellen Prävalenzzahlen zufolge weist etwa ein Drittel der älteren Menschen mit Blindheit und Sehbehinderung Symptome einer subklinischen Depressivität auf, in der Population der älteren Menschen generell sind es maximal 15 % (van der Aa et al., 2015). Subklinische Ängstlichkeit ist unter älteren Menschen mit Blindheit und Sehbehinderung ebenfalls stärker verbreitet als in der älteren Allgemeinbevölkerung (15.6 % vs. 11 %; vgl. van der Aa et al., 2015). Es stellt sich daher die Frage nach den umweltbezogenen wie personalen Ressourcen, die es älteren Menschen ermöglichen, trotz Sehverlust ihren Alltag bei hohem subjektivem Wohlbefinden gut zu bewältigen.

13.2.1 Umweltbezogene Ressourcen

Als umweltbezogene Ressourcen zur Alltagsbewältigung stehen zunächst einmal vergrößernde Sehhilfen wie beispielsweise Lupen, Lupenbrillen oder Bildschirmlesegeräte zur Verfügung, darüber hinaus Orientierungs- und Mobilitätshilfen, beispielsweise der Langstock, sowie weitere Hilfsmittel wie Farberkennungsgeräte, sprechende Waagen oder Uhren und vieles mehr. Die meisten dieser Hilfsmittel zählen zu den Pflichtleistungen der gesetzlichen Krankenversicherung, sofern ein entsprechender Bedarf festgestellt und durch einen Arzt verordnet wird. Nicht erstattungsfähig sind adaptierte Gesellschaftsspiele, Sportgeräte, Küchenhelfer etc. (Robert Koch-Institut, 2017). Eine adäquate Sehhilfe gilt als wesentlicher Faktor zum Erhalt von Lebensqualität und Selbstständigkeit (Rohrschneider et al., 2002). Verordnete Sehhilfen werden von älteren Sehbehinderten überwiegend auch akzeptiert und genutzt (Rinnert et al., 1999; Rohrschneider et al., 2002). Wenn sie nicht genutzt werden, so liegt dies häufig an einem gestiegenen Vergrößerungsbedarf, ungünstigen Nutzungseigenschaften, fehlender Einweisung oder auch mangelhafter Beleuchtung (Rinnert et al., 1999). Daher sind regelmäßige Kontrolluntersuchungen angezeigt (Rohrschneider et al., 2002).

Mit Wohnraumanpassungen wie der Verbesserung der Beleuchtung oder dem Anbringen von Handläufen ist eine weitere umweltbezogene Kompensationsmöglichkeit von Sehverlust angesprochen, allerdings sind nur etwa 5 % aller Seniorenhaushalte barrierefrei (Kremer-Preiß, 2012). In 75 % der Wohnungen sind mehr als drei Stufen beim Zugang zur Wohnung zu bewältigen, in 25 % befinden sich Stufen und Schwellen innerhalb der Wohnung (ebd.). Den Ergebnissen einer groß angelegten Studie (Wahl & Oswald, 2012) mit 1150 alleinlebenden über 80-Jährigen aus Deutschland, Schweden und Lettland zufolge finden sich die häufigsten Barrieren (47 %) innerhalb der Wohnung (z. B. zu hohe Wandschränke/Regale, rutschige Gehflächen, Badewannen statt Duschen), knapp ein Viertel (23 %) im Eingangsbereich (z. B. fehlende Handläufe im Treppenbereich, zu hohe, zu niedrige oder unregelmäßige Stufen, zu schnell schließende Außentüren), 30 % außerhalb der Wohnung (z. B. fehlende Sitzgelegenheiten, schwer zugängliche Mülltonnen, unebene Wegoberflächen). Für Wohnraumanpassungen, die ja stets dem Ziel der Verbesserung bzw. Aufrechterhaltung der Alltagskompetenz und der Reduktion des Sturzrisikos dienen, spielt jedoch weniger die Anzahl der Barrieren eine Rolle als vielmehr die Passung zwischen den Kompetenzen der Person und den Gegebenheiten der Umwelt (ebd.). Je kompetenter die Person, umso eher ist sie in der Lage, Barrieren zu tolerieren. Bei Vorliegen von Kompetenzeinbußen durch Blindheit oder Sehbehinderung gewinnt eine möglichst barrierefreie und kompensatorische Umweltgestaltung dagegen zunehmend an Bedeutung.

Reichen die Kompetenzen einer Person nicht mehr aus, um selbstständiges Privatwohnen zu gewährleisten, kann der Umzug in ein Heim sinnvoll sein. Für blinde und sehbehinderte Ältere gibt es in Deutschland einige spezialisierte Einrichtungen (z. B. Haus Riederberg in Wiesbaden oder die Blindenwohnstätten Berlin), die sich durch eine blinden- und sehbehindertengerechte Umweltgestaltung auszeichnen (tastbare Schilder, starke Kontraste, Aufzüge mit Sprachmodulen etc.). Die überwiegende Mehrheit der älteren Menschen will jedoch in ihrer eigenen Wohnung verbleiben (Kremer-Preiß, 2012). Aufgrund von veränderten Wertvorstellungen – weg von Pflicht- und Akzeptanzwerten hin zu Selbstbestimmung und individueller Freiheit – haben Alten- und Pflegeheime seit Ende der 1960er Jahre deutlich an Akzeptanz verloren und die Offenheit gegenüber alternativen Wohnformen auch im Alter, wie Wohnen im Nachbarschaftsverbund oder Gemeinschaftliches Wohnen in Haus- oder Wohngemeinschaft sowie in ambulant betreuten Pflegewohngruppen, wächst, auch wenn ihr Anteil an den Wohnformen im Alter erst bei ca. 2 % liegt (ebd.).

Zu den umweltbezogenen Ressourcen zur Aufrechterhaltung von Alltagskompetenz und Wohlbefinden trotz Blindheit und Sehbehinderung zählen schließlich auch die sozialen Ressourcen einer Person. Die Ergebnisse von Wahl et al. (2013) zeigen beispielsweise, dass bei Älteren mit Sehverlust unter anderem soziale Ressourcen (hier als Anzahl emotional sehr nahestehender Personen) bedeutsam sind für die Aufrechterhaltung des subjektiven Wohlbefindens. Die Unterstützung durch das soziale Umfeld lässt sich inhaltlich im Wesentlichen unterteilen in emotionale (z. B. Trost), instrumentelle (z. B. Hilfe im Haushalt) und informationelle Unterstützung (z. B. Rat geben). Darüber hinaus ist die Unterscheidung von tatsächlich erhaltener und wahrgenommener sozialer Unterstützung bedeutsam (vgl. Wahl & Heyl, 2015 a). Emotionale Unterstützung hat sowohl als wahrgenommene als auch als erhaltene Unterstützung positive Effekte auf das Wohlbefinden älterer Menschen mit Sehverlust, instrumentelle Unterstützung jedoch nur als wahrgenommene Unterstützung (Reinhardt, Boerner & Horowitz, 2006). Erhaltene instrumentelle Unterstützung geht gar mit höherer Depressivität einher (ebd.). Im Hinblick auf instrumentelle Unterstützung scheint also zu gelten: Gut, sie zu haben, aber nicht, sie zu nutzen bzw. sie nutzen zu müssen. Instrumentelle Unterstützungsangebote sollten daher selektiv sein, d. h. Hilfe sollte nur da zum Einsatz kommen, wo sie wirklich notwendig ist. Voraussetzung hierfür ist eine gute Kommunikation der Beteiligten und Wissen über die Auswirkungen der jeweiligen Sehbehinderung.

13.2.2 Personale Ressourcen

Bei aller Bedeutsamkeit von umweltbezogenen Kompensationsmöglichkeiten nutzen ältere Menschen mit Blindheit und Sehbehinderung doch am häufigsten personale Ressourcen, um ihren Sehverlust im Alltag zu kompensieren, allen voran ihren Tast- oder Hörsinn, indem sie beispielsweise den Füllstand einer Tasse ertasten oder sich verstärkt am Gehör orientieren (Wahl et al., 1999). Darüber hinaus vereinfachen sie ihre gewohnten Verhaltensweisen (z. B. Zubereitung von Fertiggerichten, um das selbstständige Kochen zu bewältigen) und investieren mehr Zeit und/oder Anstrengung, um ihren Alltag zu meistern. Auch wenn etliche ältere Menschen mit Blindheit und Sehbehinderung bei ihren Kompensationsbemühungen eine bemerkenswerte Kreativität an den Tag legen, so würden doch viele im Hinblick auf eine Aufrechterhaltung ihrer Alltagskompetenz von einem systematischen Training in lebenspraktischen Fähigkeiten sicherlich profitieren.

Heyl und Wahl (2012) haben untersucht, welche Rolle kognitive Ressourcen für die Aufrechterhaltung von Alltagskompetenz im Alter spielen. Hierzu haben sie Daten von 121 blinden und sehbehinderten älteren Menschen und 150 älteren Menschen ohne Sehbeeinträchtigung (M = 82 Jahre) verglichen. Die Ergebnisse der Studie zeigen, dass kognitive Ressourcen für die Alltagsbewältigung an Bedeutung gewinnen, wenn ein Sehverlust vorliegt: Unabhängig vom allgemeinen Gesundheitszustand ist der Zusammenhang zwischen kognitiven Ressourcen und außerhäuslichen Alltags- sowie Freizeitaktivitäten bei älteren Menschen mit Blindheit und Sehbehinderung signifikant enger als bei älteren Menschen ohne Sehverlust. Darüber hinaus findet sich bei älteren Menschen mit, nicht aber bei jenen ohne Sehverlust ein statistisch signifikanter Zusammenhang zwischen kognitiven Ressourcen und der subjektiven Einschätzung der eigenen Alltagsbewältigung. Ein durch den Sehverlust erhöhtes Bewusstsein für auch leichtere altersbedingte kognitive Einschränkungen könnte hierfür eine Erklärung sein. So hat das Verlegen von Dingen für einen blinden oder sehbehinderten Menschen eine andere Salienz als für eine Person mit unbeeinträchtigtem Sehvermögen. Während die Person ohne Sehbeeinträchtigung den verlegten Gegenstand vielleicht nach kurzem Umherblicken wiederfindet und es ihr so gar nicht auffällt, dass sie vergessen hatte, wohin sie ihn gelegt hat, ist die visuelle Suche für die blinde oder sehbehinderte Person nur sehr eingeschränkt oder auch gar nicht möglich. Damit steigt die Wahrscheinlichkeit, dass ihr alltägliche kognitive Fehlleistungen – hier das Vergessen – auffallen, wodurch sich auf Dauer das Vertrauen in die eigene Alltagsbewältigung, das durch den Sehverlust ohnehin schon beeinträchtigt ist, weiter reduzieren kann.

Auch im Hinblick auf die Entwicklungsaufgabe der Aufrechterhaltung des subjektiven Wohlbefindens wurde untersucht, inwiefern kognitive Ressourcen hierzu betragen können (Wettstein et al., 2015). Die Ergebnisse zeigen, dass kognitive Ressourcen durch ihre Bedeutung für die Alltagskompetenz auch zum subjektiven Wohlbefinden älterer Menschen mit Blindheit und Sehbehinderung beitragen: Je höher die kognitiven Ressourcen sind, desto höher ist die Alltagskompetenz, und je höher die Alltagskompetenz ist, desto höher ist wiederum das subjektive Wohlbefinden. In der Gruppe der älteren Menschen ohne Sehbeeinträchtigung fanden sich keine solchen Zusammenhänge. Aufgrund des querschnittlichen Studiendesigns lässt sich jedoch keine Aussage über die Kausalrichtung treffen. Ein hohes subjektives Wohlbefinden könnte somit auch umgekehrt Auswirkungen auf die kognitiven Ressourcen und die Alltagskompetenz von älteren Menschen mit Blindheit und Sehbehinderung haben.

Wettstein, Wahl und Heyl (2018 a) haben als weitere personale Ressource die Rolle von Persönlichkeit für die Alltagskompetenz von älteren Menschen mit einer sensorischen Beeinträchtigung (Seh- oder Hörverlust) über einen Zeitraum von vier Jahren untersucht. Die Ergebnisse zeigen, dass der Persönlichkeitsfaktor Neurotizismus (emotionale Labilität) nur für sensorisch beeinträchtigte Ältere ein Risikofaktor im Hinblick auf die Aufrechterhaltung von Alltagskompetenz ist, nicht aber für sensorisch unbeeinträchtigte: Je höher die emotionale Labilität der im Sehen oder Hören beeinträchtigten Studienteilnehmerinnen und -teilnehmer zum ersten Messzeitpunkt war, desto geringer war ihre Alltagskompetenz zum zweiten Messzeitpunkt nach vier Jahren bzw. je weniger sie sich emotional aus dem Gleichgewicht bringen ließen, desto höher war ihre spätere Alltagskompetenz. Emotionale Stabilität ist also eine bedeutsame Ressource für die Alltagskompetenz von sensorisch beeinträchtigten Älteren. Die Alltagskompetenz zum ersten Messzeitpunkt hatte demgegenüber keine signifikante Vorhersagekraft für die emotionale Labilität bzw. Stabilität vier Jahre später. Darüber hinaus zeigen die Ergebnisse, dass die Persönlichkeitseigenschaft Verträglichkeit (gekennzeichnet durch Kooperationsbereitschaft, Freundlichkeit, Mitgefühl) nur bei sensorisch beeinträchtigten Älteren ein Schutzfaktor für die Aufrechterhaltung von Alltagskompetenz ist, nicht aber bei sensorisch unbeeinträchtigten: Je höher die Verträglichkeit der im Sehen oder Hören beeinträchtigten Studienteilnehmerinnen und -teilnehmer zum ersten Messzeitpunkt war, desto höher war ihre Alltagskompetenz zum zweiten Messzeitpunkt nach vier Jahren. Eine geringe Alltagskompetenz zum ersten Messzeitpunkt wiederum war nur bei sensorisch beeinträchtigten Älteren mit einer geringeren Verträglichkeit vier Jahre später verbunden.

Auch für die Aufrechterhaltung des subjektiven Wohlbefindens spielen Persönlichkeitsressourcen eine bedeutsame Rolle. So konnte ein signifikant negativer Zusammenhang zwischen Extraversion (gekennzeichnet durch eine nach außen gewandte Haltung, Geselligkeit, Aktivität) und dem Erleben von negativem Affekt bei älteren Menschen mit Blindheit und Sehbehinderung nachgewiesen werden, nicht aber bei im Hören beeinträchtigten oder sensorisch nicht eingeschränkten älteren Menschen (Wahl et al., 2012). Dass Extraversion nur bei blinden und sehbehinderten Älteren einen Schutz vor negativem Affekt darstellt, lässt sich möglicherweise dadurch erklären, dass ein Sehverlust mit vielfältigen Erfahrungen von Person-Umwelt-Fehlpassungen verbunden ist, die den Blick immer wieder auf die eigene Person lenken und zu grübelndem Nachdenken verleiten, was zu einer Erhöhung von negativem Affekt führen kann, und dass eine stark ausgeprägte Extraversion von diesem nach innen gerichteten Fokus abzulenken vermag.

Ebenfalls untersucht wurde die Frage, welche Beiträge personale Ressourcen wie der allgemeine Gesundheitszustand, Alltagskompetenz und Bewältigungsstile im Zusammenspiel zur Aufrechterhaltung des subjektiven Wohlbefindens von älteren Menschen mit Seh- oder Hörverlust leisten (Wahl et al., 2013). Dabei wurde unterschieden zwischen dem Bewältigungsstil der hartnäckigen Zielverfolgung (z. B. »Je schwieriger ein Ziel zu erreichen ist, umso erstrebenswerter erscheint es mir oft.«; vgl. Brandtstädter & Renner, 1990) und dem Bewältigungsstil der flexiblen Zielanpassung (z. B. »Auch, wenn mir ein Wunsch nicht erfüllt wird, ist das für mich kein Grund zur Verzweiflung: es gibt ja noch andere Dinge im Leben.«; ebd.). Die Bedeutsamkeit der flexiblen Zielanpassung nimmt zwar mit fortschreitendem Alter im Allgemeinen zu (z. B. Brandtstädter et al., 1993), die hartnäckige Zielverfolgung bleibt aber weiterhin ebenfalls bedeutsam für das subjektive Wohlbefinden, insbesondere für das Erleben von positivem Affekt (Heyl et al., 2007). Allerdings ist bei sehbeeinträchtigten Älteren auch das Erleben von negativem Affekt mit einem höheren Ausmaß an hartnäckiger Zielverfolgung verbunden (Heyl et al., 2007; Wettstein, Wahl & Heyl, 2018 b). Ein situationsgerechtes Zusammenspiel von flexibler Zielanpassung und hartnäckiger Zielverfolgung scheint demnach für die Aufrechterhaltung von Wohlbefinden wesentlich zu sein.

Die Ergebnisse von Wahl et al. (2013) zeigen, dass der allgemeine Gesundheitszustand, die flexible Zielanpassung und die hartnäckige Zielverfolgung (letztere mit einem erwartungsgemäß geringeren Anteil) einen zwischen den Gruppen der sehbeeinträchtigten, hörbeeinträchtigten und sensorisch unbeeinträchtigten älteren Menschen jeweils vergleichbaren und eigenständigen Beitrag zum subjektiven Wohlbefinden leisten. Darüber hinaus spielt das Ausmaß an Alltagskompetenz im Kontext der hier untersuchten Ressourcen ausschließlich bei älteren Menschen mit Blindheit und Sehbehinderung eine bedeutsame Rolle für das subjektive Wohlbefinden. Weder bei hörbeeinträchtigten noch bei sensorisch unbeeinträchtigten Älteren fanden sich hier signifikante Zusammenhänge. Dies betont noch einmal die Schlüsselrolle, die der Alltagskompetenz im Hinblick auf ein erfolgreiches Altern trotz Blindheit und Sehbehinderung zukommt: Durch die Aufrechterhaltung von Alltagskompetenz kann auch zur Aufrechterhaltung des subjektiven Wohlbefindens beigetragen werden.

13.2.3 Unterstützungsbedarf

Aus den dargestellten Befunden zur Lebenssituation älterer Menschen mit Blindheit und Sehbehinderung lässt sich eine Reihe von Interventionsbedarfen ableiten. So bedürfen gerade ältere Menschen (etwa aufgrund von Einschränkungen in der Feinmotorik oder wegen Gedächtnisproblemen) einer eingehenden Schulung im Umgang mit Hilfsmitteln (Wahl & Heyl, 2007).

Die individuelle Kreativität älterer Menschen bei der Kompensation ihrer Blindheit oder Sehbehinderung im Hinblick auf Alltagsaktivitäten (Wahl et al., 1999) wäre durch ein professionelles Training in lebenspraktischen Fähigkeiten (LPF) systematisch zu entwickeln und zu erweitern. Angesichts der mehrfach nachgewiesenen Bedeutsamkeit der Aufrechterhaltung der Alltagskompetenz für ein erfolgreiches Altern mit Blindheit und Sehbehinderung erscheint ein LPF-Training als eine der wesentlichsten Interventionsmaßnahmen.

Ein kognitives Training für ältere Menschen mit Sehverlust könnte den Ergebnissen der Studie von Heyl und Wahl (2012) zufolge nicht nur kognitiven Einbußen, sondern auch einem Verlust an Alltagskompetenz entgegenwirken, und damit Programme zur Förderung lebenspraktischer Fähigkeiten sinnvoll ergänzen und ihre Wirksamkeit verbessern. Darüber hinaus sollte das Vertrauen in die eigenen Kompetenzen zur Alltagsbewältigung durch psychosoziale Interventionsprogramme zusätzlich gestärkt werden.

Bei einem Sehverlust im Alter tragen Persönlichkeitsmerkmale (emotionale Stabilität, Verträglichkeit, Extraversion) zur Aufrechterhaltung von Alltagskompetenz und Wohlbefinden bei (Wettstein et al. 2018 a; Wahl et al., 2012). Demnach wäre es sinnvoll, diese Persönlichkeitsressourcen im Rahmen von psychosozialen Interventionsprogrammen zu stärken, um eine Aufrechterhaltung der Alltagskompetenz auch indirekt zu unterstützen. Insgesamt spricht vieles dafür, dass man im Bereich Persönlichkeit zum Lernen nie zu alt und Persönlichkeit über den gesamten Lebenslauf hinweg veränderbar ist, wie beispielsweise die Ergebnisse einer Metaanalyse zeigen (z. B. Roberts et al., 2006).

Die Unterstützung der Bewältigungskompetenz stellt bei Blindheit und Sehbehinderung im Alter ein weiteres Desiderat dar. Eine situationsgerechte Kombination von hartnäckiger Zielverfolgung und flexibler Zielanpassung ermöglicht es, Wohlbefinden auch angesichts nachlassender Sehfähigkeit aufrechtzuerhalten (Heyl et al., 2007). Auch wenn die Entscheidung »Ziel weiterverfolgen/Situation ändern« oder »Ziel anpassen/Situation akzeptieren« immer von der bzw. dem Betroffenen selbst gefällt werden muss, kann psychosoziale Unterstützung geleistet werden bei der Identifikation erreichbarer Ziele, bei der Aufdeckung und Bearbeitung von Motivationskonflikten und beim Aufbau von Änderungsmotivation (Heyl, 2011).

13.3 Versorgungssituation

Eine angemessene Versorgung von älteren Menschen mit Blindheit und Sehbehinderung umfasst neben medizinisch-therapeutischen Angeboten inklusive Hilfsmittelversorgung eine Vielfalt an lebenspraktischen und psychosozialen Beratungsinhalten (Himmelsbach et al., 2016).

Zur medizinischen Versorgung von Patientinnen und Patienten mit Augenerkrankungen steht deutschlandweit ein dichtes Netz von ambulanten und stationären augenärztlichen Einrichtungen zur Verfügung: 2015 waren 7.298 Fachärztinnen und Fachärzte für Augenheilkunde überwiegend ambulant (82,8 %) ärztlich tätig (Robert Koch-Institut, 2017). Im Jahr 2016 gab es in Deutschland 70 städtische Augenkliniken und 42 Universitätsaugenkliniken (ebd.). Lücken in der augenärztlichen Versorgung zeigen sich in Pflegeheimen: In einer repräsentativen Studie (Schäufele et al., 2013) lag der Anteil der wenigstens einmal jährlich augenärztlich behandelten Pflegeheimbewohner/inne/n bei lediglich 28,6 %, bei Demenzkranken war der Anteil in Abhängigkeit von der Schwere der Demenz noch einmal signifikant geringer (21,2 % bei leichter bis mittelschwerer Demenz und 13,3 % bei schwerer Demenz). Angesichts der hohen Prävalenz von Blindheit und Sehbehinderung im höheren Lebensalter erscheint die augenärztliche Versorgung in Pflegeheimen somit defizitär (ebd.).

Im Hinblick auf die Hilfsmittelversorgung konnten Oeverhaus, Hirche, Esser, Eckstein & Schaperdoth-Gerlings (2018) in einer Gruppe von 568 Patientinnen und Patienten, denen Hilfsmittel verordnet wurden, signifikante Unterschiede zwischen jüngeren und älteren Sehbehinderten aufzeigen. Insgesamt am häufigsten verordnet wurden Bildschirmlesegeräte (22 %), Kantenfiltergläser (15 %) und elektronische Lupen (13 %). Kinder und Jugendliche (< 18 Jahre) nutzten jedoch im Unterschied zu älteren Sehbehinderten (> 60 Jahre) signifikant häufiger sog. »smart devices« (Tablets und Smartphones) als vergrößernde Sehhilfe sowie Monokulare und Visolettlupen, Tafelkameras und Kantenfilter. Älteren Sehbehinderten wurden dagegen signifikant häufiger elektronische Lupen, Lupenbrillen, Vorlesegeräte und Mobilitätstrainings (inklusive Langstock) verordnet. Die Autorinnen und Autoren weisen darauf hin, dass aufgrund der deutlich geringeren Stigmatisierung sowie der Praktikabilität der »smart devices« auch Ältere auf die Nutzbarkeit als Hilfsmittel aufmerksam gemacht werden sollten. Darüber hinaus sollte bei älteren Sehbehinderten nicht nur die Lesefähigkeit, sondern auch die Mobilität durch entsprechende Sehhilfen unterstützt werden.

Über das verfügbare Netz an Beratungsangeboten für ältere Menschen mit Blindheit und Sehbehinderung existieren kaum systematische Übersichten (Himmelsbach et al., 2016). Himmelsbach und Mitarbeiter (2016) konnten mittels einer Internet-Recherche anhand von patientennahen umgangssprachlichen Suchbegriffen insgesamt 189 Beratungsangebote auffinden. Die Beratungsinhalte dieser Angebote waren überwiegend medizinisch-therapeutisch oder hilfsmittelbezogen, knapp 30 % der aufgefundenen Beratungsangebote widmeten sich auch oder ausschließlich psychosozialen Themen. Psychosoziale und alltagspraktische Beratungsangebote waren mit der verwendeten Suchstrategie insgesamt nicht gut auffindbar.

Über die Nutzung der Beratungsangebote für ältere Menschen mit Blindheit und Sehbehinderung ist vergleichsweise noch weniger bekannt. Zur Inanspruchnahme von Maßnahmen der Rehabilitation und Teilhabe liegen keine aussagekräftigen Daten vor (Robert Koch-Institut, 2017).

Zudem sind Hilfsmittel und Beratungsmöglichkeiten unter älteren Betroffenen wenig bekannt (Hüsler & Schmid, 2013). Auch scheinen gerade Menschen, deren Sehverlust erst im Alter eintritt, nicht als behindert stigmatisiert werden zu wollen (Seifert, 2014) und/oder sie identifizieren sich nach einem sehenden Leben schlichtweg nicht mit einer blinden oder sehbehinderten Person. Daher suchen sie von sich aus weniger Unterstützung bei Organisationen der Blinden- und Sehbehindertenhilfe (ebd.). Hier kommt der Augenärztin bzw. dem Augenarzt eine Schlüsselrolle zu. Sie bzw. er verfügt über ärztliche Autorität und ist in der Regel eine wichtige Kontaktperson für ältere Menschen mit Blindheit und Sehbehinderung. Die Augenärztin bzw. der Augenarzt kann daher die Weichen stellen und die Betroffenen an die entsprechenden Beratungsstellen weiterverweisen (ebd.; von Livonius, 2014).

Im Hinblick auf eine umfassende Versorgung von älteren Menschen mit Blindheit und Sehbehinderung kommt erschwerend hinzu, dass in Deutschland nur das Orientierungs- und Mobilitätstraining eine Leistung der gesetzlichen Krankenversicherung ist, nicht aber das LPF-Training. Das LPF-Training, bei dem alltagspraktische Kompetenzen zur Aufrechterhaltung von Selbstständigkeit vermittelt werden, ist als Leistung der Eingliederungshilfe derzeit abhängig von den individuellen Einkommens- und Vermögensverhältnissen (Seuß, 2017). In den nächsten Jahren könnte sich diese Situation ändern: Mit dem von Ende 2016 bis Anfang 2023 stufenweise in Kraft tretenden Bundesteilhabegesetz werden die Voraussetzungen für den Anspruch auf Leistungen der Eingliederungshilfe neu gefasst (ebd.). Angesichts der großen Bedeutsamkeit der Aufrechterhaltung der Alltagskompetenz für ein erfolgreiches Altern mit Blindheit und Sehbehinderung (z. B. Wahl et al., 2013; Wettstein et al., 2018 a) wäre eine Vereinfachung der Finanzierung sehr zu begrüßen.

Um den weiter oben dargestellten Herausforderungen, die mit einem alterskorrelierten Sehverlust verbunden sind, möglichst adäquat begegnen zu können, sind psychosoziale Beratung und Intervention unerlässlich. Eine Finanzierung entsprechender Maßnahmen ist jedoch nicht gesichert. Dies ist umso bedauerlicher, als dass evidenzbasierte Programme vorliegen.

Die meisten auf ihre Wirksamkeit hin untersuchten psychosozialen Interventionsprogramme lassen sich im Bereich des Selbst- und Gesundheitsmanagements verorten. Die Befundlage ist mit recht konsistent positiven Effekten im Hinblick auf Lebensqualitätsindikatoren wie Depressivität, emotionalen Stress und Alltagsfunktionalität insgesamt ermutigend (Wahl & Heyl, 2015 b; Rees et al., 2010). Wesentliche Komponenten psychosozialer Interventionsprogramme sind stressreduzierende Strategien (z. B. Übungen zur Muskelentspannung), Strategien zur Auslösung positiver Affekte, zielgerichtetes Problemlösen, Aktivierung verfügbarer Ressourcen sowie Information und Beratung. Die Interventionen umfassen in der Regel zwei- bis dreistündige wöchentliche Gruppensitzungen mit sechs bis acht blinden und sehbehinderten älteren Menschen über sechs bis acht Wochen hinweg. Sie wurden üblicherweise an Augenkliniken durchgeführt. Es wurden positive Effekte gefunden hinsichtlich einer Reduktion von Depressivität und Stress sowie einer Zunahme an Wohlbefinden und Selbstwirksamkeit. Die Dosis der Intervention ist von großer Bedeutung; zu kurze und zu wenig intensive Programme können sogar negative Effekte hervorrufen (vgl. Wahl & Heyl, 2015 b).

Eine randomisierte kontrollierte Studie konnte kürzlich zeigen, dass ein gestuftes Interventionsprogramm (stepped care) mit bedarfsorientiert zunehmender Behandlungsintensität zu einer langfristigen Reduktion von Depressivität sowie Angstsymptomen bei älteren Menschen mit Blindheit und Sehbehinderung führt (van der Aa et al., 2015). Die Stufen des Programms umfassen 1) Wachsames Abwarten (Telefonkontakt möglich), 2) Angeleitete Selbsthilfe, 3) Problemlösetraining, jeweils über einen Zeitraum von drei Monaten, sowie 4) Überweisung an einen Arzt bzw. eine Ärztin zur weiteren, ggf. auch medikamentösen Behandlung. Die behandelte Person erhält nur dann eine höhere Behandlungsintensität, wenn sich ihre Symptome nicht bessern. Bei Entwicklung einer manifesten Depression oder Angststörung im Verlauf der gestuften Intervention erfolgt eine sofortige ärztliche Weiterverweisung. Das Programm eignet sich als standardisiertes Verfahren, um depressive und Angstsymptome bei älteren Menschen mit Blindheit und Sehbehinderung zu screenen, zu beobachten und zu behandeln.

Neben den genannten Wirksamkeitsnachweisen gibt es auch Hinweise darauf, dass psychosoziale Intervention dazu beitragen kann, Gesundheitskosten zu sparen (Eklund et al., 2005), indem sie hilft, beispielsweise Psychopharmaka und Behandlungen von manifesten Depressionen als Folge des Sehverlusts zu vermeiden. Evidenzbasierte psychosoziale Interventionsprogramme sollten daher Teil einer ophthalmologischen Rehabilitation sein und als reguläre Angebote an Augenkliniken implementiert werden. Dieses Setting scheint am besten geeignet, um ältere Menschen mit Blindheit und Sehbehinderung zu erreichen, und es bietet die notwendige Logistik zur Durchführung psychosozialer Interventionen. Dies würde die Versorgungs- und damit die Lebenssituation der Betroffenen deutlich verbessern.

Literatur

Adenzato, M., Ardito, R. B. & Izard, E. (2006): Impact of maternal directiveness and overprotectiveness on the personality development of a sample of individuals with acquired blindness. Social Behavior and Personality: An International Journal, 34 (1), 17–26.

Adrian, J. (2017): Das Landesförderzentrum Sehen, Schleswig (LSF) – ein Förderzentrum für die Inklusion junger Menschen mit Sehschädigung. In: K. Reich (Hrsg.), Inklusive Didaktik in der Praxis. Beispiele erfolgreicher Schulen (S. 190–206). Weinheim, Basel: Beltz.

Adrian, J. & Scholz, A. (2017): Inklusion: Berufsorientierung und Berufsbildung im Sonderpädagogischen Förderschwerpunkt Sehen in Schleswig-Holstein. Schleswig: Landesförderzentrum Sehen. Online verfügbar unter: https://www.lfs-schleswig.de/download/1611/, Zugriff am 19.02.2019.

Affolter, F. (2007): Wahrnehmung, Wirklichkeit und Sprache. (10., unveränderte Auflage). Villingen-Schwenningen: Neckar-Verlag.

Ahrbeck, B. (2014): Inklusion. Eine Kritik. (2. Auflage). Stuttgart: Kohlhammer.

Akkermann, H. & Mundhenk. S. (2005): Jan, ein Junge mit Prosopagnosie (Gesichtsblindheit). blind-sehbehindert, 125 (1), 175–185.

Alexander, F. E. (1996): Self-concepts of children with visual impairments. Re:view, 28 (1), 35–43.

Allman, C.B. & Lewis, S. (2014): A strong foundation: the importance of the Expanded Core Curriculum. In: C.B. Allman & S. Lewis (Hrsg.), ECC Essentials. Teaching the Expanded Core Curriculum to students with visual impairments (S. 15–30). New York: AFB Press.

Alon, L., Ophir Cohen, M., Cohen, A. & Tirosh, E. (2010): Regulation disorders among children with visual impairment a controlled study. Journal of Developmental and Physical Disabilities, 22 (1), 57–64.

Anderson, S. (Ed.) (1991): OR Project: the Oregon project for visually impaired and blind preschool children, skills inventory. Medford: Jackson Education Service District.

Anthony, T.L. (2017): Early childhood interventions. In: M.C. Holbrook, C. Kamei-Hannan & T. McCarthy (Eds.), Foundations of education. Volume II: Instructional strategies for teaching children and youths with visual impairments (third edition), (S. 285–308, 574–610). New York: AFB Press.

Appelhans, P. (2000): 30 Jahre gemeinsamer Unterricht von Kindern und Jugendlichen mit und ohne Sehschädigung in Deutschland – Rückblick, Standortbestimmung, Perspektiven. blind-sehbehindert, 120 (1), 188–196, 242–248.

Arbeitsgemeinschaft der Wissenschaftlichen Medizinischen Fachgesellschaften (2017): S2k-Leitlinie 022-020: Visuelle Wahrnehmungsstörung. Online verfügbar unter: https://www.awmf.org/uploads/tx_szleitlinien/022-020l_S2k_Visuelle-Wahrnehmungsstoerungen_2017-12.pdf, Zugriff am 16.03.2019.

Argyropoulus, V., Sideridis, G.D. & Katsoulis, P. (2008): The impact of the perspectives of teachers and parents on the literacy media selections for independent study of students who are visually impaired. Journal of Visual Impairment and Blindness, 102 (1), 221–230.

Argyropoulos, V., Sideridis, G. D., Botsas, G. & Padeliadu, S. (2012): Assessing self-regulation in individuals with visual impairments: Generality versus specificity in self-regulatory functioning. Assessment for Effective Intervention, 37 (3), 171–182.

Armbruster, L., Dopheide, A., Laemers, F., Mahler, R., Pregla, S. & Wißmann, K. (2016): Integration blinder und sehbehinderter Schülerinnen und Schüler. blind-sehbehindert, 136 (3), 39–42.

Asbrock, D. (2008): Ich weiß etwas, was du nicht weißt …: Die Entwicklung der sozial-kognitiven Perspektivenübernahme bei blindgeborenen Kindern. Dissertation an der Universität Bielefeld. Online verfügbar unter: http://bieson.ub.uni-bielefeld.de/volltexte/2008/1385, Zugriff am 07.08.2018.

Ashcroft, S.C., Halliday, C. & Barraga, N. (1965): Effects of experimental teaching on visual behavior of children educated as though they had no vision. Nashville: George Peabody College.

Bach, H.W. (2014): Blinde Menschen im Erwerbsleben (Teil 1). Horus, 76 (3), 135–138.

Bach, H.W. (2014): Blinde Menschen im Erwerbsleben (Teil 2). Horus, 76 (3), 135–138.

Bach, H.W. (2015): Blinde Menschen im Erwerbsleben (Teil 3). Horus, 77 (1), 18–21.

Baillargeon, R. & DeVos, J. (1991): Object permanence in young infants: Further evidence. Child Development, 62 (6), 1227–1246.

Barclay, L.A. (2012): Infants and toddlers: learning to listen. In: L. Barclay (Ed.), Learning to listen/listen to learn. Teaching listening skills to students with visual impairments (S. 25–64) New York: AFB Press.

Barclay, L.A. & Staples, S. (2012): The importance of listening instruction. In: L. Barclay (Ed.), Learning to listen/listen to learn. Teaching listening skills to students with visual impairments (S. 3–23). New York: AFB Press.

Barclay, L.A. (2015): Assessment linked to interventions: literacy and maths. In: A.H. Lueck & G.N. Dutton (Eds.), Vision and the brain. Understanding cerebral visual impairment in children (S. 411–434). New York: AFB Press.

Bardin, J.A. (2014): Independent living. In, Allman, C.B., Lewis, S.L. (Eds.): ECC Essentials. Teaching the expanded core curriculum to students with visual impairments (S. 283–323). New York: AFB Press.

Barraga, N. (1964): Increased visual behavior in low vision children. New York: American Foundation for the Blind.

Beaty, L. A. (1991): The effects of visual impairment on adolescents´ self-concept. Journal of Visual Impairment and Blindness, 85 (3), 129–130.

Beaty, L. A. (1994): Psychological factors and academic success of visually impaired college students. Re:view, 26 (3), 131–139.

Beermann, U. (1966): Erziehung von Sehbehinderten. Die optische Leistungsfähigkeit als Grundlage der Erziehung und Bildung von Kindern mit geringem Sehvermögen. Weinheim: Julius Beltz Verlag.

Bell, E. (2009): The demand, the crisis, the solution in education for the blind. Braille Monitor 52 (9), Baltimore: National Federation of the Blind. Online verfügbar unter: https://nfb.org/images/nfb/publications/bm/bm09/bm0909/bm0909tc.htm; Zugriff am 02.04.2018.

Benesch, F. & Mersi, F. (Hrsg.) (1970): Zur Begründung des Sehbehindertenbildungswesens in Mitteleuropa. Eine Sammlung wichtiger Beiträge. Karlsruhe: Neuburgweier.

Bernasconi, T. & Böing, U. (2015): Pädagogik bei schwerer und mehrfacher Behinderung. Stuttgart: Kohlhammer.

Bertram, B. (2005): Blindheit und Sehbehinderung in Deutschland: Ursachen und Häufigkeit. Der Augenarzt, 39 (6), 267–268.

Biermann, J. & Pfahl, L. (2016): Menschenrechtliche Zugänge und inklusive Bildung. In: I. Hedderich, G. Biewer, J. Hollenweger & R. Markowetz (Hrsg.), Handbuch Inklusion und Sonderpädagogik (S. 199–207). Bad Heilbrunn: Verlag Julius Klinkhardt.

Biewer, G. & Schütz, S. (2016): Inklusion. In: I. Hedderich, G. Biewer, J. Hollenweger & R. Markowetz (Hrsg.), Handbuch Inklusion und Sonderpädagogik (S. 123–127). Bad Heilbrunn: Verlag Julius Klinkhardt.

Bigelow, A. E. (1986): The development of reaching in blind children. British Journal of Developmental Psychology, 4 (4), 355–366.

Bigelow, A. E. (1990): Relationship between the development of language and thought in young blind children. Journal of Visual Impairment and Blindness, 84 (8), 414–419.

Bishop, V.E. (2004): Teaching the visually impaired children. (Third edition). Springfield: Charles C Thomas Publisher, Ltd.

Bledsoe, C.W. (2010): The originators of orientation and mobility training. In: W.R. Wiener, R. L. Welch & B.B. Blasch (Eds.), Foundations of Orientation and mobility. Volume I history and theory. Third edition (S. 434–485). New York: AFB Press.

Boban, I. & Hinz, A. (2009): Integration und Inklusion als Leitbegriffe der schulischen Sonderpädagogik. In: G. Opp & G. Theunissen (Hrsg.), Handbuch schulische Sonderpädagogik (S. 29–36). Bad Heilbrunn: Verlag Julius Klinkhardt.

Boehm, A. E. (2014): Boehm-3 Preschool Big Picture Edition. Louisville: American Printing House for the Blind.

Bölling-Bechinger, H. (1998): Frühförderung und Autonomieentwicklung. Diagnostik und Interventionen auf personenzentrierter und bindungstheoretischer Grundlage. Heidelberg: Winter.

Boerner, K. & Wang, S. (2012): Goals with limited vision: a qualitative study of coping with vision-related goal interference in midlife. Clinical Rehabilitation, 26 (1), 81–93.

Boldt, W. (1965): Die pädagogisch-anthropologische Frage nach dem blinden Menschen. Der Blindenfreund, 85 (2), 142–151.

Boldt, W. (1966): Blinde und hochgradig sehbehinderte Kinder in der physisch-technischen Welt. Untersuchungen zur Pädagogischen Anthropologie und Didaktik des Blindenunterrichts. Ratingen: Henn.

Boldt, W. (1968): Zur Problemgeschichte des Blindenunterrichts. Zeitschrift für Heilpädagogik, 19 (9), 57–67.

Borsch, F. (2015): Kooperatives Lernen. Theorie, Anwendung. Wirksamkeit (2., aktualisierte Auflage). Kohlhammer: Stuttgart.

Bowlby, J. (1969): Attachment and loss. Volume I: Attachment. New York: Basic Books.

Braden, J. P. (2003): Accommodating clients with disabilities on the WAIS-III and WMS. In: D. S. Tulsky et al. (Eds.), Clinical interpretation of the WAIS-III and WMS-III (S. 451–483). Boston: Academic Press.

Brailleschriftkommission der deutschsprachigen Länder (BSKDL) (Hrsg.) (2018): Das System der deutschen Blindenschrift. Nach den Beschlüssen vom 14. November 2015 in Frankfurt a. M., Marburg: Deutsche Blindenstudienanstalt e.V.

Brambring, M. (1989): Methodological and conceptual issues in the construction of a developmental test for blind infants and preschoolers. In: M. Brambring, F. Lösel & H. Skowronek (Eds.), Children at risk: Assessment, longitudinal research, and intervention (S. 136–154). Berlin, New York: de Gruyter.

Brambring, M. (1999): Entwicklungsbeobachtung und -förderung blinder Klein- und Vorschulkinder. Würzburg: Edition Bentheim.

Brambring, M. (2003): Sprachentwicklung blinder Kinder. In: G. Rickheit, T. Herrmann & W. Deutsch (Hrsg.), Psycholinguistik (S. 730–752). Berlin: de Gruyter.

Brambing, M. (2005): Divergente Entwicklung blinder und sehender Kinder in vier Entwicklungsbereichen. Zeitschrift für Entwicklungspsychologie und Pädagogische Psychologie, 37 (4), 173–183.

Brambring, M. (2006): Divergent development of gross motor skills in children who are blind or sighted. Journal of Visual Impairment and Blindness, 100 (10), 620–634.

Brambring, M. (2007): Divergent development of manual skills in children who are blind or sighted. Journal of Visual Impairment and Blindness, 101 (4), 212–225.

Brambring, M. & Asbrock, D. (2010): Validity of false belief tasks in blind children. Journal of Autism and Developmental Disorders, 40 (12), 1471–1484.

Brambring, M. & Stahn, D. (2007): Die Entwicklung der Perspektivenübernahme (ToM) bei geburtsblinden Kindern. In: VBS Arbeitsgemeinschaft Frühförderung sehgeschädigter Kinder (Hrsg.), Besondere Herausforderungen durch besondere Kinder. Kinder mit Mehrfachbehinderung in der Frühförderung (S. 69–72). Würzburg: Edition Bentheim.

Brandtstädter, J. & Renner, G. (1990): Tenacious goal pursuit and flexible goal adjustment: Explication and age-related analysis of assimilative and accommodative strategies of coping. Psychology and Aging, 5 (1), 58–67.

Brandtstädter, J., Wentura, D. & Greve, W. (1993): Adaptive resources of the aging self: Outlines of an emergent perspective. International Journal of Behavioral Development, 16 (2), 323–349.

Bruce, V. & Young, A. (1986): Understanding face recognition. British Journal of Psychology, 77 (3), 305–327.

Brunner, M., Seibert, A., Dierks, A. & Körkel, B. (2005): Heidelberger Lautdifferenzierungstest H-LAD. Wertingen: Westra.

Bundesgesetzblatt (2008): Bundesgesetzblatt Jahrgang 2008, Teil 2, Nr. 35: Gesetz zu dem Übereinkommen der Vereinten Nationen vom 13. Dezember 2006 über die Rechte von Menschen mit Behinderungen sowie zu dem Fakultativprotokoll vom 13. Dezember 2006 zum Übereinkommen der Vereinten Nationen über die Rechte von Menschen mit Behinderungen vom 21. Dezember 2008. Online verfügbar unter: http://www.un.org/Depts/german/uebereinkommen/ar61106-dbgbl.pdf, Zugriff am 02.04.2018.

Bundschuh, K. (2007): Förderdiagnostik konkret. Theoretische und praktische Implikationen für die Förderschwerpunkte Lernen, geistige, emotionale und soziale Entwicklung. Bad Heilbrunn: Klinkhardt.

Bundschuh, K. (2014): Einführung in die sonderpädagogische Diagnostik (8., überarbeitete Auflage). Stuttgart: UTB.

Burckart, H. & Jäger, B. (2016): Menschenrechte. In: Hedderich, I., Biewer, G., Hollenweger, J. & Markowetz, R. (Hrsg.), Handbuch Inklusion und Sonderpädagogik (S. 87–92). Bad Heilbrunn: Verlag Julius Klinkhardt.

Burggraf, M. H. (2016): Augenärztliche Begutachtung. Stuttgart, New York: Georg Thieme Verlag.

Bürklen, K. (1918): Die Anwendung der Binet-Simon-Methode zur Intelligenzprüfung bei blinden Kindern. Zeitschrift für das österreichische Blindenwesen, 5 (6), 931–939.

Bürklen, K. (1918): Die Anwendung der Binet-Simon-Methode zur Intelligenzprüfung bei blinden Kindern (Fortsetzung). Zeitschrift für das österreichische Blindenwesen, 5 (7), 959–965.

Bürklen, K. (1918): Die Anwendung der Binet-Simon-Methode zur Intelligenzprüfung bei blinden Kindern (Fortsetzung). Zeitschrift für das österreichische Blindenwesen, 5 (8), 977–985.

Bürklen, K. (1924): Blindenpsychologie. Leipzig: Ambrosius Barth.

Bürli, A. (1997): Sonderpädagogik international. Vergleiche, Tendenzen, Perspektiven. Luzern: Edition SZH.

Burmedi, D., Becker, S., Heyl, V., Wahl, H.-W. & Himmelsbach, I. (2002): Emotional and social consequences of age-related low vision: A narrative review. Visual Impairment Research, 4 (1), 47–71.

Buser, F. (2004): SZB-Test zum Messen des Vergrößerungsbedarfs. Lenzburg, Schweiz: SZB.

Büttner, G., Dacheneder, W., Schneider, W. & Weyer, K. (2008): FEW-2 Frostigs Entwicklungstest der visuellen Wahrnehmung-2. Göttingen: Hogrefe.

Byrnes, K.A. (2012): Preschool and kindergarten: early skill development. In: L. Barclay (Ed.), Learning to listen - listen to learn. Teaching listening skills to students with visual impairments (S. 65–103). New York: AFB Press.

Campana, L.V., Ouimet, D.A. (2015): iStimulation: Apple iPad use with children who are visually impaired, including those with multiple disabilities. Journal of Visual Impairment and Blindness, 109 (3), 67–72.

Capovilla, D. (2012): So einfach funktioniert Inklusion nicht. blind-sehbehindert, 132 (1), 258–262.

Cassar, C. & Lucchese, F. (2016): Psychometric test for blind adults and children, critical issues and perspectives. International Journal of Developmental and Educational Psychology, 2 (1), 109–116.

Caton, H. R. (1978): Test manual - the Tactile Test of Basic Concepts: a tactile analog to the Boehm Test of Basic Concepts, form A. Louisville: American Printing House for the Blind.

Cattaneo, Z. & Vecchi, T. (2011): Blind vision. The neuroscience of visual impairment. Cambridge: Mass.

Colmant, C., Eysholdt, U. & Rosanowski, F. (2008): Diagnostik der taktil-kinästhetischen Wahrnehmung bei Vorschulkindern: ein Methodenvergleich. Folia Phoniatrica et Logopaedica (S. 128–133). Basel: Karger Publishers.

Comenius, J.A. (2018): Große Didaktik. Übersetzt und herausgegeben von Andreas Flitner. (11. Auflage). Stuttgart: Klett-Cotta.
Corn, A.L. & Lusk, K.E. (2010): Perspectives on Low Vision. In: A.L. Corn & J.N. Erin (Eds.), Foundations of Low Vision. Clinical and functional perspectives. (second Edition), (S. 3–34). New York: AFB Press.
Coudert, C. (2012): Le braille n'a pas dit son dernier mot. Valentin Haüy, 108 (1), 5-10.
Cutsforth, T. D. (1951/1968): The blind in school and society: A psychological study. New York: American Foundation for the Blind.
Dale, N. J., Tadić, V., & Sonksen, P. (2014): Social communicative variation in 1–3-year-olds with severe visual impairment. Child: Care, Health and Development, 40 (2), 158–164.
Dalrymple, K. A., Fletcher, K., Corrow, S., das Nair, R., Barton, J. J. S., Yonas, A., & Duchaine, B. (2014): »A room full of strangers every day«: The psychosocial impact of developmental prosopagnosia on children and their families. Journal of Psychosomatic Research, 77 (2), 144–150.
Dederich, M. (2016): Ethische Grundfragen. In: I. Hedderich, G. Biewer, J. Hollenweger & R. Markowetz (Hrsg.), Handbuch Inklusion und Sonderpädagogik (S. 81–87). Bad Heilbrunn: Verlag Julius Klinkhardt.
Degenhardt, S. (2007): Blindheit und Sehbehinderung. In: J. Borchert (Hrsg.), Einführung in die Sonderpädagogik (S. 39–75). München, Wien: Oldenburg Wissenschaftsverlag.
Degenhardt, S. & Henriksen, A. (2010): Häufigkeit von Beeinträchtigungen des Sehens bei Beschäften einer Werkstatt für Menschen mit Behinderung. Zeitschrift für Heilpädagogik, 61 (1), 184–190.
Degenhardt, S. (2011): Sehen und Blindheit. In: M. Dederich, W. Jantzen, & R. Walthes (Hrsg.), Sinne, Körper und Bewegung. Behinderung, Bildung, Partizipation. Enzyklopädisches Handbuch der Behindertenpädagogik Band 9 (S. 227–233). Stuttgart: Kohlhammer.
Degenhardt, S., Gewinn, W. & Schütt, M.-L. (Hrsg.) (2016): Spezifisches Curriculum für Menschen mit Blindheit und Sehbehinderung für die Handlungsfelder Schule, Übergang von der Schule in den Beruf und Berufliche Rehabilitation. Norderstedt: Books on Demand.
Degenhardt, S. (2018): »Stell Dir vor, es gibt eine inklusive Schule und Du kommst nicht rein …!« Barrierefreiheit im Schulbau als notwendiger Teil inklusiver Schulentwicklung. Sonderpädagogische Förderung heute 63 (S. 143–157). Weinheim: Beltz.
Dekker, R., Drenth, P. J. D. & Zaal, J. N. (1993): Intelligence Test for Visually Impaired Children aged 6 to 15 ITVIC. Vol. I-III. Zeist: Bartimeus.
Demir, T., Bolat, N., Yavuz, M., Karaçetin, G., Doğangün, B., & Kayaalp, L. (2014): Attachment characteristics and behavioral problems in children and adolescents with congenital blindness. Nöropsikiyatri Arşivi, 51(2), 116–121.
Denninghaus, E., Wenker, T. & Wienecke, W. (2005): Modellvorhaben: Wohnortnahe berufliche Bildung und Eingliederung blinder und sehbehinderter Jugendlicher – MobiliS. Soest: Berufsbildungswerk für Blinde und Sehbehinderte. Online verfügbar unter: https://www.lwl-bbw-soest.de/media/filer_public/da/97/da97c398-5c20-4be6-a5c2-8213153290c5/mobilis-bericht.pdf, Zugriff am 19.02.2019.
Deutsche Ophthalmologische Gesellschaft (DOG) (2011): Leitlinie Nr. 7. Versorgung von Sehbehinderten und Blinden. Berlin: DOG. Online verfügbar unter: http//www.dog.org/wp-content/uploads/2009/09/Leitlinie-Nr.-7-Versorgung-von-Sehbehinderten-und-Blinden1.pdf, Zugriff am 19.02.2019.
Deutscher Blinden- und Sehbehindertenverband e.V. (Hrsg.) (2012): Sehende Begleitung. Leitfaden zur Begleitung von blinden und sehbehinderten Menschen. Online verfügbar unter: http://www.dbsv.org/fileadmin/publikationen/20_265_Testwarenkorb/DBSV_Brosch_SehendeBegl.pdf, Zugriff am 14.02.2017.
Deutsches Institut für medizinische Dokumentation und Information (DIMDI) (2018): ICD-10-GM, Version 2018. Online verfügbar unter: https://www.dimdi.de/static/de/klassifikationen/icd/icd-10-gm/kode-suche/htmlgm2018, Zugriff am 14.02.2017.
Dial, J., Mezger, C., Gray, S., Massey, T., Chan, F. & Hull, J. (1990): Manual: Comprehensive Vocational Evaluation System. Dallas: McCarron-Dial Systems.
Diepes, H., Krause, K. & Rohrschneider, K. (2007): Sehbehinderung. Ursachen, Auswirkungen, Versorgung. Heidelberg: DOZ-Verlag.

Drave, W., Fischer, E. & Kießling, C. (2013): Sehen plus. Beratung und Unterstützung sehbehinderter und blinder Schüler mit weiterem Förderbedarf. Würzburg: Edition Bentheim.

Drave, W., Rumpler, F. & Wachtel, P. (Hrsg.) (2000): Empfehlungen zur sonderpädagogischen Förderung. Allgemeine Grundlagen und Förderschwerpunkte (KMK). Edition Bentheim: Würzburg.

Drechsler, R. (2007): Exekutive Funktionen. Übersicht und Taxonomie. Zeitschrift für Neuropsychologie, 18 (3), 233–248.

Dreves, F. (1998): »… leider zum größten Theile Bettler geworden …« Organisierte Blindenfürsorge in Preußen zwischen Aufklärung und Industrialisierung (1806–1860). Freiburg: Rombach.

Dutton, G. N. (2013): CVI – Cerebral Visual Impairment: Zerebrale visuelle Verarbeitungsstörungen bei Kindern und Jugendlichen, Aufsätze aus 10 Jahren. Würzburg: Edition Bentheim.

Eggert, D. & Reichenbach, C. (2005): DIAS – Diagnostisches Inventar auditiver Alltagshandlungen. (2. Auflage). Dortmund: Borgmann.

Ekkens, I. (2004): In-Sight. Huizen: Visio.

Eklund, K., Sonn, U., Nystedt, P., & Dahlin-Ivanoff, S. (2005): A cost-effectiveness analysis of a health education programme for elderly persons with age-related macular degeneration: A longitudinal study. Disability & Rehabilitation, 27 (20), 1203–1212.

Elbl, K. (2008): Theaterpädagogische Ansätze bei der Entwicklung von sozialer Kompetenz. blind sehbindert, 128 (1), 45–55.

Ellis, A. W. & Young, A. W. (1998): Human cognitive neuropsychology: A textbook with readings. Hove: Psychology Press.

Emerson, R.W., Holbrook, M.C. & D'Andrea, F.M. (2009): Acquisition of literacy skills by young children who are blind: Results from the ABC Braille Study. Journal of Visual Impairment and Blindness, 103 (1), 610–624.

Erikson, E. H. (1950): Childhood and society. New York: Norton & Company.

Erin, J.N. (2006): Teaching social skills to elementary and middle school students with visual impairments. In: S.Z. Sacks & K.E. Wolffe (Eds.), Teaching social skills to students with visual impairments. From theory to practice (S. 364–404). New York: AFB Press.

Faber, M. & Rosen, K. (1997): PERM Paderborner Entwicklungs-Raster für Schwerst-Mehrfachbehinderte (mit Sehschädigung). Paderborn: Rosen & Faber.

Fazzi, E., Lanners, J., Danova, S., Ferrarri-Ginevra, O., Gheza, C., Luparia, A., Balottin, U., & Lanzi, G. (1999): Stereotyped behaviours in blind children. Brain & Development, 21 (8), 522–528.

Fazzi, E.L. (2014): Orientation and mobility. In: C.B. Allman & S.L. Lewis (Eds.), ECC Essentials. Teaching the expanded core curriculum to students with visual impairments (S. 248–282). New York: AFB Press.

Ferrell, K. A., Smyth, C. A., Henderson, B. & Boehm, A. E. (2014): Boehm-3 Preschool Tactile Edition. Louisville: American Printing House for the Blind.

Feuser, G. (2010): Integration und Inklusion als Möglichkeitsräume. In: A.D. Stein, S. Krach & I. Niediek (Hrsg.), Integration und Inklusion auf dem Weg ins Gemeinwesen. Möglichkeitsräume und Perspektiven (S. 17–31). Bad Heilbrunn: Verlag Julius Klinkhardt.

Finger, R. P., Fimmers, R., Holz, F. G. & Scholl, H. P. (2011): Incidence of Blindness and Severe Visual Impairment in Germany: Projections for 2030. Investigative Ophthalmology & Visual Science, 52 (7), 4381–4389.

Fisseler, B. (2015): Universal Design im Kontext von Inklusion und Teilhabe - Internationale Eindrücke und Perspektiven. Recht & Praxis der Rehabilitation, 2 (2), 45–51.

Fornefeld, B. (2004): Einführung in die Geistigbehindertenpädagogik (3., aktualisierte Auflage). München: Ernst Reinhardt Verlag.

Fraiberg, S. (1977): Insights from the blind: Comparative studies of blind and sighted infants. New York: Basic Books.

Fröhlich, A. (2001): Die Entstehung des Konzeptes: Basale Stimulation. In: A. Fröhlich, N. Heinen & W. Lamers (Hrsg.), Schwere Behinderung in Praxis und Theorie – ein Blick zurück nach vorn. Texte zur Körper- und Mehrfachbehindertenpädagogik (S. 145–160). Düsseldorf: Bundesverband für körper- u. mehrfachbehinderte Menschen.

Fröhlich, A., Heidingsfelder, M. (2005): Elementare Wahrnehmungsförderung. In: A. Fröhlich (Hrsg.), Wahrnehmungsstörungen und Wahrnehmungsförderung (11. Auflage), (S. 96–110). Heidelberg: Universitätsverlag Winter.

Fröhlich, A. (2015): Basale Stimulation – ein Konzept für die Arbeit mit schwer beeinträchtigten Menschen. Düsseldorf: Verlag selbstbestimmtes Leben.

Fromm, W. (1990): Gegenstand und historische Entwicklung der Pädagogik für Sehgeschädigte. In: W. Fromm, R. Degenhardt & Autorenkollektiv (Hrsg.), Rehabilitationspädagogik für Sehgeschädigte (2., überarbeitete Auflage), (S. 11–28). Berlin: Verlag Volk und Gesundheit.

Fromm, W. & Degenhardt, R. (1990): Rehabilitationspädagogischer Prozess. In: W. Fromm, R. Degenhardt & Autorenkollektiv (Hrsg.): Rehabilitationspädagogik für Sehgeschädigte (2. überarbeitete Auflage), (S. 59–135). Berlin: Verlag Volk und Gesundheit.

Frostig, M., Horne, D., Miller, A.-M. (1972): Wahrnehmungstraining Heft 1–3. Für deutsche Verhältnisse bearbeitet und herausgegeben von A. und E. Reinartz. Dortmund: Crüwell.

Gahbler, M. (1996): Verhaltensauffälligkeiten blinder Kinder als Versuch der Lebensbewältigung unter Sehenden – am Beispiel von Stereotypien. blind – sehbehindert, 116 (1), 3–7.

Gal, E. & Dyck, M. J. (2009): Stereotyped movements among children who are visually impaired. Journal of Visual Impairment and Blindness, 103 (11), 754–765.

Garbe, H. (1959): Grundlinien einer Theorie der Blindenpädagogik. Göttingen: Universität Göttingen.

Garber, M. & Huebner, K.M. (2017): Visual impairment: terminology, demographics, society. In: M.C. Holbrook, T. McCarthy & C. Kamei-Hannan (Eds.), Foundations of education. Volume I: History and theory of teaching children and youths with visual impairments (Third edition), (S. 50–72) New York: AFB Press.

Gerding, H. (2016): Long-term Results of Intravitreal Anti-VEGF Injections in Wet AMD: A Meta-Analysis [Langzeitergebnisse der intravitrealen anti-VEGF-Injektionstherapie bei feuchter altersabhängiger Makuladegeneration: Eine Meta-Analyse]. Klinische Monatsblätter für Augenheilkunde, 233 (04), 471–474.

Gibson, J.J. (1982): Die Sinne und der Prozess der Wahrnehmung (2., unveränderte Auflage). Bern, Stuttgart, Wien: LIT.

Giese, M. (Hrsg.) (2010): Sport- und Bewegungsunterricht mit Blinden und Sehbehinderten. Band 1: Theoretische Grundlagen, spezifische und adaptierte Sportarten. Aachen: Meyer und Meyer.

Giese, M. (Hrsg.) (2010): Sport- und Bewegungsunterricht mit Blinden und Sehbehinderten. Band 2: Praktische Handreichungen für den Sport- und Bewegungsunterricht mit Blinden und Sehbehinderten. Aachen: Meyer und Meyer.

Giese, M. & Scherer, H.-G. (2010): Sportunterricht mit Sehgeschädigten – ein sinn- und erfahrungsorientierter Ansatz. In: M. Giese (Hrsg.), Sport- und Bewegungsunterricht mit Blinden und Sehbehinderten. Band 1: Theoretische Grundlagen, spezifische und adaptierte Sportarten (S. 125–149) Aachen: Meyer und Meyer.

Giese, M., Gießling, J. & Eichmann, B. (2014): Von der Leistungsfähigkeit eines blinden- und sehbehindertenspezifischen Sportunterrichts. blind-sehbehindert, 134 (1), 174–180.

Gigerl, E. (1910): Handgymnastik. In: A. Mell (Hrsg.), Der Blindenunterricht. Vorträge über Wesen, Methoden und Ziele des Unterrichtes in der Blindenschule gehalten von Lehrpersonen des k.k. Blinden-Erziehungs-Institutes in Wien (S. 195–201). Wien: Forgotten Books.

Goldenberg, G. (2012): Visuelle Objektagnosie und Prosopagnosie. In: H.-O. Karnath & P. Thier (Hrsg.), Kognitive Neurowissenschaften (S. 161–172). Berlin, Heidelberg: Springer.

Goldenberg, G. (2017): Neuropsychologie: Grundlagen, Klinik, Rehabilitation (5. Auflage). München: Elsevier.

Goldstein, E.B. (2015): Wahrnehmungspsychologie. Der Grundkurs (9. Auflage). Berlin, Heidelberg: Springer.

Gömann, S. (2010): Diagnostik und Förderung bei schwerstbehinderten Kindern und Jugendlichen mit Sehschädigungen. Würzburg: Edition Bentheim.

Green, S., Pring, L. & Swettenham, J. (2004): An investigation of first-order false belief understanding of children with congenital profound visual impairment. British Journal of Developmental Psychology, 22 (1), 1–17.

Grehn (2012): Augenheilkunde. Berlin, Heidelberg: Springer.

Grein, H.-J. (2002): Low Vision – Versorgung Sehbehinderter mit vergrößernden Sehhilfen (Teil I: Physiologische und optische Grundlagen). Der Ophthalmologe, 99 (10), 794–808.

Griffin-Shirley, N. & Pogrund. R.L. (2018): Overview of Orientation and Mobility. In: R.L. Pogrund & N. Griffin-Shirley (Eds.), Partners in O&M. Supporting Orientation and Mobility für students who are visually impaired (S. 1–30). New York: AFB Press.

Griffin-Shirley, N. & Trusty, S. (2017): Orientation and mobility. In: M.C. Holbrook, C. Kamei-Hannan & T. McCarthy (Eds.), Foundations of education. Volume II: Instructional strategies for teaching children and youths with visual impairments (third edition), (S. 654–698). New York: AFB Press.

Grob, A., Hagmann-von-Arx, P. (2018): IDS-2 – Intelligence and Development Scales. Intelligenz- und Entwicklungsskalen für Kinder und Jugendliche. Bern: Hogrefe AG.

Grob, A., Meyer C.S. & Hagmann-von-Arx, P. (2009): IDS – Intelligence and Development Scales. Intelligenz- und Entwicklungsskalen für Kinder von 5–10 Jahren. Bern: Hans Huber.

Grunwald, M. (2001): Begriffsbestimmungen zwischen Psychologie und Physiologie. In: M. Grunwald & L. Beyer (Hrsg.), Der bewegte Sinn. Grundlagen und Anwendungen zur haptischen Wahrnehmung (S. 1–14). Basel, Boston, Berlin: Birkhäuser.

Gudjons, H. (2012): Pädagogisches Grundwissen. (11., überarbeitete Auflage). Bad Heilbrunn: Verlag Julius Klinkhardt.

Günther, K.-B. (1986): Ein Stufenmodell der Entwicklung kindlicher Lese- und Schreibstrategien. In: H. Brügelmann (Hrsg.), ABC und Schriftsprache: Rätsel für Kinder, Lehrer und Forscher (S. 32–54). Konstanz: Faude.

Gutterman, J.E., Ward, M. & Genshaft, J. (1985): Correlations of scores of low vision children on the Perkins-Binet Tests of Intelligence for the Blind, the WISC-R and the WRAT. Journal of Visual Impairment and Blindness, 79 (2), 55–58.

Haas, J. & Henriksen, Ch. (2015): Im Blick?! Kinder und Jugendliche mit Sehschädigung und mehrfachen Beeinträchtigungen im Unterricht. Würzburg: Edition Bentheim.

Habeck, S. (2012): Berufliche Teilhabe blinder und sehbehinderter Menschen. Empirische Befunde zu Bildungs- und Berufsbiographien von Absolventen der Deutschen Blindenstudienanstalt Marburg. blind-sehbehindert, 132 (2), 101–110.

Hahn, V. F. (2006): Mathematische Bildung in der Blindenpädagogik. Probleme der Veranschaulichungsmedien beim Mathematiklernen Blinder mit einem Lösungskonzept im Bereich geometrischer Grundbildung. Norderstedt: Books on Demand.

Hamann, K. (1937): Untersuchungen über das taktilmotorische Wiedererkennen komplexer Raumgestalten bei Blindgeborenen und Früherblindeten. Berlin: Knuppe & Baumgart.

Harley, R.K., Truan, M.B. & Sanford, L.D. (1997): Communication skills for visually impaired learners (second edition). Springfield: Charles C Thomas Publisher.

Hatlen, P. (1996): The Core Curriculum for blind and visually impaired students, including those with additional disabilities. RE:view, 28 (1), 25–32.

Hatlen, P. (1997): Der basale Bildungsplan für blinde und sehbehinderte Schülerinnen und Schüler, einschließlich solcher mit zusätzlichen Behinderungen. blind-sehbehindert, 117 (4), 186–193.

Hatlen, P. (2003): Die Rolle von Schulen für Blinde und Sehbehinderte in der Inklusiven Erziehung und Bildung. blind-sehbehindert, 123 (2), 263–269.

Hatton, D. D., Bailey, D. B., Burchinal, M. R. & Ferrell, K. A. (1997): Developmental growth curves of preschool children with vision impairments. Child Development, 68 (5), 788–806.

Hatton, D.D., Ivy, S.E. & Boyer, C. (2013): Severe visual impairments in infants and toddlers in the United States. Journal of Visual Impairment and Blindness, 107 (5), 325–336.

Hatwell, Y. (1985): Piagetian reasoning and the blind. New York: American Foundation for the Blind.

Haüy, V. (1786): Essai sur l'éducation des aveugles. Nachdruck. Würzburg: MJA.

Havighurst, R. J. (1948): Developmental tasks and education. New York: Longman.

Hecker, W. (2004): Warum eine spezielle Frühförderung für sehgeschädigte Kinder? blind-sehbehindert, 124 (1), 3–13.

Hector, M.-R. (2014): Braille et Modernité. Voir Demain, 456 (1), 5–6.

Heimlich, U. (2016): Integration. In: I. Hedderich, G. Biewer, J. Hollenweger & R. Markowetz (Hrsg.), Handbuch Inklusion und Sonderpädagogik (S. 118–122). Bad Heilbrunn: Verlag Julius Klinkhardt.
Heinen, N. & Lamers, W. (2001): Wanderungen durch die schwerstbehindertepädagogische Landschaft. In: A. Fröhlich, N. Heinen & W. Lamers (Hrsg.), Schwere Behinderung in Praxis und Theorie – ein Blick zurück nach vorn. Texte zur Körper- und Mehrfachbehindertenpädagogik (S. 13–47). Düsseldorf: Verlag Selbstbestimmtes Leben.
Heller, S. (1876): Das Prinzip der Unmittelbarkeit in der Blindenschule. In: Kongress-Comité (Hrsg.), Der II. Europäische Blindenlehrer-Kongress in Dresden am 25., 26. und 27. Juli 1876 (S. 88–104). Dresden: Kongress.
Heller, S. (1886): Das Prinzip der Wechselwirkung in der Blindenschule. In: Kongress-Comité (Hrsg.), Verhandlungen des V. Blindenlehrer-Kongresses in Amsterdam, am 3., 4., 5., 6. und 7. August, 1885. Amsterdam, (S. 131–143) Amsterdam: Kongress.
Heller, S. (1888): Die psychologische Grundlegung der Blindenpädagogik. In: Kongress-Vorstand (Hrsg.), Verhandlungen des VI. Blindenlehrer-Kongresses zu Köln am Rhein am 6., 7., 8., 9. und 10. August 1888 (S. 97–121). Düren: Kongress.
Heller, S. (1892): System der Blindenpädagogik. In: Kongress-Comité (Hrsg.), Verhandlungen des VII. Blindenlehrer-Kongresses in Kiel vom 3. bis 7. August 1891 (S. 195–220). Kiel: Kongress.
Heller, S. (1895): Die Bildungselemente des Blinden. In: Kongress-Komité (Hrsg.), Verhandlungen des VIII. Blindenlehrer-Kongresses in München vom 5. bis 8. August 1895. München (S. 207–215). München: Kongress.
Heller, S. (1901): Das Bewusstsein als Faktor der Blindenbildung. In: Kongress-Komitee (Hrsg.), Bericht über den X. Blindenlehrer-Kongress in Breslau vom 29. Juli bis 2. August 1901 (S. 110–124). Breslau: Kongress.
Heller, S. (1904): Entwicklungsphänomene im Seelenleben der Blinden und ihre Konsequenzen für die Blindenbildung. In: Kongress-Komitee (Hrsg.), Bericht über den XI. Blindenlehrerkongress zu Halle a.S. vom 1. bis 5. August 1904 (S. 58–72). Halle a.S.: Kongress.
Heller, S. (1886): Das Prinzip der Wechselwirkung in der Blindenschule. In: Kongress-Comité (Hrsg.), Verhandlungen des V. Blindenlehrer-Kongresses in Amsterdam, am 3., 4., 5., 6. und 7. August 1885 (S. 131–143). Amsterdam: Kongress.
Heller, Th. (1904): Studien zur Blindenpsychologie. Leipzig: Faksimile-Ausgabe.
Hennies, J., Heyl, V., Hintermair, M. & Lang, M. (2015): Zur Rolle von gleichbetroffenen Peers für blinde/sehbehinderte Jugendliche in der Integration. blind–sehbehindert, 135 (2), 115–125.
Henriksen, A., Laemers, F. (2016): Funktionales Sehen. Diagnostik und Interventionen bei Beeinträchtigungen des Sehens. Würzburg: Edition Bentheim.
Henriksen, C. (2018): Schulbegleitung: Hilfe oder Hindernis? blind-sehbehindert, 138 (2), 95–101.
Hergert, A. & Hofer, U. (2011): Förderung Lebenspraktischer Fähigkeiten (LPF). In: M. Lang, U. Hofer & F. Beyer (Hrsg.), Didaktik des Unterrichts mit blinden und hochgradig sehbehinderten Schülerinnen und Schülern. Band 2: Fachdidaktiken (S. 253–259). Stuttgart: Kohlhammer.
Hergert, A., Hofer, U. (2011): Inhalte und didaktische Ausgestaltung von LPF. In: M. Lang, U. Hofer & F. Beyer (Hrsg.), Didaktik des Unterrichts mit blinden und hochgradig sehbehinderten Schülerinnen und Schülern. Band 2: Fachdidaktiken (S. 260–274). Stuttgart: Kohlhammer.
Heyl, V. (2011): Überlegungen zur Verbesserung der Bewältigungskompetenz bei Sehverlust. blind – sehbehindert, 131 (4), 230–235.
Heyl, V. & Hintermair, M. (2015): Executive function and behavioral problems in students with visual impairments at mainstream and special schools. Journal of Visual Impairment and Blindness, 109 (4), 251–263.
Heyl, V., Horn, S. & Hintermair, M. (2014): Exekutive Funktionen integriert beschulter blinder und sehbehinderter Schülerinnen und Schülern. blind–sehbehindert, 134 (1), 15–23.

Heyl, V., Milz, K. & Hintermair, M. (2013): Exekutive Funktionen blinder und sehbehinderter Schülerinnen und Schüler an Sonderschulen und ihre Relevanz für die kindliche Entwicklung. blind–sehbehindert, 133 (3), 154–172.

Heyl, V. & Wahl, H.-W. (2012): Managing daily life with age-related sensory loss: Cognitive resources gain in importance. Psychology and Aging, 27 (2), 510–521.

Heyl, V., Wahl, H.-W. & Mollenkopf, H. (2007): Affective well-being in old age: The role of tenacious goal pursuit and flexible goal adjustment. European Psychologist, 12 (2), 119–129.

Hildenbrandt, E. & Scherer, H.-G. (1995): Wie Blinde zur Leichtathletik finden, was das für Sehende bedeutet. Sportpädagogik, 19 (5), 47–53.

Hilgers, F. (2017): Ende der Schulzeit = Ende der Inklusion? Der erste allgemeine Arbeitsmarkt als Nagelprobe für eine »inklusive Gesellschaft«. In: Verband für Blinden- und Sehbehindertenpädagogik e.V. (Hrsg.), Perspektiven im Dialog. XXXVI. Kongress für Blinden- und Sehbehindertenpädagogik. 01.08. bis 05.08.2016 in Graz. Kongressbericht. Würzburg: Edition Bentheim. Online verfügbar unter: https://www.edition-bentheim.de/de/kostenfreie-downloads/texte-buecher/!/opt-in/263.9185474325ca73e153bcb21d17e5fbfd/, Zugriff am 10.02.2019.

Hillenbrand, C. (2015): Lernmedien inklusiv: Wirksame Unterstützung für inklusive Bildung. In: LVR (Landschaftsverband Rheinland), Zentrum für Medien und Bildung (Hrsg.), Medienbrief 2015/1, 9-12. Online verfügbar unter: http://www.medien-undbildung.lvr.de/media/lehr__und_paedagogische_fachkraefte/medienbrief/medienbrief_2015_1_lernmedien_inklusion/Medienbrief_2015-1_Web.pdf, Zugriff am 10.02.2019.

Himmelsbach, I., Lipinski, J. & Putzke, M. (2016): Internet-Recherche nach Beratungsangeboten für ältere Menschen mit Sehbehinderung. Der Ophthalmologe, 113 (11), 933–942.

Hintermair, M., Sarimski, K. & Lang, M. (2012): Familienorientierte Frühförderung blinder und sehbehinderter Kinder – längsschnittliche Ergebnisse einer Befragung von Eltern. blind-sehbehindert, 132 (1), 6–9.

Hinz, A. (2002): Von der Integration zur Inklusion – terminologisches Spiel oder konzeptionelle Weiterentwicklung. Zeitschrift für Heilpädagogik, 53 (1), 354–361.

Hinz, A. (2004): Entwicklungswege zu einer Schule für alle mit Hilfe des »Index für Inklusion«. Zeitschrift für Heilpädagogik, 53 (5), 245–250.

Hinz, A. (2008): Inklusion – Ende der Blinden- und Sehbehindertenpädagogik? Überlegungen zu inklusiven Perspektiven in sieben Thesen. blind-sehbehindert, 128 (1), 7–16.

Hinz, A. (2014): Inklusion im Bildungskontext: Begriffe und Ziele. In: S. Krowosch (Hrsg.), Inklusion im deutschen Schulsystem. Barrieren und Lösungswege (S. 15–25). Berlin: Verlag des Deutschen Vereins für öffentliche und private Fürsorge e.V.

Hitschmann, F. (1892): Über die Begründung einer Blindenpsychologie von einem Blinden. Zeitschrift für Psychologie und Physiologie der Sinnesorgane, 3 (1), 388–397.

Hitschmann, F. (1895): Über die Prinzipien der Blindenpädagogik. Bad Langensalza: Hudelmayer Kongress.

Hofer, U. (2008): Sehen oder Nichtsehen: Bedeutung für Lernen und aktive Teilhabe in verschiedenen Bereichen des Lernens und Lebens. In: M. Lang, U. Hofer & F. Beyer (Hrsg.), Didaktik des Unterrichts mit blinden und hochgradig sehbehinderten Schülerinnen und Schülern. Band 1: Grundlagen (S. 17–67). Stuttgart: Kohlhammer.

Hofer, U. & Oser, V. (2011): Förderung von Orientierung und Mobilität. In: M. Lang, U. Hofer & F. Beyer (Hrsg.), Didaktik des Unterrichts mit blinden und hochgradig sehbehinderten Schülerinnen und Schülern. Band 2: Fachdidaktiken (S. 230–253). Stuttgart: Kohlhammer.

Hofer, U. (2011): Selbst- und Sozialkompetenzen. In: M. Lang, U. Hofer & F. Beyer (Hrsg.), Didaktik des Unterrichts mit blinden und hochgradig sehbehinderten Schülerinnen und Schülern. Band 2: Fachdidaktiken (S. 200–229). Stuttgart: Kohlhammer.

Hofer, U., Lang, M. & Schweizer, M. (2016): Lesen und Schreiben mit Brailleschrift und assistiven Technologien: Ergebnisse aus dem Forschungsprojekt »ZuBra - Zukunft der Brailleschrift«. blind-sehbehindert 136 (1), 100–115.

Hofer, U., Heyl, V. & Lang, M. (2019): Erfassung von Intelligenz- und Entwicklungsfunktionen blinder und sehbehinderter Kinder und Jugendlicher. blind–sehbehindert, 139 (1), 27–39.

Hofer, U., Lang, M., Winter, F., Schweizer, M., Hallenberger, A. & Laemers, F. (2019): Lese- und Schreibkompetenzen von Braille Lesenden. Forschungsergebnisse aus dem Projekt »Zukunft der Brailleschrift«. blind-sehbehindert, 139 (1), 7–26.

Hofer-Sieber, U. (2000): Bildbar und verwertbar. Utilitätsdenken und Vorstellungen der Bildbarkeit behinderter Menschen Ende 18. und Anfang 19. Jahrhundert in Frankreich. Würzburg: Edition Bentheim.

Hofmann, K. (1993): Die Anwendung des HAWIK-R zur Intelligenzdiagnostik bei sehbehinderten Kindern im Grundschulalter. Heilpädagogische Forschung, 19 (1), 12–19.

Holbrook, M.C., D'Andrea, F.M. & Wormsley, D.P (2017a): Literacy skills. In: MC. Holbrook, C. Kamei-Hannan & T. McCarthy (Eds.), Foundations of education. Volume II: Instructional strategies for teaching children and youths with visual impairments (third edition), (S. 374–329). New York: AFB Press.

Holbrook, M.C., Wright, D. & Presley, I. (2017): Specialized Assessment. In: M.C. Holbrook, C. Kamei-Hannan, T. McCarthy (Eds.), Foundations of education. Volume II: Instructional strategies for teaching children and youths with visual impairments. (third edition), (S. 108–116). New York: AFB Press.

Hölscher, U. (2016): Expanded Core Curriculum (ECC) – Erweitertes Kern-Curriculum. In: S. Degenhardt, W. Gewinn & M.-L. Schütt (Hrsg.), Spezifisches Curriculum für Menschen mit Blindheit und Sehbehinderung für die Handlungsfelder Schule, Übergang von der Schule in den Beruf und Berufliche Rehabilitation (S. 17–44). Norderstedt: Books on Demand.

Hölscher, U. (2018): O&M? – Echoordung? – Klick-Echoortung/Klicksonar? Was nun eigentlich? – Und wieso überhaupt? – Und wer eigentlich? blind-sehbehindert, 138 (1), 22–33.

Horbach, H. (1925): Bewegungsempfindungen und ihr Einfluss auf Formerkenntnis und Orientierung bei Blindgeborenen und Früherblindeten. Halle a.S.: Verlag Hermann Gesenius.

Horn, H. (1970): Intelligenztest für normalsichtige und sehgeschädigte Kinder und Jugendliche: INS, dt. Bearb. des Williams Intelligence Test for Children with defective vision, a test for blind and partially sighted children by M. Williams, Manual. Dortmund: PH Ruhr, Abt. für Heilpädagogik.

Horn, H. (1970): Psychologische Begutachtung und Beurteilung Blinder und hochgradig Sehbehinderter. In: Verein zur Förderung der Blindenbildung e.V. (Hrsg.), XXVI. Deutscher Blindenlehrerkongreß in München, Kongreßbericht. Düren: Carl Hamel.

Horn, J. L. & Cattell, R. B. (1966): Refinement and test of theory of fluid and crystallized intelligence. Journal of Educational Psychology, 57 (5), 253–270.

Hudelmayer, D. (1970): Nicht-sprachliches Lernen von Begriffen. Untersuchungen über die Begriffsbildung bei geburtsblinden Schülern. Stuttgart: Klett Verlag.

Hudelmayer, D. (1975): Die Erziehung Blinder. In: Deutscher Bildungsrat (Hrsg.): Gutachten und Studien der Bildungskommission. Sonderpädagogik 5 (S. 17–137). Stuttgart: Klett-Verlag.

Hudelmayer, D. (1976): Didaktik der Blindenschule. In: K.-J. Kluge (Hrsg.): Einführung in die Sonderschuldidaktik (S. 52–79). Darmstadt: WBG.

Hudelmayer, D. (1978): Integration in die Regelschule – eine Möglichkeit der Erziehung auch für blinde und sehbehinderte Kinder und Jugendliche in der Bundesrepublik Deutschland. In: Verband der Blinden- und Sehbehindertenpädagogen e.V. (Hrsg.), Kongressbereicht vom 28. Kongress für Sehgeschädigtenpädagogik, Waldkirch 24.–28. Juli 1978 (S. 85–112). Hannover-Kirchrode: Kongress.

Hudelmayer, D. (1983): Taktile Bilder als Hilfen zur Veranschaulichung. In: Verband der Blinden- und Sehbehindertenpädagogen (Hrsg.), Standortbestimmung und Neuorientierung, Kongressbericht 29. Kongress für Sehgeschädigtenpädagogik. Würzburg: Kongress.

Hudelmayer, D. (1985): Schrift, Schreiben und Lesen im Unterricht bei Blinden. In: W. Rath & D. Hudelmayer (Hrsg.), Pädagogik der Blinden und Sehbehinderten. Handbuch der Sonderpädagogik Band 2 (S. 127–142) Berlin: Carl Marhold Verlag.

Hudelmayer, D. (1989): Blinde und hochgradig Sehbehinderte in allgemeinen Schulen – eine Situationsbeschreibung für die Bundesrepublik Deutschland. In: Deutscher Blindenverband e.V. (Hrsg.), Schulische Integration Blinder und Sehbehinderter in der BRD. Bestandsaufnahme, Probleme und Folgerungen aufgezeigt am Beispiel der Grundschule (2. Neuwieder Tagung, 14. bis 16. April 1989) (S. 26–36). Köln: Deutscher Blindenverband e.V.

Hudelmayer, D. (1997): Soziale Kompetenz. In: Verband der Blinden- und Sehbehindertenpädagogen e.V. (Hrsg.), Soziale Kompetenzen – soziales Lernen. Bausteine zeitgemäßer Sehgeschädigtenpädagogik. Beilage zu blind-sehbehindert, 117 (3), 6–16.

Hudelmayer, D. (1998): Die Bedeutung der Brailleschrift für die allgemeine und berufliche Bildung Blinder und Sehbehinderter. In: E. Denninghaus (Hrsg.), Die Bedeutung der Punktschriftsysteme für die schulische und berufliche Bildung Blinder und Sehbehinderter (S. 39–49). Hannover.

Hudelmayer, D. (2000): Gemeinsamer Unterricht von Blinden und Sehbehinderten. blind-sehbehindert, 120 (1), 88–92.

Hudelmayer, D. (2006): Tradition und Umgestaltung der Blinden- und Sehbehindertenpädagogik in der BRD nach 1945. In: W. Drave & H. Mehls (Hrsg.), 200 Jahre Blindenbildung in Deutschland (1806–2006), (S. 197–210). Würzburg: Edition Bentheim.

Hudelmayer, D., Mersi, F., Pfeiffer, K. & Weinläder, H.G. (1985): Förderung der Wahrnehmung. In: W. Rath & D. Hudelmayer (Hrsg.), Pädagogik der Blinden und Sehbehinderten. Handbuch der Sonderpädagogik Band 2 (S. 149–178). Berlin: Marhold.

Hüsler, S. & Schmid, H. (2013): Feuchte Makuladegeneration: Verarbeitung und Bewältigung – eine Studie aus der Schweiz. Klinische Monatsblätter für Augenheilkunde, 230 (12), 1251–1256.

Hyvärinen, L. & Jacob, N. (2011). What and how does this child see? Assessment of visual functioning for development and learning. Helsinki: Vistest Ltd.

Ihsen, E., Tröster, H. & Brambring, M. (2010): The role of sound in encouraging infants with congenital blindness to reach for objects. Journal of Visual Impairment and Blindness, 104 (8), 478–488.

Jansen, H., Mannhaupt, G., Marx, H. & Skowronek, H. (2002): Bielefelder Screening zur Früherkennung von Lese-Rechtschreibschwierigkeiten (BISC) (2. Auflage). Göttingen: Hogrefe.

Janssen, M. & Rødbroe, I. (2014): Kommunikation und angeborene Taubblindheit. Kontakt und soziale Interaktion. Booklet II. Würzburg: Edition Bentheim.

Jennings, J. (1999): Print or Braille: decision-making in the choice of the primary literacy medium for pupils with a severe visual impairment. British Journal of Visual Impairment, 17 (1), 11–16.

Jürgens, E. & Lissmann, U. (2015): Pädagogische Diagnostik: Grundlagen und Methoden der Leistungsbeurteilung in der Schule. Weinheim: Beltz.

Kalina, U. (2011): Informationstechnologie (IT). In: M. Lang, U. Hofer & F. Beyer (Hrsg.), Didaktik des Unterrichts mit blinden und hochgradig sehbehinderten Schülerinnen und Schülern. Band 2: Fachdidaktiken (S. 189–199). Stuttgart: Kohlhammer.

Kalina, U. (2011): LaTeX als Mathematikschrift. In: M. Lang, U. Hofer & Beyer, F. (Hrsg.), Didaktik des Unterrichts mit blinden und hochgradig sehbehinderten Schülerinnen und Schülern. Band 2: Fachdidaktiken (S. 96–102) Stuttgart: Kohlhammer.

Kamei-Hannan, C. & Ricci. L.A. (2015): Reading connections: strategies for teaching students with visual impairments. AFB Press: New York.

Kany, W. & Schöler, H. (2009): Diagnostik schulischer Lern- und Leistungsschwierigkeiten. Ein Leitfaden. Stuttgart: Kohlhammer.

Katlun, T., Giese, M., Bolsinger, A. & Rohrschneider, K. (2017): Sport bei Augenerkrankungen an Schulen mit Schülerinnen und Schülern mit dem Förderschwerpunkt Sehen. Zeitschrift für Heilpädagogik, 68 (4), 185–192.

Katlun, T., Lang, M., Bolsinger, A. & Giese, M. (2017): Angeborene und erworbene Erkrankungen des Auges und die damit verbundenen Möglichkeiten und Einschränkungen für unterschiedliche Sportformen. In: Verband für Blinden- und Sehbehindertenpädagogik e.V. (Hrsg.), Perspektiven im Dialog. XXXVI. Kongress für Blinden- und Sehbehindertenpädagogik. 01.08. bis 05.08.2016 in Graz. Kongressbericht (digital).

Kekelis, L. S. & Andersen, E. (1984): Family communication styles and language development. Journal of Visual Impairment and Blindness, 78 (2), 54–64.

Kekelis, L. S. & Prinz, P.M. (1996): Blind and sighted children with their mothers: The development of discourse skills. Journal of Visual Impairment and Blindness, 90 (5), 423–436.
Kennerknecht, I., Grueter, T., Welling, B., Wentzek, S., Horst, J., Edwards, S. & Grueter, M. (2006): First report of prevalence of non-syndromic hereditary prosopagnosia (HPA). American Journal of Medical Genetics, 140 (15), 1617–1622.
Kiese-Himmel, C. (2000): DEF-TK Diagnostischer Elternfragebogen zur taktil-kinästhetischen Responsivität im frühen Kindesalter. Göttingen: Beltz.
Kiese-Himmel, C. (2003): TAKIWA Göttinger Entwicklungstest der Taktil-Kinästhetischen Wahrnehmung. Göttingen: Beltz.
Kish, D. (2015): Bilder im Kopf. Klick-Echoortung für blinde Menschen. Würzburg: Edition Bentheim.
Klafki, W. (1964): Das pädagogische Problem des Elementaren und die Theorie der kategorialen Bildung (3. und 4. ergänzte Auflage). Weinheim: Beltz Verlag.
Klafki, W. (2007): Neue Studien zur Bildungstheorie und Didaktik. Zeitgemäße Allgemeinbildung und kritisch-konstruktive Didaktik (6. Auflage). Weinheim, Basel: Beltz Verlag.
Klafki, W. (2013): Kategoriale Bildung. Konzeption und Praxis reformpädagogischer Schularbeit zwischen 1948 und 1952. Bad Heilbrunn: Julius Klinkhardt.
Klee, K. (2005): Der Langstock als Mobilitätssystem. blind-sehbehindert, 125 (1), 93–101.
Klein, J.W. (1819): Lehrbuch zum Unterrichte der Blinden, um ihnen ihren Zustand zu erleichtern, sie nützlich zu beschäftigen und sie zur bürgerlichen Brauchbarkeit zu bilden. Wien.
Klein, J.W. (1837): Geschichte des Blinden-Unterrichtes und der den Blinden gewidmeten Anstalten in Deutschland, sammt Nachrichten von Blinden-Anstalten in anderen Ländern. Wien.
KMK (Sekretariat der Ständigen Konferenz der Kultusminister der Länder in der Bundesrepublik Deutschland)(2020): Statistische Veröffentlichungen der Kultusministerkonferenz. Dokumentation Nr. 223 (Februar 2020): Sonderpädagogische Förderung in Schulen 2009 bis 2018. Online verfügbar unter: https://www.kmk.org/fileadmin/Dateien/pdf/Statistik/Dokumentationen/Dok223_SoPae_2018.pdf, Zugriff am 30.03.2020.
Knauer, C. & Pfeiffer, N. (2006): Erblindung in Deutschland – heute und 2030. Der Ophthalmologe, 103 (9), 735–741.
Knie, J.G. (1855): Ueber das Lesen und Schreiben der Blinden. Organ der Taubstummen- und Blinden-Anstalten, 1 (1), 55–61, 70–75.
Koenig, A.J. & Holbrook, M.C. (1995): Learning media assessment of students with visual impairments. A resource guide for teachers (second edition). Austin: TSBVI.
Köhler-Krauß, R. (2002): Drei Jahre Schulversuch »Öffnung der Schulen für Sehgeschädigte«. Bisheriger Verlauf und aktueller Stand. blind-sehbehindert, 122 (1), 19–27.
Kolarik, A.J., Cirstea, S., Pardhan, S. & Moore, B.C.J. (2014): A summary of research investigating echolocation abilities of blind and sighted humans. Hearing Research, 310 (1), 60–68.
Kolaschinski, D. (2011): Selbstwertgefühl sehbehinderter und blinder Kinder in sozialen Interaktionen. Frankfurt: Lang-Verlag.
Kongress-Comité (Hrsg.) (1873): Der erste Europäische Blindenlehrer-Kongress in Wien am 3., 4., 5., 6., 7. und 8. August 1873. Wien: Kongress.
Kongress-Vorstand (Hrsg.) (1888): Verhandlungen des VI. Blindenlehrer-Kongresses zu Köln am Rhein am 6., 7., 8., 9. und 10. August 1888. Düren: Kongress.
Konrad, K. (2007): Entwicklung von Exekutivfunktionen und Arbeitsgedächtnisleistungen. In: L. Kaufmann, H.C. Nuerk, K. Konrad & Willmes (Hrsg.), Kognitive Entwicklungsneuropsychologie (S. 300–320). Göttingen: Hogrefe.
Krapf, Herbert (1975): Der BLAT – Untersuchung zur Bewertung eines neuen Testverfahrens für blinde Kinder. Pädagogische Hochschule Heidelberg: Unveröffentlichte Examensarbeit.
Kremer, A. (1933): Über den Einfluß des Blindseins. Untersuchungen über das Problem des Verstehens Blinder als einer Grundlage der Blindenpädagogik. Düren.
Kremer, A. (1948): Der blindheitsgemäße didaktische Dreischritt im Blindenunterricht. Pädagogische Rundschau 2, 159–169.

Kremer, A. (1951): Sonderheiten der Blindenpädagogik. In: Verein zur Förderung der Blindenbildung (Hrsg.), Bericht über den 21. Blindenlehrerkongreß in Hannover-Kirchrode vom 1. bis 3. August 1951 (S. 22–39). Hannover-Kirchrode: Kongress.

Kremer-Preiß, U. (2012): Aktuelle und zukunftsträchtige Wohnformen für das Alter. In H.-W. Wahl, C. Tesch-Römer & J. P. Ziegelmann, Angewandte Gerontologie. Interventionen für ein gutes Altern in 100 Schlüsselbegriffen (S. 554–561). Stuttgart: Kohlhammer.

Kress, T. & Daum, I. (2003): Developmental prosopagnosia: A review. Behavioural Neurology, 14 (3–4), 109–121.

Kretschmer, R. (1925): Geschichte des Blindenwesens vom Altertum bis zum Beginn der allgemeinen Blindenbildung. Ratibor: Oberschl. Gesellschaftsverlag.

Kron, F.W., Jürgens, E. & Standop, J. (2013): Grundwissen Pädagogik (8., aktualisierte Auflage). München, Basel: Ernst Reinhardt Verlag.

Krug, F.-K. (2001): Didaktik für den Unterricht mit sehbehinderten Schülern. München, Basel: Ernst Reinhardt Verlag.

Kunz, M. (1902): Zur Blindenphysiologie (Das Sinnenvicariat). Der Blindenfreund 22 (11), 177–188.

Laemers, F. (2004): Low Vision in der Pädagogik. Überlegungen zur Unterstützung und Förderung des kindlichen Sehvermögens im pädagogischen Kontext. In: Verband der Blinden- und Sehbehindertenpädagogen und -pädagoginnen (Hrsg.), »Qualitäten«. Rehabilitation und Pädagogik bei Blindheit und Sehbehinderung 33. Kongress der Blinden- und Sehbehindertenpädagogen und -pädagoginnen (VBS) vom 04.–08.08. 2003 in Dortmund (S. 298–309). Würzburg: Edition Bentheim.

Laemers, F. & Wahren-Krüger, K. (2004): Low Vision in der Pädagogik. blind-sehbehindert, 124 (2), 34–39.

Lamers, W. & Heinen, N. (2006): »Bildung mit ForMat« – Impulse für eine veränderte Unterrichtspraxis mit Schülerinnen und Schülern mit (schwerer) Behinderung. In: D. Laubenstein, W. Lamers & N. Heinen (Hrsg.), Basale Stimulation. Kritisch - konstruktiv. Düsendorf: Verlag Selbstbestimmtes Leben.

Landau, B. (1997): Language and experience in blind children: Retrospective and prospective. In V. Lewis & G.M. Collis (Eds.), Blindness and psychological development in young children (S. 9–28). Leicester: British Psychological Society.

Landau, B. & Gleitman, L. R. (1985): Language and experience: Evidence from the blind child. Cambridge: University Press.

Landeswohlfahrtsverband Hessen (Hrsg.): Beleuchtung, Blendschutz, Markierungen. Empfehlungen für Schulen mit dem Förderschwerpunkt Sehen. Kassel: Druckerei LWV.

Lang, M. (2003): Haptische Wahrnehmungsförderung mit blinden Kindern. Möglichkeiten der Hinführung zur Brailleschrift. Regensburg: Roderer.

Lang, M. (2009): Schwarzschrift oder Punktschrift? Die schwierige Entscheidung über das geeignete Schriftmedium bei hochgradig sehbehinderten Kindern, Jugendlichen und Erwachsenen. blind-sehbehindert, 129 (2), 144–152.

Lang, M. (2011). Bewegungserziehung. In: M. Lang, U. Hofer & F. Beyer (Hrsg.), Didaktik des Unterrichts mit blinden und hochgradig sehbehinderten Schülerinnen und Schülern. Band 2: Fachdidaktiken (S. 145–167). Kohlhammer: Stuttgart.

Lang, M. (2011): Lesen und Schreiben. In: M. Lang, U. Hofer & F. Beyer (Hrsg.), Didaktik des Unterrichts mit blinden und hochgradig sehbehinderten Schülerinnen und Schülern. Band 2: Fachdidaktiken (S. 15–60). Kohlhammer: Stuttgart.

Lang, M. (2013): Auf der Taststraße zur Punktschrift. Fördermaterialien zur Vorbereitung blinder Kinder auf das Lesen der Brailleschrift (3. Auflage). Hannover: Deutscher Hilfsmittelversand.

Lang, M. (2017 a): Inhaltsbereiche und konkrete Ausgestaltung einer spezifischen Didaktik des Unterrichts mit blinden und hochgradig sehbehinderten Schülerinnen und Schülern. In: M. Lang, U. Hofer & F. Beyer, Didaktik des Unterrichts mit blinden und hochgradig sehbehinderten Schülerinnen und Schülern. Band 1: Grundlagen (2., überarbeitete Auflage) (S. 174–227). Stuttgart: Kohlhammer.

Lang, M. (2017 b): Wahrnehmungsförderung und Begriffsbildung als fächerübergreifende Prinzipien des Unterrichts mit blinden und hochgradig sehbehinderten Kindern und Jugendlichen. In: M. Lang, U. Hofer, F. Beyer, Didaktik des Unterrichts mit blinden und hochgradig sehbehinderten Schülerinnen und Schülern. Band 1: Grundlagen (2., überarbeitete Auflage (S. 228–275). Kohlhammer: Stuttgart.

Lang, M., Heyl, V. (unter Mitarbeit von I. Ehrkamp, M. Graf, J. Kramberg und L. Ruf) (2013): Inklusion blinder und hochgradig sehbehinderter Schülerinnen und Schüler. In: Verband für Blinden- und Sehbehindertenpädagogik e.V. (Hrsg.), Vielfalt und Qualität. Kongressbericht XXXV. Kongress für Blinden- und Sehbehindertenpädagogik (S. 105–114). Würzburg: Edition Bentheim.

Lang, M., Hintermair, M. & Sarimski, K. (2012): Belastung von Eltern behinderter Kleinkinder – eine vergleichende Studie an Frühförderstellen für geistig behinderte, hörgeschädigte und blinde bzw. sehbehinderte Kinder. Vierteljahrsschrift für Heilpädagogik und ihre Nachbargebiete (VHN), 81 (2), 112–123.

Lang, M., Hintermair, M., & Sarimski, K. (2017): Social-emotional competences in very young visually impaired children. British Journal of Visual Impairment, 35 (1), 29–43.

Lang, M., Hofer, U. & Schweizer, M. (2016): Die Nutzung von Brailleschrift und assistiven Technologien durch blinde und hochgradig sehbehinderte Menschen unterschiedlichen Alters. Ergebnisse aus dem Forschungsprojekt »ZuBra« - Zukunft der Brailleschrift«. Zeitschrift für Heilpädagogik 67 (10), 465–473.

Lang, M., Hofer, U. & Beyer, F. (2017): Didaktik des Unterrichts mit blinden und hochgradig sehbehinderten Schülerinnen und Schülern. Band 1: Grundlagen (2. überarbeitete Auflage). Stuttgart: Kohlhammer.

Lang, M., Hofer, U. & Winter, F. (2018): Brailleschrift und Schwarzschrift: Aspekte zur dualen Schriftnutzung. blind-sehbehindert, 138 (2), 79–86.

Lang, M., Keesen, E. & Sarimski, K. (2015): Prävalenz von Taubblindheit und Hörsehbehinderung im Kindes- und Jugendalter. Zeitschrift für Heilpädagogik 66 (3), 142–150.

Lang, M. & Sarimski, K. (2019): Soziale Teilhabe von sehbehinderten und blinden Kindern in der Grundschule. blind-sehbehindert 139 (2), 83–91.

Lang, M., Thiele, M. (2020): Schüler mit Blindheit und Sehbehinderung im inklusiven Unterricht. 2., aktualisierte Auflage. München: Reinhardt-Verlag.

Laubner, M., Lindmeier, B. & Lübeck, A. (Hrsg.) (2017): Schulbegleitung in der inklusiven Schule. Grundlagen und Praxis. Weinheim, Basel: Beltz.

Lawson, G.D., Wiener, W.R. (2010): Improving the use of hearing for orientation and mobility. In: W.R. Wiener, R.L. Welch & B.B. Blasch (Eds.), Foundations of Orientation and mobility. Volume II: Instructional strategies and practical applications (third edition), (S. 91–117) New York: AFB Press.

Lederman, S.J. & Klatzky, R.L. (1987): Hand movements: a window into haptic object recognition. Cognitive Psychology, 19 (1), 341–368.

Lemke-Werner-G. & Pitroff, H. (Hrsg.) (2009): Taubblindheit, Hörsehbehinderung. Ein Überblick. Würzburg: Edition Bentheim.

Leuders, J. (2012): Förderung der Zahlbegriffsentwicklung bei sehenden und blinden Kindern. Empirische Grundlagen und didaktische Konzepte. Wiesbaden: Springer Verlag.

Levinsohn, G. (1908): Gehören Schwachsichtige in die Blindenanstalt. In: Blindenanstalt Hamburg (Hrsg.), Bericht über den XII. Blindenlehrerkongress in Hamburg vom 23. bis 27. September 1907 (S. 200–208). Hamburg: Kongress.

Lewald, J. (2012): Auditives Orientieren im Raum und seine Störungen. In H.-O. Karnath & P. Thier (Hrsg.), Kognitive Neurowissenschaften (S. 251–262). Berlin, Heidelberg: Springer.

Lewis, S. & Wolffe, K.E. (2006): Promoting and nurturing self-esteem. In: S.Z. Sacks & K.E. Wolffe (Eds.), Teaching social skills to students with visual impairments. From theory to practice (S. 122–162). New York: AFB Press.

Lieberman, L.L., Ponchilla, P.E. & Ponchilla, S.V. (2013): Physical education and sports for people with visual impairments and deafblindness: foundations of instruction. New York: AFB Press.

Linderkamp, F. (2010): Entwicklung sozialer Kompetenz. In: A. Kaiser, D. Schmetz, P. Wachtel & B. Werner (Hrsg.), Bildung und Erziehung (S. 188–192). Kohlhammer: Stuttgart.

Lohmeier, K., Blankenship, K. & Hatlen, P. (2008): Expanded Core Curriculum: 12 years later. Journal of Visual Impairment and Blindness, 103 (1), 103–112.

Lokatis-Dasecke, S. & Wolter, B. (2008): Gemeinsam kreativ. Integrativer Kunstunterricht mit blinden Schülerinnen und Schülern. Würzburg: Edition Bentheim.

Marx, P. (2007): Lese- und Rechtschreiberwerb. Paderborn: Schöningh.

Mayntz, J. (1931): Blinde Kinder im Anfangsunterricht. Beiträge zur Geschichte und Methodik der ersten Bildungsarbeit in der Blindenschule. Düren: Verein zur Fürsorge für die Blinden in der Rehinprovinz.

McCarthy, T., Holbrook, M.C. (2017): Compensatory skills. In: M.C. Holbrook, C. Kamei-Hannan & T. McCarthy (Eds.), Foundations of education. Volume II: Instructional strategies for teaching children and youths with visual impairments (third edition) (S. 350–373). New York: AFB Press.

McHugh, E. & Lieberman, L. (2003): The impact of developmental factors on stereotypic rocking of children with visual impairments. Journal of Visual Impairment and Blindness, 97 (8), 453–474.

McNear, D. & Brusegaard, C.M. (2017): Arts education. In: M.C. Holbrook, C. Kamei-Hannan & T. McCarthy (Eds.), Foundations of education. Volume II: Instructional strategies for teaching children and youths with visual impairments (third edition) (S. 510–544). New York: AFB Press.

Mehls, H. & Brass, P. (2006): Probleme und Widersprüche bei der Suche nach produktiver Arbeit für Blinde. In: W. Drawe & H. Mehls (Hrsg.), 200 Jahre Blindenbildung in Deutschland (1806–2006) (S. 137–151). Würzburg: Edition Bentheim.

Mellor, M.C. (2006): Louis Braille. A touch of genius. Boston: National Braille Press.

Mersi, F. (1971): Die Schulen der Sehgeschädigten. Funktion, Theorie, Praxis. Neuburgweier: Schindele.

Mersi, F. (1985): Geschichte der Erziehung Sehbehinderter. In: W. Rath, & D. Hudelmayer (Hrsg.), Pädagogik der Blinden und Sehbehinderten. Handbuch der Sonderpädagogik Band 2 (S. 36–46). Berlin: Marhold.

Mersi, F. (1985): Konzepte der Erziehung Sehgeschädigter. In: W. Rath & D. Hudelmayer (Hrsg.), Pädagogik der Blinden und Sehbehinderten. Handbuch der Sonderpädagogik Band 2 (S. 49–62). Berlin: Marhold.

Meyer, M.A. & Meyer, H. (2007): Wolfgang Klafki. Eine Didaktik für das 21. Jahrhundert? Weinheim, Basel: Beltz Verlag.

Millar, S. & Al-Attar, Z. (2004): External and body-centered frames of reference in spatial memory: Evidence from touch. Perception & Psychophysics, 66 (1), 51–59.

Millar, S. (1987): Perceptual and task factors in fluent braille. Perception, 16 (4), 521–536.

Millar, S. (1994): Understanding and representing space: Theory and evidence for studies with blind and sighted children. Oxford: Oxford University Press.

Millar, S. (1997): Reading by touch. London, New York: Routledge.

Millar, S. (1999): Veering re-visited: noise and posture cues in walking without sight. Perception, 28 (6), 765-780.

Millar, S. (2000): Modality and mind: convergent active processing in interrelated networks as a model of development and perception by touch. In: M.A. Heller (Ed.), Touch, representation and blindness (S. 99–141). Oxford: Oxford University Press.

Millar, S. (2008): Space and sense. Hove: Psychology Press.

Ministerium für Kultus, Jugend und Sport Baden-Württemberg (Hrsg.) (2011): Bildungsplan Schule für Blinde und Schule für Sehbehinderte. Stuttgart: Ministerium für Kultus, Jugend und Sport.

Miyake, A., Friedman, N.P., Emerson, M.J., Witzki, A.H., Howerter, A. & Wager, T.D. (2000): The unity and diversity of executive functions and their contributions to complex »frontal lobe« tasks: A latent variable analysis. Cognitive Psychology, 41 (1), 49–100.

Mundhenk, S. (2017): Nachteilsausgleiche in der Schule für Kinder und Jugendliche mit Förderbedarf Sehen aufgrund von CVI-Auffälligkeiten im dorsalen Bereich. blind-sehbehindert, 137 (2), 120–130.

Nafstad, A. & Rødbroe, I. (1999): Co-creating communication. Dronninglund: Forlaget Nord-Press.

Nafstad, A. & Rødbroe, I. (2018): Kommunikative Beziehungen. Interventionen zur Gestaltung von Kommunikation mit Menschen mit angeborener Taubblindheit. Würzburg: Edition Bentheim.
Nater, P. (1996): Die Reliefschrift nach Moon für tastbeeinträchtigte Blinde. Projektarbeit zu ihrer Etablierung in Deutschland. Heidelberg: Universitäts-Verlag.
Nater, P. (1998): Intelligenztest für sehgeschädigte Kinder im Alter von 6–15 Jahren (ITVIC-D). Vol. I–III.
Nelson, P.A., Dial, J.G. & Joyce, A. (2002): Validation of the cognitive test for the blind as an assessment of intellectual functioning. Rehabilitation Psychology, 47 (2), 184–193.
Newland, T. E. (1971): The Blind Learning Aptitude Test. Urbana, Illinois: Newland.
Nickisch, A. & Kiese-Himmel, C. (2009): Auditive Verarbeitungs- und Wahrnehmungsleistungen 8- bis 10-Jähriger: Welche Tests trennen auffällige von unauffälligen Kindern? Laryngo-Rhino-Otologie, 88 (7), 469–476.
Nickisch, A., Heuckmann, C. & Burger, T. (2004): MAUS Münchner Auditiver Screeningtest für Verarbeitungs- und Wahrnehmungsstörungen. Wertingen: Westra.
Niedeggen, M. & Jörgens, S. (2005): Visuelle Wahrnehmungsstörungen. Göttingen: Hogrefe.
Nielsen, L. (1992): Bist du blind? Entwicklungsförderung sehgeschädigter Kinder. Würzburg: Edition Bentheim.
Nielsen, L. (1992): Greife und du kannst begreifen. Würzburg: Edition Bentheim.
Nielsen, L. (1993): Das Ich und der Raum. Aktives Lernen im »Kleinen Raum«. Würzburg: Edition Bentheim.
Nielsen, L. (1996): Schritt für Schritt. Frühes Lernen von sehgeschädigten und mehrfachbehinderten Kindern. Würzburg: Edition Bentheim.
Nielsen, L. (2000): Der FIELA-Förderplan. 730 Fördervorschläge. Konkrete Beispiele zum Aktiven Lernen von sehgeschädigten und mehrfachbehinderten Kindern. Würzburg: Edition Bentheim.
Nielsen, L. (2001): Der Ansatz des Aktiven Lernens. In: A. Fröhlich, N. Heinen & W. Lamers (Hrsg.), Schwere Behinderung in Praxis und Theorie – ein Blick zurück nach vorn. Texte zur Körper- und Mehrfachbehindertenpädagogik (S. 235–244). Düsseldorf: Bundesverband für körper- und mehrfachbehinderte Menschen.
Nielsen, L. (2002): Beobachtungsbogen für mehrfachbehinderte Kinder: Entwicklungsniveau: 0–48 Monate. Würzburg: Edition Bentheim.
Nolan, C. Y. & Morris, J. E. (1965): Roughness Discrimination Test. Louisville: American Printing House for the Blind.
Oeppen, J. & Vaupel, J. W. (2002): Broken limits to life expectancy. Science, 296 (5570), 1029–1031.
Oeverhaus, M., Hirche, H., Esser, J., Eckstein, A. & Schaperdoth-Gerlings, A. (2018): Evaluation der Versorgungssituation von Sehbehinderten: Signifikante Unterschiede zwischen Jung und Alt. Der Ophthalmologe Online verfügbar unter: https://doi.org/10.1007/s00347-017-0643-3, Zugriff am 07.08.2019.
Oshima, K., Arai, T., Ichihara, S., Nakano, Y. (2014): Tactile sensitivity and braille reading in people with early blindness and late blindness. Journal of Visual Impairment and Blindness, 108 (6), 122–133.
Pablasek, M. (1867): Die Fürsorge für die Blinden von der Wiege bis zum Grabe. Wien: Beck'sche Universitäts-Buchhandlung.
Peiser, A. (1924): Untersuchungen zur Psychologie der Blinden. Untersuchungen zur Psychologie, Philosophie und Pädagogik, 4 (1), 77–151.
Pérez-Pereira, M. & Conti-Ramsden, G. (1999): Language development and social interaction in blind children. Hove: Psychology Press Ltd.
Pérez-Pereira, M. & Conti-Ramsden, G. (2001): The use of directives in verbal interactions between blind children and their mothers. Journal of Visual Impairment and Blindness, 95 (3), 133–149.
Perkins School for the Blind (2013): World braille usage. Online verfügbar unter: http://www.perkins.org/assets/downloads/worldbrailleusage/world-braille-usage-third-edition.pdf, Zugriff am 03.08.2017.

Petermann, F., Waldmann, H. C. & Daseking, M. (2012): FEW-JE Frostigs Entwicklungstest der visuellen Wahrnehmung – Jugendliche und Erwachsene. Göttingen: Hogrefe.

Peterson, C. C., Peterson, J. L., & Webb, J. (2000): Factors influencing the development of a theory of mind in blind children. British Journal of Developmental Psychology, 18 (3), 431–447.

Petzelt, A. (1925): Über die Grundlegung des Blindenunterrichts. In: Blindenanstalt Nikolauspflege Stuttgart (Hrsg.), Bericht über den Kongress für Blindenwohlfahrt (16. Blindenlehrerkongress) in Stuttgart vom 4. bis 7. August 1924 (S. 131–146). Stuttgart: Kongress.

Petzelt, A. (1931): Vom Problem der Blindheit. Erfurt: Stenger.

Pfeiffer, J. P. & Pinquart, M. (2011): Attainment of developmental tasks by adolescents with visual impairments and sighted adolescents. Journal of Visual Impairment and Blindness, 105 (1), 33–44.

Pfeiffer, K. (1981): Psychologie der Sehschädigung: Zum Selbstkonzept blinder Kinder und Jugendlicher. Zeitschrift für das Blinden- und Sehbehindertenbildungswesen, 101 (3), 127–139.

Piaget, J. & Inhelder, B. (1971): Die Entwicklung des räumlichen Denkens beim Kinde. Stuttgart: Klett.

Piaget, J. (1937/1998): Der Aufbau der Wirklichkeit beim Kinde. Stuttgart: Klett-Cotta.

Picht, O. (1925): Zur Geschichte der Blindenschreibmaschinen. Die Büro-Industrie, 1 (6), 925.

Pielasch, H. & Jaedicke, M. (1971): Geschichte des Blindenwesens in Deutschland und in der DDR. Leipzig: DZFB.

Pijnacker, J., Vervloed, M. P. J. & Steenbergen, B. (2012): Pragmatic abilities in children with congenital visual impairment: An exploration of non-literal language and advanced theory of mind understanding. Journal of Autism and Developmental Disorders, 42 (11), 2440–2449.

Pinquart, M. & Pfeiffer, J. P. (2011): Psychological well-being in visually impaired and unimpaired individuals: A meta-analysis. British Journal of Visual Impairment, 29 (1), 27–45.

Pinquart, M. & Pfeiffer, J. P. (2013): Does visual impairment lead to lower or higher levels of success in solving developmental tasks? – A longitudinal study. Journal of Developmental and Physical Disabilities, 25 (6), 579–595.

Pinquart, M. & Pfeiffer, J.P. (2013): Does visual impairment lead to lower or higher levels of success in solving developmental tasks? – A longitudinal study. Journal of Developmental and Physical Disabilities 25 (6), 579–595.

Pogrund, R.L. & Griffin-Shirley, N. (Eds.): Partners in O&M. Supporting Orientation and Mobility für students who are visually impaired. New York: AFB Press.

Popivker, L., Wang, S. & Boerner, K. (2010): Eyes on the prize: life goals in the context of visual disability in midlife. Clinical Rehabilitation, 24 (12), 1127–1135.

Prechtl, H. F. R., Cioni, G., Einspieler, C., Bos, A. F. & Ferrari, F. (2001): Role of vision in early motor development: Lessons from the blind. Developmental Medicine and Child Neurology, 43 (3), 198–201.

Preisler, G. M. (1991): Early patterns of interaction between blind infants and their sighted mothers. Child: Care, Health and Development, 17 (2), 65–90.

Prengel, A. (2006): Pädagogik der Vielfalt. Verschiedenheit und Gleichberechtigung in Interkultureller, Feministischer und Integrativer Pädagogik (3. Auflage). Wiesbaden: VS Verlag.

Raithel, J., Dollinger, B., Hörmann, G. (2009): Einführung Pädagogik. Begriffe, Strömungen, Klassiker, Fachrichtungen (3. Auflage). Wiesbaden: VS Verlag für Sozialwissenschaften.

Rass, E. (2014): Die Entdeckung der Kindheit als grundlegende psychische Entwicklungsphase am Beispiel von Jan Amos Comenius' Mutterschul. In: E. Rass (Hrsg.), Comenius: Seiner Zeit weit voraus…! Die Entdeckung der Kindheit als grundlegende Entwicklungsphase (S. 11–56). Frankfurt am Main: Peter Lang Verlag.

Rath, W. (2000): Blindheit und Sehbehinderung. In: J. Borchert (Hrsg.), Handbuch der Sonderpädagogischen Psychologie (S. 104–113). Göttingen: Hogrefe.

Recchia, S. L. (1997): Social communication and response to ambiguous stimuli in toddlers with visual impairments. Journal of Applied Developmental Psychology, 18 (3), 297–316.

Rees, G., Ponczek, E., Hassell, J., Keeffe, J. E. & Lamoureux, E. L. (2010): Psychological outcomes following interventions for people with low vision: a systematic review. Expert Review of Ophthalmology, 5 (3), 385–403.

Reinhardt, J. P., Boerner, K. & Horowitz, A. (2006): Good to have but not to use: Differential impact of perceived and received support on well-being. Journal of Social and Personal Relationships, 23 (1), 117–129.

Reinschmidt, H. & Laufenberg, W. (2006): Marburger Typhlographietest mtt. Marburg: Blista.

Reynell, J. & Zinkin, P. (1979): Reynell-Zinkin scales: developmental scales for young visually handicapped children. Windsor: NFER.

Rinnert, T., Lindner, H. & Behrens-Baumann, W. (1999): Nutzungshäufigkeit vergrößernder Sehhilfen im Wohnbereich von Sehbehinderten. Klinische Monatsblätter für Augenheilkunde, 215 (11), 305–310.

Robert Koch-Institut (Hrsg.) (2017): GBE-Themenheft Blindheit und Sehbehinderung. Gesundheitsberichterstattung des Bundes. Gemeinsam getragen von RKI und Destatis. Berlin: RKI.

Roberts, B. W., Walton, K. E. & Viechtbauer, W. (2006): Patterns of mean-level change in personality traits across the life course: A meta-analysis of longitudinal studies. Psychological Bulletin, 132 (1), 1–25.

Rødbroe, I. & Janssen, M. (2014): Kommunikation und angeborene Taubblindheit. Angeborene Taubblindheit und die Kernprinzipien der Intervention. Booklet I., Würzburg: Edition Bentheim.

Röder, B. (2012): Funktionsanpassung im visuellen System nach peripherer Schädigung. In: H.-O. Karnath & P. Thier (Hrsg.), Kognitive Neurowissenschaften (3. aktualisierte und erweiterte Auflage) (S. 751–758). Berlin und Heidelberg: Springer Verlag.

Röder, K. & Severin, D. (1997): Nonverbale Kommunikation und Körpersprache. Aspekte der sozialen Kompetenz sehgeschädigter Jugendlicher. In: Verband der Blinden- und Sehbehindertenpädagogen e.V. (Hrsg.), Soziale Kompetenzen – soziales Lernen. Bausteine zeitgemäßer Sehgeschädigtenpädagogik. Beilage zu blind-sehbehindert, 117 (3), 17–29.

Röder, K. (1998): Psychische Besonderheiten sehbehinderter Jugendlicher. blind-sehbehindert, 118 (2), 58–69.

Rødney, P. (2011): Stolpersteine auf dem Weg zur Inklusion – 30 Jahre Inklusion blinder und sehbehinderter Schülerinnen und Schüler in Dänemark – Ein Erfolgsmodell? blind-sehbehindert 131 (1), 218–228.

Rogers, S. J. & Puchalski, C. B. (1988): Development of object permanence in visually impaired infants. Journal of Visual Impairment and Blindness, 82 (4), 137–142.

Rohrschneider, K., Kiel, R., Pavlovska, V. & Blankenagel, A. (2002): Nutzung und Akzeptanz von vergrößernden Sehhilfen. Klinische Monatsblätter für Augenheilkunde, 219 (7), 507–511.

Roman-Lantzy, C. (2018): Cortical visual Impairment. An approach to assessment and intervention (second edition). New York: AFB Press.

Röpke, B. (2016): Einfach leichter. Modifikation und Adaption von Hilfsmitteln zur Durchführung alltagspraktischer Fertigkeiten für Menschen mit beeinträchtigtem Sehen. Würzburg: Edition Bentheim.

Rosel, J., Caballer, A., Jara, P. & Oliver, J. C. (2005): Verbalism in the narrative language of children who are blind and sighted. Journal of Visual Impairment and Blindness, 99 (7), 413–425.

Rosenblum, L. P., Hong, S. & Harris, B. (2009): Experiences of parents with visual impairments who are raising children. Journal of Visual Impairment and Blindness, 103 (2), 81–92.

Ross, S. & Tobin, M. J. (1997): Object permanence, reaching and locomotion in infants who are blind. Journal of Visual Impairment and Blindness, 91 (1), 25–32.

Sachsenweger, M. (2003): Duale Reihe: Augenheilkunde. Stuttgart: Thieme.

Sacks, O. (1987): Der Mann, der seine Frau mit einem Hut verwechselte. Reinbek: Rowohlt.

Sacks, O. (2011): Das innere Auge: Neue Fallgeschichten. Reinbek: Rowohlt.

Sacks, S.Z. (2014): Social interaction. In: C.B. Allman & S.L. Lewis (Eds.), ECC Essentials. Teaching the expanded core curriculum to students with visual impairments (S. 324–359). New York: AFB Press.

Sacks, S.Z. & Page, B. (2017): Social skills. In: M.C. Holbrook, C. Kamei-Hannan & T. McCarthy (Eds.), Foundations of education. Volume II: Instructional strategies for teaching children and youths with visual impairments (third edition) (S. 753–803). New York: AFB Press.

Sander, A. (2003): Von der Integrationspädagogik zu Inklusionspädagogik. Sonderpädagogische Förderung, 48 (4), 313–329.
Sander, A. (2004): Konzepte einer inklusiven Pädagogik. Zeitschrift für Heilpädagogik, 55 (5), 240–244.
Sarimski, K. (2016): Soziale Teilhabe von Kindern mit komplexer Behinderung in der Kita. München: Reinhardt-Verlag.
Sarimski, K. (2017): Handbuch der interdisziplinären Frühförderung. München, Basel: Reinhardt-Verlag.
Sarimski, K. und Mitwirkende (Doser, K., Handrich, S., Jäger, R., Lang, M., Maier, S., Reosewich, J., Rudnik, L.) (2010): Interaktion von Müttern mit blinden und hochgradig sehbehinderten Kleinkindern – Gemeinsamkeiten und Unterschiede Teil I. blind–sehbehindert, 130 (2), 80–87.
Sarimski, K. und Mitwirkende (Doser, K., Handrich, S., Jäger, R., Lang, M., Maier, S., Reosewich, J., Rudnik, L.) (2010): Interaktion von Müttern mit blinden und hochgradig sehbehinderten Kleinkindern – Gemeinsamkeiten und Unterschiede Teil II. blind–sehbehindert, 130 (3), 154–160.
Sarimski, K., Hintermair, M. & Lang, M. (2013): Familienorientierte Frühförderung von Kindern mit Behinderung. München, Basel: Reinhardt-Verlag.
Sarimski, K. & Lang, M. (2017): Risikofaktoren für selbstverletzendes, aggressives und stereotypes Verhalten bei Kindern und Jugendlichen mit Sehschädigungen. Zeitschrift für Kinder- und Jugendpsychiatrie und Psychotherapie, 45 (2), 118–127.
Sarimski, K. & Lang, M. (2018): Praxis familienorientierter Arbeit. Eine explorative empirische Studie in der Frühförderung für sehbehinderte und blinde Kinder. Frühförderung interdisziplinär, 37 (3), 123–133.
Sarimski, K. & Steinhausen, H.-C. (2007): Geistige Behinderung und schwere Entwicklungsstörung. Göttingen: Hogrefe.
Schäffler, M. (2015): Schulbücher in Zeiten einer inklusiven Schule. blind-sehbehindert, 135 (4), 25–30.
Schauerte, H. (1972): Didaktik und Sehschädigung. Abhebung spezifisch didaktischer Momente aus struktureller, unterrichts- und umgangsdidaktischer Sicht in Bezug auf blinde und sehbehinderte Kinder. Dortmund: PH Ruhr.
Schauerte, H. (1984): Curricula für sehgeschädigte Schüler. blind-sehbehindert, 104 (1), 11–14, 154–169.
Schäufele, M., Köhler, L., Hendlmeier, I., Hoell, A. & Weyerer, S. (2013): Prävalenz von Demenzen und ärztliche Versorgung in deutschen Pflegeheimen: eine bundesweite repräsentative Studie. Psychiatrische Praxis, 40 (4), 200–206.
Scheithauer, H. & Gottschalk, A. (2009): Soziale Kompetenztrainingsprogramme. In: G. Opp & G. Theunissen (Hrsg.), Handbuch der schulischen Sonderpädagogik (S. 513–520). Bad Heilbrunn: Verlag Julius Klinkhardt.
Scherer, F. (1983): Sport mit blinden und sehbehinderten Kindern und Jugendlichen. Schorndorf: Hofmann-Verlag.
Schindele, R. (1985): Didaktik des Unterrichts bei Sehgeschädigten. In: W. Rath & D. Hudelmayer (Hrsg.), Pädagogik der Blinden und Sehbehinderten. Handbuch der Sonderpädagogik Band 2 (S. 91–123). Berlin: Marhold.
Schlüter, A.-K., Melle, I. & Wember, F. (2016): Unterrichtsgestaltung in Klassen des Gemeinsamen Lernens. Universal Design for Learning. Sonderpädagogische Förderung heute 61 (3), 270–285.
Schmalohr, E. (1984): Frühe Verhaltensdialoge zwischen blinden Kindern und ihren Müttern: Entwicklungspsychologischer Bezugsrahmen für Früherziehung und Elternberatung. blind–sehbehindert, 104 (1), 4–16.
Schmidt-Atzert, L. & Amelang, M. (2012): Psychologische Diagnostik. Heidelberg: Springer.
Schneeberger, H.P. & Feix, R. (2013): Das umfassende Handbuch. Bonn: Galileo Press.
Schweizerische Stiftung für Taubblinde (Hrsg.) (2011): Im Dialog mit hörsehbehinderten Menschen. Leitfaden zur Kommunikationsentwicklung. Langnau am Albis: Schweizerische Stiftung für Taubblinde.

Schweizerischer Zentralverein für das Blindenwesen (2018): LCS Test SZB. Online verfügbar unter: https://szb.abacuscity.ch/de/A~51.041/LCS-Test-SZB, Zugriff am 03.08.2019.

Seifert, A. (2014): Sehbehinderung im Alter. Augenärzte als wichtigste Partner im medizinisch-sozialen Netzwerk. Ophta, (1), 44–45.

Seland, J. H., Vingerling, J. R., Augood, C. A., Bentham, G., Chakravarthy, U., deJong, P.T., Rahu, M., Soubrane, G., Tomazzoli, L., Topouzis, F. & Fletcher, A. E. (2011): Visual impairment and quality of life in the older European population, the EUREYE study, 89 (7), 608–613.

Seuß, C. (2017): Ophthalmologische Rehabilitation für sehbehinderte und blinde Menschen – ein Menschenrecht?! Neue Ansatzpunkte des DBSV nach der Fachtagung am 29.01.2016 und nach Inkrafttreten des Bundesteilhabegesetzes 2017. Vortrag auf der Fachtagung der AG Rehabilitation und gesellschaftliche Teilhabe sehbehinderter und blinder Seniorinnen und Senioren. Marburg: Verband für Blinden- Sehbehindertenpädagogik.

Sheline, D. (2016): Strategy to see. Strategies for students with cerebral/cortical visual impairment. VeriNova LLC.

Sheridan, M. D. (1973): The STYCAR Graded-balls Vision Test. Developmental Medicine and Child Neurology, 15 (4), 423–432.

Shurrager, H. C. & Shurrager, P. S. (1964): Manual for the Haptic Intelligence Scale for Adult Blind. Chicago: Illinois Institute.

Siegel, A. W. & White, S. H. (1975): The development of spatial representations of large-scale environment. In H. W. Reese (Ed.), Advances in child development and behavior, 10 (1), 9–55.

Siegler, R., Eisenberg, N., DeLoache, J. & Saffran, J. (2016): Entwicklungspsychologie im Kindes- und Jugendalter. Heidelberg: Springer.

Simkiss, P. & Reid, F. (2013): Die unsichtbare Mehrheit. Zusammenfassender Bericht. Eine Studie zur Nichterwerbstätigkeit von Blinden und Sehbehinderten in Schweden, Deutschland, Rumänien, den Niederlanden, Polen, Frankreich und Österreich. Online Verfügbar unter: https://www.lwl-bbw-soest.de/media/filer_public/bb/1d/bb1d7797-5c1a-47bf-9ef2-833a602a068d/unsichtbare_mehrheit.doc, Zugriff am 15.02.2019.

Simpkins, K. E. & Siegel, A. J. (1979): The blind child's construction of the projective straight line. Journal of Visual Impairment and Blindness, 73 (6), 233–238.

Smith, D.W. (2017): Mathematics. In: M.C. Holbrook, C. Kamei-Hannan, T. McCarthy (Eds.), Foundations of education. Volume II: Instructional strategies for teaching children and youths with visual impairments (Third edition) (S. 479–509). New York: AFB Press.

Smith, M. (2014): Sensory efficiency. In: C.B. Allman & S.L. Lewis (Eds.), ECC Essentials. Teaching the expanded core curriculum to students with visual impairments. New York: AFB Press.

Sohns, A. (2010): Frühförderung. Ein Hilfesystem im Wandel. Stuttgart: Kohlhammer.

Souriau, J., Rødbroe, I. & Janssen, M. (Hrsg.) (2014): Kommunikation und angeborene Taubblindheit. Entstehung von Bedeutung. Booklet III. Würzburg: Edition Bentheim.

Souriau, J., Rødbroe, I. & Janssen, M. (Hrsg.) (2014): Kommunikation und angeborene Taubblindheit. Übergang zur kulturellen Sprache. Booklet IV. Würzburg: Edition Bentheim.

Speck, O. (2009): Anthropologische und ethische Grundlagen schulischer Sonderpädagogik. In: G. Opp & G. Theunissen (Hrsg.), Handbuch schulische Sonderpädagogik (S. 60–66). Bad Heilbrunn: Verlag Julius Klinkhardt.

Staatsinstitut für Schulpädagogik und Bildungsforschung (Hrsg.) (2001): Mobilität und Lebenspraktische Fertigkeiten im Unterricht mit sehgeschädigten Kindern und Jugendlichen (2. Auflage). Würzburg: Edition Bentheim.

Statistisches Bundesamt (2019): Schwerbehinderte Menschen mit Ausweis. Online verfügbar unter: http://www.gbe-bund.de/gbe10/i?i=Schwerbehinderte_Menschen_Geschlecht_Ursache_Grad_216D, Zugriff am 19.02.2019.

Statistisches Bundesamt (2019): Sozialleistungen. Schwerbehinderte Menschen 2017. Fachserie 13, Reihe 5.1. Wiesbaden.

Steer, M., Gale, G. & Gentle, F. (2007): A taxonomy of assessment accommodations for students with vision impairments in Australian schools. The British Journal of Visual Impairment, 25 (2), 169–177.

Steinberg, W. (1920): Die Raumwahrnehmung der Blinden. München: Reinhardt-Verlag.
Steinert, J. (2011): Allgemeiner Deutscher Sprachtest (2. Auflage). Göttingen: Hogrefe.
Stock, C., Marx, P. & Schneider, W. (2003): BAKO 1–4. Basiskompetenzen für Lese-Rechtschreibleistungen. Ein Test zur Erfassung der phonologischen Bewusstheit vom ersten bis vierten Grundschuljahr. Göttingen: Beltz.
Stöppler, R. (2014): Einführung in die Pädagogik bei geistiger Behinderung. München, Basel: Reinhardt-Verlag.
Streri, A. (2003): Manual exploration and haptic perception in infants. In: Y. Hatwell, A. Streri & E. Gentaz (Eds.), Touching for knowing (S. 51–66). Cognitive psychology of haptic manual perception. Amsterdam, Philadelphia: John Benjamins Publishing Company.
Strittmatter, R. (1999): Soziales Lernen. Ein Förderkonzept für sehbehinderte Schüler. Frankfurt: Peter Lang.
Swanson, L. H. & Luxenberg, D. (2009): Short-term memory and working memory in children with blindness: Support for a domain general or domain specific system? Child Neuropsychology, 15 (3), 280–294.
Swenson, A.M. (2016): Beginning with braille. Firsthand experiences with a balanced approach to literacy (second edition). New York: AFB Press.
Szagun, G. (2013): Sprachentwicklung beim Kind. Ein Lehrbuch (5. aktualisierte Auflage). Weinheim, Basel: Beltz.
Tadić, V., Pring, L. & Dale, N. (2009): Attentional processes in young children with congenital visual impairment. British Journal of Developmental Psychology, 27 (2), 311–330.
Tadić, V., Pring, L. & Dale, N. (2010): Are language and social communication intact in children with congenital visual impairment at school age? Journal of Child Psychology and Psychiatry, 51(6), 696–705.
Teigland, C., Eichmann, B., Gießing, J. & Giese, M. (2015): Abschlussbericht MoBli-Studie. Ein Forschungsprojekt der Universität Koblenz-Landau zur Mobilität von sehbehinderten und blinden Schülerinnen und Schülern. Marburg: Tectum Verlag.
Terfloth, K. & Bauerfeld, S. (2015): Schüler mit geistiger Behinderung unterrichten. München, Basel: Reinhardt-Verlag.
Thaler, L. & Goodale, M.A. (2016): Echolocation in humans. An overview. WIREs Cognitive Science, 7 (6), 382–392.
Thederan, L., Steinmetz, S., Kampmann, S., Koob-Matthes, A.-M., Grehn, F. & Klink, T. (2016): The prevalence of visual impairment in retirement home residents. Deutsches Ärzteblatt International, 113 (18), 323-327.
Thiele, M. (2001): Bewegung, Spiel und Sport im gemeinsamen Unterricht von sehgeschädigten und normalsichtigen Schülerinnen und Schülern. Würzburg: Edition Bentheim.
Thiele, M. (2004): Inklusion statt Integration – und alles wird gut? blind-sehbehindert, 124 (2), 40-49.
Thienwiebel, C. (1996): Selbstsicherheit und Sehbehinderung. Identifikation von Problembereichen bei sehbehinderten Jugendlichen und Versuch einer pädagogischen Bearbeitung. Dissertation. Heidelberg: Pädagogische Hochschule Heidelberg.
Thurmair, M. & Naggl, M. (2010): Praxis der Frühförderung. Einführung in ein interdisziplinäres Arbeitsfeld (4. überarbeitete Auflage) München, Basel: Reinhardt-Verlag.
Tischler, L., Dymke, S. & Knabe, N. (2017): Frostigs Entwicklungstest der visuellen Wahrnehmung – FEW in der Theorie und in der Praxis. Praxis Ergotherapie, 30 (5), 277–286.
Trevarthen, C., & Aitken, K. J. (2001): Infant intersubjectivity: Research, theory, and clinical applications. Journal of Child Psychology and Psychiatry, 42 (1), 3–48.
Tröster, H., Brambring, M. & Beelmann, A. (1991): Stereotype Bewegungs- und Verhaltensmuster bei blinden Klein- und Vorschulkindern – Prävalenz und situative Auslösebedingungen. Zeitschrift für Entwicklungspsychologie und Pädagogische Psychologie, 23 (1), 66–89.
Tröster, H. & Brambring, M. (1992): Die Auswirkungen der Blindheit auf die motorische Entwicklung im ersten Lebensjahr. Zeitschrift für Entwicklungspsychologie und Pädagogische Psychologie, 24 (3), 201–231.
UN (United Nations) (2016): Treaty collection. Online verfügbar unter: https://treaties.un.org/Pages/ViewDetails.aspx?src=TREATY&mtdsg_no=IV-15&chapter=4&lang=en, Zugriff am 19.02.2019.

UNESCO (United Nations Educational, Scientific and Cultural Organization) (2005): Guidelines for inclusion: Ensuring access to education for all. Online verfügbar unter: http://unesdoc.unesco.org/images/0014/001402/140224e.pdf, Zugriff am 19.02.2019.
UNESCO (United Nations Educational, Scientific and Cultural Organization) (2015): Global education monitoring report: achievments and challenges. Online verfügbar unter: http://en.unesco.org/gem-report/report/2015/education-all-2000-2015-achievements-and-challenges#sthash.cm6rDpNI.dpbs, Zugriff am 19.02.2019.
Ungar, S., Blades, M. & Spencer, C. (1995): Mental rotation of a tactile layout by young visually impaired children. Perception, 24 (8), 891–900.
Van der Aa, H. P., Comijs, H. C., Penninx, B.W., van Rens, G. H. & van Nispen R. M. (2015): Major depressive and anxiety disorders in visually impaired older adults. Investigative Ophthalmology & Visual Science, 56 (2), 849–854.
Van der Aa, H. P., van Rens, G. H., Comijs, H. C., Margrain, T. H., Gallindo-Garre, F., Twisk, J. W. & van Nispen, R. M. (2015): Stepped care for depression and anxiety in visually impaired older adults: multicentre randomised controlled trial. The British Medical Journal, 351 (1), 612.
Vatteroth, K. (1949): Ueber die Bildungsarbeit an sehschwachen und sehgefärdeten Kindern. Ratingen: Aloys Henn Verlag.
Verband für Blinden- und Sehbehindertenpädagogik (VBS) (Hrsg.) (2011/2016): Bildung, Erziehung und Rehabilitation blinder und sehbehinderter Kinder und Jugendlicher in einer inklusiven Schule in den Ländern der Bundesrepublik Deutschland. Standards - Spezifisches Curriculum 2011. In: S. Degenhardt, W. Gewinn & M.-L. Schütt (Hrsg)(2016), Spezifisches Curriculum für Menschen mit Blindheit und Sehbehinderung für die Handlungsfelder Schule, Übergang von der Schule in den Beruf und Berufliche Rehabilitation (S. 169–204). Norderstedt: VBS.
Verein zur Förderung des Museums für Blindenwesen e.V. (Hrsg.) (1991): 100 Jahre Blinden-Museum 1891-1991. Ein Museum zum Anfassen, Katalog und Materialien. Berlin: Johann August Zeune Schule.
Vervloed, M. P. J., Hamers, J. H. M., van Mens-Weisz, M. M. & Timmer-Van de Vosse, H. (2000): New age levels of the Reynell-Zinkin developmental scales for young children with visual impairments. Journal of Visual Impairment and Blindness, 94 (10), 613–624.
Visio (2005): Tactual Profile (Version 2.0.1). Huizen: Visio.
Visio (2013): Feel free: Activity book Tactual Profile. Exercises and teaching suggestions for the stimulation and training of tactual skills. Huizen: Visio.
Von Livonius, B. (2014): Aktueller Stand in der Low-Vision-Versorgung. Zeitschrift für praktische Augenheilkunde, 35 (7&8), 341–350.
Wagner, E. (2003): Sehbehinderung und Soziale Kompetenz. Frankfurt: Peter Lang.
Wahl H.-W., Oswald, F. & Zimprich, D. (1999): Everyday competence in visually impaired older adults: A case for person-environment perspectives. The Gerontologist, 39 (2), 140–149.
Wahl, H.-W., Schilling, O., Oswald, F. & Heyl, V. (1999): Psychosocial consequences of age-related visual impairment: Comparison with mobility impaired older adults and long-term outcome. Journal of Gerontology: Psychological Sciences, 54 (5), 304–316.
Wahl, H.-W. & Heyl, V. (2007): Sensorik und Sensumotorik. In J. Brandtstädter & U. Lindenberger (Hrsg.), Entwicklungspsychologie der Lebensspanne (S. 130–161). Stuttgart: Kohlhammer.
Wahl, H.-W. & Oswald, F. (2012): Wohnen, Wohnraumanpassung und Gesundheit. In H.-W. Wahl, C. Tesch-Römer & J. P. Ziegelmann, Angewandte Gerontologie. Interventionen für ein gutes Altern in 100 Schlüsselbegriffen (S. 492–498): Stuttgart: Kohlhammer.
Wahl, H.-W., Heyl, V. & Schilling, O. (2012): Robustness of personality and affect relations: The case of age-related sensory impairment. The Journals of Gerontology, Series B: Psychological Sciences and Social Sciences, 67 (6), 687–696.
Wahl, H-W., Heyl, V., Drapaniotis, P. M., Hörmann, K., Jonas, J. B., Plinkert, P. K. & Rohrschneider, K. (2013): Severe vision and hearing impairment and successful aging: A multidimensional view. The Gerontologist, 53 (6), 950–962.
Wahl, H.-W. & Heyl, V. (2015): Die psychosoziale Dimension von Sehverlust im Alter. Psychotherapie im Alter, 12 (1), 21–43.

Wahl, H.-W. & Heyl, V. (2015): Gerontologie – Einführung und Geschichte (2. Auflage). Stuttgart: Kohlhammer.
Walthes, R. (2000): Förderschwerpunkt Sehen, visuelle Wahrnehmung und Umgehen-Können mit einer Sehschädigung. In: W. Drave, F. Rumpler & P. Wachtel (Hrsg.), Empfehlungen zur sonderpädagogischen Förderung. Allgemeine Grundlagen und Förderschwerpunkte (KMK) mit Kommentaren (S. 207–219). Würzburg: Edition Bentheim..
Walthes, R. (2014): Einführung in die Pädagogik bei Blindheit und Sehbeeinträchtigung (3. Auflage). München: Reinhardt-Verlag.
Wanecek, O. (1969): Geschichte der Blindenpädagogik. Berlin: Marhold.
Wanecek, O. (o.J.): Die Sehschwäche als pädagogisches Problem. Unveröffentlichte Dissertation. Wien.
Warren, D. H. (1994). Blindness and children: An individual differences approach. Cambridge: University Press.
Weber, P., John, R., Konrad, K., v. Livonius, B., Lorenz, B., Ruple, B., Stock-Mühlnickel, S., Karch, D. & Schroeder, A. (2018): Visuelle Wahrnehmungsstörungen. Zusammenfassung der Sk2-Leitlinie AWMF-Registernummer 022/020. Monatsschrift Kinderheilkunde, 166 (5), 437–444.
Wegbrod, O. (o.J.): Die Zukunft der deutschen Schulen für Sehbehinderte. In: Verein zur Förderung der Blindenbildung e.V. (Hrsg.), Bericht über den XXIII. Blindenlehrerkongress in Berlin-Steglitz und das 150-jährige Anstaltsjubiläum vom 31. Juli bis 3. August 1956 (S. 161–185). Hannover-Kirchrode: Kongress.
Weinläder, H. (1987): Psychologische Aspekte der Sehbehinderung. blind-sehbehindert, 107 (1), 21–28.
Weinläder, H. G. (2006): Psychologische Fragestellungen mit Bezug auf blinde und sehbehinderte Menschen. In W. Drave & H. Mehls (Hrsg.), 200 Jahre Blindenbildung in Deutschland (1806 -2006) (S. 211–224). Würzburg: Edition Bentheim.
Wember, F.B. & Melle, I. (2018): Adaptive Lernsituationen im inklusiven Unterricht: Planung und Analyse von Unterricht auf Basis des Universal Designs for Learning. In: S. Hußmann & B. Welzel (Hrsg.), DoProfiL – Das Dortmunder Profil für inkusionsorientierte Lehrerinnen- und Lehrerbildung (S. 57–72). Münster, New York: Waxmann.
Wendt, M. (2014): Allgemeine Psychologie – Wahrnehmung. Göttingen: Hogrefe.
Wesemann, W., Schiefer, U. & Bach, M. (2010): Neue DIN-Normen zur Sehschärfebestimmung. Der Ophthalmologe, 107 (9), 821–826.
Wessells, M.G. (1994): Kognitive Psychologie (3., verbesserte Auflage). München, Basel: Ernst Reinhardt Verlag.
Westhoff, K. & Kluck, M.-L. (2008): Psychologische Gutachten schreiben und beurteilen. Heidelberg: Springer.
Wettstein, M., Wahl, H.-W. & Heyl, V. (2015): Cognition-Well-Being Relations in Old Age: Moderated by Sensory Impairment. The Journal of Gerontopsychology and Geriatric Psychiatry, 28 (3), 123–136.
Wettstein, M., Wahl, H.-W. & Heyl, V. (2018): Assimilative and accommodative coping in older adults with and without sensory impairment: 4-year change and prospective relations with affective well-being. Aging & Mental Health. Abingdon: Taylor & Francis Group.
Wettstein, M., Wahl, H.-W. & Heyl, V. (2018): Four-year reciprocal relationships between personality and functional ability in older adults with and without sensory impairment: focus on neuroticism and agreeableness. Aging & Mental Health, 22 (6), 834–843.
WHO (World Health Organization) (2010): Global data on visual impairment 2010. Online verfügbar unter: http://www.who.int/blindness/publications/globaldata/en, Zugriff am 16.02.2016.
WHO (World Health Organization) (2011): World report on disability. Online verfügbar unter: http://whqlibdoc.who.int/publications/2011/9789240685215_eng.pdf, Zugriff am 16.02.2016.
WHO (World Health Organization) (2013): ICF-CY. Internationale Klassifikation der Funktionsfähigkeit, Behinderung und Gesundheit bei Kindern und Jugendlichen. Übersetzt und herausgegeben von Judith Hollenweger und Olaf Kraus de Camargo unter Mitarbeit des Deutschen Instituts für Medizinische Dokumentation und Information (DIMDI). Bern: Verlag Hans Huber.

Williams, M. (1956): Williams Intelligence Test for children with defective vision. A test for blind and partially sighted children. Birmingham: University of Birmingham and RNIB.
Withagen, A., Janssen, N., Block, A. et al. (2009): Feel free. Activity book Tactual Profile. Exercises and teaching suggestions for the stimulation and training of tactual skills. Huizen: Visio.
Withagen, A., Vervloed, M. P. J., Janssen, N. M., Knoors, H. & Verhoeven, L. (2009): The Tactual Profile: Development of a procedure to assess the tactual functioning of children who are blind. The British Journal of Visual Impairment, 27 (3), 221–238.
Withagen, A., Vervloed, M. P. J., Janssen, N. M., Knoors, H. & Verhoeven, L. (2010): Tactile functioning in children who are blind: A clinical perspective. Journal of Visual Impairment and Blindness, 104 (1), 43–54.
Wocken, H. (2013): Achitektur eines inklusiven Bildungswesens. In: H. Wocken, Das Haus der inklusiven Schule. Baustellen, Baupläne, Bausteine (S. 91–108). Hamburg: Feldhaus Verlag.
Wocken, H. (2013): Integration & Inklusion. Ein Versuch, die Integration vor der Abwertung und die Inklusion vor der Träumerei zu bewahren. In: Wocken, H., Das Haus der inklusiven Schule. Baustellen, Baupläne, Bausteine (S. 59–90). Hamburg: Feldhaus Verlag.
Woffe, K.E. (2014): Career education. In: C.B. Allman & S. Lewis (Eds.), ECC Essentials. Teaching the Expanded Core Curriculum to students with visual impairments (S. 411–460). New York: AFB Press.
Wolfram, C. & Pfeiffer, N. (2012): Weißbuch zur Situation der ophthalmologischen Versorgung in Deutschland. Deutsche Ophthalmologische Gesellschaft. Online verfügbar unter: www.dog.org/wp-content/uploads/2013/03/DOG_Weissbuch_2012_fin.pdf Zugriff am 16.02.2016.
Wormsley, D.P. (2016): I-M-ABLE: the individualized meaning-centered approach to braille literacy. New York: AFB Press.
Wright, S. & Stratton, J.M. (2007): On the way to literacy. Early experiences for children with visual impairments (second edition) Louisville: APH.
Wyver, S. R. & Markham, R. (1998): Do children with visual impairments demonstrate superior short-term memory, memory strategies, and metamemory? Journal of Visual Impairment and Blindness, 92 (11), 799–811.
Zebehazy, K.T., Fox, L.A. & Peel, C.A. (2017): Independent living skills. In: M.C. Holbrook, C. Kamei-Hannan & T. McCarthy (Eds.), Foundations of education. Volume II: Instructional strategies for teaching children and youths with visual impairments (third edition), (S. 699–752). New York: AFB Press.
Zech, F. (1908): Forderung der neueren Pädagogik mit Bezug auf den Blindenunterricht. In: Blindenanstalt Hamburg (Hrsg.): Bericht über den XII. Blindenlehrerkongress in Hamburg vom 23. bis 27. September 1907 (S. 152–171). Hamburg: Kongress.
Zech, F. (1917): Zur »Standesfrage«. Der Blindenfreund 37 (1), 1–7.
Zech, F. (1918): Die Arbeitsschule. Die Blindenschule 1, 74–76.
Zech, F. (1918a): Zur Lehre vom Tasten. Die Blindenschule 1, 3–9, 17–19, 33–38, 49–53, 65–69.
Zentel, P. & Sansour, T. (2014): Fit für die Schülerfirma. Einführung ins Thema. Lernen konkret. Braunschweig: Westermann Gruppe.
Zeschitz, M. (2002): Von der Visuellen Stimulation zur Analyse und Förderung funktionellen Sehens im Alltag. In: K. Klee (Hrsg.), Förderschwerpunkt Sehen (S. 57–75). Tagungsbericht Marburg: Arbeitsgemeinschaft Orientierung und Mobilität im Verband der Blinden- und Sehbehindertenpädagogen und -pädagoginnen.
Zeschitz, M. (2006): Die Förderung funktionalen Sehens – ohne visuelle Stimulation. In: Arbeitsgemeinschaft Frühförderung sehgeschädigter Kinder (Hrsg.), Frühförderung im Spannungsfeld zwischen Entfalten lassen und Lenken. Referate der 20. Fortbildungsveranstaltung in Klink/Müritz 2005 (S. 99–108). Würzburg: Edition Bentheim.
Zeune, A. (1808): Belisar. Über den Unterricht der Blinden. Berlin: Blinden-Anstalt.
Zihl, J., Mendius, K., Schuett, S. & Priglinger, S. (2012): Sehstörungen bei Kindern. Visuoperzeptive und visuokognitive Störungen bei Kindern mit CVI. Wien: Springer.